# 기술혁신론

설 성 수

法 文 社

# 머리말

이 책은 기술혁신에 관한 것이지만 기술의 생산지만을 다루지는 않는다. 기술의 생산지 외에도 과학기술 자체와 그 현장, 이를 활용하는 기업, 나아가 그로 인한 경제적인 문제를 종합적으로 검토한다. 달리 말하자면 과학기술 – 기업 – 산업 – 발전의 관계를 종합적으로 보여 주고자 한 것이다. 범위가 대단히 방대하지만 모두가 기술과 혁신에 관련된 문제들을 다룬다. 기술과 혁신의 범주는 공장이나 연구실에 그치는 것이 아니라 문명 전체의 문제이기 때문이다.

이 책의 범주가 넓은 이유는 의외로 단순하다. 과학기술에서부터 출발하지만 이 책은 결국은 학습과 혁신의 문제를 다루기 때문이다. 학습과 혁신은 과학기술의 영역에만 존재하는 것이 아니라 기업에도 산업에도 심지어 국가에도 존재한다. 학습과 혁신을 통해 '보다 더'를 추구하고자 하는 것이 이 책의 목적이다.

다루는 범주가 넓다보니 이공계나 인문사회계 등 어느 한쪽으로만 훈련을 받은 사람들은 거부감을 가질 수도 있을 것이다. 전반적으로 이공계 출신은 과학기술의 넓은 범주에 대한 이해보다 자기 분야에 대한 이해를 통해 세상을 이해하려는 경향이 강하다. 반면 비이공계라면 과학기술에 대한 이해 자체가 부족하고, 그 범위의 광대함에 놀라 과학기술을 이해하려는 노력조차 하지 않는 경우가 많다.

그러나 과학기술자라도 오랜 시간 다른 과학기술 분야와 교류하거나 공동 작업한 경험이 있는 과학기술자라면 과학기술 전반에 걸친 이해는 물론이고 기업 경영에도 부족함이 없다. 기업 경영진의 절반 이상이 이공계 출신이라는 점이 좋은 예이다. 이공계 출신도 기술과 시장에 대한 이해가 충분한 것이다. 심지어 국가 경영의 문제를 고민해도 부족함이 없는 경우가 많다. 그러기에 최근에는 대학원 학생들은 물론이고 학부과정의 학생들에게 까지도 비이공계 과목을 필히 수강하게 하고 있다.

기업경영은 물론이고 국가경영까지 참여하고, 또 훌륭히 수행해 나가는 이들 이공계 출신들의 경험을 체계적으로 교육하고 확대시켜 나갈 수는 없을까? 반대로 비이공계 출신들이 과학기술과 혁신을 이해하고 이를 보다 적극적으로 활용할 수는 없을까라는 것이 이 책의 두 번째 목적이다.

이 책은 경제와 발전부문을 포함하고 있기에 기술경제론의 서술방식과 비교될 수 있다. 기술경제론은 미시적인 분석과 거시적인 분석으로 구성되는 경향이 있는데, 이 책은 과학기술에 대한 이해와 기술경영이 포함되어 있어 이러한 접근은 처음부터 고려되지 않았다. 다만 행태주의적인 접근(behavioral approach)은 가급적 반영하려 노력하기는 하였다.

이 책은 범주가 과학기술의 이해, 기술경영론, 기술경제론 및 발전의 문제를 다루고 있기에 기본적으로 다학제적이다. 또한 이 책은 학습과 혁신이라는 두 개념을 바탕으로 한 것이라, 신 슘페터학파의 기본 입장을 크게 벗어나지는 않는다.

이 책은 기술을 이해하고 관리하는 과목들 즉 기술경영론, 기술경제론, 기술정책론 등의 원론적인 성격으로 만들어진 책이라, 과학기술 – 기업 – 산업 – 발전의 4부로 구성되어 있는데, 다음 단계로는 각 부분에서 기술경영론, 기술경제론, 기술정책론 및 발전론으로 연계된다. 기술경영론은 미시적 차원에서 과학기술을 관리하고 활용하는 분야로 연구개발의 관리, 기술관리, 기술전략 등의 문제를 다룬다. 경영학이나 산업공학에서 주로 다루어진다. 반면 기술경제는 경제적인 측면에서 기술혁신을 다루는 분야로, 개별 기술혁신 활동의 경제성 문제 나아가 기업별 혹은 산업별 기술혁신의 패턴과 같은 미시적인 문제와 성장 고용 무역 혹은 발전 등과 같은 거시적인 문제가 다루어진다. 발전론은 경제학의 한 과목으로 경제발전과 관련된 문제를 다룬다.

기술 – 기업 – 산업 – 발전이 연계된 이 책의 다음 단계 과목은 기술영역을 제외하고는 비교적 명확하다. 그런데 의외로 과학기술을 종합적으로 보여주는 입문서를 찾기가 어렵다. 대학에서 가르치는 자연과학개론은 이공계 과목 전체를 아울러 주는 책이 아니라 대부분 특정 학문에 대한 소개서 정도인 경우가 많다. 따라서 개별기술별 이해로 들어갈 수밖에 없어서 과학기술 전반에 관한 이해에는 많은 노력이 필요하다는 문제가 있다.

이 책은 대학생 수준에 맞게 쓰여져 대학교재로 사용가능하도록 한 것이다. 그로 인해 두 특징이 있다. 하나는 한자세대가 아닌 학생들을 위해 한자어는 가급적 한글로 바꾸어 쓰려고 노력했다. 그러나 저자 자체가 옛날 세대라 한계가 있을 것이다. 둘째는 대학강의에 맞추도록 13개 주제로 구성하였다. 이로 인해 지나치게 압축된 부분도 존재한다.

필자가 기술경제론을 강의하기 시작한 것은 1990년대 초반이고, 기술과 경제의 연계문제를 강의하기 시작한 것이 1995년이라 이 책은 거의 20년의 강의 속에서 형성된 것이다. 여기에 추가되어 필자의 기술사업화와 기술가치평가와 관련한 업계에서의 활동과 자문, 나아가 과학기술과 관련한 여러 분야에서의 정책자문 활동이 이 책의 기반이 되었다.

필자는 대학 외 경험으로 인해 기술혁신에 대한 폭넓은 이해를 주는 책이 필요한 시점이 되었다고 판단하였다. 특히 한국기업・기술가치평가협회에서의 교육과 이 교육에 참여하는 수강생 분포는 이공계와 비이공계 모두를 이해시킬 기본교재의 필요성을 더 크게 하였다. 이공계와 비이공계의 중간영역이 최근 급격히 커지고 있는데 교육제도는 어느 한쪽에만 치우쳐 있기 때문이다.

이 책을 쓴 목적은 필자가 10여 년 전 기술가치평가를 국내에 안착시키고자 한 것과 동일하다. 기술가치평가는 의미있는 기술을 씨앗(seeds)부터 식별해 가치를 부여하자는 것이고, 그를 통해 궁극적으로는 경제발전까지 가자는 것이었다. 이 책 역시 마찬가지이다. 새로운 가치는 결국 학습과 혁신에 바탕을 둔 활동에서 도출되어야 하고, 그러한 활동의 결과가 한 단계 더 발전하는 계기를 마련해 줄 것이기 때문이다. 특히 가진 자원이라고는 사람밖에 없는 한국에서는 더욱 절실하다.

이 책은 1990년대 후반부터 사용한 강의록을 바탕으로 한 것이지만, 강의록을 책으로 바꾸는 과정에서 여러 분의 도움을 받았다. 내용에 대해서는 한국연구재단의 송충한박사, IT분야는 한국전자통신연구원의 임광선박사와 현창희박사에게 많은 도움을 받았다. 특히 한국식품연구원에 있는 제자 박정민박사는 원고 전체를 읽고 표현을 점검해 주었다. 그렇다 해도 오류는 필자의 몫일 것이다.

2011년 2월

오정동에서

# 차 례

## 제 I 부 과학과 기술

## 제 II 부 기술과 기업

# I

기 / 술 / 혁 / 신 / 론

# 과학과 기술

CHAPTER 01

기/술/혁/신/론

# 기술 이해

- 과학과 기술
- 기술의 속성
- 기술의 상대적 위상

# 01

# 과학과 기술

## 1.1 기술이란?

### 1) 기술의 정의

1980년대 이전만 해도 기술은 기계나 설비 혹은 공장 등과 같은 의미로 받아들여졌다. 기술적인 결과는 이러한 형태로 구현될 수밖에 없었기 때문이다. 그런데 1980년대 소프트웨어기술의 등장으로 인해 기술의 형태가 다양하다는 인식이 확대되었다. 소프트웨어와 같은 부호형 기술이 있는가 하면, 사람이나 조직에 체화되는 체화형 기술도 있다. 이에 따라 Freeman(1982)은 기술을 "어떠한 지식의 집합(a set of knowledge)"으로 정의하기도 한다.[1)]

기술이 지식의 집합으로 정의되면 이 책의 대상이 기계나 설비 혹은 작업장이나 공장의 문제만이 아니라는 것을 의미한다. 우리는 기술을 공장에서 꺼내어 기업 차원으로 가지고 나오고, 그 정도를 넘어 사회 속으로 가지고 나오자. 현대 기술은 공장 안에만 있지 아니하다.

그런데 아직 모호한 점이 있다. '어떠한 지식의 집합'에서 어떠한 지식이란 도대체 무엇인가? 전통적인 의미라면 자연과학적인 혹은 인공물 관련 지식을 의미하는데 이 개념에만 의존한다면 기술을 명확히 정의하기 어렵다.

몇 가지 예를 보자. 자연과학적 지식을 가지고 인문학이나 사회과학의 문제를 해결한다면 이는 기술적인 해결인가 아니면 인문사회과학 내에 속하는 문제인가? 고고학이나 심리학에서 최근 자연과학적인 접근이 자주 이루어지고 있다. 또한 상거래에 전자적인 방식이 도입되어 있고, 경영을 위한 전산시스템이 가동되고 있다. 이러한 시도는 경영학의 대상인가 기술적인 문제인가? 반대로 사회과학적인 지식을 가지고 기술을 관리하고자 하는 기술경영은 어느 영역인가?

일본의 학술회의[2)]는 과학과 학문을 정의하며 다음과 같은 시도를 한 바 있다.

1) Freeman, C., Economics of Industrial Innovation, London, Frances Pinter, 1982.

표 1-1 과학적 기술 개념의 확장

| | 원 리 | 대 상 |
|---|---|---|
| 1유형 | 자연계 | 자연계 |
| 2유형 | 문과계 | 자연계 |
| 3유형 | 자연계 | 문과계 |
| 4유형 | 문과계 | 문과계 |

이들은 기술을 원리와 응용되는 대상을 기준으로 4개의 유형으로 구분한다. 1유형은 자연계의 원리로 자연계의 대상이나 수단을 활용하는 것으로 가장 전통적인 과학기술 영역이다. 2유형은 자연계의 목표를 위해 문과계의 지식을 활용하는 것으로 기술사회학, 기술혁신과 같은 학문을 말한다. 3유형은 2유형의 반대로 이과계 지식으로 문과계 문제를 풀어가는 것으로, 고고학 심리학 등의 자연과학적인 기법 도입과 전자상거래 등을 말한다. 2유형이나 3유형이 최근 크게 확대되고 있는 유형들이다.

특징적인 유형은 제4유형으로 문과계의 원리로 문과계의 대상을 다루는 것으로, 전통적으로 법, 정책, 기법이라 부르는 내용이다. 그런데 이 유형은 과학인가 아닌가라는 질문이 제기된다. 미국 과학재단은 오래 전부터 인간의 사회적 관계에 대한 학문이나 인간의 심리에 관한 영역은 과학의 영역으로 간주한다. 반면, 일본 학술회의는 인문학도 학술의 대상이라는 점에서 학술영역이라 부른다. 과학인지에 대한 명확한 의견제시보다 학문의 대상으로만 보는 것이다.

이제 우리도 과학과 기술에 대한 정의를 내리기로 한다. 과학은 두 개념을 필요로 한다. 하나는 탐색과 탐구라는 의미를 갖는 연구라는 개념이다. 다른 하나는 지식의 체계성이다. 이 두 조건이 동시에 나타난다면 우리는 그 대상을 과학이라 정의한다. 그 대상이 사회과학이어도 무방하고 인문학이어도 무방하다. 심지어 예술의 영역이라 해도 무방하다. 연구활동과 그로 인한 체계적인 지식이 누적된 것을 우리는 과학이라 부른다.

기술은 과학과는 달리 좁게 정의된다. 앞서 본 표에서 기술적인 원리와 지식을 바탕으로 다른 분야에 적용하는 1유형과 3유형을 기술로 정의한다. 기술적인 원리를 사용하느냐가 가장 중요한 기준이다. 따라서 기술은 기술적인 원리를 이

2) 日本學術會議, 新しい學術の體系, 2003.

용한 지식의 집합으로 정의된다.

기술을 좁게 정의하지만 우리는 과학과 기술을 이해하기 위해 혁신이라는 개념을 하나 더 추가한다. OECD는 기업의 혁신활동을 파악하기 위한 오슬로 매뉴얼(Oslo Manual)에서, 혁신의 유형으로 상품혁신이나 공정혁신 외에 조직혁신이나 마케팅혁신도 포함시킨다. 기업에서의 문제풀이 노력은 어떠한 대상이든 모두 혁신이라는 것이다. 그런데 우리는 기업에서의 활동만을 고려하지 않는다. 원리지식이 무엇이고, 대상지식이 무엇이든, 또한 어느 부문에서 사용하든 새로움을 추구하기 위한 활동과 그 결과는 모두 혁신이라 정의한다.

## 2) 기술적 지식의 유형

### (1) 구현된 기술유형

우리가 전통적으로 기술이라 부르는 것은 하드웨어(H/W)이다. 컴퓨터를 기준으로 볼 때 눈에 보이는 외형이나 부품이 하드웨어이고, 이를 작동시키는 것은 소프트웨어(S/W)이다. 또한 고장났을 때 전문가가 와서 몇 개 살짝 건드리고 해결하는 능력은 웨어(W/W)라 부른다. 인간이나 조직에 체화된 기술적인 지식과 능력을 말한다. 〈표 1–2〉는 다양한 기술의 유형을 보여주고 있다.

표 1–2 **기술의 유형**

| 존재형태 | 내 용 |
|---|---|
| • 하드웨어(H/D) | 기계, 설비, 도구, 물체형 |
| • 소프트웨어(S/W) | 부호형 |
| • 웨어(W/W, Wet/W) | 표현되지 않고, 인간/조직 체화 |

H/W, S/W와 W/W는 어떠한 관계인가? 이들은 기계와 기계설계도, 나아가 설계도를 만든 사람으로 대비하여 볼 수 있다. 기계나 설비는 그 자체로는 자체 재생산이 어렵다. 반면 설계도(S/W)는 기계 설비를 끝없이 만들어 낼 수 있다. 그리고 설계도를 만들 수 있는 사람은 다른 설계도도 만들 수 있는 능력이 있다. 새로운 기술혁신의 가능성을 가장 크게 가지고 있다할 것이다.

### (2) 지식형태

앞서 웨어는 사람이나 조직에 체화된 기술이라 하였다. 이는 지식이 부호화된 지식(codified knowledge)과 암묵화 지식(tacit knowledge)으로 구분될 때 잘 설명된다. 부호화된 지식은 쉽게 표현할 수 있고 잘 알아볼 수 있다. 그러나 말로 표현하기 어려운 부분은 나타내기 어렵다. 쉽게 표현해 책이나 문서만으로는 알고 있는 것을 모두 표현하기에는 너무 부족하다. 매뉴얼대로 하는데 왜 컴퓨터가 원하는 데로 작동하지 않는가? 교과서에 있는 데로 했는데 왜 잘 되지 않는가? 바로 이 문제이기도 하다.

암묵지식은 부호형 지식과 달리 체계적이지 않고 심지어 표현하기도 힘들다. 고도의 훈련과 경험을 통해 스스로 깨달아지는 부분도 있고, 언어만으로는 표현 자체도 안되는 경우도 있다. 지극히 개인적이라 표현한다 해도 상대가 이해하기 어려운 경우도 존재한다. 그럼에도 암묵지식은 부호형 지식 이상으로 중요성이 강조된다. 부호형 지식만으로는 고도의 지적인 내용은 이해하기도 어렵기 때문이다.

부호화된 지식은 교과서형 지식이라 불리기도 한다. 교과서를 강조하는 현재의 교육은 부호화된 지식을 강조하고 있는 것이다. 그러기에 현 시대의 표준화된 지식의 대량보급은 대량생산형 혹은 대량소비형 교육으로 평가되고, 기능인을 위한 교육으로 평가된다.

### (3) 지식내용

일반적으로 지식은 원리적인 지식(know why), 기능적인 지식(know how), 실체적인 지식(know what it is), 인적지식(know whom), 장소적 지식(know where)으로 구분되기도 한다. 원리적인 지식이란 어떠한 현상이나 효과 등에 대한 근원적인 지식을 말한다. '왜' 를 말하는 것이다. 반면 노하우는 '어떻게' 를 말하는데, 주어진 대상을 위한 방법을 주로 지칭한다. 실체적인 지식은 대상이 무엇이냐를 인식하고 식별하는 지식을 말한다.

과거에는 기술적 지식이라 하면 원리적인 지식, 기능적인 지식 및 실체적인 지식만을 지칭하였다. 그러나 인적지식과 장소적 지식을 다루는 것 역시 기술의 대상이 되고 있다. 스마트 폰에서 사람 찾기나 길 찾기가 한 예이다.

### (4) 소유형태

소유형태를 기준으로 하면 기술은 사적기술, 공공기술 및 이 두 형태가 통합된 형태로 구분할 수 있다. 사적기술은 개인이나 기업이 보유하는 기술이고, 공공기술은 국가나 공공단체가 보유한 기술이다. 한편 통합기술은 공공부분과 민간부문이 공동으로 보유하는 형태이다. 통합된 형태는 공공기관과 기업의 공동연구에서 많이 나타난다.

특정 개인이 소유하고 있는 기술을 다른 사람들이 쉽게 복제하거나 쉽게 사용할 수 있다면 소유의 의미가 없어진다. 따라서 얼마나 사적인 기술로 전용 가능한가가 사적기술의 실질적인 의미가 될 것이다.

그런데, 민간이 보유한 기술이 문제를 일으켜 주위 사람들에게 피해를 주면 어떻게 될까? 공장에서 독성물질이 누출되어 강물이 오염되고, 바다가 오염되는 등 피해범주가 상상을 초월하는 경우가 제법 많이 나타난다. 그러할 경우 이는 개인기술이 아니라 공공기술이 되고 공공의 통제를 받게 된다. 따라서 소유권만 가지고 기술을 구분하는 것도 한계가 있다.

## 3) 다른 개념과의 관계

암묵지는 상당부분 비체계적이고 인적 체화되었다는 점에서 기능과도 일치한다.

기능은 육체적인 측면을 강조해 특정한 작업을 할 수 있는 능력을 지칭하며, 특히 반복을 통해 얻어지는 능력을 말한다. 그러나 암묵지는 고도의 훈련이나 노력을 통해 얻어진다는 점에 의해 기능과 부분적으로 일치하기도 하지만, 육체적이라기보다 지적이며 다른 차원의 노력이 전제된다. 또한 반복이라는 개념보다 창조의 개념이 더 강하다.

지적창조의 능력은 예능과 대상은 다르지만 비슷한 속성을 가지고 있어서 비교된다. 사실 예술적인 창조능력과 기술적인 창조능력은 둘 다 창조의 영역이라는 점이 동일하고, 아주 작은 부분까지 말로 표현하기 어려운 암묵지 의존형이라는 점에서 대단히 유사하다.

그러나 기술은 이성의 구체적인 표현이라면 예술은 감성의 구체화라는 점에서 큰 차이가 있다. 대상이 다른 것이다. 또한 유형의 기계장비를 전제한다면 기술과 예술은 비교하기도 어렵다. 반면 예술은 고도로 숙달된 형태가 된다면 기능과 접목되기도 한다.

## 1.2 과학과 기술의 역사적 관계

### 1) 근대과학의 출현

최근 들어와 과학과 기술을 엄밀하게 구분하는 것은 쉽지 않다. 기술영역에서도 과학적인 연구활동이 이루어지는가 하면 과학분야에서도 최종 제품을 생산하기도 한다. 그렇지만 불과 100여년 전만해도 과학과 기술은 별개의 영역이었다. 과거에는 과학자는 원리의 규명이나 토론을 중시해 왔고, 기술자는 복잡한 말이 필요없이 몸으로 무언가를 만들어 왔다. 그러기에 두 집단의 교류는 거의 없었다.

사실 과학이라 해도 근대적인 과학은 17세기에나 등장한 것이다. 중세의 대학은 법학, 의학 및 신학을 가르치는 곳이었다. 그러기에 과거에는 상당기간 근대과학을 종교와 철학에 대한 도전으로 간주하였다. 갈릴레이 갈릴레오가 지동설을 주장하다 종교재판에 회부된 후 '그래도 지구는 돈다' 라고 했던 일화가 바로 근대과학을 억누르는 교회의 압력을 반영한 것이다. 1662년 영국 왕립학회, 1666년 프랑스의 왕립학회 설립이 근대과학의 시작으로 간주되고 있다.

그렇지만 기술은 인류의 역사와 함께 발전해 온 것이라 뿌리가 깊다. 이 추세는 근대과학과 달리 서구적인 전통에만 그치는 것은 아니다. 동서를 막론하고 기술을 활용하고 발전시키는 노력이 있었고, 특히 전쟁은 기술발전에 큰 공헌을 해 왔다. 어떻든 기술을 다룬 사람들은 고상함을 추구하는 과학계와 서로 교류가 없었다.

이러한 추세와 달리 과학과 기술이 결합하는 계기가 19세기 후반 나타난다. 1871년 통일된 독일은 약소국의 서러움을 달래기 위해 이공학(현재 화학)을 가르치는 대학을 육성한다. 그 결과 1차 대전 직후에는 영국 화학교수의 4/5 정도가 독일에서 공부한 사람들이었다.

1867년 독일의 BASF사는 염료개발을 위한 최초의 기업연구소를 운영한다. 이와 별도로 미국의 에디슨은 1876년 요즘으로 보면 중앙연구소에 해당되는 발명공장을 가동시킨다. 또한 이들의 성공으로 다른 기업들이 앞 다투어 자체 연구소를 설립하고 운용하기 시작하였다. 제품을 생산하기 위한 전문적인 기업 내 실험실이 등장한 것이고, 기업 내에서도 과학과 기술의 결합 시도가 이루어진 것이다.

### 2) 개별 영웅의 시대

과학기술자가 기술개발을 담당하는 주역이지만, 사회 전체로 본다면 기술개발은 어느 주체가 주로 담당할까? 개개인의 영웅적인 과학기술자가 그 역할을 수행한 적도 있고, 한 때에는 정부가, 작금에는 기업이 그 기능을 수행하고 있다.

시기적으로 보면 2차 대전 이전을 개인발명가 혹은 영웅의 시대라 부른다. 산업혁명기까지 거슬러 올라가면 1759년 James Watt의 증기기관 제작소 등이 존재하지만, 특히 현대적인 기업이 등장하는 1860년대 이후에는 개인발명가들의 활약이 두드러졌다. 1860년대 초 독일에서 개인발명자들에 의해 화학회사 BASF와 Hoechst 및 Bayer이 만들어진다. 이 기업들은 우여곡절이 있었지만 지금까지도 존재한다. 또한 1802년에는 벤쯔에 의해 자동차 기업 Bentz가 세워진다.

미국에서는 1870~80년대에 전기전자 계열인 현재의 AT&T와 GE가 알렉산더 벨과 에디슨에 의해 세워진다. 그리고 1900년대 초에 포드와 듀랑에 의해 자동차 기업 Ford사와 GM사가 세워진다.

### 3) 2차 대전의 영향

2차 대전은 과학과 기술의 결합이 극명하게 나타난 시기이다. 제트전투기, 로케트, 미사일, 레이더, 나아가 원자폭탄 등은 기술적인 노력만으로 구현되기 어려운 것들이다. 모두가 과학적인 원리규명에 바탕을 둔 것이고, 기술적인 차원에서 이를 실제로 구현한 것이다. 이 시기 체계적인 연구를 통한 새로운 기술의 도출은 그 자체로도 역사적인 사건이지만, 이 때 사용되었던 연구방법론도 그에 못지않게 이후 많은 영향을 미쳤다.

미국의 원자폭탄 제조를 위한 맨해턴 프로젝트에는 3년간 연인원 13만명이 투입되었다. 단기간에 워낙 대인원이 투입되어 한쪽에서는 실험동이 지어지며 연구가 진행되고, 다른 쪽에서는 과학자들을 위한 숙소가 지어지는 등의 작업이

동시에 이루어졌다. 이 프로젝트는 원자폭탄을 만들기 위한 것이었지만 이후 대형 연구활동의 소규모로의 분할과 관리라는 새로운 기법을 선보인 역사적 사건이었다. 동시에 추구해야 할 기술적인 목표가 많아 연구활동을 분할해야 했고, 많은 인력이 동원되었다. 또한 각 부분의 결과가 통합되어 최종 목표를 달성해야 했다. 그로 인해 연구활동을 분할하고, 종합하는 역량이 커졌고, 연구활동의 규모가 대폭 커지는 계기가 되었다. 연구관리의 새로운 기원이 형성된 것이다.

### 4) 기업의 활동

2차 대전 후 사회가 안정되며 경제활동이 활성화되자 기업의 연구개발 활동은 크게 증가한다. 세계의 기술진보를 선도하던 미국은, 소련과의 우주 원자력 전투기 함정 등의 국방경쟁을 시작했다. 이 경쟁의 주역을 기업과 대학에 맡겨 정부의 역할은 특수 분야로 축소되고 기업의 기술개발활동은 커졌다.

특히 1993년 12월 WTO(World Trade Organization) 협정의 체결로 각국 정부는 시장연구 직전단계까지의 연구개발만을 지원할 수 있게 되었다. 이로써 정부는 기초연구 및 일부 응용연구까지 전담하고 기업은 시장에서의 활용이 가능한 모든 연구를 수행하게 되었다. 세계 주요 국가에서는 총 연구비의 70%와 연구인력의 60% 정도가 기업에 소속되어 있다.

과학과 기술의 결합은 과학에 기반을 둔 기술이나 기술개발을 위한 과학적인 연구방법론의 적용만으로 이루어진 것은 아니다. 생산을 위한 과학적인 관리 역시 과학과 기술의 결합을 보여주는 예이다. 20세기 초반 포드 자동차공장에서 활용되기 시작한 소위 포드시스템은 대량생산을 지칭하는 용어가 되어 오늘날에도 사용되고 있다. 포드시스템은 분업과 자동흐름이라는 두 성격을 갖는다. 먼저 각 작업단위를 분할하고 그 작업만을 전담하는 노동자를 배치하며 작업시간을 계산한다. 이어 각 작업단위를 자동으로 연결하는 벨트를 통해 정해진 속도로 작업대가 이동된다. 분업의 이점과 작업속도의 획기적인 개선 등이 대량생산 시대를 연 것이다.

요약해 보자면 과학적인 원리와 이를 실체화하기 위한 노력이 바로 과학과 기술의 결합인 것이고, 이제는 이 노력도 기업에 의해 주도적으로 이루어지고 있는 것이다. 기업 내에서 연구개발이 전문화되고 있다할 것이다. 연구개발의 전문화는 기술의 과학적인 성격 증가, 기술의 복잡성 증대, 나아가 분업이라는 일반적인 추세에 기인한다.

### 5) 과학이 먼저인가? 기술이 먼저인가?

지금까지의 언급만 보면 과학이 기술을 유도한 것처럼 보인다. 그렇지만 기술적인 가동에는 과학이 원인일 수도 있고, 기술 자체가 원인일 수도 있다. 과학이 먼저 형성되고 그를 구현하는 과정이 뒤 따른다면 과학이 기술의 원인이라 할 것이다. 그러나 반대의 경우도 존재한다. 구리산화물, 실리콘정류기나 다양한 가축생산은 기술이 과학을 이끌었다. 그러기에 과학이 먼저인가 기술이 먼저인가라는 질문이 제기되는 것이다.

이러한 질문은 현대 기술에 있어서 과학이 기술을 선도하는 경우가 특히 많아 나타난 현상이기도 하다. 최근의 기술인 IT(정보기술), BT(바이오기술), NT(나노기술) 등은 연구실에서 파생되어 시장에 나온 기술들이다. 이 기술들은 실험실에서의 성공이 약간 다듬어진 상태로 시장에 그대로 출시된다. 연구실이나 실험실과 시장이 그만큼 가까워진 것이고 그 거리가 단축된 것이다. 바로 이러한 지점에서 기술의존형 벤처기업들이 많이 설립되고 있다.

과학이 우선이 되어 등장하는 기술을 과학기반기술이라 부른다. 또한 과학이 기반이 되어 이루어지는 산업을 과학기반산업이라 부르기도 하고, 이를 이루는 과정을 과학사업화라 부르기도 한다. 과학사업화는 흔하게 불리우는 기술사업화와 최종적으로 기술의 사업화라는 점에서는 같지만, 사업화 대상이 과학적인 연구가 바탕이 되었다는 점에서 세부적인 성격에서는 차이를 보이기도 한다. 일반적인 기술사업화에 비해 과학사업화는 기간이 오래 걸리고, 그에 따라 그만큼 위험이 크고, 또한 연구장비 의존이 크다는 특징이 있다.

그렇다고 최근의 기술들이 모두 과학에서 연유되었다고 할 수는 없다. 일부 기술들은 기술적인 현상이 우선이고 과학이 이를 받쳐주는 경우도 존재하기 때문이다. 과학이 기술을 선도해가는 경향이 더 크고 주도적인 것이 사실이지만 여전히 기술적인 현상이 과학활동을 요구하는 경우도 존재한다. 과학기술의 범위가 대단히 다양하므로 과학이 기술을 선도한다와 같은 단정적인 표현은 주의깊게 하여야 한다. 과학이 기술을 선도하고, 이어 나타난 기술적인 현상을 해결하기 위해 또 다른 과학적인 활동이 가미되기도 한다. 그러한 경우는 단편적으로 보자면 과학이 기술을 선도하는 것처럼 보이지만 어느 측면에서는 반대로도 보인다.

## 1.3 과학과 기술의 사회적 형성

### 1) 과학기술의 자체 발전 동력

과학과 기술은, 과학기술자들의 호기심과 호승심의 산물이기에 또한 현장에서의 끝없는 시도의 산물이기에, 한번 출현하면 그 자체의 동력에 의해 변화가 진행되어 가는 속성이 있다. 다시 말해 과학기술은 인간사회와 관계되지 않고 자체로 발전해 간다는 것이다. 이 현상은 과학기술의 형성, 과학기술자의 생리 및 기업의 이익추구라는 세 측면에서 설명될 수 있다.

과학기술은 인간의 자유로운 상상력이나 시도에서 파생된 것이라 사회와 무관하게 출발한 경우가 많다. 연구실이나 실험실에 고립된 연구자에게서 과학기술이 형성되는 경우가 많으므로 과학기술의 출발 자체가 사회와 격리되어 이루어진다.

한편 과학기술자의 생리에서 그 원인을 찾기도 한다. 어떠한 기술이 등장하면 과학기술자들은 그를 능가하는 혹은 새로운 형태의 변화를 생리적으로 추구하고자 하는 속성이 있다. 또한 새로운 영역을 스스로 찾아 개척하고자 하는 속성도 존재한다. 그러한 활동이 과학기술자의 속성이고, 과학기술계에서는 높이 평가되기 때문이다.

기업은 수익이 발생한다면 어떠한 기술진보도 추구한다. 사회가 어떻게 반응하든 수익이 존재한다면 기술 자체의 변화를 추구해 간다. 과학기술자는 자체 생리 나 명예를 위해 움직인다면 기업은 이윤동기에 의해 기술 자체를 발전시켜 가는 것이다.

과거의 기술발전 추세를 보면 과학기술이 독자적으로 발전한다는 주장이 타당해 보이는 경우도 있다. 그러나 현대에 와서 과학기술의 발전이 사회와 완전히 고립되어 이루어지는 경우는 찾기가 쉽지 않다. 현대의 과학기술은 대상이 국가이든 기업이든 상당부분 사회와 관계되어 형성되고 발전해 가는 것이다.

### 2) 사회의 과학기술에 대한 영향

과학기술이 과학기술자의 자유로운 상상력과 창의성에 의해 출발하는 부분이 존재하는 것은 분명하다. 그러나 과학기술활동을 위한 사회의 자금지원, 과학기술의 세부내용에 대한 시장이나 국가 혹은 사회의 간섭을 무시하고 과학기술의 생성과 발전을 논하기 어렵다.

먼저 과학기술이 태동되는 연구개발의 재원문제를 보자. 어느 나라이건 기초연구는 대부분 국가에 의해 지원되거나 초거대 기업에 의해 지원되는 특성이 있다. 현대 과학은 개인이 독자적으로 추구하기에는 비용부담이 크다. 현대적인 연구개발은 점점 실험장비나 도구 비용이 커지고 있고 관련 소재비용 역시 커지고 있다. 여기에 실험실이 필요하고 연구자들의 인건비 혹은 관련 활동비 등 재원의 문제가 크게 작용한다.

응용성이 약한 기초연구의 경우에는 연구비를 지원하는 기업을 찾기도 힘들다. 따라서 대부분의 기초연구는 주로 국가가 담당하고 있다. 기업은 아주 예외적인 대기업에서나 담당할 정도이다. 개발연구나 응용연구가 되면 점차 기업이 재원을 부담하게 된다. 물론 국방이나 안전 기술이라면 국가부담이 주를 이루지만 개발기술은 대체로 기업이 담당하게 된다. 기업은 시장동향이나 소비자의 취향에 맞추어 기술을 개발한다. 따라서 출현 자체는 과학기술의 독자적인 힘에 의해 이루어졌을지라도 일단 시장에 진출한 기술은 시장의 영향에 따라 발전해갈 수밖에 없다.

연구재원만이 사회가 과학기술과 작용하는 지점은 아니다. 정부의 규제 역시 과학기술의 발전에 큰 영향을 준다. 환경규제에 따라 여러 환경기술이 발전하고 대체기술들이 발전한다. 도로안전이나 의약품에 관한 규제도 사람이나 자연에 해가 되는 것들은 규제되고 그로 인해 대체기술이 등장하고 발전한다.

최근의 사례에서 보다시피 인간복제기술은 연구개발 자체가 정부에 의해 승인되고, 개발과정도 각종 사회단체가 참여하여 올바른 형태로 진행되고 있는 지 확인한다. 정부에 의한 구체적인 규제가 아니라 해도 과학기술이 진행되는 과정에서 여러 사회적인 힘이 실제로 작용하고 있는 것이다. 돼지 등 발굽이 있는 고기를 먹지 않는 이슬람권에서는 이와 관련한 기술은 종교적인 이유로 인해 태동조차 할 수 없다.

사회가 과학기술에 영향을 주는 네 번째 주요 경로는 사회적인 수요이다. 대량수송의 필요성에 따라 수송기술이 발전하고, 더 빠른 통신욕구는 통신기술의 발전으로 이어진다. 환경을 보호하고 지구를 지키자는 노력은 그린기술의 발전으로 이어진다. 시장에서의 수요가 아닌 사회적 필요성으로도 특정 사회는 어떠한 기술을 더 필요로 하는 것이다.

### 3) 유도된 기술진보

사회적인 수요에 의해 기술혁신이 이루어지는 경우를 유도된 기술혁신이라 부른다. 유도된 혁신은 과학기술과 유리된 순수한 사회적인 차원에서만 이루어지는 것이 아니라 과학기술 내부의 필요성에 의해서도 나타난다.

유도된 기술혁신의 첫 번째 형태는 관련된 활동의 기술적인 병목에 의해 나타난다. 특정분야에서의 기술적인 문제를 해결하기 위해 새로운 기술이 등장하는 것이다. 기술적인 요인에 의한 기술혁신인 것이다.

두 번째 형태는 부존요인과 관계된 것이다. 투입요소가 희소하거나 반대로 풍부한 경우에 기술혁신이 더 촉진된다. 이를 활용하거나 대체할 기술개발을 더 서두르기 때문이다. 목재가 풍부한 핀란드의 목재기술과 종이기술이 뛰어난 것이 좋은 예이다.

세 번째 형태는 시장에서의 수요요인이다. 갑자기 수요가 증가하는 경우 이를 충족시키기 위한 기술개발이 촉진된다. 시장수요가 있는 곳을 향해 기술개발이 따라가는 것은 당연하다.

네 번째 형태는 상대가격 수준의 급격한 변화, 즉 가격요인이다. 석유가격이 급등할 때 석유절감기술의 개발이 등장하고, 대체에너지 기술개발이 촉진된다. 그런가 하면 석유탐사와 추출기술이 더 발전된다.

다섯 번째 형태는 산업적인 갈등이다. 이는 특정 산업과 타산업이 비슷한 용도를 가지고 충돌하는 경우, 공급산업이 수요산업에 여러 형태로 압박을 가하는 경우 등을 말한다. 어떠한 형태가 되든 당하는 입장에서는 이를 피하기 위해 기술개발을 촉진시킬 수밖에 없다.

그러면 사회적인 필요가 있다면 그를 해결할 수 있는 모든 기술이 원하는 시기에 원하는 형태로 등장하는가? 어떠한 형태로든 해결할 수 있는 기술이 등장하지 못하는 경우도 많다. 기술개발을 가장 촉진시키는 전쟁의 경우에도 상대진영의 무기를 방어할 대응무기 개발이 끝내 이루어지지 않아 멸망하는 경우도 많았고, 지금도 상대진영을 손바닥처럼 볼 수 있는 기술은 부족하다. 위험지역을 조종사없이 날 수 있는 무인비행기는 아직도 기술적으로 문제가 많다. 자동차 배기가스 문제를 해결할 수 있고 공장 굴뚝의 연기를 완벽하게 제어할 수 있는 기술도 아직도 부족하다.

과학기술의 형성과 발전에 사회가 큰 영향을 미치는 것은 분명하고, 사회적 수요에 의해 과학기술이 발전해가는 것 역시 분명하지만, 과학기술의 발전이 항상 유도된 형태로 이루어지지는 않는 것이다.

# 02 기술의 속성

## 2.1 기술 자체의 속성

어떠한 논의도 기술의 포괄적인 모습을 보여주지 못함에 따라 복합적인 차원으로 기술을 규정하려는 시도가 등장한 바 있다. Breschi와 Malerba(1997)는 기회라는 차원에서, 나아가 전용(모방)성, 누적성 및 지식기반이라는 차원에서 기술의 속성을 폭넓게 규정한다. 하나의 기술이 〈표 1-3〉과 같이 다양한 속성을 동시에 갖고 있는 것이다.

기회 차원에서는 기술수준, 기술의 적용범위, 기술의 변형가능성 및 기술원천에 따라 기술을 구분한다. 기술수준이 높으냐 낮으냐의 여부, 적용범위가 큰가 작은가의 여부 및 변형가능성이 크냐 작으냐가 모두 다 기술적인 속성의 하나인 것이다.

다른 이들이 사용할 수 있느냐의 여부를 묻는 전용성은 수준과 수단에 따라 구분된다. 전용수준이란 다른 이들이 모방할 수 있는 수준이 어느 정도인지를

표 1-3 기술의 복합적인 속성

| 차 원 | 속 성 | 정 도 |
|---|---|---|
| 기 회 | 수준 | 고 / 중 / 저 |
| | 적용범위 | 광범위 수개범위 한범위 |
| | 변형성 | 고 / 중 / 저 |
| 전용(모방)성 | 원천 | 고 / 중 / 저 |
| | 수준 | 고 / 중 / 저 |
| | 수단 | 다 / 중 / 소 |
| 누적성 | | 기술 / 조직 / 기업 / 분야 / 지역 |
| 지식기반 | 기반/특유 | 여러 기술 / 몇 개 / 1개 적용 |
| | 암묵지/코드형 | 암묵지 / 코드(부호)형 |
| | 단순/복잡형 | 복잡성 대 / 중 / 소 |
| | 독립/시스템 | 시스템 대 / 중 / 소 |

주: 유형, 부호형, 체화형도 유형별 속성의 하나로 추가 가능.
자료: Breschi, S. & Malerba, F. (1997), "Sectoral Innovation Systems: Technological Regimes, Schumpeterian Dynamics, and Spatial Boundaries". In C. Edquist (Ed.), Systems of Innovation, pp. 130-156, London: Pinter 수정.

말하는 것이고, 수단은 전용성을 지키는 방법이 무엇이고 얼마나 어렵냐는 것이다.

누적성은 기술능력이 기술 자체에 누적되는지 아니면 어떠한 조직이나 기업 나아가 지역에 누적되는 지를 판단하는 기준이다. 기술에 따라 어떠한 조직 혹은 기업이 아니면 불가능한 기술들이 있고, 특정지역에서만 가능한 기술들이 있다. 조직이나 기업 혹은 지역에 누적되는 기술들은 기술만이 아니라 여러 요인이 동시에 작용하여 이루어진다.

지식기반으로 구분된 여러 속성에는 기반기술과 특유기술 구분, 암묵지와 부호형 지식의 구분, 단순기술과 복잡기술의 구분, 독립형과 시스템형 기술구분이 있다. 기반기술과 특유기술의 구분은 해당기술의 용도가 여러 분야에서 공통으로 사용가능한 것인지 아니면 특정 분야에만 적용가능한 것인 지를 지칭하는 용어이다. 디지털기술과 같이 어떠한 기술은 거의 모든 범위에 응용가능하고, 어떠한 기술은 수십개의 분야 혹은 수개의 분야에 응용가능한 경우가 있다.

부호형 지식(codified knoweldge)은 부호형태로 표현 가능한 지식을 말하며,

이에 비교되는 암묵지(tacit knowledge)는 어떠한 형태로도 표현하기 어려운 지식을 말한다. 부호 형태로 표현할 수 없거나 표현되지 않는 사람체화형, 조직체화형 지식이나 기술이 암묵지이다. 그러므로 암묵지는 다른 사람에 의해 모방이 힘들다는 특징이 있다.

단순기술과 복잡기술의 구분은 기술의 복잡성 여부에 따른 것이다. 단순기능을 갖는 기술이 있는가 하면 복잡한 과정과 절차를 갖는 기술이 있다. 복잡기술은 대체로 복잡한 시스템 기술일 경우가 많다. 기술마다 복잡성의 정도는 대단히 큰 차이가 있다.

독립형인가 시스템형인가의 구분은 단독으로 존재하는지 아니면 여러 다른 기능들과 연계된 시스템인지를 말하는 것이다. 시스템도 소형 시스템 위에 보다 큰 서브 시스템이 있고, 이 상위에 다시 큰 시스템이 있는 등 다층 시스템이 존재할 수 있다. 대형 유람선, 우주선, 자동차 등은 매우 복잡하다는 점에서 복잡계 기술(complex system)로 불리기도 한다.

이상의 내용들은 기술에 존재하는 다차원적인 속성을 말하는 것이다. 어떠한 기술이 기술기회 차원에서 기술수준이 높고, 적용범위도 광범위하며, 변형가능성도 높고, 대단한 기술로 평가되는 원천기술일 수 있다. 또한 이 기술이 전용성이 높고, 암묵지 형태로 존재하며, 시스템적인 성격을 가지고 있다면 더욱 높게 평가될 수 있을 것이다.

여기에서 언급되는 기술 속성은 결국 기술평가에 활용될 수 있는 것이고, 기술비교의 원천이 될 수 있는 사항들이다. 그러나 기술평가를 위한 속성은 이들만이 전부가 아니다. 기술을 제대로 이해하기 위해서는 다음에서 언급되는 기술의 상대적인 속성을 이해하고, 기술 자체가 가진 다른 모습들을 추가로 이해하여야 한다.

## 2.2 기술의 환경적 속성

### 1) 기술집합으로서의 상품

제품은 판매되기 위해 만들어진 물리적인 것들이고, 서비스는 사람에 의해 제공되는 무형의 것이다. 이 둘을 시장에서는 상품이라 부른다. 그런데 기술은 활용되기 위해서 다른 물질이나 기술과 결합되어야 한다. 기술이 여러 원리와 물질의 집합인 것처럼, 상품도 여러 기술과 물질 혹은 구성품의 집합이다.

$$기술 = \sum (원리, 물질, 구성품)$$

$$제품/상품 = \sum (기술, 물질, 구성품)$$

아주 단순해 보이고 자명한 사실이지만 과학기술자를 포함하여 기술을 다루는 많은 사람들이 착각하는 내용이다. 과학기술자들이 다루는 기술은 그 자체로 완성되는 것이 아니라 활용을 위해서는 더 추가되어야 할 것들이 많다. 물론 다루어지고 있는 기술이 최종제품에서 가장 중요한 기능을 수행하기 때문에 해당기술만을 언급한다면 그럴 수 있다. 그러나 어떠한 목적을 위한 기술상품을 만들고자 한다면 하나 둘만의 핵심기술도 중요하지만 관련된 모든 기술과 서브시스템이 잘 구성되어야 함을, 또한 원하는 기능을 수행해야 함을 잊어서는 안 된다.

### 2) 기술의 환경으로서의 기술시스템

기술의 환경적 속성이란 해당 기술이 존속하기 위한 기술적인 환경을 말한다. 기술은 활용되기 위해 다른 기술이나 구성품과 결합한다. 이 경우 다른 기술이나 구성품과의 관계도 환경적 속성이다. 두 번째는 원하는 상품을 만들기 위한 엔지니어링기술과의 관계도 중요하다. 대량생산이 불가능하다면 해당상품은 존속할 수 없다. 세 번째는, 생산과정에서 사용하는 원자재와의 관계이다. 또한 생산과정에서 특정 원자재를 사용한다면 원자재와의 관계도 이 기술의 존속을 위해 중요하다.

이상은 모두 기업 내에서 직면한 문제인데, 기업 외적인 기술환경 문제도 있다. 첫 번째는 기술표준과의 관계이다. 기술표준의 선도업체가 아니라면 기술표준에 맞는 기술을 개발해야 하므로 비용과 시간 문제가 해당상품의 존속과 직결된다. 특히 정보통신분야라면 기술표준과 맞지 않는 기술은 거의 도태된다.

다음으로는 기술시스템과의 관계이다. 기술시스템이란, 협의로는 한 기술이 존립할 수 있도록 하는 기술, 생산, 시장 관련 모든 시스템을 말하고, 광의로는 관련된 교육 금융시스템까지도 일컫는다. 전자식 자동화가 일반적인 상황에서 압력식, 전기식, 기계식 등은 부품이나 간단한 구성기술을 획득하기 어렵고, 관련 인력을 구하기도 어렵다. 따라서 한 시대의 기술시스템과 어울리지 못하는 기술은 비용도 많이 소요되고 존재하기도 어렵다.

#### 3) 제품형 기술분류

UNIDO(유엔산업개발기구, United Nations Industrial Development Organization)는 개도국 제조업 증진의 목적 아래 기술분야를 단일설비형, 제품형, 연속공정형, 일관조립형으로 구분한 바 있다. 기술을 공장과 연계시켜 생각하는 전형적인 분류방식이다.

이와 달리 최근에는 소재형과 조립가공형으로 구분하기도 한다. 제품형, 연속공정형이 상당부분 소재형이고, 단일설비형 일관조립형과 일부의 제품형이 조립가공형으로 구분될 수 있다. 이러한 분류는 1980년대 이후에 등장한 S/W나 컴퓨터 혹은 네트워크 등에 적용하기 어렵다.

### 2.3 기술의 사회적 속성

#### 1) 과학기술의 사회연계 구조

과학과 기술은 상품으로 연계되고, 상품들의 집합이 산업이 되니 자연스럽게 산업이 된다. 기술은 다른 경로로는, 기술을 보유한 사람 관점에서 직업과 연계되고, 취업이 되어 있는 기업과 관계되어 다시 산업과 연계된다. 과학기술은 그 자체만의 속성도 있지만, 사회와 연계되며 사회 다른 분야가 가지는 성격 역시 가지게 된다.

대표적인 부분이 〈그림 1-1〉에서 보는 바와 같은 사람과 상품 중심의 연계관계이다. 어떠한 기술에 대한 능력은 기술적인 측면도 중요하지만 그를 활용하고 지속 발전시킬 수 있는 사람의 문제도 중요하다. 이 밖에도 기술이 가지는 사회적인 속성은 많다. 사회적인 속성은 협의의 사회적 속성, 경제적 속성, 법적 권리적 속성, 정책적 속성 등 특정 기술이 가진 기술 외적인 속성 전체를 지칭한다.

■ 그림 1-1 과학기술과 산업의 연계구조

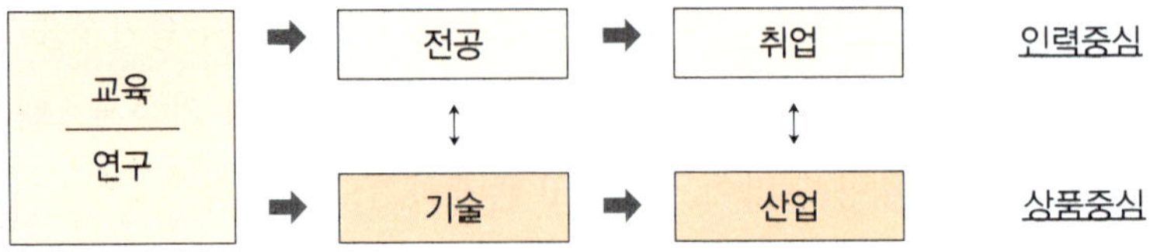


### 2) 사회적인 측면의 속성

협의로 본 사회적인 속성은 주로 사회적인 파급효과와 그로 인한 반대작용을 언급한다. 생활패턴의 변화, 소비패턴의 변화와 같이 생활에 미치는 파급효과가 있다. 또한 노동환경의 변화, 노동관계의 변화, 노동강도의 변화와 같이 작업장에서의 변화도 존재한다. 그런가 하면 생명윤리나 공해문제와 같이 삶의 기반을 흔드는 파급효과도 있다.

### 3) 경제적인 속성

경제적인 속성은 보통 시장적인 측면, 기업적인 측면, 수익적인 측면 등으로 구분된다. 시장적인 측면이란 파생될 시장의 규모나 시장에서의 경쟁관계 등을 의미하고, 기업적인 측면이란 해당 기술을 활용하는 기업의 조직형태, 규모 혹은 소요자본 등을 언급한다. 수익적인 측면은 시장활동의 결과 얻어질 수익의 구조나 속성을 의미한다. 이들 각 측면은 간단히 시장성, 기업성, 수익성이라 언급되기도 한다. 그리고 이러한 성격을 종합하여 사업성이라 칭하기도 한다. 따라서 사업성이 있다는 것은 특정기술을 상품으로 활용하면 수익이 확보된다는 것을 말한다.

### 4) 법적 권리적인 속성

기술개발의 결과를 획득할 권리가 없다면 기술개발을 할 인센티브가 전혀 없어진다. 좋은 기술을 개발해도 다른 사람이 그대로 복제해 사용한다면 기술개발자들의 노력은 헛되게 사라지기 때문이다. 기술에 대한 권리적인 측면은 기술개발자에게도 나아가 국가적으로도 중요한 문제이다.

기술의 권리적인 측면은 권리확보 가능성과 권리의 범주 및 권리형태로 구분

표 1-4 기술성 해부

| 기술적 측면 | 사회적 측면 |
|---|---|
| **기술 자체 속성**<br>기술수준<br>원천성<br>응용가능성<br>지식누적성<br>완성도<br>수명주기<br>모방가능성<br>모방식별 가능성<br><br>**기술환경적 속성**<br>기술표준과의 관계<br>기술간 경쟁<br>기술간 보완<br>기술하부구조와의 적합성 | **협의의 사회성**<br>환경복지<br>생명윤리<br>사회환경 등<br>**법적 권리성**<br>권리확보 가능성<br>권리범주<br>권리형태<br>**경제성**<br>자체 시장성/수익성<br>파급효과<br>**정책성**<br>과학기술기반<br>산업<br>국방보건의료환경 등 |

될 수 있다. 권리범주는 권리의 기술적, 지역적 혹은 시간적 범주를 말하며, 권리내용은 소유권, 실시권 등의 형태를 말한다. 권리범주와 권리내용은 대부분 법이나 계약에 의해 결정된다.

권리확보 가능성은 결국 산업재산권법에 의해 권리가 확보될 수 있느냐하는 문제이다. 특허를 기준으로 본다면 특허등록은 신규성과 진보성 나아가 사회적 유용성을 기준으로 판단된다. 신규성이란 새롭게 등장한 기술이라는 의미이며, 진보성은 유사한 기술들에 비해 진보되었느냐의 판단이다. 또한 사회적인 유용성은 산업적으로 유용하게 활용될 수 있느냐의 여부이다.

### 5) 정책적인 속성

국가 정책도 여러 측면에서 기술의 속성을 결정한다. 동일한 기술이 국방을 위해 사용될 수 있고, 산업이나 복지를 위해 사용될 수 있다. 그러할 경우 동일한 기술도 목적에 따라 속성이 달라진다. 국방기술이라면 정확한 목표달성 능력이 중요하고, 경제적인 측면에서 보자면 경제적 파급효과가 중요하다. 그런가 하면 다른 용도에서는 고용창출효과나 복지적인 속성 등도 중시된다.

# 03 기술의 상대적 위상

## 3.1 기술완성도와 기술수명

### 1) 기술완성도

#### (1) 완성도의 개념

기술에 대한 오해 중의 하나는 기술의 완성도에 대한 개념 부족에서 나타난다. 보통의 경우 실물감을 느끼도록 하는 3차원 TV기술이 개발되었다는 소식이 들리면 대체로 TV를 바로 볼 수 있겠구나하는 생각을 갖게 된다. 그러나 이 기술의 개념적인 실체가 개발되었다는 것인지 상품화가 되었다는 것인지, 아니면 대량생산이 되었다는 것인지에 대한 사실을 명확히 하지 않으면 안된다. 어느 단계이든 모두 3차원 TV에 관한 기술이기 때문이다. 따라서 기술을 제대로 이해하기 위해서는 특정한 단계에 대한 명확한 서술이 따라야 한다.

기술은 아이디어단계에서부터 출발해 점차 모습을 갖추고 활용가능한 형태를 갖춘다. 더 나아가면 상품으로서의 모습을 갖추게 되고 시장에 나가게 된다. 기술이 아이디어에서부터 상품화되어 시장에 출시되는 단계는 <표 5>와 같이 아이디어 단계, 개념설정 단계, 실체화 단계, 상품화 단계, 대량생산 단계와 같은 5단계로 구분된다.

아이디어 단계와 개념형성 단계의 차이를 초기 자동차로 설명해 보자. '굴러가는 차가 가능할 것이다' 는 아이디어 단계이다. 그런데 엔진 규모는 어느 정도가 되어야 하고, 바퀴의 재질은, 또한 개수는 몇 개가 정답인가 등에 대한 개념적인 설정은 아이디어와는 전혀 다른 형태이다. 스마트 폰이 한창 유행하는데 스마트 폰의 사이즈는, 사용 운용체제는, 응용프로그램들의 확보 문제는 등의 여러 질문에 대한 개념을 설정하는 단계가 개념설정 단계이다. 수많은 아이디어의 일부만이 개념설정 단계로 넘어가는 것이 보통이다.

그리고 형성된 개념과 이를 실제로 구현해 보는 것 역시 전혀 다른 내용이다.

표 1-5 기술의 완성도

| 단 계 | | 내 용 |
|---|---|---|
| 1단계 | 아이디어 | 가능하지 않을까? |
| 2단계 | 개념설정 | 구체적으로 이러 저러한 기술특성 부여 |
| 3단계 | 실체화 | 현실 속에서 구현 |
| 4단계 | 상품화 | 원가, 경쟁상품 등을 고려하며 상품으로 형성 |
| 5단계 | 대량생산 | 다른 생산기술의 지원을 받는 엔지니어링, 원자재 조달 등 |

개념적으로는 될 것 같은데 실제 작동이 되지 않는 경우, 또는 그러한 개념을 구현할 방법이 없는 경우 등 많은 이유가 존재한다. 흑연이 얇은 판으로 분리된다면 그래핀이라는 대단히 획기적인 물질이 만들어질 것이라는 개념적인 인식은 있었으나 이를 분리할 방법이 없었다. 그런데 이를 분리할 방법을 찾아 물질을 실체화시킨 것이 2010년 노벨 물리학상의 내용이다.

실체화가 되어도 실체화된 상태로 상품화될 수는 없다. 실체화된 대상이 과연 실생활에 적용 가능한지를 검토해 보아야 하고, 사용의 편리성, 안전성 등도 확인되어야 한다. 또한 대량생산이 가능한 지도 점검되어야 한다. 실체화된 상태에서 상품화 단계까지 가는 것도 대단한 노력이 필요하다.

상품화 연구가 성공했다 해도 대량생산이 되는 것은 다른 문제이다. 해당 기술만의 문제가 아닌 전혀 다른 계열인 생산기술의 도움을 받아야 하고, 해당기술과 생산기술과의 조화 문제를 고려해야 한다. 새로운 기술일수록 해당기술을 아는 사람이 없기에 해당기술의 개발팀이 생산기술까지를 이해하고 구현해야 하는 경우도 종종 발생한다. 대량생산 단계에서는 원자재 확보, 비용문제와 같은 기술 외적인 문제도 존재한다. 따라서 사업화를 해 본 사람들은 가장 어려운 부분이 대량생산 단계라 평가하기도 한다.

### (2) 기술준비도

미국이나 영국의 국방성은 복잡한 무기를 개발할 때 9단계의 준비도(technology readiness level) 개념을 이용한다. 1단계는 아이디어단계이고, 2단계 개념설정, 3단계 개념/기능확인, 4단계 실험실 환경 적용, 5단계 실제 환경 적용, 6단계 사용자 환경 적응, 7단계는 고도환경에서의 적용, 8단계는 실제 완성, 9단계는 테

표 1-6 기술준비단계

| |
|---|
| TRL 1 관찰된 혹은 보고된 기초원리 |
| TRL 2 형성된 기술개념과 응용 |
| TRL 3 분석적인 혹은 실험적인 핵심 기능/속성 입증 |
| TRL 4 실험실 환경에서 구성요소나 전체 확인 |
| TRL 5 적절한 환경에서 구성요소나 전체 확인 |
| TRL 6 적절한 환경에서 시스템/하부시스템 모형이나 프로토타입 데모 |
| TRL 7 우주환경에서 시스템 프로토타입 데모 |
| TRL 8 실제시스템 완료와 테스트와 데모를 통한 비행가능 인증 |
| TRL 9 성공적인 작동을 통한 비행확인 |

자료: US DOD, Technology Readiness Assessment (TRA) Deskbook, May 2005.

스트 및 버그 수정단계이다. 이미 5단계부터 실제 상황 적용이 시작되고, 8단계에서 완성된다. 이후 마지막 단계에서 실제 활용 현장에서의 테스트와 버그 수정이 이루어지는 것이다.

국방무기 개발에서 사용되는 단계가 훨씬 자세하고 엄밀하다고 느낄 것이다. 물론 국방기술은 복잡한 시스템을 다루고 있고, 실전 활용에서는 결점이 없는 형태로 운용되어야 한다는 특징이 있다. 그러나 기업에 있어서도 최종 상품으로 출시되기 까지는 앞에서 본 완성전 단계도 훨씬 더 세분되어 여러 단계를 거친다. 출시된 자동차가 조그만 문제가 있어도 해당제품은 물론 그 회사 전체의 이미지가 영향을 받고 큰 위기에 빠지게 된다. 따라서 출시 전 품질의 균질성, 안전성 등에 대한 점검은 훨씬 더 정밀한 것이다.

이 준비도 개념은 원래 미국 항공우주국(NASA)에서 개발된 것이나 국방부문에서 특정기술의 준비 정도를 파악하기 위해 특히 광범위하게 사용되고 있고, 소프트웨어 부문에서도 사용되고 있다. 따라서 어느 기관이 어느 목적으로 사용하느냐에 따라 약간씩 다른 기술준비도 정의가 있다. 그러나 대부분 9단계 준비도를 정의한다는 공통점은 있다. 어떻든 이 준비도라는 개념은 산업부문에서의 응용을 위한 완성도 개념을 이해하는 데 큰 도움이 될 것이다.

### 2) 기술수명과 기술의 진부화

기술도 사람과 마찬가지로 수명을 갖는다. 기술에 따라 수명은 천차만별이지만 모든 기술은 수명을 갖는다는 점은 공통적이다. 사람과 마찬가지로 생성기 혹은 도입기라 부를 수 있는 단계가 있는가 하면 성장기가 있고, 성숙기가 존재

표 1-7 **기술수명 지표**

| 기술수명 유형 | 내 용 |
|---|---|
| 물리적 마모 | 마모로 인해 점차 사용불능 |
| 기능적 진부화 | 기능적인 문제로 사용불능 |
| 기술적 진부화 | 대체 기술로 인해 사용안함 |
| 경제적 진부화 | 경제적인 이유로 사용안함 |

한다. 나아가 쇠퇴기가 존재하고 소멸되기도 한다. 이러한 수명주기는 보통 도입기, 성장기, 성숙기 및 쇠퇴기라는 네 단계로 구분된다. 사람이 유아기, 성장이 특징인 청소년기, 성숙된 장년기, 쇠퇴로 특징되는 노년기로 구분되는 것과 마찬가지이다.

이러한 구분을 하는 이유는 단계별 특성이 다르기 때문이다. 사람은 유아기와 청소년기가 다르고 장년기가 되면 또 달라진다. 마찬가지로 노년기가 되면 생각도, 살아가는 방식도, 몸의 움직임과 호르몬 배출도, 모든 것이 달라진다.

기술의 수명을 결정짓는 요인은 크게 물리적 요인, 기능적인 요인, 기술적 요인 및 경제적 요인으로 구분된다. 물리적 요인이란 물리적인 마모로 사용하기 어려워 수명이 다하는 경우를 의미하는 것이고, 기능적인 진부화는 기능상의 문제로 인해 무언가가 작동하지 않거나 더 좋은 기능으로 인해 포기되는 경우이다. 기술적인 요인이란 기술적인 진부화를 말하는데, 다른 기술에 의해 더 이상 해당기술을 사용할 필요성이 없어지는 현상을 말한다. 보다 더 좋은 기술이 등장한 것이다. 경제적인 진부화는 수요가 없거나 비용 등의 이유로 사용이 기피되는 경우를 말한다.

기술의 수명이 다 했는지를 판단하기 어려운 경우도 많다. 만약 기존 기술이 개량되어 버전 2가 나온 경우라면 어떻게 부를까? 새로운 버전이 출현한 경우 새 모델에 기존 모델의 내용이 있다면 수명이 계속되는 것으로 판단된다. 그러나 판단이 쉽지 않은 경우가 많다.

또한 성격이 다른 기술이 등장하여 동일한 목적을 위해 활용되는 경우도 판단이 어렵다. 2010년 등장한 스마트 폰은 기존 핸드폰을 급격히 대체하고 있다. 이러한 경우는 해당기술의 수명주기는 끝났지만, 해당 수명주기에 새로운 수명주기가 추가되어 두 개의 수명주기가 연속된 형태로 판단한다.

기술수명을 보는 다양한 시각이 존재한다. 상품가능한 수명, 상품의 사용가능한 수명, 기술 자체의 사용가능한 수명 등이 서로 다른 형태의 수명을 말하는 개념들이다. 상품가능한 수명이란 상품으로 팔릴 수 있는 기간을 말하고, 사용가능한 수명은 그 상품을 소비하며 얼마나 오래 사용할 수 있는 가의 기간을 말한다. 반면 기술 자체의 사용가능한 시간이라는 수명개념도 있다.

기술사업화에서의 기술수명은 기술적으로 사용할 수 있느냐 없느냐의 여부보다 경제적인 의미가 있느냐 없느냐가 판단의 기준이 된다. 시장에서 팔리지 않는 기술은 일단 수명이 다했다고 보는 것이다. 나무로 만든 물레방아는 지금도 사용되고 있지만, 상품으로서의 수명은 끝났다고 할 것이며, 사용기간은 수선하는 빈도나 사용하는 사람에 따라 달라질 것이다.

기술수명을 언급하며 주의할 것은 평균개념인지 하나 하나의 응용부분에서의 수명인지를 구분할 필요가 있다는 점이다. 승용차의 평균수명은 5~10년이지만 특정 차량은 20-30년 이상 사용하기도 한다. 그런가 하면 출고 후 수일 내에 사용불능인 경우도 있다.

## 3.2 기술비교

### 1) 동일 계열의 기술비교

동일 계열의 기술이라면 해당분야 전문가의 평가를 통해 쉽게 비교가능하다. 그러나 전문가 사이에 의견이 갈릴 수가 있고, 모든 사람이 전문가가 아니기에 비교의 지표는 항상 문제가 된다. 그렇지만 동일 기술에서는 대체로 공학적인 지표나 경제적인 지표 혹은 공학적인 지표와 경제적인 지표가 결합된 형태가 비교를 위해 사용된다.

공학적인 지표라면 정밀성, 정확성, 내구성, 내한성/내열성, 기능성, 복잡도, 변형가능성, 응용가능성, 조작가능성, 안전성, 사용편리성 등이 지적될 수 있고, 기술에 따라 이러한 지표는 더 많아질 수 있다. 경제적인 지표로는 비용이나 가격의 문제, 투입인원의 양과 질 등의 속성이 거론될 수 있다.

앞의 기술속성을 염두에 둔다면 공학적인 지표에 의한 속성만으로는 동일계열의 기술이라도 비교가 완전하지 않음을 알 수 있다. 공학적인 속성이 좋다고 해서 좋은 기술은 아니기 때문이다. 해당 기술의 환경적 속성 혹은 사회적 속성까지 추가해 비교할 필요가 있다.

공학적 기준이 아닌 형태로 기술이 비교되는 경우도 많다. 시장성공을 예로 들어 보자. 공학적인 지표로 우수하고, 기술환경에서도 우수하다는 것이 입증되면 그 기술은 시장에서 성공할 수 있을까? 그렇지만은 않다. 기술적으로 우수한 기술이라는 것과 그 기술이 사회에서 채택되고 사용되는 것은 다른 이야기이다. 기술적인 내용 이외의 가격과 같은 경제적인 측면, 사회적인 측면, 나아가 정책적인 측면 등이 복합되어 사회적인 채택을 결정하기 때문이다.

### 2) 이질기술 비교

#### (1) 비교의 목적과 용도

기술을 비교함에 있어서 생명과학분야와 우주분야, 혹은 기계분야와 건설분야와 같이 이질적인 분야라면 비교가 쉽지 않다. 각 분야 전문가라도 누가 비교되는 기술 모두에 보다 정통한 전문가인지를 알 수 없고, 판단기준은 무엇인가라는 문제가 남기 때문이다. 그러기에 이질적인 기술의 비교에는 평가하고자 하는 목적과 용도가 가장 중요해진다. 이 점이 분명해 지면 아무리 이질적인 기술이라 해도 비교가능한 기준이 도출되고 그에 입각하여 평가지표가 도출된다.

이질기술을 비교하는 것은 개별 과학기술자나 연구조직 나아가 과학기술계의 문제가 아니라 기업이나 국가 등 의사결정과 관련된 분야에서 주로 이루어진다. 과학기술계에서는 개별 분야를 각 분야의 고유 영역으로 간주해 기술간 비교를 잘 시도하지 않는다. 그러나 과학기술계에서도 여러 과학기술분야를 동시에 다루는 종합적인 연구기관이라면 이러한 시도는 역시 존재한다.

이질적인 기술을 비교하기 위한 목적과 용도는 연구기관이라면 제한된 예산을 효율적으로 사용하기 위해 투자효율성을 찾거나 파급효과를 원할 수 있다. 혹은 빨리 결과가 도출되기를 바랄 수도 있고, 커다란 상징적인 의미가 있는 산출을 원하기도 한다. 국가라면 기술적으로나 경제적으로 파급효과가 큰 기술을 우선하거나, 국방이나 사회안전의 문제라면 국가가 꼭 보유해야 하는 기술을 우선시 할 것이다.

### (2) 구체적인 기준

목적과 용도가 분명해지면 그에 따라 비교하는 방법을 여러 가지로 선택할 수 있다. 첫째는 기술적인 파급효과이다. 다른 분야에 영향을 미칠 수 있는 정도, 기술적인 변형성, 응용가능성 등이 여기에 속한다. 특히 아주 중요한 기술에 있어서 병목현상을 해결할 수 있는 기술이라면 중요도가 더 커진다.

두 번째는 산업적인 파급효과이다. 이는 기술적인 측면의 효과와 달리 시장이나 경제적인 차원에서의 효과 규모를 따지게 된다. 산업연관효과는 수요산업에 영향을 미치는 전방효과와 이 산업에 원자재를 납품하는 공급산업에 영향을 미치는 후방효과로 구분하기도 한다. 주의할 것은 기술적인 응용성이 크다고 산업적인 파급효과가 큰 것이 아니고, 반대의 경우도 아니다. 따라서 정확한 판단이 필요하다.

세 번째 기준은 국가적인 혹은 사회적인 필요성이다. 신종플루와 같은 질병이 만연할 때는 이를 해결할 수 있는 기술이 우선시되며, 전쟁시기라면 무기기술이 더 중요도를 인정받을 것이다. 기업에서라면 현재의 난관을 극복할 수 있는 기술 등이 이 범주에 속한다.

네 번째는 경제적인 이익이다. 해당 기술을 이용해 얼마나 많은 매출을 할 것이고, 보다 더 나아가면 더 큰 이익을 얻을 수 있는가가 판단의 기준이 되는 것이다. 여기서도 매출액이 크다고 이익이 많이 나는 것이 아니므로 투입액 대비 매출액 혹은 투입액 대비 이익 등의 상대지표가 활용되어야 할 것이다.

또 다른 비교척도는 기술집약도와 연구개발집약도이다. 연구개발집약도는 매출액에 대한 연구개발비 혹은 총인력에 대비한 연구개발 인력을 지칭한다. 기술집약도는 연구개발비에 기술도입비 혹은 기술관리비를 모두 합한 금액이 매출액에서 어느 정도를 차지하느냐를 구분하는 지표이다.[3] 그러나 이 척도만으로는 어느 기술이 더 중요하다고 평가할 수는 없을 것이다.

---

3) 유사한 개념인 자본집약도라는 용어는 1인당 총자산에 대비한 기계설비의 비중을 말한다.

CHAPTER 02



# 연구개발과 과학기술활동

- 연구개발 일반론
- 과학기술활동
- 국가별 차이
- 연구개발활동 분석

# 01
# 연구개발 일반론

## 1.1 연구개발의 단위

연구개발은 팀으로 움직이는 경우가 대부분이다. 하나의 연구팀은 한 두명으로 구성될 수도 있지만 수백명 수천명으로 구성될 수도 있다. 2차 대전 당시 원자폭탄 개발계획인 맨해턴프로젝트와 같은 경우는 5년여 동안 연 인원 13만명이 참여하고, 30여 개의 연구기지에서 수행되었다. 초대형 연구과제(연구프로젝트)는 작은 단위의 과제로 구성되고 작은 단위의 과제는 그 보다 더 작은 과제로 구성되기도 한다. 연구과제도 계층적으로 구성되는 것이다.

한편 프로젝트들의 집합을 프로그램이라 부르기도 한다. 그러한 경우 대형 프로젝트와 프로그램이 혼동될 수 있다. 그러나 연구프로젝트는 구체적인 하나의 기술적 목표를 추구하는 연구활동이라 정의되고, 연구개발 프로그램은 서로 연결되지는 않았지만 같은 목표, 같은 분야의 프로젝트 집합으로 보면 된다. 그런데 프로그램에는 연구개발 과제뿐 아니라 연구인력이나 장비구축 등 다른 종류의 사업이 포함되는 경우가 많다. 물론 대형 연구과제인 경우 하나의 프로젝트가 하나의 프로그램인 경우도 있다.

연구과제들의 집합을 표시하는 용어로 연구 포트폴리오가 있다. 연구 포트폴리오는 연구주체를 중심으로 다양한 연구과제들의 집합을 지칭하는 용어이다. 따라서 정부와 같이 큰 규모의 연구개발 주체자라면 큰 규모의 연구개발 프로그램을 가질 수도 있고, 작은 프로젝트들을 가질 수도 있다. 기업이라면 대체로 연구개발 포트폴리오를 가진다고 할 것이다.

## 1.2 연구개발의 요소

연구개발에 사용되는 요소는 크게 다섯 가지이다. 연구를 위한 사람과 재원, 즉 연구인력과 연구비 외에 연구정보, 연구장비 및 연구소재가 포함된다. 이들을 연구개발의 5대 요소라 한다.

### 1) 연구비

연구개발비를 구성하는 항목은 인건비, 기계장비 구입비, 연구재료비, 기술정보활동비, 잡비 등으로 구성된다. 이 밖에도 연구시설을 위한 건물이나 부지 비용도 포함되지만 연구용 공간이 있다면 앞의 비용이 기본 구성항목이다.

장비의존형 연구개발에서는 기계장비 구입과 운용 비용이 커지고, 연구소재 의존형이면 연구소재의 비중이 커진다. 연구현장에서는 최근 장비의존 현상이 커지고 있다. 장비가 바로 연구성과인 경우도 많이 등장한다. 기술현장에서는 아무래도 시행착오를 위한 비용, 즉 연구재료 비용이 특히 많이 소요된다.

연구비에 있어서 중요한 이슈는 첫째로 특정 연구개발을 위해 편성된 개별과제 연구비의 적정성 문제이고, 둘째로 과제별 배분방법과 원칙의 문제이다. 여기에 조금은 다른 차원에서 검토될 문제이지만 연구포트폴리오 자체를 구성하는 문제나 개별과제 설정의 유효성 문제가 추가될 수 있다. 연구비의 적정성 문제는 기술적인 효율성을 추구하기 위한 노력이라면 연구 포트폴리오를 구성하거나 개별과제의 우선순위 결정 문제는 배분효율성의 문제라 할 것이다. 이들 중 연구포트폴리오 구성이나 개별과제 선정문제 및 예산배분 문제는 연구개발의 효율성과 유효성이라는 차원에서 뒤에서 세부적으로 검토하기로 하고 여기에서는 적정성 문제만 살펴보자.

연구비의 적정성을 판단할 수 있는 객관적인 지표는 없다 해도 과언이 아니다. 다만, 과거에 이루어진 유사한 다른 연구의 경험과 비교하여 각 예산 항목의 적절성을 비교해 볼 수 있을 뿐이다. 물론 활동내용 중 예산규모가 명확히 도출되는 경우도 있다. 그러나 연구대상이 아주 새로운 것이라면 혹은 불확실성이 큰 과제라면 연구인력, 연구기간, 연구비 등 어느 하나도 정확히 예측하기 쉽지 않다. 누구도 그와 비슷한 작업을 해 본 적이 없기 때문이다. 현장의 개선작업이라할지라도 관련 비용을 정확히 예측하는 것이 쉽지 않을 경우가 있다. 기술적인 최적치를 찾기 위한 노력은 수십번 수백번 반복되는 경우가 있다. 이러한 경우는 몇 번만에 성공하겠다고 설정한 연구비가 어림치에 불과할 것이다.

### 2) 연구인력

연구개발 관련 인력은 크게 두 종류로 구분된다. 가장 중요한 인력은 연구개발을 실제 담당하는 인력이 있고, 두 번째는 연구개발인력을 여러 차원에서 보조하는 인력이 있다. 연구자들의 요구에 따라 실물견본을 만들어 보는 테크니션이 있는가하면, 시험검사, 표준화, 지재권 관리, 타당성검토, 정책연구 등을 담당하는 인력이 있다. OECD의 과학기술활동 구분에서 첫 그룹이 연구개발인력이고, 두 번째 그룹이 과학기술인력인 것이다. 기술개발이 효율적으로 이루어지기 위해서는 연구개발인력과 연구개발을 지원하는 보조인력이 모두 제 역할을 해주어야 한다.

연구개발에는 연구팀이 구성되는 것이 일반적이다. 따라서 연구팀의 경우는 연구자간의 호흡이 가장 중요한 요소가 되므로 연구팀 구성에는 연구팀장의 의견이 절대적이어야 한다. 한편 그만큼 연구팀장의 중요도는 높아진다. 연구팀장은 전체 목표를 분명히 하고, 해결의 비전을 가져야 하는 것은 기본이고, 일을 배분하는 능력, 연구자 개개인간의 업무와 갈등을 조정할 줄 아는 능력을 갖추어야 한다.

연구자이든 연구팀이든 연구개발에 있어서는 이들에게 분명한 목표가 주어져야한다. 그리고 목표달성에 대한 적절한 인센티브가 있어야 한다. 인센티브에 있어서 중요한 점은 이들은 돈만을 목표로 하는 집단은 아니라는 점이다. 적절한 금전적 보상이 당연히 필요하겠지만, 명예만 주어져도 충분한 연구자와 연구팀도 존재한다는 점을 염두에 두어야 한다. 명예가 중요한 이들에게 금전적 보상만을 가지고 접근하는 것은 바람직하지 못하다.

연구인력 문제가 논의되기 시작하면 항상 등장하는 몇 가지 중요한 점이 있다. 첫째는 분야 속성으로, 새로운 분야일수록 인력은 항상 부족하다. 특히 이러한 분야일수록 연구개발인력의 희소성은 더 커진다. 둘째는 기술속성으로 기술의 암묵성과 전유성이 커지면 커질수록 사람 의존도는 커지나 중요인력을 확보하기는 어렵다. 셋째, 어느 분야 어떠한 기술이 되든 새로운 기술의 창조인력은 희소하고 확보하기 어렵다.

이와 같은 점은 결국 어떻게 우수한 인력을 확보하고 관리할 것인가의 문제로 귀결된다. 연구개발인력의 확보는 직접 충원과 간접충원 방식이 있다. 직접 충원

표 2-1 연구기술인력 확보 방법

| 방 식 | 내 용 | 장 점 | 단 점 |
|---|---|---|---|
| 직접충원 | 스카웃 | 속도빠름 | 비용 큼 |
| | 대학원생 사전 확보 | 비용 저렴 | 시간소요 |
| | 직원을 대학원 학위과정 파견 | 비용 중간 | 시간소요 |
| 간접충원 | 연구프로젝트 발주 | 속도빠름 | 누적성 약함 |
| | 공동연구 | 속도빠름 | 누적성 일부 |
| 기 타 | 교육연구제휴 | | |

은 관련 인력을 바로 스카웃하는 방식, 인력확보가 잘 안되면 우수 대학원생의 졸업전 사전확보, 대학원생들에 대한 장학금 지급으로 유인, 그것도 어려우면 자체 직원을 파견하여 대학원 교육을 받게 만드는 방법 등이 속한다. 직원을 파견하여 대학원 학위과정을 하게 하는 것은 확실한 방법이긴 하지만 이들이 업무로 다시 복귀하도록 하는 장치가 마련되어야 한다. 기술능력의 확보 후 다른 회사로 이직하는 경우도 많기 때문이다.

간접충원 방식은 회사 내로 바로 채용하는 것은 아니고 소속기관은 그대로 두고 연구활동의 제휴를 통해 인력을 확보하는 방법을 말한다. 능력있는 대학교수나 연구전문기업 등에게 돈을 주고 연구프로젝트를 발주시키거나 이들과 공동연구를 하는 등의 방법을 말한다.

각 방식은 시간과 비용 나아가 인력을 확보하는 확실성이라는 측면에서 장단점이 있다. 그러나 어느 방식이든 첨단분야의 기술창조 인력은 확보하기 어렵기 때문에 충분한 기술기획을 통해 어느 시점에 어느 인력이 필요한 지를 사전에 파악할 필요가 있다.

### 3) 연구정보[1)]

연구정보는 연구개발에 필요한 정보를 말한다. 유형에 따라 구분하면 연구정보는 과학기술문헌 정보, 특허정보, 상품정보로 대별된다. 과학기술문헌정보는 학술저널에 발표된 논문, 각 학회에서 발표된 발표문 등이 중요 정보원이다. 특허정보는 특허등록 과정에서 작성된 특허 서류에 기재된 정보를 말하며, 상품정

1) 설성수(2002) 기술분석의 고도화, 기술혁신학회지 5권 3호.

■■ 표 2-2 3대 기술정보 원천

| 원 천 | 내 용 |
|---|---|
| 과학기술문헌 | 논문<br>발표문 |
| 특허 등 지재권 | 산업재산권, 저작권 등 |
| 상품 | 회사측 홍보물<br>사용자단체 평가<br>상품정보지<br>원자재업체 매출정보 등 |

보는 시중에 유통되는 상품에 대한 각종 정보를 말한다. 이들에는 회사 측에서 설명하는 혹은 홍보를 위한 상품의 특성, 가격 등의 정보가 있고, 각종 사용자단체들의 사용 후기나 평가정보 등이 있다.

정보를 내용별로 구분하면, 확실하게 공표되거나 발표된 정보와 진행중인 내용을 보여주는 회색정보로 구분되기도 한다. 공표된 정보는 항상 몇 년 전의 상황을 보고하는 경우가 많다. 그러나 학회 발표문, 각종 회의 발표문 등의 회색정보는 현재 진행형인 정보들이다. 따라서 회색정보가 보다 최근 정보에 가깝다할 것이다.

문헌분석이나 특허분석에서 파악하고자 하는 정보는 누가(who), 어디서(where), 무엇을(what), 어떤 방식(how)으로 개발을 했거나, 또는 하고 있느냐이다. 여기에 경우에 따라서는, 특히 지적재산권 시비가 걸리는 경우에는, 시점(when)도 중요해진다. 이러한 분석을 통해 동일한 목적을 달성하는 관련 기술의 구조가 도출되기도 하고, 반대로 특정기술의 각 구성요소를 담당하고 있는 활동자들을 파악할 수 있다.

문헌분석이나 특허분석이 기술적인 측면을 주로 파악하고자 한다면 상품분석은 상품 자체의 속성을 파악하고자 하는 분석이다. 유사 상품들의 정보, 개별 상품의 가격, 크기, 재질, 기능 등의 스펙 정보 등이 조사대상이다.

과학문헌, 기술 및 상품 정보는 단순한 경우도 있지만 관련 기술구조 혹은 상품구조 전체에 대한 정보는 전반적으로 대단히 방대하다. 다행히 과학기술분야는 각 분야를 대표하는 데이터베이스가 있고, 이들을 온라인으로 검색할 수 있다는 특징이 있다. 특허 역시 온라인으로, 주요국의 정보를, 무료로 검색할 수 있다는 장점이 있다.

그런데 정보는 데이터베이스와 데이터뱅크를 구분해 이해할 필요가 있다. 공학 관련 데이터베이스인 Compendex, 화학분야의 물질구조식이 특징인 CAS, 의약분야의 Medline, 전기전자분야의 Inspec 등이 단일 분야 데이터베이스들이다. 데이터뱅크는 여러 데이터베이스를 동시에 제공하는 서비스들이다. 물론 특정 데이터베이스도 한 두 가지의 정보만 제공하는 것이 아니라 관련 분야의 여러 정보가 결합되어 서비스되는 경우도 있다. 그러나 데이터뱅크는 성격이 다른 데이터베이스도 동시에 제공한다는 차이가 있다. 미국 독일 일본 정부가 비용을 들여 제공하는 STN, 상업용 Dialog 등이 대표적인 데이터뱅크라 할 것이다.

이러한 데이터베이스는 역사가 오래되고, 범위가 방대하여 전문가가 아니고는 정보를 검색하기가 쉽지 않다. 따라서 이들 데이터베이스에 대한 검색과 분석 작업만을 전문으로 하는 서비스를 이용하는 것이 효율적일 경우도 있다.

### 4) 연구장비[2)]

연구장비 없이 연구가 이루어질 수 없다. 최근의 연구는 장비싸움이라해도 과언이 아닐 정도이다. 그런데 연구장비는 대단히 다양하므로 여러 형태로 분류된다. 가장 간단한 구분은 범용기기와 첨단기기로의 구분이다. 범용기기는 다용도로 사용되고 첨단기기는 대체로 특수목적에 사용된다는 특징이 있다. 그러나 시간이 흐르면 첨단기기 역시 범용화되는 경향이 존재한다.

어느 분야에서 사용되는 기기냐에 따른 분야별 구분 역시 많이 사용된다. 물리분야의 장비, 화학분야의 장비 등이 그 것이다. 그러나 여러 분야에서 공통으로 사용하는 장비들이 존재하기에 이 구분은 범용과 첨단의 구분과 같이 경향성만을 지칭한다.

다른 형태는 규모에 따른 구분이다. 단독형 소형기기, 몇 개의 기기로 구성되는 중형장비, 거의 시설급에 해당되는 장비 및 국가나 국제 규모의 거대시설장비 등이 그 것이다. 시설급의 장비란 가속기, 천문대 등과 같이 대형시설을 동반하며, 이러한 시설은 대체로 공동 활용된다는 속성이 있다. 그런가 하면 국가 단위의 혹은 국제적인 시설도 존재한다. 가속기도 국가 단위 용도가 있는가 하면

2) 설성수(2006), 연구장비 현황과 구축패턴, 기술혁신학회지 9-3.

표 2-3 **형태별 연구장비 유형**

| |
|---|
| 1. 장비개발을 위한 하부구조 : 공작실, 전기실 등<br>2. 특수임무용 장비<br>3. 공동활용장비 (주요 시설 제외)<br>4. 거대과학 시설<br>5. 거대과학 관련 장비<br>6. 연구플랫폼 : 연구용 선박, 시설<br>7. 인터넷 네트워크 |

국제공동 연구용 초대형 가속기가 존재한다.

연구장비는 장비 자체로만 보지 않고 관련된 시설, 설비까지를 포함하여 분류하기도 한다. 이러한 구분에서 첫째 유형은 공작실 전기실 등의 장비개발을 위한 하부구조이다. 두 번째는 특수임무용 장비이고, 세 번째는 공동활용장비이다. 네 번째는 거대과학 시설이며, 다섯째는 거대과학 관련 장비들이다. 거대과학 시설은 그 자체로 사용하기 어려우므로 그에 수반되는 장비를 말한다. 여섯째는 연구용 선박이나 시설 등과 같은 연구플랫폼을 들 수 있다. 마지막으로 인터넷 등이 가능한 통신네트워크도 큰 범주의 연구장비에 포함된다. 통신네트워크는 연구뿐 아니라 모든 분야에서 활용된다는 점에서 연구장비와는 다른 차원에서 별도로 취급되는 경향이 있다.

범위를 좁혀 기기를 중심으로 보면 작업의 성격에 따라 계측장비, 분석장비, 공정장비로 구분할 수 있다. 계측장비는 전기적인 성질을 측정하기 위한 장비이고, 분석장비는 물질의 특성을 분석하기 위한 장비이다. 또한 공정장비는 시료나 시제품 제작용 장비를 말한다. 전체 장비 종수는 1,700 여 종에 달하며, 이중 공정장비가 54%, 분석장비 30%, 계측장비 15% 수준이다.

또한 용도와 형태를 중심으로 볼 때 실험실용, 공정용, 의료용으로 구분하기도 한다. 시장규모를 중심으로 보면 2003년 전세계 시장에서 실험용 45%, 공정용 11%, 의료용 23%와 부품 및 부속품 21%로 파악된다. 실험실용은 다시 분리기기와 분자기기 및 원소기기로 구분되고, 공정용 기기는 분광광도계, 크로마토그래프, 가스기기 및 액체기기로 구분된다. 의료용기기는 다시 임상화학기기, 면역측정기기, 통합시스템기기, 혈액기기, 응고기기로 구분된다.

특징적인 점은 연구장비는 연구개발에만 사용되는 것은 아니라는 것이다. 교육용으로도 사용되고 산업부문의 시험분석평가나 공정용, 나아가 의료용으로도 사용된다. 그만큼 산업용이나 의료용 장비라 할지라도 과학적인 연구가 기반이 되고 있다할 것이다. 따라서 과학기기라는 용어로 이 모든 기기를 통칭하여 부르기도 한다.

### 5) 연구소재[3)]

연구의 대상은 존재하는 모든 것, 심지어 존재하지 않은 모든 것도 대상이 된다. 우주를 연구하고 존재하는 지도 모르는 우주의 미지물질에 대해 연구한다. 인체의 시스템에 대해서는 신경계나 혈관계 정도가 아니라 보이지 않는 또 다른 시스템이 있다고 보고 연구하기도 한다. 과학기술분류에서 과학기술이 자연계 생명계 환경계 인공계 등으로 구분되는 것을 보면 대상이 얼마나 광범위하구나 하는 것을 알 수 있다.

연구소재라 하면 연구대상 전체를 말하는 것이 아니라 연구를 위해 특별히 수집, 보관, 처리될 수 있는 것들을 지칭한다. 이들은 광물계, 생물계, 정보계, 화합물계 등으로 구분된다. 그러나 최근 들어 가장 많이 거론되는 연구소재는 생물계 소재이고, 이들은 심지어 생물자원이라 부르기도 한다. 이들은 동식물이나 미생물 등 지구상에 존재하는 생명체 모두가 포함되어 생물다양성과 동일한 의미로 받아들여지기 쉽지만, 생물자원이라 하면 생물체 자체보다 이들의 유전자나 세포 조직 나아가 이들의 배양 혹은 복제와 관련된 영역을 언급한다.

연구소재는 왜 중요한가? 우선 연구를 위한 소재가 없다면 연구가 시작될 수도 없다. 두 번째는 생물계이든 광물계이든 혹은 부호계이든 연구용이 되려면 표준적인 속성을 가져야 한다. 과학기술이 가진 속성 중의 하나는 재현가능성이다. 특히 기술적인 차원에서는 재현가능성이 없다면 연구결과를 인정하지 않는 경우가 많다. 따라서 균일한 속성에 바탕을 둔 소재에서 균일한 연구결과가 기대될 수 있기에 연구소재의 질적인 속성은 중요한 의미를 갖는다.

---

3) 조순로, 설성수, 박정민, 생물자원의 관리와 정책, 기술혁신학회지, 11-2, 2008, pp. 219-240.

# 02

# 과학기술활동

## 2.1 정　　의

연구개발은 새로운 과학기술의 창출에 있어 가장 중요한 활동이다. 그러나 연구개발만 가지고는 무언가 부족한 부분이 있다. 연구개발이 정상적으로 이루어지도록 돕는 각종 활동, 개발결과가 제대로 활용되도록 돕는 활동, 관련 인력을 교육시키는 등 규모는 작지만 연구개발과 밀접히 연결되어 이루어져야 할 추가적인 행동이 여러 종류가 필요한 것이다. 이에 따라 연구개발보다 더 큰 개념의 과학기술활동이라는 용어가 있다. OECD는 각국의 과학기술활동을 파악하고 비교하기 위해 과학기술활동을 정의(Frascati Manual)하고 각국이 이 정의에 입각해 과학기술활동의 통계를 측정하도록 요구하고 있다.

과학기술활동은 크게 네 유형의 활동으로 구분된다. 첫째는 연구개발(R&D)활동이다. 과학기술활동 중 가장 중요하면서도 큰 활동이다. 두 번째는 협의의 과학기술활동이다. 이에는 교육훈련, 과학기술정보서비스, 시험검사, 표준화, S/W 개발, 지재권 관리, 자료수집, 기술개발 타당성검토, 정책연구 등이 포함된다. 세 번째는 관련 산업활동으로 과학기술이 응용되는 현장의 개선, 생산활동 속에서의 혁신활동 등이 여기에 속한다. 네 번째는 기타 관련활동이다. R&D대출, 네트

표 2-4 과학기술활동의 구분과 범위

| 유 형 | 내 용 |
|---|---|
| 1. 연구개발활동 | 연구개발 |
| 2. 협의의 과학기술활동 | 교육훈련, 과학기술정보서비스, 시험검사, 표준화, 지재권관리, 타당성검토 등 |
| 3. 관련 산업활동 | 엔지니어링, 생산 등 |
| 4. 기타 관련 활동 | 기술금융, 네트워크 구축 |

자료: OECD, Frascati Manual.

워크구축지원 등의 간접지원이 여기에 속한다.

첫째 유형인 연구개발활동은 비교적 단순하게 정의되므로 통계파악이 용이하다. 반면 둘째 유형은 범위는 넓은데도 종사자가 많지 않고 또한 겸직인 경우가 많아 통계파악이 쉽지 않다. 또한 셋째 유형은 기업의 활동이라 대학이나 정부를 포함한 공공부문의 활동과 차이가 있어 별도로 파악한다. OECD는 기업에서의 혁신활동에 대한 정의와 측정방법을 담은 매뉴얼(Oslo Manual)을 통해 산업계의 혁신활동을 측정하도록 권고하고, 회원국의 통계를 정기적으로 제공한다. 넷째 유형은 구분은 되지만 특정하기 힘들어 잘 파악되지 않는다.

요약하면 과학기술활동에 대한 통계는 국가 전체의 연구개발 통계가 있고, 산업계에 적용되는 별도의 혁신 통계가 있다. 둘째 유형인 협의의 과학기술활동은 통계가 잘 파악되지 않고 있는 것이다.

그런데 과학기술정보서비스나 특허분석 및 지식재산권 관리, 기술 및 시장정보 수집, 기술개발의 타당성 검토 및 정책연구는 과학기술자들이 이 내용도 과학기술활동에 포함시키는가 하고 의아하게 생각하는 분야이다. 보완적인 과학기술활동을 포함하는 데에 따른 의아함은 특히 한국에서 강하다. 그러나 큰 규모의 연구를 해 본 과학기술자들은 보완적인 활동 역시 연구개발 못지않게 중요하다는 점을 인식하고 있다. 연구개발을 함에 있어서 관련 기술정보를 모르고 시작하는 경우 엉뚱한 방향으로 가 있을 수 있고, 관련 지식재산권을 사전에 충분히 알지 못하고 추진하는 경우 해당 연구개발은 성공하고도 무의미해지는 경우가 많다.

과학기술정보서비스, 지식재산권 관리, 기술개발이나 사업화 타당성 연구, 관련 정책연구 등은 연구개발 활동의 유효성과 효율성을 높이는 중요한 수단들이다. 이들은 연구개발의 방향성을 잡아준다는 점에서 머리가 있는 연구개발 혹은 똑똑한 연구개발을 위한 수단이라 칭하기도 한다.

셋째 유형인 관련 산업활동은 주로 생산현장의 활동으로 과학기술의 활용 현장을 의미하고, 넷째 유형인 관련 금융활동, 네트워크 구축 등은 과학기술활동이 실제 이루어지기 위한 조건을 만들어가는 활동이라 할 것이다. 금융활동이 필요한 이유는 신기술의 개발이나 사업화 과정에 필요한 재원을 마련하기 위해서이다. 또한 금융투자자들의 참여가 사업화 과정에서 자금의 사용을 제어하고 관리해 준다는 점에서 사업화의 성공률을 높이는 한 조건이기도 하다.

## 2.2 과학기술자의 특성

### 1) 공통속성

과학기술자들을 표현하는 일부 서술은 다음과 같다. 첫째, 이들은 한 분야만을 평생 다루는 사람들이기에 대상을 넓게 보는 것이 아니라 깊게 보는 사람이라고 표현된다. 그러기에 보통 사람에 비해 '깐깐하다' 라는 표현을 자주 듣는다. 보통은 대충 넘어갈 수 있는 문제도 이들은 왜를 외치며 깊이 파고드는 습성이 강하다.

두 번째로 이들은 누군가의 지시에 의해 움직여지는 연구보다 자신의 관심과 동기에 의해 연구가 이루어지기를 원한다. 기본적으로 자기의 연구주제와 대상을 지키고 싶고, 자기만의 세계를 구축하기를 원하는 것이다.

모든 과학기술자가 다 그런 것은 아니지만 수준이 높을수록 이들은 대단한 엘리트의식의 소유자라 말하기도 한다. 뛰어난 과학자일수록 자신들이 하는 일은 국가를 위해서나 인류를 위해 의미있는 일이라고 느끼기에 대단한 자부심을 갖고, 그러한 일을 남보다 앞서서 수행하고 있거나 성공시키기도 하기에 엘리트의식 역시 큰 경향이 있다. 명예를 대단히 중시여기는 것이다.

사회적인 측면에서는 다른 형태의 평가가 내려진다. 첫 번째로는 사람과 사람의 관계를 주로 다루는 인문사회계와 달리 다른 사람과의 관계가 익숙하지 않다는 평가를 받기도 한다. 사물과의 깊은 관계를 추구하는 대신 사람관계가 익숙하지 않은 경향이 있는 것이다.

두 번째로 이들은 좁은 범위의 대상을 평생 지켜보는 것이 익숙해 다른 영역의 문제를 잘 고려하지도 않고, 심지어 자신의 전공분야를 보는 눈으로 다른 분야를 보기도 한다. 심한 경우는 다른 분야를 전혀 고려하지도 않고, 자기중심으로 세상을 보는 습관이 분명하다는 평가를 받기도 한다.

혹자는 과학기술자들을 인문사회계 특히 법상계에 피해의식을 가진 사람들이라 평가하기도 한다. 과학기술 관련 중요한 의사결정이 과학기술자에 의해 이루어지는 것이 아니라 법상계 출신들에 의해 내려진다고 보기 때문이다. 따라서 과학기술자 스스로 국가 차원의 과학기술 관련 의사결정을 하려는 경향이 크다.

이러한 평가는 부분적으로는 옳다. 그러나 부분적인 속성만을 가지고 과학기술자 모두를 평가하는 것은 사실을 바로 인식하는 것이 아니다. 일례로 보통 사람들이 생각하지도 못하는 우주의 문제를 고민하는 과학기술자도 있고, 지구의 미래와 특정 지역의 미래의 문제를 고민하는 연구자도 있다. 국가의 미래를 고민하며 연구하는 연구자도 있고, 인류의 삶 자체를 고민하는 연구자도 있다. 결국 과학기술자는 보통 사람들보다 훨씬 더 큰 주제로 고민하는 사람들일 경우도 많다.

과학기술의 영역은 대단히 넓기에 과학기술자 역시 대단히 다양하다. 따라서 이들을 논할 때도 분야별 속성과 다양성을 인정하며 출발해야 한다.

### 2) 분야별 차이

#### (1) 연구분야별 차이

과학기술자를 구분하는 첫째 구분은 분야별 차이이다. 먼저 수학 물리학 지구과학 화학 등 소위 이과계라 불리는 자연과학 분야와 공학분야 및 생명과학분야가 구분된다. 이과계는 기술적인 성취보다는 논문을 더 중시하기에, 그러기에 상대적으로 연구비가 적게 든다. 반면 공학계는 전반적으로 논문보다는 기술적인 구현 혹은 상품화를 중시한다. 그에 따라 실험 설비나 기자재 혹은 연구소재가 중요한 역할을 하기 때문에 그만큼 많은 연구비가 필요하다. 이들은 사회적인 활용을 염두에 두고 있기에 이과계에 비해서는 대단히 현실적이며 산업계와 밀접히 연계되어 있다.

그러나 이과계도 이를 구성하는 수학, 물리학, 화학 등 다루는 대상에 따라 다시 일반적인 경향들이 달라지고, 공학 내에서도 달라진다. 공학을 예로 들자면 토목건축분야의 거칠음, 전자 원자분야의 미세함, 기계분야의 일사분란함 등이 구분된다. 과학기술자들은 그들이 관련된 사회분야와 연계되어 이미지가 형성되고 또 그러한 행동들이 나타나는 경향이 있다.

학생들의 시험 평가에서 나타나는 한 예를 보자. 수학 물리학에서는 60점도 훌륭한 점수인 경우가 많다. 그런가 하면 기계 전자 등에서는 80점이면 괜찮은 수준이고, 토목건축과 같은 분야에서는 90점 이상을 받아야 좀 잘한다고 평가받는다. 반면 생물학자들은 100점 만점인 시험에서 100점 이상을 줄 수 없느냐는 질문을 던지기도 한다. 생물학에서는 1 더하기 1은 2가 아닌 경우를 너무도 많이 보아오기 때문이다.

### (2) 활동장소 차이

두 번째는 활동지 차이에 따른 특수성이다. 주제에 따라 책상 앞에서 주로 연구하는 과학기술자도 있고, 실험실, 개발현장 혹은 야외를 주로 지키는 연구자들도 있다. 공학자들은 실험과 개발현장을 지키고 생물계 학자들은 실험실이나 야외현장을 지킨다. 주로 활동하는 곳이 어디이냐에 따라 그들의 사고나 행동도 달라진다. 주된 작업이 책상 위에서 이루어지는 연구자의 속성은 일반 사무직과 큰 차이를 보이지 않는다. 실험현장이나 개발현장 혹은 야외현장을 지킨다면 이들은 해당분야의 일반 종사자와 비슷한 성격을 갖는다.

### (3) 연구내용별 차이

세 번째는 연구내용별 차이에서도 나타난다. 기초연구를 한다면 사회와의 교류없이 연구실만으로도 족하고, 개발연구를 한다면 과학기술계는 물론이고 사회적 동향이나 시장동향까지를 파악해야 한다. 시장을 모르고서 이루어지는 기술개발은 의미가 없기 때문이다. 개발연구자에게 사회적 관계가 약하다는 식의 평가는 곤란하다. 다만 시장 전체를 혹은 사회 전체를 접촉할 기회가 부족할 뿐이다.

### (4) 수준별 차이

수준별 차이도 존재한다. 수준은 보통 최초와 최고라는 두 개의 다른 타이틀을 기준으로 설정되므로 어느 의미에서의 수준인가를 명확히 할 필요가 있다. 최초는 과학기술자에게 가장 소중한 명예로 연계된다. 노벨상이나 학술상은 당연히 최초를 기준으로 부여되는 상이다. 반면 최고는 기술적인 성취 혹은 그 결과 경제적인 대가로 연계되는 것이 일반적이다. 젊은 연구자들에게 은사나 원로들이 해 주는 조언 중의 하나가 연구자로서의 삶 전체에 걸쳐 최초가 될 것인지 최고가 될 것인지를 택하라는 것이다. 과학기술에 있어서 최초와 최고를 동시에 겸하는 것은 정말로 어려운 일이기에 이러한 조언을 하는 것이다.

한국의 예를 살펴 보자. 한국은 여러 산업분야에서 최고가 되었다. 반도체 디스플레이 핸드폰 선박 등이 대표적인 예이다. 그런데 이들은 대부분 한국에서 최초로 등장한 것이 아니라 다른 나라에서의 최초를 성공적으로 산업화시켜 최고가 된 것 들이다. 이에 따라 한국에는 과학기술분야에서 과연 최초라 불리울 수 있는 것들이 얼마나 있는 지에 대해 반성하고 있는 것이다.

혹자는 현 세대는 세계수준을 따라 가기에 바빠 그 부분까지 발전하지는 못했는데, 최초가 많이 등장하는 것은 다음 세대의 몫이라고 평가하기도 한다. 한 세대에서 최고와 최초를 동시에 달성하기 쉽지 않으므로 세대가 바뀌며 이러한 성취가 가능하다는 것이다.

### (5) 소속별 차이

연구자들은 어떠한 형태의 기관에 속해있느냐에 따른 소속별 차이도 존재한다. 대학에 속한 연구자와 정부연구기관에 속한 연구자 또한 산업체에 속한 연구자는 큰 차이가 있다.

대학은 신분의 안정, 그로 인한 자유주제의 선택, 나아가 학생들을 키울 수 있는 특권이 있다. 이러한 특성으로 인해 정부연구기관이나 기업의 연구자가 대학교수가 되고 싶어 한다. 특히 학생들은 학위논문을 위해 모든 것을 투입해야 하므로 연구생산성이 높다. 또한 항상 새로움을 추적할 수밖에 없다.

정부연구기관은 국가가 유지해야 하는 과학기술분야를 지켜야 하고, 국가 목적을 위한 연구를 수행한다는 점에서 항상 정부의 정책을 선도하거나 같이 가게 된다. 그로 인해 국가 전체의 해당분야 혁신시스템을 선도하기도 하고 만들어 가기도 한다. 그만큼 자부심이 큰 것이다. 그러나 정부의 정책에 민감하게 움직이므로 연구주제가 자주 흔들려 연구의 지속성이 없어지기도 한다.

이에 반하여 산업체 소속 연구원들은 과학기술계뿐 아니라 시장에 대해서도 민감해 지도록 강요받는다. 전반적으로 대학이나 정부연구소에 비해 보수는 높으나 목표지향성이 워낙 강해 일의 강도는 높다. 그러나 다른 분야와의 교류와 융합, 시장에 대한 지속적인 관심, 기업 전체를 보며 이루어지는 연구개발 등 폭넓은 시야를 갖추고, 사회적인 관계 역시 탁월해진다. 그로 인해 제조업 분야 대기업의 최고경영자나 이사진은 어느 다른 전공보다 이공계 출신이 많다는 특징이 있다. 기술을 알고 시장을 알며 기업 전반에 걸친 식견이 있는 것이다.

산업체에서의 이공계 출신 고급간부 배출, 혹은 반대로 기술적인 능력이 뛰어남에도 중간에 탈락한 과학기술자로 인해 이공계 대학의 교육과정에 대한 반성이 이루어지고 있다. 많은 대학에서 대학과정부터 경영 경제를 알도록 하거나 사회를 알도록 하는 과목들을 필수적으로 이수하도록 하고 있다. 대학원 역시 경영 경제 등의 과목을 필수적으로 수강하도록 하는 곳도 많아지고 있다.

# 03 국가별 차이

## 3.1 국가별 주요 투입요소

### 1) 연구개발비

국가별 연구개발비를 비교한 것이 〈표 2-5〉이다. 국가별 연구비를 비교함에 있어서 주의할 점은 연구개발비 액수는 해당 국가의 물가수준이나 임금수준 등에 영향을 받으므로 단순비교가 어렵다는 점이다. 따라서 연구개발비는 절대금액보다 국내총생산(GDP) 대비 비율로 주로 파악한다. 표에 있는 국가 중에는 한국이 국내총생산 대비 3.57%로 가장 높고, 다음 순서인 일본이 3.42%로 다음이

표 2-5 국가별 연구개발비

| 국 가 | 총연구개발비 (억U$) | 배 율 | GDP대비 % |
|---|---|---|---|
| 한 국 | 297 | 1.0 | 3.57 |
| 미 국 | 3,982 | 13.4 | 2.77 |
| 일 본 | 1,681 | 5.7 | 3.42 |
| 독 일 | 965 | 3.2 | 2.64 |
| 프랑스 | 577 | 1.9 | 2.02 |
| 영 국 | 471 | 1.6 | 1.77 |
| 중 국 | 664 | 2.2 | 1.54 |

주: 한국은 2009년, 기타 국가 2008년.
자료: 한국산업기술진흥협회, 산업기술백서, 2010.

■■ 표 2-6 **한국의 연구개발 단계별 연구비 지출 (%, 억원)**

| | 2003 | 2006 | 2009 |
|---|---|---|---|
| -기초연구 | 14.5 | 15.2 | 18.1 |
| -응용연구 | 20.8 | 19.9 | 20.0 |
| -개발연구 | 64.7 | 65.0 | 61.9 |
| 총연구개발비 | 100(190,687) | 100(273,457) | 100(379,285) |

자료: 상동.

다. 이 비율에서 한국과 일본은 최근 전 세계에서 3위 이내를 기록하고 있다. 이 비율은 1990년대만 해도 3%를 넘는 나라가 거의 없었다. 그러나 2000년대 들어서며 3%를 넘는 국가들이 점차 증가하고 있다.

연구개발 단계별 한국의 연구개발비 지출은 〈표 2-6〉에 나타나 있다. 여기서는 모든 연구개발 활동이 기초연구, 응용연구 및 개발연구의 3단계로 구분된 것을 기준으로 한다. 연구개발비 구성은 기초연구, 응용연구 및 개발연구의 순서로 커지고 있고, 최근 들어와 기초연구와 응용연구의 차이가 대폭 축소되고 있다. 또한 기초연구의 비중은 점차 증가하고 있고, 개발연구의 비중은 점차 감소하고 있다는 특징이 있다.

### 2) 연구인력

연구개발 인력은 연구개발 활동을 하는 인력과 연구개발을 위해 상근하는 인력의 두 기준이 있다. 전자는 연구개발도 하면서 다른 활동을 하는 연구인력을

■■ 표 2-7 **국가별 연구인력 비교**

| 국 가 | 연구원(명) | 배 율 | 인구 1천명당 |
|---|---|---|---|
| 한국(2009) | 244,077 | 1.0 | 10.0 |
| 미국(2007) | 1,412,639 | 5.8 | 9.2 |
| 일본(2008) | 682,757 | 2.8 | 10.3 |
| 독일(2008) | 301,295 | 1.2 | 7.2 |
| 프랑스(2007) | 215,755 | 0.9 | 7.6 |
| 영국(2008) | 251,573 | 1.0 | 8.1 |
| 러시아(2008) | 451,213 | 1.8 | 6.0 |
| 중국(2007) | 1,592,420 | 6.5 | 2.0 |

주: 상근상당 (연구개발 참여 비율 감안) 연구원 기준.
자료: 상동.

모두 포함시킨 것이고, 후자는 상근 활동을 하는 비율을 모두 감안해 실제 인력을 계산한 것이다. 이러한 인력은 어느 부분에도 존재할 수 있지만 특히 기업에 많이 분포되어 있다. 국가 비교에서는 상근 인력을 기준으로 한 수치가 비교된다.

국가별 상근 상당의 연구인력은 역시 국가규모가 큰 중국, 미국, 일본, 러시아 순이다. 독일 프랑스 영국은 연구비에 있어서는 큰 차이가 있는 반면 연구인력에서는 큰 차이가 없다. 한국과도 비슷한 수준이다. 한편 인구 1천명 대비 연구인력의 비중은 일본 10.3명, 한국 10.0명. 미국 9.2명 순이다. 한국의 상대적인 연구인력 규모는 연구개발비와 마찬가지로 세계 상위수준이다.

## 3.2 국가별 과학기술 활동 결과

### 1) 과학기반

과학적인 노력은 거의 대부분 논문으로 표출되는데, 각 분야별 동향을 보면 국가별로 다양한 차이를 보인다. 국가별 패턴은 각국의 연구활동의 의지와 노력, 발전정도, 지리적인 위치와 국토의 규모, 인구분포 등에 의해 결정된다.

전 세계에서 영어로 발간되는 주요 학술잡지들에 실린 논문들의 인용관계를 분석하고 있는 SCI(Science Citation Index)에는 유용한 정보가 포함되어 있다. 여기에 발표된 논문을 기준으로 볼 때 국가별 발전정도에 따라 차이를 보인다.

표 2-8 **분야별 과학논문의 비중**

| | 국가명 | 농림수산 | 생물학/의학 생화학 | 공학 | 화 학/물리학 |
|---|---|---|---|---|---|
| 선진국 | 미국 | 11 | 48 | 14 | 25 |
| | 일본 | 11 | 36 | 13 | 38 |
| | 독일 | 11 | 37 | 12 | 38 |
| | 프랑스 | 10 | 42 | 10 | 37 |
| | 4개국 평균 | 11 | 41 | 12 | 34 |
| 동아시아 | 한국 대만 중국 | 6 | 19 | 25 | 50 |
| 라틴지역 | – | 20 | 36 | 8 | 35 |

주: 막대도표를 수치화한 것이라 각국의 합계가 정확히 100%가 되지 않음.
자료: Amsden, A., M. Mourshed, "Scientific Publications, Patents and Technological Capabilities in Late-industrializing Countries", Technology Analysis & Strategic Management 9-3, 1997, pp. 343-360.

선진국은 약간의 차이는 있어도 생물학/의학/생화학 등 생명과학 분야가 크다는 유사성이 존재한다. 반면 동아시아 지역은 화학/물리학, 공학의 비중 크고, 라틴 지역은 생명과학 비중이 선진국과 유사수준이나 농수산비중이 크고 공학비중이 낮다는 특징이 있다.

〈표 2-9〉에는 1981년과 1995년의 국가별 연구활동의 변화가 나타나 있다. 기간 상관관계가 1에 가까우면 해당기간 동안 그 나라의 과학기술활동의 내용이 크게 변하지 않은 것이고, 1보다 작을수록 큰 변화가 있었다는 것을 의미한다. 미국, 영국, 호주, 캐나다 등 영미권 국가는 연구활동의 패턴이 거의 변하지 않아 대단히 안정적인 구조를 가지고 있다. 반면 독일 프랑스 이태리 등은 변화가 상당히 크게 존재한다.

국토와 연결시켜 보면 미국, 캐나다, 호주 등 국토가 큰 나라는 지구우주과학의 비중이 크다는 특징이 있다. 또한 캐나다와 호주는 생물의 비중이 상대적으로 대단히 크다.

표 2-9 **국가별 연구활동 패턴(1981-95)**

| | 미국 | 일본 | 독일 | 프랑스 | 이태리 | 영국 | 캐나다 | 호주 |
|---|---|---|---|---|---|---|---|---|
| 1981 | | | | | | | | |
| 생물 | 104 | 89 | 85 | 68 | 54 | 106 | 158 | 206 |
| 생의학 | 108 | 89 | 73 | 102 | 93 | 100 | 102 | 83 |
| 화학 | 65 | 187 | 141 | 137 | 149 | 93 | 92 | 90 |
| 의약 | 105 | 68 | 92 | 95 | 101 | 107 | 80 | 91 |
| 지구우주과학 | 121 | 35 | 71 | 92 | 99 | 104 | 136 | 144 |
| 공학 | 111 | 133 | 106 | 65 | 65 | 99 | 106 | 67 |
| 수학 | 106 | 63 | 156 | 111 | 63 | 73 | 129 | 87 |
| 물리학 | 89 | 135 | 122 | 130 | 133 | 85 | 84 | 69 |
| 1995 | | | | | | | | |
| 생물 | 97 | 82 | 76 | 67 | 59 | 101 | 172 | 231 |
| 생의학 | 113 | 89 | 76 | 129 | 83 | 100 | 98 | 83 |
| 화학 | 73 | 137 | 148 | 116 | 111 | 88 | 84 | 74 |
| 의약 | 106 | 87 | 87 | 80 | 106 | 115 | 88 | 102 |
| 지구우주과학 | 121 | 45 | 72 | 88 | 86 | 104 | 158 | 122 |
| 공학 | 108 | 115 | 92 | 80 | 89 | 96 | 125 | 90 |
| 수학 | 109 | 37 | 101 | 182 | 112 | 77 | 114 | 79 |
| 물리학 | 83 | 140 | 143 | 118 | 128 | 79 | 70 | 66 |
| 기간 상관계수 | 0.954 | 0.898 | 0.734 | 0.594 | 0.637 | 0.913 | 0.929 | 0.948 |

자료: OECD, "The Management of Science Systems", STI Review, 1999, pp. 33-34.
주: (국가해당분야/국가전체) / (세계해당분야/세계전체)

미국은 물리학 화학 생물학의 비중이 상대적으로 약한데 비해 다른 분야에서는 전반적으로 강한 모습을 보여주고 있다. 영미권 국가는 의학 생화학 비중이 크고, 반면 대륙형 국가인 독일, 프랑스 이태리는 수학과 물리학 및 화학의 비중이 크다. 일본도 이들과 비슷한 경향이다.

인구규모 역시 국가적인 과학기반에 큰 영향을 준다. OECD의 한 연구에 의하면 해당 국가의 전체 논문 중 국제공동연구의 비율을 볼 때, 유럽의 소국은 1990년 현재 30% 이상의 논문이 국제적인 공동연구라 한다. 이 수치는 동년 일본 11.5%, 미국 14.5%인 것과 크게 대비된다. 독일 프랑스 영국 등은 모두 20% 대이다.[4)]

미국은 자국 연구자가 밖으로 나가는 것보다 외국학자가 미국에 있는 학자와의 공동연구를 하는 형태라 수치가 높지 않다. 반면, 일본은 세계에서 가장 낮은 국제 공동연구비율을 보이고 있다. 이는 언어적인 장벽이 큰데다 자기중심적인 성향이 강한 것을 반영하는 예이다. 또한 이들은 이미 충분히 성숙된 일본의 내부 수준을 반영한 것이기도 하다.

한국은 일본보다 훨씬 낮은 수준이라 판단된다. 일본과 언어장벽은 동일하지만, 내부수준이 충분히 성숙되지 않은 상황에서의 자기중심적인 과학기반은 세계수준을 이끌어가지 못할 뿐 아니라 세계수준까지의 발전에도 한계가 있을 것이다.

### 2) 국가별 특허

과학적인 활동의 산출은 논문이 일반적이지만 기술적인 산출의 지표는 특허, 기술이전 등으로 이루어진다. 그러나 기술의 영역에서는 이들보다 상품경쟁력이 더 중요할 수 있지만 상품까지 가면 비교가 용이해지지 않는다. 〈표 2-10〉에는 각국이 다른 나라에 출원한 특허가 비교되어 있다. 미국 일본 독일의 순서이고, 한국 프랑스 등의 순이다.

표 2-10 국제특허출원 국제비교 (2008년, 건)

| 한국 | 미국 | 일본 | 독일 | 프랑스 | 영국 | 중국 |
|---|---|---|---|---|---|---|
| 7,902 | 51,535 | 28,781 | 18,813 | 7,064 | 5,493 | 6,108 |

자료: 주요 과학기술통계, 교육과학기술부, 2010.

4) OECD, Managing National Innovation System, 1999. p. 39.

# 04

# 연구개발활동 분석

## 4.1 주체별/분야별 연구개발

### 1) 주체별 연구개발

한국의 연구개발비 증가율은 2000년대에 매년 평균 11%를 상회하는 수준이고, 이 부분에 있어서도 세계 상위 수준이다. 다른 나라와 마찬가지로 국가 전체에서 볼 때 연구개발비는 대부분 기업에 의해 사용되고 있다. 그러나 기업의 비중은 약간은 감소하고 있고 대학의 연구비가 미묘하나마 증가하고 있다.

### 2) 분야별 연구개발

분야별로 보면 공학분야가 67.4%로 가장 크고, 이학 12.9%, 인문사회학 11.6%,

표 2-11 주체별 연구개발비(%)

| 주 체 | 2003 | 2006 | 2009 |
|---|---|---|---|
| 공공연구기관 | 13.8 | 12.8 | 14.6 |
| 대학 | 10.1 | 9.9 | 11.1 |
| 기업 | 76.1 | 77.3 | 74.3 |
| 총연구개발비 | 100(190,687) | 100(273,457) | 100(379,285) |

자료: 한국산업기술진흥협회, 상게서.

표 2-12 분야별 연구개발비 사용(2009, %)

| 주 체 | 이학 | 공학 | 의학 | 농림수산 | 인문사회 | 계 |
|---|---|---|---|---|---|---|
| 공공연구기관 | 18.0 | 50.9 | 6.3 | 9.9 | 14.9 | 100( 7.5) |
| 대학 | 15.1 | 35.1 | 15.6 | 4.5 | 29.7 | 100(27.4) |
| 기업 | 11.4 | 82.9 | 0.9 | 0.1 | 3.7 | 100(65.1) |
| 계 | 12.9 | 67.4 | 5.3 | 2.7 | 11.6 | 100(323,175) |

자료: 한국산업기술진흥협회, 상게서.

의약학 5.3%, 농수산 2,7%이다. 재미있는 점은 인문사회학의 연구개발비가 의약학 분야와 농수산학 분야를 합한 생명과학 분야보다 크다는 점이다. 대학에서의 인문사회 분야 연구비중이 큰 것이 원인이라 할 것이다.

연구개발비는 대학에 있어서도 공학분야의 비중이 35%로 가장 크고, 인문사회학 29.7%, 의약학과 이학분야가 각각 15%로 비슷한 순서이다. 기업의 의약학 및 농수산 비중 즉, 생명공학 연구개발비가 아주 낮다는 특징이 있다.

## 4.2 업종별/규모별 기술혁신

산업단위에서의 연구개발비 지출은 대학이나 공공연구기관에서의 연구개발비와 다른 형태의 지출이 이루어짐을 보았다. 기업은 대부분 개발연구이고, 상품화나 대량생산을 위한 연구도 포함되어 있다. 따라서 연구개발비 지출을 가지고 기업의 연구개발과 대학이나 공공연구기관의 연구개발을 비교하지만 각 활동의 차이는 크다는 점을 염두에 두어야 한다. 따라서 기업에서는 연구개발활동이라는 용어 대신 기술혁신활동이라는 용어를 사용하는 것이 더 바람직할 것이다.

### 1) 업종별 기술혁신

이제 업종별 기술혁신이 어떻게 이루어지고 있는 지를 살펴보자. 제조업에 속한 각 업종의 매출액 대비 연구개발비 지출을 살펴본 것이 〈표 2-13〉, 〈표 2-14〉, 〈표 2-15〉이다. 매출액 대비 연구개발비 지출은 기술집약도, 기술집중도 등

표 2-13 **하이테크업종의 기술집약도 (연구개발비/매출액)**

| 업 종 | 2000 | 2005 |
|---|---|---|
| 전자부품 영상 음향 및 통신장비 | 4.71 | 6.12 |
| 의료 정밀 광학기기 및 시계 | 5.65 | 5.56 |
| 컴퓨터 및 사무용 기기 | 3.27 | 3.99 |
| 출판 인쇄 및 복제업 | 3.18 | 3.74 |
| 자동차 및 트레일러 | 2.55 | 2.84 |
| 기타 전기기계 | 1.77 | 2.77 |
| 제조업 평균 | 2.15 | 2.73 |

자료: 교육과학기술부, 주요 통계, 2010.

으로 불리운다. 〈표 2-13〉는 제조업 평균보다 높은 기술집약도를 보이는 업종들이다. 여기에는 전자부품, 의료정밀기기, 컴퓨터 및 사무용기기, 출판인쇄 및 복제업, 자동차산업 및 기타 전기기계산업이다. 자동차와 일부 전기기계를 제외하면 거의 모두가 IT산업이라 할 수 있다.

제조업 평균보다는 낮지만 기술집약도가 1이상인 업종, 즉 매출액 대비 연구개발비 비율이 1% 이상인 업종은 〈표 2-14〉에 나타나 있다. 기계, 금속, 화합물과 같은 중화학 업종과 가죽신발과 의복모피와 같은 경공업이 혼재되어 있다.

표 2-14 중간 기술업종의 기술집약도

| 업 종 | 2000 | 2005 |
|---|---|---|
| 기타 기계장비 | 1.64 | 2.50 |
| 고무 플라스틱 | 1.3 | 2.45 |
| 화합물 화학제품 | 1.45 | 1.76 |
| 조립금속 | 2.01 | 1.61 |
| 가구 및 기타 | 1.4 | 1.60 |
| 재생용 가공원료 | 3.66 | 1.58 |
| 가죽 및 신발제품 | 2.04 | 1.53 |
| 비금속 광물 | 0.87 | 1.29 |
| 의복 및 모피제품 | 1.09 | 1.16 |
| 기타 운송장비 | 1.79 | 1.13 |

자료: 상동.

표 2-15 저 기술업종의 기술집약도

| | 2000 | 2005 |
|---|---|---|
| 담배 | - | 0.9 |
| 음식료품 | 0.5 | 0.8 |
| 제1차 금속산업 | 0.76 | 0.64 |
| 목재 및 나무제품 | 0.16 | 0.52 |
| 섬유제품 | 0.56 | 0.49 |
| 펄프 종이 및 종이제품 | 0.33 | 0.38 |
| 코크스 석유정제 핵연료 | 0.4 | 0.26 |

자료: 상동.

반면, 연구개발비 비중이 1%가 되지 않는 저기술업종에는 전통적인 경공업 대부분이 속해 있다. 여기에 코크스나 석유정제업이 추가되어 있는 것이 특징적이다. 이들은 규모는 크지만 연구개발 노력은 매출액 대비 그리 크지 않은 것이다.

### 2) 기업규모별 기술혁신

기업규모가 클수록 상대적으로 높은 연구개발비 비율을 가질 것이라는 지적은 슘페터 이후 많은 학자들에 의해 지지되어 왔다. 실제 연구개발의 많은 부분이 거대기업에 의해 수행되고 있고, 연구개발에도 규모의 경제가 작용하리라는 믿음으로 인해 규모가 클수록 연구개발 비율은 높을 것이라 예상되어 온 것이다. 많은 실증 연구들은 실제 이러한 경향이 있음을 지적한다. 그러나 최근의 연구들은 특히 하이테크 업종에서 이러한 경향이 강하지 일반적인 업종 모두에서 그러한 것은 아니라는 의견을 내 놓고 있다. 그런가 하면 어떤 연구자는 아주 소규모 기업의 연구개발 노력 역시 거대기업에 비해 결코 낮지 않다고 주장하기도 한다.

이 주제와 관련된 연구는 너무 많기 때문에 각 연구를 소개하지 않고 결론적인 내용만 언급해 보자. 첫째는 아주 소규모 기업도 연구개발 노력이 대기업에 비해 작지 않다는 것이다. 특히 기술창업형 기업은 연구개발이 필수적인 사항이라 이들은 기업규모와 무관하게 연구개발을 수행하게 된다. 두 번째는 중간규모의 기업은 의외로 전통형 산업이 많아 이들은 연구개발 노력이 상대적으로 작다

그림 2-1 **규모별 기술집약도**

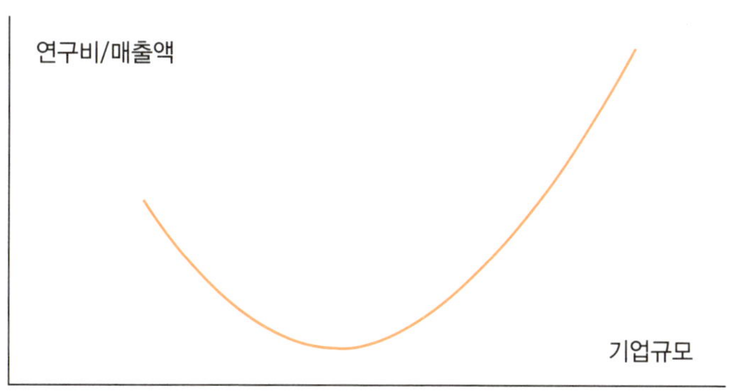

고 지적된다. 마지막으로 거대기업도 하이테크 업종에서는 상대적으로 높은 연구개발비 지출이 있지만 일반 거대기업 모두가 그러한 것은 아니다. 그렇기 때문에 기업규모와 매출액 대비 연구개발비 지출은 영어 알파벳 J자와 같은 형태가 된다는 것이다.

〈표 2-16〉는 한국 제조업을 대상으로 한 기술집약도를 보인 것이다. 99인 이하 소규모 기업의 연구개발비 지출 비율이 가장 높고, 1000명 이상의 거대기업의 연구개발비 비율이 다음을 차지하고 있다. 그리고 중간규모 기업들의 연구개발비 비율이 더 낮은 수준이다. 단순히 대기업과 중소기업으로만 구분한다면 대기업보다 중소기업의 연구개발 비율이 더 높게 나타나고 있다. 물론 이 데이터는 제조업 전반에 관한 것이라 각 업종에서는 다른 결과를 보일 수 있을 것이다.

표 2-16 **제조업 규모별 기술집약도**

| 규 모 | 2000 | 2005 | 규 모 | 2000 | 2005 |
|---|---|---|---|---|---|
| 제조업 전체 | 2.15 | 2.73 | | | |
| 99명 이하 | 5.80 | 4.62 | 중소기업 | 3.38 | 2.91 |
| 100~299명 | 2.18 | 2.01 | | | |
| 300~999명 | 1.13 | 1.51 | 대기업 | 2.01 | 2.70 |
| 1000명이상 | 2.22 | 2.97 | | | |

자료: 상동.

CHAPTER 03

기/술/혁/신/론

# 과학기술의 세계

- 과학기술에 대한 인식과 분류
- 발명의 원리 - TRIZ
- 최근의 과학과 기술변화
- 지식생산양식의 변화

# 01

# 과학기술에 대한 인식과 분류[1)]

## 1.1 일본과 미국의 과학인식

### 1) 일본의 학문인식

미국의 과학기술분류는 미국과학재단 설립 이후 변함이 없지만 일본의 학술분류는 최근 크게 변한 바 있다. 그런데 이 변화과정이 일본의 최근 학문에 대한 인식을 잘 엿보게 한다. 재미있는 점은 과학이나 학문 모두 영어로는 science라는 용어이다. 그런데도 일본에서는 학문은 자연과학에 인문학과 사회과학을 포함한 용어로 정의하고, 미국에서의 과학은 자연과학과 함께 사회과학이 포함된다.

일본의 학문분류는 19세기 말에 제정되었고, 100년만인 2000년대 초반에 전면 개편되었다. 이들은 학문을 과학기술뿐 아니라 인문학까지를 포함하는데, 중요한 특징은 학문을 인식과학과 설계과학으로 나눈다는 점이다. 인식과학은 전통적인 과학을 위한 과학을 말하는 것이고, 설계과학은 사회적인 활용이 전제된 과학을 말한다. 설계과학도 과거의 인식과학에서와 마찬가지로 순수형과 응용형, 즉 순수 설계과학과 응용 설계과학으로 구분된다. 설계과학은 인식과학과 달리 경험적 타당성의 해석과 상황적인 평가공간이 필요하다는 속성이 있다.

표 3-1 일본 학술회의의 과학인식

| | 이공학 | 생명과학 |
|---|---|---|
| 인식과학 | 수학 물리학 화학 | 생물학 |
| 설계과학<br>순수설계과학<br>응용설계과학 | 공 학 | 의학 농학 |

자료: 日本學術會議, 新しい學術の體系, 2003.

1) 아래 문헌에서 발췌한 것임. 설성수 외, 학문표준분류표 개발 및 적용을 위한 전략기획연구, 한국학술진흥재단, 2006. 4.

표 3-2 인공물의 구조

| 유형 | 내용 |
|---|---|
| 물질적 인공물 | 건축물, 기계 |
| 생물적 인공물 | 교잡육종, 분자육종 |
| 사회적 인공물 | 법, 제도, 각종 사회시스템 |
| 정신적 인공물 | 가치관, 양식, 기법, 종교, 예술, 과학지식 |
| 인공물화된 자연환경권 | 대기권, 수권, 지하권, 생태권(圈) |

자료: 상게서.

일반적으로 사용하는 분류를 바탕으로 할 때 이공학 분야에서는 인식과학은 수학, 물리학, 화학 등이고, 설계과학은 공학이다. 생명과학분야에서는 인식과학으로서의 생물학과 설계과학으로서의 의학, 농학 등으로 규정한다. 물론 각 세부 학문은 다시 순수 설계과학과 응용 설계과학은 구분된다.

각 학문이 취급하는 대상도 다르다. 인식과학은 자연을 대상으로 하는 반면 설계과학은 인공물을 다룬다. 인공물은 〈표 3-2〉에서 보는 바와 같이 물적인 인공물만 존재하는 것이 아니다. 육종 등에 의해 탄생되는 생물적인 인공물도 존재하고, 인공물화된 자연환경권도 존재한다. 한편 비가시적인 측면에서는 사회적인 인공물과 정신적인 인공물도 존재한다.

## 2) 미국과 일본의 인식 차이

미국은 미국과학재단(NSF) 설립 시부터 동일한 분류체계를 사용하고 있다. 이들은 학문을 수학이나 컴퓨터학 등 인간이 만든 기호에 관한 학문, 물리에 관한 학문, 자연환경에 관한 학문, 인공물에 관한 학문, 생명체에 관한 학문, 사회와

표 3-3 미국과 일본의 학문분류 비교

| 미국 NSF의 8분류 | 일본 학술회의의 4분류 |
|---|---|
| 수리/컴퓨터 등 기호에 관한 학문 | 물리법칙에 관한 학문(이공학) |
| 물리에 관한 학문 | 생명체 프로그램에 관한 학문(생명과학) |
| 생명체에 관한 학문 | 인간계 프로그램에 관한 학문(인문과학) |
| 자연환경에 관한 학문 | 종합과학 |
| 인공물에 관한 학문 | |
| 사회와 인간에 관한 학문 | |
| 인간의 심리에 관한 학문 | |
| 기타 · 복합학 | |

인간에 관한 학문, 인간의 심리에 관한 학문, 기타 복합학이라는 8대 분야로 분류한다. 다른 나라의 과학기술 인식과 달리 미국은 초기부터 사회와 인간에 관한 학문인 사회과학, 인간의 심리에 관한 학문인 심리학을 과학기술의 한 분야로 인식하고 있다는 특징이 있다.

반면 일본은 물리법칙이 적용되는 이공학, 생물프로그램이 적용되는 생물과학 및 인간프로그램이 적용된 인문과학으로 구분한다. 여기까지는 과거의 학문분류와차이가 없다. 그러나 여기에 이들 3개 영역이 결합된 종합과학과 두 영역 이상이 융합된 신융합영역이라는 분야를 새로이 설정하여 학문변화의 새로운 추세를 반영한다.

최근의 새로운 변화를 반영하고 있는 종합과학에는 10개의 학문이 속해있다. 정보학, 신경과학, 실험동물학, 인간의공학, 건강 · 스포츠과학, 생활과학, 과학교육 · 교육공학, 과학사회학 · 과학기술사, 문화재과학 및 지리학이 그것이다. 한편 복합신영역은 8개 중분류가 있는데 이에는 환경학, 나노 · 마이크로과학, 사회 · 안전시스템과학, 게놈과학, 생물분자과학, 자원보전학, 지역연구, 젠더학 등이다.

두 분류체계 모두 미국과 일본의 과학과 학문에 대한 인식 차를 보여주고 있으나, 나름대로 모두 독자적인 학문이나 과학 정의에 기초한 분류를 하고 있다는 특징이 있다.

## 1.2 과학기술 분류

### 1) 여러 분류체계

기술의 내용을 말할 때는 항상 과학이 자연스레 같이 언급된다. 그런데, 어떠한 용도와 방식으로 기술을 말하느냐에 따라 같은 기술이라도 표현방식이 달라지고 다르게 인식된다. 이러한 혼란의 구조를 각종 기술관련 분류체계를 통해 살펴보자.

먼저 기술은 연구활동과 관련된 부분에서는 원리형태로 말해지고 응용부분에서는 구체적인 형태로 언급하는 속성이 있다. 예를 들어 화학적인 원리가 의약약학 농학 수산학 등에 적용되며 다른 명칭을 가지는 것이다. 사용하는 원리는

그림 3-1 과학과 기술 관련 분류체계

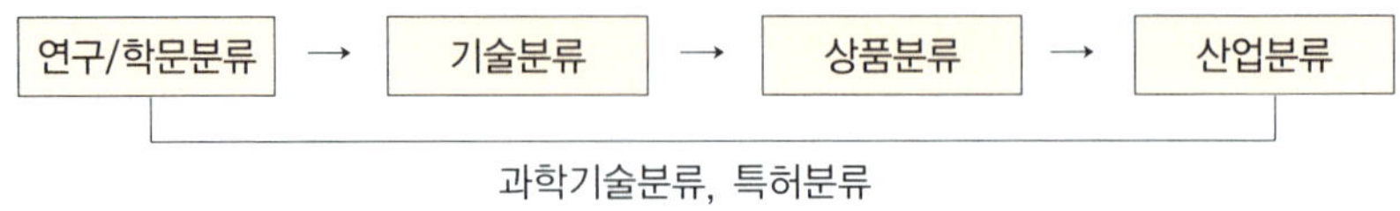


같은데 적용대상이 달라 종종 다른 기술로 불리우고, 실제 다른 기술인 것처럼 인식되기도 한다.

한편 원리와 기술, 상품 및 산업의 구분이 없이 이들이 모두 한 분류체계 내에서 동시에 언급되기도 한다. 어떤 기술은 상품분류와도 중복되고 나아가 산업분류와도 일부 중복되는 것이다. 물론 특정기술은 바로 상품이 되고, 이들 상품은 한두 개 혹은 몇 개가 작은 단위의 산업을 구성하는 경우가 있다. 그러나 분류체계에 대한 깊은 이해가 없으면 기술과 상품과 산업이 혼용되어 사용하는 사람들에게 큰 혼란을 준다.

특허분류는 세계 각국에서 사용되는 기술분류와는 전혀 다른 배경에서 출발했다. 이 분류는 원리-기술-상품-산업까지가 포함되는 전반적으로 아주 광의의 개념이다. 특허분류에는 과학적인 원리가 포함되는가 하면 기술적인 내용이 있고, 상품이나 작은 단위의 산업까지 포함되어 있는 것이다.

### 2) 한국의 과학기술표준분류

한국에서 학문 전체를 총괄한 분류는 교육과학기술부가 2008년 작성한 국가과학기술표준분류표가 시초이다. 이 분류체계의 기본구조는 설성수, 송충한이 한국과학재단을 위해 만들었던 과학기술분류에서 연유한 것이다.[2] 그 이전에도 과학기술만을 위한 분류, 학문분류 등이 별도로 존재하였지만 그것들은 분류를 위한 분류이었지 미국이나 일본의 분류체계와 같은 학문에 대한 인식 위에서 도출된 것은 아니다.

새로운 분류체계의 특징은 다음과 같다. 이 분류체계는 다른 나라와 마찬가지로 과학기술 뿐 아니라 인문사회분야까지를 포함한다. 이유는 첫째, 학문간 융합현상으로 인해 과학기술분야인지 인문사회분야인지가 불명확한 것들이 존재한

2) 설성수, 송충한, 지식활동분류의 이론과 실제, 한남대 출판부, 2000.

표 3-4 이원배치형의 기본구조

| 적용분야 / 연구분야 | 지식의 진보 | 문화 | 환경 | 보건 | 국방 | 안전 |
|---|---|---|---|---|---|---|
| 물리학 | 물리학이 | | | | 응용되는 분야 | |
| 생물학 | | | 환경을 다루는 학문과 원리 | | | |
| 기계공학 | | | | | | |

다. 일례로 전자상거래나 고고학 심리학 등은 보는 관점에 따라 인문사회분야로 보기도 하고 자연과학분야로 보기도 한다. 두 번째는 과학기술지식의 인문사회분야로의 활용, 인문사회지식의 과학기술분야 활용과 같은 학문이 존재하기에 어느 한쪽만 보아서는 전체를 볼 수 없기 때문이다.

두 번째로 표준분류체계는 모든 분야가 나열된 형태가 아니라 연구분야와 적용분야가 매트릭스 형태로 조합되는 이원배치형이다. 〈표 3-4〉가 이를 보여준다. 특정 지식과 원리를 개발하고 발전시키는 분야와 그 지식을 적용하는 분야를 동시에 표기하기 위해서이다.

연구분야는 크게 이공학(16개)과 인간학 (5개) 및 사회과학 (13개)으로 구분되는데, 과학기술계는 〈표 3-5〉와 같이 자연과학, 생명과학 및 공학이라는 3개의 큰 분야와 16개 대분야 과학으로 구성된다. 자연과학에는 수학, 물리학, 화학, 지구과학이 포함되며, 생명과학에는 생물학, 농수산학, 의약학이 포함된다. 한편 공학에는 기계공학, 재료공학, 화학공학, 전기전자공학, 정보통신, 에너지자원공학, 원자력공학, 환경공학 및 건설교통공학이 포함된다.

적용분야는 크게 공공분야(12개)와 산업분야(20개)로 구분된다. 산업분야는 국가표준산업분류를 그대로 활용된다. 공공분야는 아무 목적도 없는 자유연구

표 3-5 국가과학기술표준분류표의 구조와 내용

| 연구분야 (34개) | 적용분야 (32개) |
|---|---|
| 자연과학: 수학, 물리학, 화학, 지구과학<br>생명과학: 생물학, 농수산학, 의약학<br>공학: 기계, 재료, 화학공학, 전기전자, 정보통신, 에너지자원, 원자력, 환경, 건설교통<br>인간학 (5개)<br>사회과학 (13개) | 공공 (12개)<br>지식의 진보, 건강증진 및 보건<br>국방, 사회구조/관계, 에너지<br>우주개발탐사, 지구개발탐사<br>하부구조/토지, 환경보전<br>사회질서안전, 문화여가증진, 기타<br>산업: 20개 대분류 |

로서의 지식의 진보, 보건, 국방, 안전 등이 포함된다.

연구분야이든 적용분야이든 각 분야는 큰 분야와 중간분야 혹은 아주 작은 분야로 구성된다. 따라서 분류체계는 대분류, 중분류, 소분류, 세분류 등으로 세분되어 진다. 수치코드로 바꾸어 보자면 대분류는 1단위, 중분류는 11단위, 소분류는 111단위가 된다. 따라서 대분류는 한단위(one-digit) 분류, 중분류는 두단위(two-digit) 분류, 소분류는 세단위 분류라 칭하기도 한다. 작은 단위분류가 될수록 과학과 기술의 내용은 더 구체적이게 된다.

이 분류체계에 복합과학이나 새롭게 등장하고 있는 융합기술영역이 포함되지 않은 것은 이원분류체계 자체가 종합과학이나 융합영역을 동시에 표시할 수 있도록 설계된 것이기 때문이다. 이는 어떠한 연구가 이루어질 때 연구분야 코드를 3–5개, 적용분야 코드를 역시 3-5개를 표시하도록 하여 다차원으로 통계처리하며 이루어진다.

# 02

# 발명의 원리 - TRIZ

과학기술도 과학의 세계와 기술의 세계가 어느 정도는 구분된다. 이제 이 절에서는 기술적인 활동과 그 결과인 특허에 내재된 원리를 검토하여 보자. 과학이 기술적인 결과로 이어져 최종 활용되는 과정이라면 이 장에서의 논의는 결국 과학도 기술도 모두에게 해당되는 내용이라 할 것이다.

## 2.1 창의성에 대한 기본 질문

과거에는 발명은 우연의 산물이거나 호기심이 많은 과학기술자들의 다양한 시행착오를 통한 노력의 산물로 여겼다. 이는 과학적인 연구보다 기술적인 노력이 강조되던 시기의 발명에 대한 기본인식이라 할 것이다. 그러나 점차 과학적인 연구활동이 새로운 기술의 형성에 크게 영향을 미치며 교육현장에서도 많은 변화가 있었다.

"독창성이나 창의성은 새로운 지식사회에 맞는 가장 중요한 덕목이다." "모든 교육의 목적은 창의성이다." "창의성이 없는 교육은 가르치는 사람의 죄악 중의 하나이다." 최근 많은 교육현장에서 구호로 제창되는 내용들이고, 일반인들도 많이 듣는 구호들이다. 새로움을 추구할 수 있는 능력이 개인을 위해서나 사회를 위해 중요하다는 것을 보여주는 예이다.

그런데 이러한 구호가 이슈가 되고 있는 교육현장에서조차 독창성과 창의성이 과연 어떠한 것이고, 어떠한 형태로 배양되고 훈련되어야 하는 지에 대한 합의가 부족한 상황이다. 심지어 창의성은 획기적이고 기발한 것을 창출하는 것이라 인식된다. 지속적인 노력보다 일시적이고 번뜩이는 아이디어가 창의성의 전부인 것처럼 인식되는 것이다.

지금까지 창의성을 강화시키기 위한 노력은 대체로 다음과 같이 요약된다. 하나는 업무 자체에서 해방되어 자유롭게 생각하고 시도하도록 하는 것이다. 연구자를 업무와 분리시켜 새로운 환경, 새로운 사고, 새로운 느낌을 갖도록 하는 것으로 연구연가 유급휴가 등이 이에 해당한다. 휴가기간 중 연구자에게 요구되는 것도 무엇을 했는지 정도만 보고하면 될 정도로 자유를 부여하기도 한다.

두 번째는 창조적인 사고가 가능한 장소적 환경을 조성해 주는 것이다. 근무현장에서의 자유공간, 자유로운 분위기, 자유로운 근무시간 설정 등이 그것이다. 구글(Google)사의 근무환경이 좋다는 점이 주로 이에 해당된다.

이제 언급할 세 번째와 네 번째 유형은 업무 속에서의 창조노력이라 할 수 있다. 세 번째는 연구과제 혹은 연구주제를 스스로 찾도록 하는 시도이다. 문제를 스스로 발굴하고 규정하고 해결책을 찾으러 노력하는 것이 창의성의 시작이라 본다. 문제가 무엇인지를 인지하지 못한다면 다음 단계의 노력이 불가능하기 때문이다.

네 번째는 업무 속에서 우연히 어떠한 현상이나 기술과 접할 때 그 우연이 자주 발생하도록 상황과 환경을 조성해 우연의 필연화를 촉진시키는 노력이다. 연구하는 환경과 조건에 대한 연구가 바탕이 된 조치라 할 것이다.

그런데 문제를 전혀 다른 차원에서 시도할 수 있다. 물론 창의성, 창조성 혹은 독창성이라 부르는 것들은 획기적이고 기발한 것일 수 있다. 그러나 기술적인 발명의 세계에서는 그렇게 높은 단계까지 가지 않아도 되는 것들이 많다. 그것이 어떠한 것이든 남이 생각하지 않은 것이면 족하고, 남이 시도하지 않은 것이면 족하다. 결국 상대적인 창의성으로 다른 기술과 달리 새롭고, 다른 방식보다는 진보성이 있고, 유용하면 충분하다는 것이다. 따라서 번뜩이는 재치에 입각하기보다 기존의 것들을 이해하며 빈 공간, 빈 주제를 찾아가는 행위 자체도 창의적이고 혁신적인 것이다.

또한 기술적인 발명의 세계에서는 그렇게 높은 단계까지 가지 않아도 되는 것들이 많다. 특히 특허는 다른 기술과 달리 새롭고, 다른 방식보다는 진보성이 있고, 유용하면 충분하다. 획기적이고 기발한 것만을 요구하는 창조성 교육이나 강요는 현장에서 이루어지는 수많은 개선과 작은 발명의 기회를 놓치게 한다. 야구를 예로 들자면, 홈런만을 원하는 타자는 홈런은 물론이고 안타도 칠 수 없다. 야구에는 번트도 있고 안타도 있고 홈런도 있다. 문제의 수준에 따라 문제를 인식하고, 발굴해 내며, 해결할 줄 아는 것이 창조의 길이다.

이 절에서는 발명에 대한 분석을 통해 새로운 것을 만들어낸다는 것의 의미를 다시 인식하도록 하자.

## 2.2 TRIZ에서 말하는 발명의 속성

### 1) 개념 설명

TRIZ는 수백만 건의 세계 특허를 연구하여 도출된 '기술개발을 위한 문제해결 방법론 집합' 이라는 러시아어의 첫 글자를 딴 것이다. 1946년 러시아의 Genrich Altshuller에 의해 시작되었으나 이후 많은 후계자들에 의해 추가 개발되었다. 이 논리는 구 소련 체제의 경직성에 의해 활용되지 못하다 1980년대에 이르러 보급되기 시작하였고, 1990년대에야 다른 나라에서 번역되어 서방에서 관심을 갖게 되었다. 국내에는 트리즈, 이노베이션 알고리즘 등으로 소개되어 있다. 어떻든 TRIZ가 소개되며 발명활동 역시 나름대로의 과학적인 원리를 가지고 있음이 밝혀졌다.

트리즈는 주요한 몇 개의 개념을 바탕으로 한다. 기술적인 이상이라는 개념이 있다. 이는 유용한 기능의 합에 비교한 유해한 기능의 합을 의미한다. 따라서 이상이 증가한다는 것은 좋은 방향으로 진화된다는 것을 의미한다. 모순은 시스템 내 한 특성과 다른 특성의 상충관계를 설명하는 기술적 모순과 존재의 필요성과 무용성이 동시에 존재하는 물리적 모순이 있다. 면도기 날은 날카로움과 안전성이 동시에 나타나고 있는 기술적 모순의 좋은 예이다.

### 2) 발명의 속성

알트슐러는 발명에는 다음과 같은 4개의 기본 속성이 있다고 주장한다. 첫째는 발명문제와 해결안에 관한 것이다. 발명문제란 하나 이상의 기술적인 모순이 존재하는 문제를 말하며, 그에는 여러 해결책이 있지만 다른 무엇과 타협하지 않는 근본적인 해결책이 존재한다는 것이다.

두 번째는 발명(해결안)의 수준이다. 〈표 3-6〉에서 보는 바와 같이 발명의 수준을 다섯 단계로 나누어 해결책의 난이도를 설명한다. 대부분의 발명이 설계상의 문제점 해결(32%)이나 개선(45%) 정도이고, 더 상위 단계인 혁신은 18%, 발명 혹은 발견 수준은 각각 4%와 1% 정도이다. 최상의 단계라 할 수 있는 4-5단계인 발명이나 발견 단계는 전체 특허의 5% 정도에 불과하다.

이 5단계가 구분됨은 각 단계별로 고려할 해법의 범주나 수를 기준으로 하는 것이며, 단계가 높아질수록 고려할 해법의 수는 10, 100, 1000 등으로 기하급수적으로 증가한다. 특히 발명과 발견의 단계에서는 그 이하 단계보다 훨씬 더 많은 해법인 100,000건 및 1,000,000건을 고려해야 한다는 특징이 있다. 해법 수의 증가는 고려해야 할 지식원천이 포함되어 있는 범주의 문제와도 연계된다. 발명이나 발견의 단계는 해당산업 내 지식만 가지고는 풀기 어렵다는 한계가 있다. 주어

표 3-6 **발명의 수준**

| 수준 | 발명의 정도 | % | 지식원천 | 고려할 해법수 |
|---|---|---|---|---|
| 1 | 자명한 해법 (설계상의 문제점 해결) | 32 | 개인적 지식 | 10 |
| 2 | 개선 (기존 시스템의 발전) | 45 | 기업내 지식 | 100 |
| 3 | 혁신 (기존 시스템의 본질적 개량) | 18 | 산업내 지식 | 1,000 |
| 4 | 발명 (새로운 시스템의 창조) | 4 | 산업외 지식 | 100,000 |
| 5 | 발견 (완전히 새로운 시스템의 발견) | 1 | 모든 지식 | 1,000,000 |

진 분야를 뛰어 넘는 지식이 고려되어야 발명이나 발견의 단계까지 갈 수 있는 것이다.

발명의 수준은 우리에게 많은 시사점을 준다. 일반적인 기술현장에서는 모든 기술적인 문제가 최상의 해법만을 요구하는 것은 아니라는 점이 중요하다. 일상생활 속에서의 해법이나 개선 정도로도 기술적인 문제가 해결된다할 것이다. 반면 기술적인 창조의 현장, 즉 연구실에서는 발견과 발명과 같은 최고의 수준을 요구하지만 기술적인 노력의 결과가 꼭 그러한 것만은 아니라는 점을 염두에 둘 필요가 있을 것이다.

세 번째 속성은 발명의 규칙성이다. 시대와 지역 및 기술이 달라도 동일한 문제에는 동일한 해법이 반복 사용된다는 것이다. 따라서 다른 시대 다른 지역 및 다른 기술을 알아도 현재의 기술적 모순을 해결할 가능성이 있는 것이다. 이는 시간적인 차이가 있는 역사에 대한 이해, 공간적인 차이가 있는 다른 지역에 대한 이해, 내용적인 차이가 있는 다른 분야에 대한 이해만으로도 기술적인 문제해결이 상당부분 가능하다는 것을 의미한다. 바로 이러한 점에 의해 발명이 우연만의 문제가 아니라 과학의 영역이라는 것이다.

네 번째 속성은 진화의 법칙이다. 기술시스템의 진화유형은 〈표 3-7〉과 같이 7개로 정리된다. 유형 1은 기술시스템의 진화는 도입기, 성장기, 성숙기, 쇠퇴기를 거친다는 것이다. 우리가 이미 검토한 내용으로 결국 기술은 s자형으로 진화한다는 것과 같다. 유형 2와 4 및 5는 시스템은 좋은 방향으로, 또한 역동성과 조

표 3-7 **기술시스템의 진화유형**

| 유형 | 설 명 |
|---|---|
| 1 | 4단계(도입기, 성장기, 성숙기, 쇠퇴기)를 거침 |
| 2 | 이상을 증가시킴 |
| 3 | 시스템요소들이 불균등하게 발전 |
| 4 | 역동성과 조정성을 증가 |
| 5 | 단순화 |
| 6 | 조화와 부조화를 반복하며 진화 |
| 7 | 거시수준에서 미시수준으로, 장(場)의 사용 증가 |
| 8 | 인간의 개입을 줄이는 방향 |

정성이 좋아지는 방향으로, 나아가 단순화하는 방향으로 진화한다는 것이다. 진화유형 3과 6은 시스템은 좋아지는 쪽으로 개선되나 개선이 동시에 같은 속도로 이루어지는 것이 아니라 불균등하게 이루어지고, 조화와 부조화를 반복하며 진화된다는 것이다. 또한 유형 7은 시스템은 거시적인 수준에서 점차 미시적인 작은 수준 혹은 장(場)의 사용을 강화시키는 방향으로 진화한다는 것이다. 장이란 물리학의 전자기, 중력, 강작용, 약작용 4종과 추가로 압력장, 음향장, 열장, 기계장이 있다. 시스템은 최소한 2개의 물질이나 시스템과 하나의 장, 즉 삼각관계로 구성된다고 정의된다.

## 2.3 TRIZ의 주요 문제풀이

### 1) 문제풀이 방식

문제풀이에는 시스템적 접근이라는 개념이 있다. 이는 어떤 시스템도 상하좌우로 다른 시스템과 연계되어 있어서 해당 시스템 내에서만 해법을 찾을 것이 아니라 다른 시스템을 통해서도 해법을 찾을 수 있다는 것이다.

문제풀이 방식으로 가장 많이 활용되는 것은 분리원리를 이용한 물리적 모순의 해결이다. 이는 모순이 동시에 구현되지 않는다는 사실에 착안하여 여러 형태로 모순을 분리하여 해결하는 방식이다. 분리는 시간적 분리, 공간적 분리, 부분과 전체의 분리 및 조건에 따른 분리 등이다.

물질과 장(場)분석에 의한 문제해결은 2개의 물질이나 작은 시스템과 하나의 장으로 구성된 시스템의 구성을 이해하고 그 바탕 위에서 문제를 해결하고자 하는 것이다. 물질과 장관계의 분석을 통해 관계가 삼각구조를 이루지 않으면 나머지 부분을 완성하고, 구조가 문제이면 구조 자체를 깨고 새로이 설정하는 형식이다. 다른 형식으로 보자면 물질의 속성을 장을 통해 변화시키고, 장 역시 시스템에 도입되어 변화시킬 수 있다는 것이다.

효과와 현상을 이용한 문제해결 방식은 수많은 효과와 현상을 염두에 둔다면 문제풀이 가능성이 더 커진다는 것을 의미한다. 보통의 엔지니어는 50-60개의 효과와 현상을 이용하는데 일반적으로 나타나는 효과와 현상은 약 6,000여개라는 것이다. 모든 효과와 현상을 이용한다면 당연히 문제풀이의 가능성은 커진다. 이는 특정분야에 국한되는 것이 아니라 과학기술 내에서도 여러 분야를 섭렵하는 것이 더 큰 효과를 준다는 것을 의미한다.

### 2) 모순행렬

다음으로 중요한 문제풀이 방식은 모순행렬을 통한 기술적 모순의 해결이다. 이는 39개의 표준특성과 40개의 발명원리로 매트릭스를 구성해 문제를 해결하는 방식이다. 이 내용들은 상당부분 공학적인 내용들을 포함하고 있어 세부내용은 이 분야 전문가에게 맡기기로 하고, 우리는 〈표 3-8〉, 〈표 3-9〉와 같이 39개의 표준특성과 40개의 발명원리만을 참조하기로 하자.

표 3-8 39개의 표준특성

| | | |
|---|---|---|
| 1) 이동물체의 중량 | 14) 강도 | 27) 신뢰성 |
| 2) 정지물체의 중량 | 15) 이동물체의 동작시간 | 28) 측정 정밀도 |
| 3) 이동물체의 길이 | 16) 정지물체의 동작시간 | 29) 제조 정밀도 |
| 4) 정지물체의 길이 | 17) 온도 | 30) 물체에 작용하는 유해요인 |
| 5) 이동물체의 면적 | 18) 휘도 | 31) 물체가 발하는 유해요인 |
| 6) 정지물체의 면적 | 19) 이동물체의 에너지 소비 | 32) 제조 용이성 |
| 7) 이동물체의 체적 | 20) 정지물체의 에너지 소비 | 33) 조작 편리성 |
| 8) 정지물체의 체적 | 21) 파워 | 34) 수리 용이성 |
| 9) 속력 | 22) 에너지 손실 | 35) 적응성 |
| 10) 힘 | 23) 물질 손실 | 36) 장치의 복잡성 |
| 11) 인장/압력 | 24) 정보손실 | 37) 제어의 복잡성 |
| 12) 형상 | 25) 시간손실 | 38) 자동화 수준 |
| 13) 물체의 안정성 | 26) 물질의 양 | 39) 생산성 |

표 3-9 40개의 발명원리

| | | |
|---|---|---|
| 1) 분할 | 15) 유연성 | 29) 공기나 유압구조물 |
| 2) 적출 (회수, 제거) | 16) 과부족 조치 | 30) 유연한 막이나 엷은 필름 |
| 3) 국부적 품질 | 17) 다른 차원 | 31) 다공성 소재 |
| 4) 비대칭 | 18) 진동 | 32) 색깔변화 |
| 5) 통합 | 19) 주기적 조치 | 33) 동질성 |
| 6) 다용도 | 20) 유용한 작용의 지속 | 34) 폐기 또는 복구 |
| 7) 포개기 | 21) 고속처리 | 35) 특성변형 |
| 8) 평형추 | 22) 전화위복 | 36) 상태전이 |
| 9) 사전반대조치 | 23) 피드백 | 37) 열팽창 |
| 10) 사전준비조치 | 24) 중간매개물 | 38) 산화가속 |
| 11) 사전예방조치 | 25) 셀프서비스 | 39) 비활성환경 |
| 12) 높이 유지 | 26) 대체수단 | 40) 복합재료 |
| 13) 반전 | 27) 일회용품 | |
| 14) 타원형 | 28) 기계시스템의 대체 | |

자료: 한국트리즈연구회 역, 이노베이션 알고리듬, 현실과 미래사, 2002.

# 03

## 최근의 과학과 기술변화

### 3.1 새로운 기술 영역

#### 1) 6T

최근 활발하게 활용되고 있는 기술영역은 다음과 같다. 먼저 정보기술(IT: information technology)은 가장 활발히 이용되고 있는 기술로 통신서비스업, 정보기기 제조업, 소프트웨어업 및 컴퓨터관련 서비스업이 여기에 속한다. 반도체, 디스플레이, 핸드폰 등이 포함되고 게임과 같은 멀티미디어산업도 여기에 포함될 수 있다. IT는 10장에서 더 자세히 다룰 것이다.

바이오기술(BT: biotechnology)은 생명공학기술을 의미하는데 핵심적인 내용이 유전자 조작기술과 관련된 유전자공학이다. BT는 응용분야가 의외로 넓다. 따라서 활용영역에 따라 농수산분야를 지칭하는 녹색바이오(green bio), 산업분야의 백색바이오(white bio) 및 유전자 활용분야인 적색바이오(red bio)로 구분되기도 한다.

나노기술(NT: nano technology)은 10−9−10−12 사이의 길이 단위를 다루는 기술영역이다. 그런데 아주 미세단위가 되면 작아진다는 점 외에도 물질의 성격이 변하는 특성이 있다. 물질의 규모가 작아지면 광학적으로, 기계적으로, 화학적으로 또한 전자적인 성질이 변한다. 이러한 성질을 바탕으로 물질을 미세단위로 만들어 사용하고자 하는 여러 시도가 이루어지는 것이고, IT, BT, ST, ET 등 현대기술의 기반기술이 되고 있다. 나노기술은 미세하게 작기 때문에 자체적으로 독성을 가졌는지를 파악하기도 쉽지 않고, 또한 인체에 쉽게 흡입될 수 있다는 단점도 있다.

우주항공기술(ST: space technology)은 우주기술과 항공기술을 모두 지칭하는데 혹자는 우주기술만을 지칭하기도 한다. 이 기술은 여러 분야의 기술이 집적되어 가장 복잡한 시스템기술이라는 특징이 있다. 나노기술이 초미세기술이라면 ST는 가장 복잡하고 거대한 기술이라는 특징이 있다.

문화기술(CT: culture technology)은 문화산업기술이라 불리기도 하는데, 디지털기술을 이용하여 음악, 영상, 이미지 등 모든 컨텐츠를 다루는 기술이며, 2000년대 초 한국에서 먼저 사용하기 시작한 용어이다. 혹자는 문화기술은 다양한 문화적인 영역에 적용되는 IT기술의 진화형태 중 하나라고 간단히 설명하기도 한다. 그러나 컨텐츠는 기술적인 측면도 중요하지만 문화적이고 예술적인 측면도 큰 역할을 한다는 점에 이 기술의 특징이 있다. 음악 게임 에니메이션 영화 광고 등이 주된 시장이 되고 있고, 이들 시장은 점차 커지고 있다. 기존 IT기술 외에도 감성기술, 재현기술, 문화유산기술, 문화복원기술 등의 세부 기술항목을 갖는다.

환경기술(ET: energy / environment technology)은 에너지와 환경기술을 지칭한다. 에너지 기술은 환경오염 방지나 탄소절감 등에서 환경영역과도 겹쳐져 있기에 환경기술에 포함되어 간주되기도 한다. 이러한 점에서 환경기술은 녹색기술(green technology)에 포함된다.

녹색기술(GT: green technology)은 지구온난화를 막기 위한 저탄소 기술을 지칭하기도 하고, 환경기술은 물론이고 다른 기술분야에서도 환경에 적용가능한 모든 기술을 지칭하기도 한다. 최근 지구의 기온이 올라가고 있고 이상기온 현상이 나타나고 있는데, 중요한 원인이 탄소배출로 인한 극지방의 대기권 파괴이다.

한국과학기술정보연구원이 운영하는 녹색기술정보포털에서는 녹색기술을 에너지원 기술, 에너지 고효율화 기술, 산업/공간의 녹색화기술, 환경보호 및 자원순환기술, 무공해 경제활동기술과 같이 5개 유형으로 구분한다. 에너지원 기술이란 원자로, 핵융합로와 같은 발전기술, 연료전지와 같은 에너지 보관 처리기술, 수소와 같은 새로운 에너지원 등을 종합적으로 지칭하는 기술이다.

이상의 기술 중 연구활동이 가장 활발한 곳은 아직도 IT이다. 연구활동은 산업의 규모를 반영할 수밖에 없는데 IT산업은 BT산업의 약 10배의 규모에 달할 것으로 평가되고 있다. 실제로 IT산업은 현재 한 나라 경제의 20% 수준에 이른 것으로 추정되기도 한다. 반면 NT는 이제 시작된 기술분야라 산업은 IT나BT에 비교할 정도는 아니다.

표 3-10 녹색기술 분류

| 분류 | 기술 |
| --- | --- |
| 1. 에너지원기술 | 실리콘계 태양전지의 고효율, 저가화 기술 |
| | 비실리콘계 태양전지 양산 및 핵심원천 기술 |
| | 바이오에너지 생산요소기술 및 시스템 기술 |
| | 개량형 경수로 설계 및 건설 기술 |
| | 친환경 고속로 및 순환 핵주기시스템 개발 기술 |
| | 핵융합로 설계 및 건설 기술 |
| | 고효율 수소제조 및 수소저장 기술 |
| | 차세대 고효율 연료전지 시스템 기술 |
| | 친환경 식물성장 촉진기술 |
| 2. 에너지 고효율화기술 | 석탄가스화 복합발전 기술 |
| | 조명용 LED · 그린 IT 기술 |
| | 전력 IT 및 전기기기 효율성 향상 기술 |
| | 고효율 2차 전지기술 |
| 3. 산업/공간의 녹색화기술 | 고효율 저공해 차량기술 |
| | 지능형 교통, 물류기술 |
| | 생태공간 조성 및 도시재생 기술 |
| | 친환경 저에너지 건축기술 |
| | 환경/에너지소비를 고려한 Green Process 기술 |
| 4. 환경보호/자원순환기술 | 기후변화 예측 및 모델링개발 기술 |
| | 기후변화 영향 평가 및 적응기술 |
| | CO2 포집, 저장, 처리기술 |
| | Non-CO2(이산화탄소제외 온실가스) 처리기술 |
| | 수계수질평가 및 관리기술 |
| | 대체수자원 확보기술 |
| | 폐기물 저감, 재활용, 에너지화기술 |
| | 유해성물질 모니터링 및 환경정화기술 |
| 5. 무공해 경제활동기술 | 가상현실 기술 |

자료: 녹색기술정보포털(http://gtnet.go.kr).

최근에는 지금까지 언급된 기술들이 상호 결합되는 융합기술 역시 활발히 등장하고 있다. 2개의 기술이 결합된 BIT, BNT, INT 등과 3개의 기술이 결합된 BINT

표 3-11 한국의 6T분야 연구개발비 투자 (%, 억원)

| | 2005 | 2009 |
|---|---|---|
| IT | 36.7 | 32.6 |
| BT | 5.8 | 7.9 |
| NT | 12.1 | 12.1 |
| ST | 1.7 | 1.3 |
| ET | 7.2 | 9.1 |
| CT | 0.5 | 0.9 |
| 기타 | 36.0 | 36.0 |
| 계 | 100 (241,554) | 100 (379,285) |

자료: 한국산업기술진흥협회, 산업기술백서, 2010.

등이 도출된다. BIT는 BT와 IT가 결합된 것으로 생체소자 등이 대표적인 예이다.

### 2) 6T에 대한 연구개발비 투입

〈표 3-11〉 6T분야에 대한 한국의 연구개발비 지출을 살펴 본 것이다. 2005년에는 6T분야에 국가 전체 연구개발비의 64%가 투자되었는데 2009년에도 같은 비율의 투자가 이루어졌다.

분야별로 본다면 IT분야가 36.7%에서 32.6%로 비중이 감소하고 있지만 여전히 가장 큰 비중을 차지하고 있다. 반면 다음으로 큰 NT분야는 12.1%로 변화가 없다. 최근 들어 가장 많이 언급되기 시작하는 BT분야는 5.8%에서 7.9%로 증가하고 있지만, 비중은 그렇게 크지 않다는 특징이 있다. 분야 특성상 하나 하나의 연구규모가 그렇게 크지 않은 점도 한 원인이다. ET분야가 환경문제 등과 연계되어 7.2%에서 9.1%로 커지고 있고, CT 역시 작지만 0.5%에서 0.9%로 커지고 있다.

## 3.2 최근의 변화

### 1) 변화의 원인

과학기술의 변화를 살펴보면 패션트렌드와 같이 어떠한 분야가 부각되기도 하고 관심에서 멀어지는 현상이 존재한다. 현재는 바이오기술과 나노기술이 한창 언급되고 있다. 10-20년 전만 해도 정보기술(IT)이 모든 변화를 주도하다시피 하였다. 그런가 하면 미국의 오바마 대통령이 2009년 취임하며 강조한 녹색기술

(Green Technology)이 부쩍 사람들의 관심을 끌고 있고, 세계 각국이 이 분야에 많은 투자를 하고 있다.

정확히 보면 사람들의 관심을 끄는 것과 기술영역 자체의 활동이 활발한 것은 다르다. 기술적인 우수성이 뛰어나고 파급효과가 워낙 커 사람들의 관심을 끌기도 하지만 사회적인 필요성에 의해 관심을 끌 수 있기 때문이다. 2000년의 인간 유전자 해독 등은 기술적인 측면에서 세계 전체의 관심을 끈 경우라 할 것이다.

사회적인 필요성에 의해 과학기술 각 분야가 유행을 타는 것을 살펴보자. 해방 후 먹거리가 부족하며 식량자급이라는 국가적인 과제가 대두되었던 시기에 농학은 가장 각광받는 분야이었다. 이어 석탄 등의 에너지문제를 해결하기 위한 자원공학과가 큰 인기를 끌었고, 이후 화학공학과 금속공학 나아가 컴퓨터공학 등이 시간을 달리하며 인기를 끌었다.

사람들의 일시적인 관심과 달리 기술발전에 따라 과학기술의 영역 자체가 변하기도 한다. 1960년대 전기공학의 한 분야이던 전자공학이 독립한다. 이어 1970년대 후반에는 전자공학에서 컴퓨터공학이 독립할 준비를 하고 1980년대에는 컴퓨터공학이 명확하게 독립한다. 1990년대에는 컴퓨터공학에서 멀티미디어공학이 새로운 영역으로 독립한다. 그리고 현재는 오래된 분야인 전기공학과 전자공학은 강한 전기인 강전과 약한 전기인 약전이라는 차이 정도로 축소되어 거의 같이 다루어진다. 물론 이러한 세분화와 분리독립이 이루어지는 영역은 세간의 관심이 집중되었던 분야이기도 하다.

### 2) 최근의 변화 종합

과학기술 분야의 최근 동향은 크게 과학기술 내부의 변화와 과학기술과 관련된 주변분야의 변화로 특징된다.

과학기술 내부에서의 변화는 크게 네 가지로 요약된다. 하나는 자동차, 선박 등 복합시스템 기술이 커지고 있다는 점이다. 두 번째는 이미 널리 인식되고 있는 생명과학분야의 분화가 크다는 점이다. 세 번째는 나노기술로 인해 화학이 분화되고 확대되고 있다는 점이다. 마지막으로 앞서 언급한 융합기술이 확대되고 있다. 융합기술에 대한 내용은 조금은 복잡하고 기술적인 내용을 바탕으로 하므로 10장의 혁신혁명이나 11장의 IT산업 부분에서 다시 검토되고 여기서는 설명을 생략한다.

기술적인 측면에서만 융합이 일어나고 있는 것은 아니다. 과학기술의 의미나 범주에 대한 다른 나라의 인식부분에서 본 바와 같이 과학분야에서도 변화가 있다. 과학기술과 다른 분야와의 결합에서 가장 커지고 있는 분야는 과학기술과 인문사회가 결합된 복합영역이다. 정보학, 사회보건학, 컴퓨터, 게임, 에니메이션, 기술혁신, 과학기술정책, 스포츠과학 등의 영역이 그 대표적인 분야이기도 하다. 이들은 자연과학적인 기술이나 기법을 해당분야가 도입한 경우도 있고, 자연과학에 대한 인문사회과학적인 해명을 위한 분야도 있다.

위와 같은 점을 반영한다면 우리는 복합영역 혹은 복합과학이라는 표현과 융합기술이라는 표현을 구분하여 사용하여야 한다. 전자는 학문영역 자체가 다른 분야간의 결합이라면 후자는 과학기술 내부의 작은 분야간, 즉 전통적인 의미의 기술적인 결합인 것이다.

# 04 지식생산양식의 변화

## 4.1 지식생산양식론

### 1) 새로운 지식생산의 특징

협의의 과학기술 내부뿐 아니라 과학 일반의 영역에서도 큰 변화가 진행되고 있다. 이에 따라 전통적으로 언급되는 과학기반의 변화 정도가 아니라 지식생산 패러다임 자체가 변하고 있다는 지적이 등장하고 있다. 소위 지식생산양식론, 즉 모드(mode)론이라 불리는 이 논의는 세계적으로 과거와 다른 새로운 지식생산 양식이 등장하고 있다는 것이다.

각 분야별 과학기술의 동향을 분석하던 Gibbons 등(1994)은 〈표 3-12〉처럼 과거의 지식생산양식을 모드 1로 규정하고 새로운 생산양식을 모드 2로 규정한

■■ 표 3-12 **지식생산 모드의 변화**

| 모드 1 | 모드 2 |
|---|---|
| -학문적<br>-특정집단 차원의 문제 설정과 해결<br>-특정 학문지식<br>-동질적<br>-조직내 위계를 갖고 형태를 갖춤<br>-개인의 창조성이 발전의 핵심<br>-특정학문 기여 | -응용차원<br>-사회 각 분야에서 생산<br>-학제적<br>-이질적<br>-위계구조없고 형태없이 변화<br>-개인 창조성은 집단과정 중의 하나<br>-사회적으로 보다 적합 |

자료: Gibbons, M. et al., The New Production of Knowledge, Sage Publications, 1994.

다. 전통적인 생산양식은 대단히 학문적인데, 특정 학문 내에서, 이들만의 논리로, 발전해가는 방식으로 규정된다. 반면, 새로운 양식은 사회적인 응용을 우선시하기에 학문적이라기보다 사회적이며, 지식이 대학뿐 아니라 사회 각 분야에서 생성되며, 특정학문만이 아니라 학제적이며, 그러기에 위계질서에 입각한 학문이 아니라 자유로운 형태를 취한다는 것이다. 이 과정에서 창조성이란 개인적인 것이냐 아니면 집단과정 중의 하나인가도 규정된다고 본다.

두 양식의 가장 큰 차이는 사회적인 활용이 전제되느냐, 아니면 과거의 대학을 상징하는 용어인 사회와 고립된 상아탑적인 것이냐에 있다할 것이다. 순수한 학문적인 동기보다 사회적인 활용을 전제로 하는 것이기에 특정학문만을 고집할 필요도 없고 어느 한 분야의 지식만으로는 문제해결이 되지도 않는다. 따라서 특정 학문이 가지고 있는 학문적인 위계질서는 오히려 장애가 될 뿐이고, 응용에 장애가 될 뿐이다. 또한 어느 한 분야에서의 창의성이라는 개념보다 활용을 위한 전체과정 속의 창의성이라는 개념이 더 중시될 수밖에 없다.

새로운 지식생산양식론을 검증하고자 한 연구는 지식생산에서 대학의 비중이 감소하고 사회 다른 부문이 증가하는 지를 캐나다의 1985~1995년 기간을 대상으로 검토하였다.[3] 논문에 올라있는 저자들의 소속기관을 대학 병원 연방정부 지방정부 산업계 기타 등으로 구분해 분석한 결과 다음과 같은 추세를 찾아냈다. 첫째, 논문생산에서 대학연구자의 비중은 가장 크게 증가하고 있고 전체의 80%를 차지한다. 다시 말해 전체 논문의 80%에 대학 연구자가 포함되어 있는 것이다. 둘째, 대학 이외 기관 역시 대학보다는 못하지만 계속 증가하고 있고 38.5%

3) Godin B., Y. Gingras(2000), "The Place of Universities in the System of Knowledge Production", Research Policy, 29-2, 2000, pp. 273-278. table 1.

의 논문에 참여하고 있다. 셋째, 대학 이외에서는 정부기관 소속이 줄어드는 경향이지만 16.5%로 두 번째이고, 병원의 비중은 커지고 있지만 12.8% 정도이다.

결국 요약하면, 대학 이외의 분야에서 지식생산이 증가하고 있지만, 대학의 중요성은 결코 줄어들지 않고, 다른 기관과 대학의 공동연구가 증가하는 형태로 변하고 있다할 것이다.

### 2) 모드 2 사회

Gibons는 한걸음 더 나아가 사회 전체도 모드 2 형태로 변하고 있다고 주장한다.[4] 새로운 지식생산양식에 걸맞는 새로운 사회가 형성되고 있다는 것이다. 이 사회는 과학이 사회에 영향을 주는 것이 아니라 과학과 사회가 상호작용하고 사회의 요구를 과학이 수용한다는 것이다. 특히 시장에서 과학과 사회가 조우하고 서로가 영향을 주고 받으며 발전해 간다는 것이다.

그는 모드 2가 확대되는 이유를 두 측면에서 설명한다. 첫째는 특정 학문에서 배출한 졸업생을 해당부분이 모두 소화하지 못해 다른 부문에 종사하게 되는 인력의 유출효과를 지적한다. 다른 분야에 가 있어도 체화된 지식은 사라지는 것이 아니라 가 있는 분야와 결합해 나타나는 현상이 발생한다는 것이다. 두 번째는 교통통신의 발달로 커뮤니케이션이 증가하여 분야 간 지식이 서로 영향을 주고 받으며 발전해갈 수밖에 없다는 것이다.

모드 2의 과학과 사회는 기본적으로 개방적이다. 따라서 이 지식을 사회에 응용할 때 나타날 수 있는 현상을 다음과 같이 지적한다. 첫째, 여러 전문가, 기관, 분야가 참여하게 된다. 둘째는 응용영역에서 과학기술 전문가만 참여하는 것이 아니라 사회 각 분야의 전문가들이 참여한다. 따라서 이질적인 문화에 익숙한 참여자에 대한 상호 존중과 배려 나아가 이질적인 집단을 관리하는 방법의 중요성이 커진다. 자연히 위계질서는 사라지고 의사결정과 운영의 민주적인 방식이 중요하고, 참여자들의 다양한 이해관계를 조정해야 하고 동기부여를 위한 인센티브가 중요해진다.

셋째는 문제형성 장소가 정부 산업 대학과 같은 전통 제도영역에서 시장으로 이동하고 있다는 점이다. 앞서 언급한 바와 같이 현대적인 시장은 과학이 공공

4) Gibons, M.(2000), "Mode 2 Society and the Emergency of Context-sensitive Science", *Science and Public Science*, 27-3, pp. 159-163.

과 만나는 공간이고 공공이 과학에 요구하는 장소라는 점이다. 과학의 시장참여는 시장으로부터의 반사적인 요구를 받아 들여야만 한다. 이에 따라 과학기술계는 연구우선순위, 신념, 연구방법 등에 영향을 받을 수밖에 없고 그에 상응하는 변화를 보여야 한다.

### 3) 반 론

모드론에 대한 반론 역시 존재한다. 그들은, 특히 Pavitt(2000)[5)]은 모드 2에서 강조되는 응용이란 이미 예전부터 있어 온 활동이며, 산학연과 같은 경우는 모드 1의 대체형태가 아니라 보완적인 형태라고 주장한다. 또한 모드 2는 응용을 중심으로 한 지식생산양식이라 기초연구를 등한시한다고 비판한다. 그리고 앞서 살펴본 캐나다의 연구 역시 대학의 연구활동이 더 커지고 있음을 지적한다. 결국 모드 2는 기초연구의, 또는 대학연구의 보완적인 형태일 뿐이라 의식적으로 구분할 필요가 없다고 주장한다.

기초연구의 중요성에 대한 지적은 부족함이 없다. 그렇지만 최근의 기술진보가 융합 혹은 학제적인 형태를 중심으로 이루어지고 있다는 점 역시 간과되어서는 아니될 것이다. IT와 새로운 기술영역인 BT, NT 등과의 결합, 전통분야의 결합만 보아도 그러한 추세는 분명하게 나타난다. 두 번째는 활용 영역 역시 과거와 다른 형태로 전개되고 있는 것이다. 분명 산학연의 연계활동이 커졌고, 과학기술계와 인문사회계의 경계가 모호해지는 분야들이 많이 등장하고 있다. 이 두 변화들은 각국의 학문분류 자체를 변화시킬 정도이다.

이상의 논의를 정리한다면 결국 모드 1 패턴도 분명 존재하지만 과거에 비해 그 비중은 축소되고 있고, 학제적이고 산학연과 같은 모드 2 활동 역시 증가하고 있다할 것이다. 모드 1에서 모드 2 사회로의 변화보다 연구활동패턴의 다양화가 현재의 추세를 설명하기에 더 정확한 표현일 것이다. 다음 절에서 보는 바와 같이 지식생산의 기반 역시 분명 변하였다.

---

5) Kieth Pavitt, Academic Research in Europe, SPRU, June 2000.

## 4.2 지식활동의 성격변화

### 1) 정보생산의 폭증

"2008년 전 세계에서 생성된 디지털 정보량은 4,870억 기가바이트(GB)이고, 향후 18개월마다 2배씩 정보의 양이 늘어나 2012년에는 2008년보다 5배 많은 디지털 정보가 생성될 것으로 보인다. (미국 EMC) 2010년 인류가 생산 유통하는 디지털 정보량은 1조 609억GB이다. 이 정보를 책으로 만들면 지구에서 태양까지의 거리를 37번 쌓을 수 있는 양이다. (IDC)"[6]

이 통계는 IT기술의 이용이 사회를 어떻게 변화시키고 있는 지를 보여주는 중요한 예 중의 하나이다. IT기술은 기본적으로 머리를 대신하는 기술이기에 가장 큰 영향을 주는 분야 중의 하나는 지식이나 정보와 관련된 분야인 것이다. 그러기에 우리는 IT기술의 확산이 산업적인 측면뿐 아니라 사회 전반에 영향을 미치고 있다는 것이며, 그로 인해 IT혁명이라 부르기도 하는 것이다.

인류가 가진 지식은 서양에서는 중세 암흑시대를 거치며 크게 소멸되었고, 이후 르네상스 시대를 통해 다시 재생되고 발전한다. 여기에 1455년 구텐베르크의 인쇄술은 지식의 확대에 가장 큰 공헌을 한다. 이어 19세기에는 의무교육의 확대로 문자해독율이 높아지고 지식이 확산되는 계기가 되었고, 20세기의 미디어 발전은 정보와 지식의 확산에 큰 영향을 미쳤다. 더 결정적인 계기는 역시 20세

그림 3-2 인류가 가진 지식과 정보의 양 추이

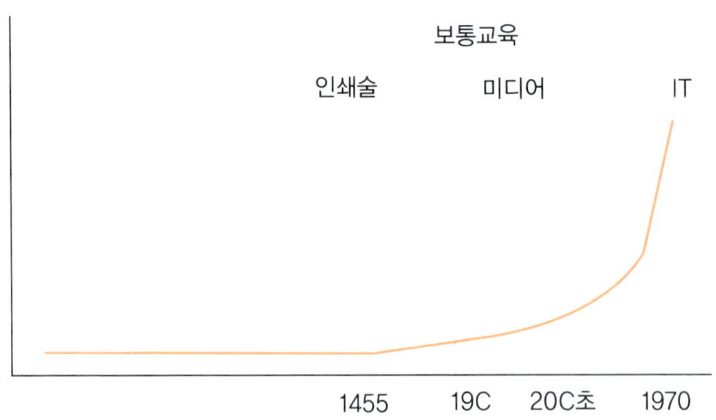


6) 박영서, 기업환경의 변화와 KISTI의 역할, 한국기업 · 기술가치평가협회 발표문, 2010. 10. 19.

기 후반 IT기술의 발전에 의한 것이라 할 것이다.

### 2) 지식과 정보의 구분

정보의 홍수 속에서 지식과 정보라는 용어는 어떠한 차이가 있는가? 과거에는 정보는 주로 단편적인 사실을 지칭하고 지식은 체계성을 가진 내용을 지칭하였다. 그러면 영화나 연극 혹은 소설과 같이 체계성을 가진 작품들은 정보인지 지식인지가 불분명해진다. 이러한 점에서 유용성이 추가되어 정보와 지식을 구분하기도 하였다. 유용한 것은, 즉 사용자를 기준으로 무언가 가치가 있는 것은 정보이고, 그렇지 않고도 존재하는 것은 지식이라는 구분도 존재하였다. 이 역시 지식은 유용한 것이 없느냐는 질문에 답하기 어렵다. 이에 따라 지식과 정보를 굳이 구분하지 않고 사용하는 경향도 존재한다.

〈표 3-13〉에는 지식과 정보 구분이 나타나 있다. 정보는 대부분이 부호형이고 단편적인 속성이 크다. 그런데 전반적으로 생산비가 낮고 이전비용도 낮다. 반면 지식은 체계적이며, 부호형도 있지만 암묵지형도 있다. 암묵지형 지식은 단순히 듣고 보면 알 수 있는, 조금 더 나아간다면 모방할 수 있는 그러한 내용이 아니다. 또한 생산비도 이전비도 정보에 비해 상당히 높은 수준이다. 따라서 정보는 쉽게 이전될 수 있지만, 지식은 존재형태에서도 또한 이전비용에서도 이전이 그렇게 자유롭지 못하다.

지식이 가진 이러한 성격 때문에 연구개발 노력이나 교육이 나름대로 가치있는 투자로 여겨진다. 과거에는 연구개발이나 교육의 결과는 정보이기 때문에 대가없이 쉽게 다른 나라로 이전될 수 있다고 생각하였다. 그러나 기술적인 지식은 정보형태를 갖는 부호형도 있지만, 암묵지형도 있고 암묵지형이 더 중요하기에, 정보적인 내용만 가지고는 기술획득이 쉽지 않고, 과학적인 기반 형성 역시

표 3-13 **지식과 정보 구분**

| | 정보 | 지식 |
|---|---|---|
| 형태 | 단편적<br>부호형 | 체계적<br>부호형+암묵지형 |
| 생산/이전비 | 없거나 낮음 | 높음 |
| 이전형태 | 정보 | 정보+사람 |

쉽지 않다고 보는 것이 최근의 공통인식이다. 따라서 그러한 지식으로 무장된 사람이 이전되어야 체계적인 지식은 이동가능하다는 것이다.

### 3) 지식사회 지식활동의 특징

정보의 양적 증가로 인해 지식과 정보를 보는 기본시각이 변하고 있다. 산업사회형 교육은 주어진 시간에 주어진 지식을 학생들에게 습득시키는 형태이었다. 주어진 지식만으로 사회생활에 큰 지장이 없었고, 사회운용에도 큰 영향이 없었다. 그러나 작금의 지식사회에서는 적어도 세 측면에서 변화가 진행되고 있다.

첫째는 사회 자체가 대단히 다양하게 분화되고 있는데, 각 분야의 주어진 지식을 누가 설정해 주느냐는 것이다. 산업사회에서는 산업의 종류가 비교적 단순하였고, 각 산업의 내용도 그렇게 복잡하지 않았다. 따라서 누군가가 필요한 지식의 폭과 깊이를 알아 제공할 수 있었다. 그런데 산업 자체가 다양해지고, 개별 산업의 내용도 고도화되고 있는 작금에는 모든 영역에서 누가 그러한 역할을 수행하느냐는 가장 기본적인 질문이 제기된다. 학교에서 가르치는 내용은 부족하고 비현실적이라는 지적이 점점 커질 수밖에 없는 것이다. 학교나 학과의 다양화, 다원화는 필수적인 과제라 할 것이다.

두 번째는 과거에는 지식의 생산자와 전달자 및 배우는 사람의 구분이 명확하였다. 그러나 현재는 누구든, 심지어 어린 학생들도, 어느 분야에선가 어느 내용을 가지고 지식을 생산하는 사람이 될 수 있다는 특징이 있다. 특정 분야의 학생이 다른 분야에서는 지식의 생산자가 될 수 있고, 어느 분야에서는 지식의 전달자도 될 수 있는 것이다. 모두가 지식의 생산자가 될 수 있고, 전달자도 될 수 있으며, 소비자도 될 수 있다. 그리고 이러한 지식이 인터넷 상에서 쉽게 확보된다.

세 번째는 각종 정보매체에 의해 지식생산의 다원화와 다양화가 자연스레 진행되고 있다는 점이다. 인터넷 상의 블로그, 카페, 각종 형태의 개인 컨텐츠 등이 그 중요한 수단이라 할 것이다. 이러한 측면에서는 자기만의 생각과 표현을 담은 '자기다움' 이 중요한 덕목이다. 산업사회에서 말하는 창의성과 독창성이 기본이 되는 것이다.

네 번째는 정보의 홍수 속에서 진정 가치있는 정보를 찾아내는 것 자체가 경

표 3-14 **지식사회의 지식활동 특징**

| | 산업사회 | 지식사회 |
|---|---|---|
| 교육 | 주어진 지식 전파/습득 | 지식의 생산/처리 법 습득 |
| 교육내용 | 누군가 폭과 범주 결정 | 다원화되어 모든 분야 설정 불가능 |
| 지식생산/소비 관계 | 관계 고정 | 모두 생산자, 전달자, 소비자 가능 |
| 핵심활동 | 암기 | 정보 검색/처리 |
| 덕목 | 암기능력 | 자기다움(독창성/창의성) |

쟁의 중요한 수단이 되고 있다. 정보의 질은 여러 등급으로 구분된다. 그런데 정보가 너무 많기에, 또한 정보의 질을 판단할 수 없기에 필요한, 그러면서도 정확한 정보를 찾아내는 것이 지식사회의 중요한 경쟁력 원천이 되고 있는 것이다. 사실 전문적인 영역에서도 정보의 홍수는 예외가 아니다. "과학기술분야 전문학술지는 100,826종으로 19년마다 2배로 증가하고 있다.[7]"는 것이다.

지식사회에서의 가장 중요한 덕목은 자기다움이지만 이 용어는 산업사회적인 의미에서 말하던 독창성이나 창의성과 같은 개념은 아니다. 산업사회적인 관점에서는 분야가 적기에 해당 분야에서 기존에 존재하지 않았던 무엇인가를 제시하는 것이 독창성이지만, 분야 자체가 다원화되고 다양화되는 사회에서는 그러한 기준의 독창성이나 창의성은 너무 많다. 기존 분야에서는 그러한 용어를 찾아야 하겠지만 새로운 분야에서는 자연스런 자기다움이 결국 과거형 독창성이나 창의성을 의미하는 것이다.

지식사회의 또 다른 특징은 과거와 같은 암기가 아니라 필요한 정보를 빠른 시간에 찾는 능력이다. 그리고 찾은 정보를 빠른 시간에 사용가능한 형태로 정리하는 능력 역시 요구된다. 최근에는 거의 모든 분야가 데이터베이스화가 되어 있기 때문에 검색을 시도하면 엄청난 양의 정보가 도출된다. 따라서 검색능력과 함께 정리 능력이 지식사회의 필수적인 기본기가 된다할 것이다.

전문가들은, 특히 업계에서는 검색 로봇을 매일 가동시켜 전 세계의 웹페이지에서 필요한 정보를 확보하는 방법을 사용하고 있다. 특히 퇴근 시 검색로봇을 가동시키면 다음 날 아침 출근 시 결과가 나와 있다는 점에서 검색로봇은 기술과 상품정보를 추적하는 중요수단이 되고 있다. 업계에서는 상품 출시시점이 대

7) 박영서, 앞의 발표문.

표 3-15 유용한 데이터베이스 예

| 분야 | DB | 내용 |
|---|---|---|
| 법률 | 현행법률정보DB | 모든 판례, 법규 |
| 뉴스 | 한국언론재단DB | 모든 뉴스 |
| 과학기술 | STN, NDSL 등 | 모든 과학기술 논문/상품 정보 |
| 통계 | 통계청, 한국은행 통계DB | 모든 경제통계 |
| 문헌 | 첨단학술정보원DB | 모든 대학도서관 문헌 |

단히 중요하기에 이러한 노력을 게을리 할 수 없다.

이러한 노력은 연구개발 분야에서도 그대로 이용된다. 연구개발의 기본 방향을 설정하고 목표를 설정해야 하는 입장에서는 변화하는 시장추세, 기술진보의 소식, 새로운 상품소식 등이 필수적이다. 오랜 시간 개발을 하고 있는데 어디에선가 미리 특허등록을 하고 상품을 출시한다면 그간의 노력이 물거품이 된다. 따라서 사전에 미리 파악하여 대비하는 것이 필수적인 것이다. 이에 따라 연구개발 이전에 세계적인 동향을 모니터하고, 분석하여 연구개발의 기본방향과 목표를 설정하는 형태로 변하고 있다. 연구기획 혹은 기술기획의 기본개념이 변하고 있는 것이다.

과거에는 한번 설정된 목표는 끝날 때까지 잘 변하지 않았다. 그러나 작금에 이르러서는 항상 세계적인 동향을 모니터하고 있기에 진행 중인 연구라 할지라도 방향이나 목표를 조금씩 변화시켜 변화하는 세계동향에 맞추어 나가고 있다. 연구기획-연구수행 모두에서 세계적인 정보에 대한 모니터와 분석은 필수적인 사항이 되고 있는 것이다. 모니터-목표 아이템 설정-사전타당성분석-최종 목표설정-연구수행과 수정 등이 모두 정보검색과 분석능력을 바탕으로 하는 것이다.

CHAPTER 04

기 / 술 / 혁 / 신 / 론

# 기술혁신의 원천과 패턴

- 연구개발과 기술혁신
- 기술혁신의 유형, 원천 및 성격
- 기술기회
- 기술의 수명주기와 패턴

# 01

# 연구개발과 기술혁신

## 1.1 기술혁신

### 1) 정태적인 기술인식의 문제

아무리 좋은 기술도 시간이 지나면 진부화되고 더 좋은 기술에 의해 대체된다. 기술은 다른 어떠한 존재보다 이 속도가 빠르기에 기술을 다루는 사람들은 태어남과 소멸에 대한 인식이 분명해진다. 기술은 기본적으로 고정된 것이 아니라 계속 변하는 실체인 것이다. 그러한 관계로 정적인 의미를 갖는 기술이라는 용어보다 동적인 의미를 갖는 기술변화나 기술진보 혹은 기술혁신이라는 용어가 더 적합하게 사용된다.

기술변화는 글자 그대로 기술의 변화를 지칭하는 용어이다. 그러나 기술진보나 기술혁신은 조금은 긴 설명이 필요하다. 기술진보라는 개념은 특히 경제학에서 많이 사용되는 용어인데, 경제학적인 의미에서의 정의는 기업 전체나 국가 전체와 같이 집합된 차원에서 노동이나 자원의 기여로 설명되지 않는 산출증가를 지칭한다. 생산활동에는 자원과 노동 및 기술 등이 투입되는데, 투입되는 기술을 하나 하나 측정하기가 힘이 들므로 전체 산출증가율에서 노동이나 자원이 기여한 부분을 제외한 나머지로 기술변화의 크기를 측정하는 것이다. 전통 경제학에서의 기술과 이 책에서 사용되고 있는 기술의 의미가 다른 것이다.

두 번째는 기술변화가 보다 좋은 형태로 변한다는 의미를 내포하기도 한다. 그러나 큰 방향이라는 점에서는 그러할 수 있겠지만, 모든 기술변화가 좋은 방향으로 진보하는 것은 아니다. 따라서 변화를 설명하려면 기술진보보다는 변화 자체를 설명하는 기술변화라는 단어를 사용하기도 한다.

반면, 기술혁신은 변화라는 측면보다 기술적인 측면에서의 새로운 시도를 더 중시하는 개념이다. 정확히는 기술혁신은 기술적인 차원의 시도, 그에 따르는 과정 및 결과까지도 동시에 포함한다. 구체적으로는 새로운 재료, 새로운 공정 및 새로운 제품이나 그것들이 만들어져 나오는 각각의 과정을 지칭한다. 새로운 재료를 찾고 공정을 찾고 그에 입각해 새로운 제품을 만드는 것이 기술혁신의 범주인 것이다.

### 2) 혁 신

슘페터(Joseph A. Schumpeter)는 기술을 통해 경제와 사회발전을 설명한 최초의 학자라 평가된다. 슘페터 이전에도 여러 학자가 기계와 기술의 문제를 지적한 바 있으나 논의 자체의 핵심 주제가 기술이고, 그 기술이 기업의 핵심이자 자본주의 발전의 원동력이라 분석한 학자는 그가 최초인 것이다. 슘페터는 혁신의 개념을 추상적으로 설명하기보다 혁신의 구체적인 다섯 형태를 제시하였다.

다섯 형태는 새로운 공정, 새로운 재료, 새로운 혁신 및 새로운 조직이나 새로운 시장을 찾는 노력까지를 포함시킨다. 이 중 새로운 공정, 새로운 재료 및 새로운 상품은 모두 기술혁신이라 불릴 수 있는 내용이다. 반면 새로운 조직이나 새로운 시장개척은 보통 산업혁신이라 지칭된다. 슘페터의 혁신은 기술혁신과 산업혁신 모두를 지칭하는 것이다.

Schumpeter의 혁신의 5 유형

**기술혁신**: 새로운 재료, 새로운 공정, 새로운 제품

**산업혁신**: 새로운 조직, 새로운 시장(개척)

슘페터의 혁신 개념은 그 자체로도 이용되지만 기업가정신(entrepreneurship)이라는 개념과 같이 거의 같이 활용된다. 여기서의 기업가(起業家, entrepreneur)란 기업을 경영하는 사람이라는 개념이 아니라, 어떠한 위치에 있든 위험이 있음에도 이를 감수하며 새로운 것을 시도하고 달성해 가는 사람을 지칭한다. 이러한 사람들이 가지고 있는 정신과 노력을 기업가정신이라 부르는 것이다. 그리고 이러한 노력이야 말로 기업의 발전과 자본주의의 발전의 원동력이라는 것이다.

기술을 통해 사회를 보고 역사를 보려는 1920년대의 슘페터의 주장은 놀림감이 될 정도이었고 사람들의 기억 속으로 사라졌다. 그러나 슘페터는 1960년대에

그의 이론에서 기술적인 측면만을 강조한 신 슘페터학파(Neo-Schumpeterian)에 의해 다시 새롭게 부각된다. 프리맨(Christopher Freeman)에 의해 주도된 이 학파는 1970년대 이후 전통 경제학의 흔들림 속에서 경쟁적인 이론으로 자리 잡는다. 특히 기술을 중시하는 입장과 진화론이라는 이론적인 방법론으로 인해 세계경제가 위기를 나타낼 때 마다 대안으로 등장해 오늘과 같은 기반을 다졌다.

슘페터의 혁신인식은 OECD의 오슬로 매뉴얼(Oslo Manual)에도 그대로 반영된다. 이 매뉴얼은 OECD 회원국 전체에 적용되는 기업의 혁신활동 데이터를 수집하고 해석하는 가이드라인이다. 회원국 전체의 데이터를 비교분석하기 위해 OECD가 작성한 것이다. 따라서 OECD 회원국에서 보는 혁신통계는 모두 이 가이드라인에서 규정된 내용을 따르는 것이다.

오슬로 매뉴얼은 프라스카티 매뉴얼(Frascati Manual)과 쌍으로 이용되는데, 프라스카티 매뉴얼은 국가 전체의 연구개발을 중심으로 한 과학기술활동에 대한 것이고, 오슬로 매뉴얼은 기업의 혁신활동에 관한 것이다. 이 매뉴얼은 1992년 최초로 만들어졌고, 1997년과 2005년 개정판이 나왔다. 이 매뉴얼에 규정된 혁신은 상품혁신, 공정혁신, 조직혁신 및 마케팅혁신이다. 슘페터적인 의미의 재료혁신은 결국 상품의 한 종류라는 점에서 이러한 형태로 구분 가능하다.

상품혁신(product innovation)은 제품과 서비스에서의 혁신을 모두 포함한 것으로, 기존의 상품에서 상당한 변화를 가져온 것만을 지칭한다. 예를 들어 특성 및 사양이 조금씩 다른 상품의 생산이나 계절에 맞는 상품의 생산, 상품차별화를 위해 모양 등을 변화시킨 것은 상품혁신으로 보지 않는다.

공정혁신(process innovation)은 생산 및 상품의 인도에 있어서 새롭거나 상당히 변화된 방법이 도입된 것을 말한다. 상품의 인도방법이라 함은 기업 내에서의 필요한 원부자재의 보관 배분이나 기업 외부(고객)로 인도를 위한 물류방법까지를 포함한다. 또한 공정혁신은 구매 회계 전산 유지보수 등의 보조지원활동에도 적용되는 개념이다. 특히 보조 지원활동에서의 IT기술의 활용은 공정혁신의 대표적인 예라 할 것이다.

마케팅혁신(marketing innovation)은 상당한 변화를 가진 새로운 마케팅 방법의 도입을 말한다. 디자인, 포장, 제품판로, 판매촉진활동, 가격책정 등이 포함된다. 마케팅 수단을 계절적 규칙적 그리고 일상으로 변화시키는 것은 마케팅혁신이라 부르지 않는다.

조직혁신(organizational innovation)은 사업관행, 사내조직, 외부관계 등에서의 상당한 변화를 지칭한다. 조직혁신은 전략적 의사결정의 결과로 이전에는 사용된 적이 없는 조직방법을 도입하는 것으로 조직을 키우거나 합하는 등의 단순한 조직변화와는 구별이 되어야 한다.

기술혁신만으로 충분할 것 같은데 왜 조직혁신이나 마케팅혁신까지를 포함해 혁신을 이해하려는 이유가 무엇일까? 기술이 기업의 경쟁력을 결정하는 중요한 수단이지만 이것만으로는 기업의 경쟁력을 모두 설명할 수 없다. 시장에서 살아남기 위해서는 기업의 전반적인 혁신노력이 동시에 인식되어야 하는 것이다.

## 1.2 연구개발과 흡수능력

### 1) 연구개발의 기능

연구개발은 과학기술 관련 활동의 모든 것으로 인식될 정도로 가장 중요한 기능이다. 그리고 새로운 지적인 지식의 창출과 개선, 개량 나아가 기술혁신의 모든 기반이 연구개발에 있다고 평가되기도 한다. 그러나 연구개발은 과학적인 것이든 기술적인 것이든 새로운 지식의 창출에만 그 기능이 있는 것은 아니다. 연구개발의 첫째 기능은 분명 새로운 지식의 창출이지만, 두 번째 기능은 조직 외에서 이루어지는 모든 진보를 흡수하고 소화하고 조직에 적용시키는 흡수능력의 배양과 생성이다.[1)]

기업수명 30년설은 평균 70% 정도의 기업수명이 30년 정도밖에 되지 않는다는 것을 말한다. 따라서 아무리 우수한 기업도 100년 이상 존속한다면 대단한 기업으로 평가된다. 특히 각국의 혹은 세계의 100대 기업이라 할지라도 이들의 생존기간은 그렇게 오래 되지 않는다. 기업의 소멸은 여러 이유가 있지만 가장 중요한 이유는 기업이 변화하는 환경에 적응하지 못했다는 것이다. 대체로 당대의 기업들은 최고의 두뇌를 모은다. 그럼에도 이들 초거대 기업 역시 변화에 대한 대응이 부족해 소멸되어 간다. 오히려 규모가 크기 때문에 환경변화에 대응이 느리기도 하고, 잘못된 판단으로 대응 자체가 효과가 없는 경우 등 다양하다.

1) Cohen, W. M., Levinthal, D. A., "Innovation and Learning: The Two Faces of R&D," Economic Journal, 99, pp. 569-596.

이는 자체적인 기술지식의 창출도 중요하지만 그것만으로는 부족하다는 것을 의미하기도 한다. 내부적인 기술지식의 창출만으로는 세상의 변화를 주도할 수 없고, 주도한다할지라도 부분적인 주도밖에 될 수 없기 때문이다. 결국 외부 변화를 모니터하고, 그를 학습하는 기능이 없다면 어떠한 조직의 흥망성쇠는 더 빠르고 분명하게 나타나게 된다.

### 2) 흡수능력의 확대

Cohen과 Levinthal의 지적 이후 흡수능력의 확대는 현대 기업에게 필요한 중요한 덕목이 되고 있다. 그로 인해 이들의 지적은 훨씬 더 세련된 형태로 발전되었다. 첫째, 외부 변화의 학습은 기술적인 측면에만 국한되는 것은 아니다. 연구개발에 영향을 미치고 기업의 존속에 직접 영향을 미치는 시장에서의 수요변화는 물론이고, 심지어 정치적 격변이나 경제적 격변까지도 포함되어 검토될 필요가 있다. 해당기업의 상품과 기업의 존속 자체에 대한 영향을 기업 내 어디에선가 검토되어야 하는 것이다.

두 번째로, 외부 변화에 대한 학습은 변화 자체를 모니터하는 것만으로는 부족하다고 평가된다. 모니터 후 중요한 내용을 기업 내로 흡수하는 것만을 담당하는 내부 조직이 있어야 하고, 그러한 활동이 실제 존재해야 한다. 기업이 알고 있다는 것과 확실하게 흡수한다는 것은 다르기 때문이다. 특히 거대조직에서는 어디에선가 알고 있을 수 있으나 이를 조직 내에 구현하는 것은 전혀 다른 이야기이다.

세 번째는 흡수능력의 문제는 연구개발 조직의 문제만이 아니라는 지적이다. 아무리 큰 기업의 연구개발 조직이라도 연구개발 조직만으로는 관련된 기술변화와 시장변화를 모두 모니터할 수 없다. 만약 정치사회적인 변화까지 추가된다면 연구개발 조직의 노력만으로는 더욱 어려울 것이다. 특히 어느 한 분야에 특화된 기업이라면 다른 분야에서의 기술변화나 시장변화를 모니터하는 것은 더 어렵다. 그런데 조직에서 흡수해야할 중요한 변화는 해당 기술분야 외에서 발생하는 경우가 더 많다.

이러한 상황에서 제시된 것이 학습이론의 시사점이다. 기업의 학습은 연구개발 조직만이 담당하는 것이 아니라 모든 구성단위가 학습을 할 수 있도록 해야 한다는 것이다. 그래야만 기술적인 내용을 넘어서는 다양한 지식에 대한 학습이 가능하고, 필요한 모든 조직이 필요한 변화를 각각 흡수해 갈 수 있다는 것이다. 변화를 한 곳으로 집중시켜 대응하는 것이 장점이 될 수 있으나 의사결정 과정에 시간이 걸리고 큰 조직일수록 움직이기도 어렵다. 따라서 중앙집권적인 의사결정과 함께 세부 단위조직의 학습과 흡수가 중요하다는 것이다.

학습과 흡수에는 조직원에 대한 그만한 동기부여가 있어야 하고, 흡수를 위한 체계적인 노력이 당연히 있어야 할 것이다. 이를 토대로 할 때만 기업의 내부전략이자 기업문화로 발전할 수 있는 계기가 되는 것이다.

# 02 기술혁신의 유형, 원천 및 성격

## 2.1 기술혁신의 유형

### 1) 구분방식

소재혁신, 공정혁신 및 상품혁신이라는 슘페터적인 혁신의 유형은 기술혁신의 대상을 기준으로 한 구분이다. 그런데 기술적인 변화의 정도만을 놓고 본다면 기술혁신의 유형은 획기적인 혁신, 주요혁신, 부수적인 혁신으로 구분되기도 한다. 획기적이라는 의미는 아주 새로움이라는 의미가 강하고, 주요혁신은 핵심적인 부분의 변화, 나아가 부수적인 혁신은 주요기능이 아닌 부수적인 기능에서의 변화를 지칭한다. 자동차로 보자면 경유나 휘발유 차가 아닌 전기자동차 혹은 하이브리드 자동차가 획기적인 혁신에 속하고, 엔진이나 제어기기 등과 같은 주요 기능에서의 변화라면 주요혁신에 해당된다. 반면 각종 부수적인 장치에서의 변화는 부수혁신이라 할 것이다.

그러나 이러한 구분방식의 문제점은 도대체 어느 정도가 획기적이고 어느 정도가 주요한 기능 변화이냐는 것이다. 기술에 따라 이러한 구분이 이루어지지 않는 경우가 너무도 많다. 이러할 경우 이 구분방식은 큰 의미가 없다.

### 2) 기술과 시장과의 관계

기술과 시장에서의 관계를 중심으로 기술혁신의 유형을 구분하기도 한다.[2] 기존의 기술역량과 기존의 시장관계를 그대로 유지하거나 강화시키는 것인지 아니면 전혀 새로운 기술역량과 시장관계를 형성하는 지에 따라 기술혁신의 유형을 〈그림 4-1〉과와 같이 보통혁신, 틈새혁신, 구조혁신 및 혁명혁신의 4개 유형으로 구분하는 것이다.

보통혁신(regular innovation)은 기존의 기술 혹은 생산역량을 강화시키고, 기존의 고객 혹은 시장관계를 강화시키는 혁신이다. 가장 흔하게 보는 혁신의 형태로 〈그림 4-1〉에서 1사분면이 해당된다. 이 혁신유형은, 기술혁신을 하면 그 결과 당연히 기술역량이 강화되고 시장역량이 강화된다고 생각하는 가장 일반적으로 예상되는 패턴이다.

그런데 기술혁신의 결과로 반드시 기술역량이나 시장역량이 강화되는 것만은 아니다. 기술역량은 강화시키지만, 기존의 고객관계를 약화시키고 전혀 새로운 고객을 찾아야 하는 혁신도 존재한다. 시장을 기준으로 보자면 기술혁신의 결과 새로운 고객을 찾아야 하는 것이다. 이러한 혁신패턴은 보통 틈새혁신(niche innovation)에 의해 나타난다. 전통의 시장보다는 다른 틈새에서 고객을 찾아 나가는 형태의 혁신인 것이다. 틈새혁신은 어느 단계에서도 나타나나 혁명혁신 이후의 단계에서 많이 나타난다는 특징이 있다.

혁명혁신(revolutionary innovation)은 기존의 고객관계를 그대로 유지하거나 강화시키지만 새로운 기술역량을 도입해 기존기술을 약화시키는 유형이다. 대체로 새로운 시설과 장비 교체 등 내부변화를 주로 발생시키는 혁신유형이라 할 것이다.

구조혁신(architectural innovation)은 전혀 새로운 기술, 전혀 새로운 생산시설, 나아가 전혀 새로운 시장을 개척해야 한다. 그에 따라 시간이 많이 소요되고 그만큼 성공확률이 낮은 문제점도 있다. 그러나 성공한다면 새로운 기술패러다임을 만들어 갈 정도로 파괴력이 큰 혁신유형이다.

---

2) Abernathy, W. J., Clark, K. B. (1985). Innovation: Mapping the Winds of Creative Destruction. Research Policy, 14(1), 3-22

그림 4-1 기술혁신의 유형

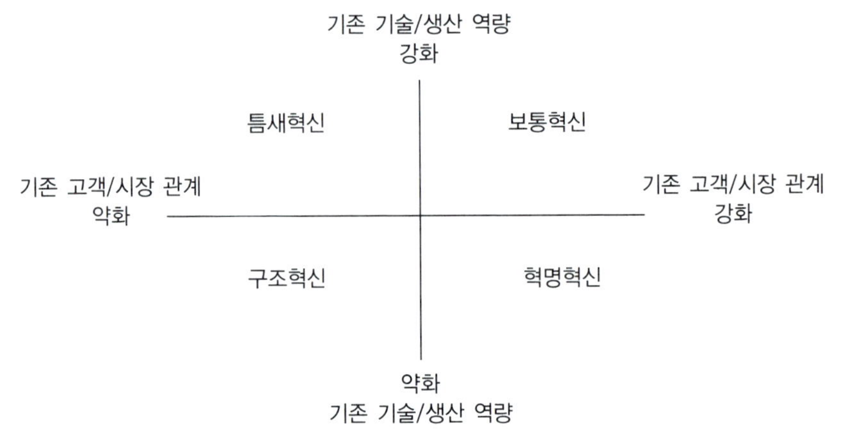


## 2.2 기술혁신의 원천

### 1) 과학주도론

과학과 기술에 의한 기술혁신 주도론은 과학기술적인 지식의 발전이 기술혁신을 유도한다는 견해이다. 이 견해는 엄밀히 보면 현대적인 기술지식 창출의 상당부분이 과학에서 연유되기에 과학이 기술을 창출하고 그에 따라 기술혁신이 이루어진다는 과학주도설(science push)과 포괄적인 의미에서의 기술적인 지식의 창출이 기술혁신의 원천이 된다는 기술주도설(technology push)로 구분될 수도 있다. 그러나 우리는 특별한 구분을 하지 않고 같이 사용하기로 한다.

이 견해는 〈그림 4-2〉와 같이 과학적인 기초연구의 결과를 바탕으로 응용연구를 하고, 응용연구의 결과로 개발연구를, 나아가 이 결과를 가지고 상품화한다는 것이다. 기초연구에서부터 시작되어 상품화까지가 계속 연결된다하여 이 견해는 기술혁신의 선형모형이라 불리기도 한다.

이 견해의 문제점은 어떠한 기술지식이 존재한다 해도 필요한 모든 기술적 조

그림 4-2 과학(기술)주도모형

건이 갖추어지지 않아 기술혁신이 이루어지지 못하는 현상이나 사회적 필요성에 의해 도출된 기술을 설명할 방법이 없다는 점이다.

### 2) 수요견인론

수요견인론(demand pull theory)은 시장수요나 환경요인이 기술혁신을 유도한다는 견해이다. 1960년대에 등장한 이 견해는 기술혁신의 세계에 시장우선적인 사고를 부여했다는 공헌이 있다. 어떻든 〈그림 4–2〉에서와 같이 기초연구로부터 연구가 시작되는 것이 아니라, 이 그림이 끝난 대량생산 이후의 시장이 다시 연구를 시작하게 만든다는 것이다. 연구의 진행은 〈그림 4–3〉에서와 같이 과학주도모형과는 얼핏 비슷해 보이나 다른 형태로 나타난다. 재미있는 점은 수요견인론에 의한 기술개발도 기초연구가 필요할 수 있다는 점이다. 물론 여기서의 기초연구는 과학주도설에서의 기초연구와 의미하는 바가 다르다. 이 차이는 바로 뒤의 연구개발 단계별 속성에서 검토한다.

이 견해는 필요성(needs)이 있다고 모든 새로운 기술이 도출되지는 않고, 시장수요 응대형 기술은 주변적인 혁신일 경우가 많다는 점을 설명하지 못한다. 과학기술적인 씨앗(seeds)이 없다면 아무리 잘 키워도 주어진 씨앗의 본성을 벗어날 수 없다는 것이다.

사실 기술혁신과 사회적 필요성의 관계를 살펴보면 다양하다. 첫째 유형은 사전적인 필요성에 의해 기술혁신이 등장하는 경우로 레이더, 종이, 페니실린 등이 여기에 속한다. 두 번째는 기술혁신 이후에 필요성이 등장한 경우이다. 엑스레이, 무선, 사진, 전보, 잡종 옥수수 등이 여기에 속한다. 셋째 유형은 기술혁신이 이루어져 있는데도 오랜 기간 필요성을 못느낀 경우로 로켓모터, 자기기록, 형광램프 등이 여기에 속한다. 넷째는 거부유형으로 재봉기나 로봇은 기술혁신이 이루어진 후 상당기간 거부되기도 하였다. 재봉틀 탄생지 영국에서는 주부는 손으로 가족의 옷을 만들어야 한다는 사고가 팽배했었고, 로봇은 실업을 유발시킨다

그림 4–3 수요견인모형

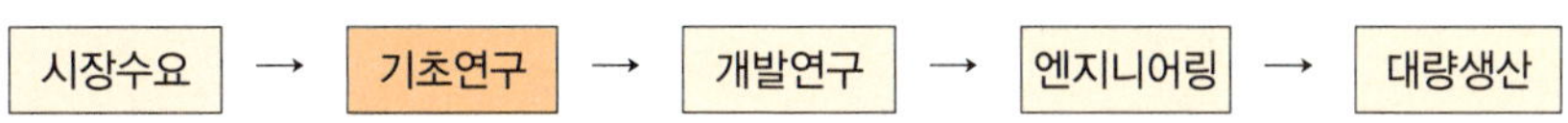

■ 그림 4-4 상호학습 모형

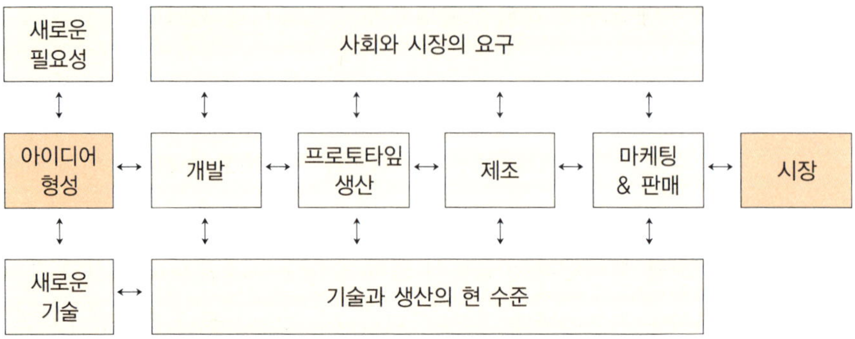


자료: Rothwell, R., W. Zegveld., Reindustrialization and Technology, Harlow: Longman, 1985.

는 이유로 초기에 거부되었다.

### 3) 상호학습론

상호학습론(interactive learning)은 상호학습의 결과에 의해 기술혁신이 이루어진다는 견해이다. 수직적으로 보자면 연구개발을 담당하는 연구자와 생산현장의 기술자, 시장전문가 나아가 고객들이 서로 정보와 선호도를 주고 받으며 기술혁신을 완성해 간다는 것이다. 수평적으로 보자면 이질적인 다양한 분야의 과학기술자들이 서로 견해를 주고 받으며 시장적응이라는 동일한 목표를 달성해 간다할 것이다.

상호학습론은 한 때 연구자와 기술자, 시장전문가 나아가 고객들의 상호작용에 의해 이루어진다는 수직적인 상호작용의 형태로 주장되기도 하였다. 이는 전형적인 산학연의 형태이다. 그러나 최근에는 수평적인 형태의 학습, 즉 분야간 결합 혹은 융합을 위한 노력도 마찬가지로 작용한다고 보아 전천후 학습을 강조하고 있다.

## 2.3 기술혁신의 단계별 성격

과학적인 지식에서부터 기술혁신이 시작되면 기술혁신은 기초연구, 응용연구, 개발연구와 같은 순서로 진행된다. 반면 시장에서의 필요에 의해 기술혁신이 이루어지는 경우에도 기초연구, 개발연구, 엔지니어링, 대량생산 등의 단계를 거치게 된다. 기술혁신이 어느 유형에 의해 촉발되든 개발연구 이후의 단계는 엔지니어링, 대량생산 등과 같이 대부분 비슷하다. 다만 큰 차이는 앞 단계에 있는 기초연구인데, 용어는 같은데 의미는 여러 개가 있다.

### 1) 기초연구와 원천연구

기초연구는 여러 의미가 혼재되어 사용된다. 하나는 기술보다는 과학영역의 연구라는 의미가 강하고, 다른 하나는 기술개발에 있어서 원리적 연구나 탐색적 연구라는 의미를 갖기도 한다. 그렇기 때문에 두 개념을 합하여 기초과학연구라 부르기도 한다. 기초과학연구도 순수 기초연구라 불리는 부분이 있고 목적성을 갖는 기초연구인 목적 기초연구로 불리는 활동이 있다.

과학주도설에서의 기초연구는 과학적인 연구라는 의미인데, 이에는 대체로 자연과학에 대한 보편적인 원리연구나 탐색적 연구의 속성이 내재되어 있다. 반면, 수요견인설에서는 해당분야나 해당기술을 위한 원리연구라는 차이가 있다. 대상 지식의 성격이 다른 것이다. 이는 자연과학분야가 아닌 공학의 분야에서도 기초연구가 존재하고 또 필요하다는 현실과도 연계된다. 공학분야에서 인공물, 즉 기술을 개발할 때도 개발대상과 관련된 기초연구, 즉 원리연구 혹은 탐색적 연구가 필요한 것이다.

그런데 기초연구에는 원천적인 지식에 대한 연구라는 의미도 있다. 이러할 경우 기초연구는 원천연구와 혼동되고, 혹자는 두 개념을 합쳐 기초원천연구라 부르기도 한다. 비슷한 것 같지만 이 두 개념의 차이를 놓고 정부부처간 논쟁이 발생하기도 하였다. 각 부처가 기초연구의 통계를 어떻게 측정할 것인가로 연계되기 때문이다.

이러한 점을 반영하여 한국의 국가과학기술위원회는 통계작업을 위해 원천연구와 이의 결과로 도출된 원천기술에 대한 용어 정의를 내린 바 있다.[3] 국과위는 "원천연구란 제품이나 서비스를 개발하는데 필수불가결한 독창적 기술로서 지속적으로 부가가치를 창출하고 다양한 기술분야에 응용이 가능한 기술을 개발하는 연구활동"으로 정의한다. 즉, 원천기술을 개발하기 위한 연구활동을 원천

3) 국가과학기술위원회, 원천연구 개념 및 비중산정(안), 2009. 7. 28.

연구로 규정하는데, 원천기술은 독창성, 필수성의 의미를 가진 핵심성, 및 응용 가능성이 큰 혁신성이라는 세 속성을 갖는다. 이 정의는 여러 개념을 실제 한국에서 이루어진 연구개발활동에 적용해 측정한 후, 가장 타당하다고 판단해 설정한 개념이다.

### 2) 단계별 속성

응용연구는 기초연구의 결과를 적용할 분야나 대상을 결정하고 적용가능한 지 혹은 구현 가능한 지를 검토하는 과정이다. 적용가능 영역을 찾고 적용의 타당성을 검토하는 단계로 정의될 수 있다.

개발연구는 다양한 의미로 설명되기도 하지만 원래의 의미는 기술적인 개념의 구체적인 실현을 말한다. 이 과정이 성공적으로 끝나면 상품화시키는 과정이 있게되고 상품화가 끝났을 때는 대량생산을 위한 엔지니어링 과정이 남게 된다. 경우에 따라서는 이 모든 과정을 개발연구라 부르기도 하는 것이다. 그러나 응용연구 이후의 단계를 모두 개발단계로만 부르기에는 무리가 있다. 개발연구 이후의 각 단계들도 쉽게 넘어가는 단계들이 아니고 구분되는 특성을 갖고 있기 때문이다. 특히 세계무역기구 (WTO) 협상으로 정부는 시장전 연구까지만 담당하게 되므로 시장전 연구를 보다 세분화시킬 필요가 있다.

기술적인 개념의 구체화와 상품화는 많이 다르다. 기술적으로 완성된 것이지만 상품으로서의 가치는 전혀 고려되지 않은 것이고, 특히 시장에서의 경쟁까지를 고려하며 만들어진 것이 아니기 때문이다. 상품화는 기술개념의 구체화에 상품으로서의 가치를 담아가는 과정이라 할 것이다. 자동차의 예를 보면 승용차와 화물차를 구분해야 하고, 승용차도 가격대별로 다양하게 갖추어져야 한다. 기본 기능은 유지하지만 가격대에 맞추어 어떠한 기능을 추가하고 빼야 할지는 예민하면서도 중요한 연구이다.

상품화 연구가 끝났는데도 대량생산을 위한 연구가 필요한 이유는 실험실에서 만들어진 상품개념과 공장에서 대량생산되며 도출된 상품은 완전히 동일하다고 볼 수 없기 때문이다. 이 두 단계를 구분하는 가장 중요한 이유는 대량생산 단계에서 의외로 많은 기술들이 상품으로 연계되지 못하기 때문이다. 실험실에서는 가능한 상품이 대량생산단계에서는 전혀 불가능한 경우가 있는가 하면, 원자재 공급이 제대로 이루어지지 않아 실패하는 경우도 있고, 정부의 규제에 의해 시도조차 되지 못하는 경우도 있다. 그런가 하면 대량생산 시설을 갖추는 데에 너무 비용이 많이 들어 포기되는 경우도 있고, 생산은 가능하나 투입비용을 회수할 수 있을 정도로 대량생산이 안되는 경우도 있다. 또한 대량생산시설에서 최소한의 생산성이 확보되지 못하는 경우도 있다.

### 3) 각 단계의 비교

연구개발의 단계는 과학주도설에서 출발하든 수요견인설에서 출발하든 첫째, 약간의 개념적인 차이가 있지만 기초적인 연구단계가 존재한다는 점이다. 두 번째는 시장전 단계와 시장단계로 구분된다. 이 구분의 목적은 정부의 역할을 설정하기 위한 것인데, 세계무역기구 협정에 의해 각국 정부는 시장단계에 개입해서는 안된다. 세 번째로 원천연구라 함은 기초연구와 응용연구에 걸쳐 있는 연구로 독창성과 필수성 및 혁신성의 새 요소를 필요로 한다.

또한 어느 개념으로 출발하든 연구개발의 가장 일반적인 단계와 1장에서 살펴 본 기술완성도 개념을 비교하면, 〈표 4-1〉에서 보는 바와 같이, 대체로 시장전 단계에서 약간의 차이가 있음을 알 수 있다. 우리가 앞서 살펴 본 기술완성도는 과학활동보다는 기술에 중점을 두고 보고자 한 것이었고, 기술혁신이 어느 동기에 의해 출발하든 그 모두를 흡수하기 위한 것이었다. 시장단계는 어떠한 형태로 출발하든 동일한 과정을 거치는 것이 일반적이다.

표 4-1 **연구단계와 기술완성도**

| | 시장전 단계 | | | 시장 단계 |
|---|---|---|---|---|
| 단 계 | 기초연구 | 응용연구 | 개발연구 | 상품화 - 대량생산 |
| 원천영역 | 원천연구 | | | |
| 기술완성도 | 아이디어 → 실체화 | | | |

# 03 기술기회

기술혁신은 가능한 곳에서만 가능하고, 기술혁신이 이루어지는 경로에서만 가능하다. 기술혁신이 가능한 기회가 따로 있는 것이다. 그렇지 않은 경우는 기술혁신의 성공가능성이 낮고 그에 따라 기술혁신의 시도 자체가 어려워진다. 기술기회는 기술병목, 기술탄도, 지배제품, 기술패러다임, 기술수명주기 등에 의해 결정된다. 이제 이 개념들을 검토해 보자.

## 3.1 기술병목과 기술캐즘

### 1) 기술병목

기술병목(technological bottleneck)이란 기술적인 병목, 즉 기술적인 문제로 인해 더 이상의 진보가 나타나지 않는 현상을 말하는 것이다. 싸고 고품질의 철이 등장하기 전까지는 증기기관이 검토되지도 못했고, 야금법이 발전하여 고온의 열기를 감당할 소재가 개발된 후에야 제트엔진이 검토되었다. 또한 기계도구의 발전이 있으면서 합금이 실현되었고, CAD시스템은 컴퓨터와 반도체 기술이 발전한 이후에야 가능하였다.

### 2) 기술캐즘

신기술이 등장하면 이에 기반을 둔 많은 제품들이 등장하고 어느 정도 기간 동안 경쟁이 이루어지며 도태되는 기술제품들이 등장한다. 그런가 하면 경쟁다운 경쟁도 해 보지 못한 채 사라지는 경우도 존재한다. 마케팅에서는 캐즘(chasm)이라는 용어가 비슷한 상황을 설명한다.[4] 캐즘은 계곡이라는 의미로 신기술제품이 성장하지 못하고 추락하는 현상을 말한다. 다만 마케팅에서의 캐즘은 완전한 도태가 아니라 신기술제품의 수용자 태도에서 연유된 개념이라 극복

4) Jeoffrey Moore, Crossing the Chasm, HarperCollins Publishers, N.Y. 1991.

가능한 대상으로 전제한다는 차이가 있다. 어떻든 우리는 신기술이 등장 한 후 시장진입과 동시에 혹은 어느 정도의 경쟁을 거치며 도태되는 현상을 기술캐즘이라 정의하자.

소비자들이 신기술제품을 수용하는 패턴은 신기술채택 수명주기라는 개념으로 설명한다. 채택시점에 따라 초기수용자(early-adapter), 초기주류(early-majority), 주류, 후기수용자(laggards) 등으로 구분되는데, 캐즘은 초기주류단계에 진입하기에 앞서 초기수용자 단계나 전환되는 단계에서 매우 일반적으로 발생한다. 만약 벤처기업이 다른 제품없이 이 제품에만 의존하고 있다면 존속 자체가 어려워지는 사태도 발생한다. 따라서 기술혁신 뿐 아니라, 마케팅 및 벤처기업 연구자들에게서도 이 현상은 대단히 중요하다.

왜 이러한 현상이 발생하는가? 초기 수용자들은 해당 기술 자체나 그 기술이 제공하는 각종 기능에 관심이 크고, 기존의 인프라를 크게 개의치 않는 개방적인 소비자들이다. 그리고 이들은 약간의 기술적인 한계나 불편함도 감수한다는 특징이 있다. 그러나 이들의 숫자는 그리 많지 않기 때문에 다음 단계인 초기 주류 고객이 구매하지 않는다면 해당 신기술제품은 성장이 정체될 정도가 아니라 감소하는 깊은 수렁에 빠지게 된다.

마케팅에서는 이러한 현상을 극복할 적절한 마케팅 노력이 필요하다는 의미에서 이 개념을 활용한다. 그러나 기술적인 차원에서 볼 때 시장노력만 가지고 해결되지 않는 부분이 존재한다. 기능적 한계나 기술적 한계가 그것이다. 그러기에 캐즘마케팅은 시장노력과 함께 기술적인 내용 자체를 시장에 적합하게 하자는 주장을 하는 것이다.

## 3.2 기술탄도, 지배제품 및 기술패러다임

### 1) 기술탄도와 지배제품

포탄이 날아가는 궤적을 탄도라 부른다. 그런데 기술혁신이 이루어지는 궤적이 이 탄도와 유사하다는 점에 의해 기술탄도(technological trajectory)라는 개념이 사용된다. 기술혁신은 제멋대로 이루어지는 것이 아니라 일정한 질서를 가진 궤적 위에서 움직이는 것이다. 반도체가 집적되는 형태는 4비트에서 16비트, 64

비트, 256비트 등 4의 배수로 증가한다. 컴퓨터의 해상도는 색상과 밝기를 표시하는 화소가 일정한 질서를 가지고 좋아지며 밝아진다.

이와 같은 기술탄도로 인해 황의 법칙이 등장하였다. 황의 법칙은 반도체 메모리의 용량이 1년마다 2배씩 증가한다는 것으로, 2002년 삼성전자의 황창규사장이 주장한 법칙이다. 이 법칙 이전에는 반도체 메모리는 18개월마다 2배씩 증가한다는 무어의 법칙이 있었다.

기술탄도 이전에 어떠한 신기술이 등장하면 많은 경쟁기술이나 경쟁제품들이 등장한다. 동일한 기술이지만 제품형태가 조금씩 다르거나 구현하는 방식이 다를 수도 있고, 계열이 다른 기술들이 시장에서 서로 경쟁한다. 어느 정도의 시간이 흐르면 이중 시장에 가장 적합한 기술이나 제품은 살아남고 나머지는 도태되는 현상이 발생한다. 살아 남아 시장을 지배하는 제품들을 지배제품(dominant design)이라 부른다.[5] 그리고 살아남은 지배제품의 발전 궤적을 기술탄도라 부르는 것이다.

지배제품은 하나인 경우도 있지만 몇 개로 압축되는 경우가 더 많다. 인터넷 브라우저의 경우 마이크로소프트사의 익스플로러가 초기에는 다른 제품들을 능가하며 대세를 차지하였고, 시간이 흐르며 몇 개의 경쟁적인 제품들이 등장하며 일부 시장을 점하고 있다.

경우에 따라서는 기술적으로 우수한 것이 반드시 지배제품으로 선택되지 않는다는 특징이 있다. 기술적인 우수성도 중요하지만 얼마나 시장적합성을 가지고 있느냐가 중요한 것이다. 기술적으로 부족한 제품이 지배제품이 되려면 부족한 부분을 보완할 다른 요인 A/S, 가격, 끼워팔기, 다른 조건 부여 등 마케팅 노력이 중요해진다.

### 2) 기술시스템

지배제품은 하나의 기술이 아니라 관련기술의 집합이라는 형태를 취하게 된다. 휴대폰을 예로 들면 휴대폰 자체만 발전하는 것이 아니라 통신에 필요한 기지국 기술, 전송기술, 휴대폰 자체 기술, 휴대폰 자판기술, 디스플레이기술, 전송된 신호를 화면으로 전환하는 기술 등 수많은 기술들이 사용된다.

5) Utterback, J.M., W. J. Abernathy, "A Dynamic Model of Process and Product Innovation", Omega, 3-6, December 1975, pp. 639-656.

단순해 보이는 신기술 제품의 경우도 다양한 관련 기술이 결합된 시스템을 이루는 것이 보통이다. 산업현장까지 갈 필요가 없이 냉장고 세탁기 TV 컴퓨터 등의 일상생활 속에서 사용되는 각종 생활가전도 각각이 하나의 기술시스템이라 할 수 있다. 이들은 하나의 기술이 아니라 수많은 기술이 집합되어 형성된 제품들이다. 비교적 단순해 보이는 화학제품이라 할지라도 관련된 기술은 많다. 이들은 작은 의미에서의 기술시스템(technological system)이라 할 것이다.

그런데 기술시스템은 원래는 이렇게 작은 의미의 관련된 기술집합으로 정의되지는 않았다.[6] 협의의 기술시스템을 보완하는 인프라, 교육시스템, 금융시스템 및 관련 산업시스템 등 해당 기술집합과 관련한 제반 사회경제 시스템까지가 포함되어 정의되었다. 어떠한 경우는 한 나라의 사회경제시스템 정도가 아니라 국경을 넘어서까지 기술시스템이 존재할 수 있다.

### 3) 기술패러다임

패러다임은 대체로 한 시대의 공통적인 의식 혹은 문제풀이 방식을 지칭한다. 이러한 양식이 과학적인 것이면 과학패러다임이라 하고, 기술적인 것이면 기술패러다임 나아가 제도적인 것이면 제도패러다임 등으로 부른다.

이 용어는 토마스 쿤(Thomas Kuhn)의 과학패러다임에서 연유된 것으로 과학의 영역에서는 한 시대 전체를 아우르는 공통의 사고방식이 있고, 또한 이 사고방식은 그와 다른 방식의 사고를 수용하지 못하고 배척한다는 것이다. 천동설의 세계관에서는 지구가 돈다는 지동설은 철저히 배척당했고, 주장자들은 처형되기도 하였다. 경제학에서도 주류인 신고전파적인 사고와 다른 신 슘페터학파나 제도학파 등은 배척되는 경향이 강하다.

기술의 세계에서도 마찬가지 현상인 기술패러다임(technological paradigm)이 존재한다. 전자적인 문제풀이 방식이 일반화된 작금에는 기계적이거나 압력방식 등 경우에 따라 보다 편리한 방식이 적용될 수 있는 데도 배척된다. 기술혁신은 관련된 모든 기술에서 동시에 일어나는 혁신이 아니라 부분적인 혁신이 대부분이기 때문에 필요한 여러 기술들의 집합 속에서 하나만 이질적인 기술을 적용하기가 쉽지 않다. 또한 새롭게 등장한 기술을 보완하는 다른 요소들이 준비

6) Carlsson1, B., R. Stankiewicz, "On the Nature, Function and Composition of Technological Systems", Journal of Evolutionary Economics, 1-2, 1991, pp. 93-118.

되어 있지 않은 경우도 있다. 따라서 관련 부품을 구입하기 어렵고, 구입한다 해도 자주 사용되지 않은 것이라 비싼 경우가 많아 해당 기술혁신의 대중화를 어렵게 한다.

지배제품이 결정되면 지배제품과 조화되지 못하는 기술들은 기술 패러다임에 의해 배척되어 지배제품만의 기술발전 궤적, 즉 기술탄도를 형성하게 된다.[7] 기술패러다임은 기술적인 문제풀이 방식을 말하는 것이고, 기술시스템은 특정 기술을 형성하거나 가능하게 하는 집합을 말하는 것이라 두 개념이 완전히 일치하는 것은 아니다. 그러나 두 개념은 상호보완적인 형태로 이해될 필요가 있다.

## 3.3 제품플랫폼

### 1) 정 의

제품플랫폼은, 여러 제품들이 효율적으로 개발되고 생산될 수 있는 구조를 갖춘 기술과 시스템의 집합이다. 하나의 플랫폼에서 여러 제품이나 그 각각에 따른 모델들을 효율적으로 생산해 낼 수 있는 것이다. 이 플랫폼에서는 부품과 서브시스템의 표준화가 필수이다.

제품플랫폼의 효과를 보자. 공구회사 Black & Decker는 122개의 전동공구를 공급하며 약 200여 종의 서브시스템을 필요로 했다. 그런데 모든 서브시스템과 모터 들을 공통적으로 사용할 기본 틀과 표준화된 부품으로 교체하였다. 여기서 여러 제품에 공통적으로 사용된 기본 틀과 표준화 부품을 합하여 플랫폼이라 부르는 것이다. 어떻든 이 혁신 후 모터에서만 108명이 소요되던 인력을 16명으로 감소시킨다. 당연히 생산원가가 대폭 낮아져 시장경쟁력이 강화되었고, 시장에서 모든 경쟁업체들이 도산하여 경쟁사 1곳만 남게 되었다.[8]

제품플랫폼은 제품의 표준화와 원가절감에만 영향을 미치는 것은 아니다. 신제품 혹은 신모델의 개발속도를 단축할 수 있다는 점에서 시장 대응능력을 키워주는 효과도 있다. 일례로 핸드폰 시장에서의 플랫폼 이용은 1년에 수십종의 신

7) Dosi, G., "Technological Paradigms and Technological Trajectories : A Suggested Interpretation of the Determinants and Directions of Technical Change", Research Policy, 11-3, June 1982, pp. 147-162.

8) Meyer, M., A. Nehnard, The Power of Ptoduct Plarforms: Building Value and Cost Leadership, New York, Free Press, 1997.

모델을 가능하게 한다. 자동차 업계에서는 서로 다른 회사가 자신들의 주력이 아닌 분야에서 동일한 플랫폼을 이용하는 자동차를 생산하기도 한다. 자동차 신모델은 보통 수년에 수억달러가 소요되는데, 여러 회사가 공동 플랫폼을 이용하며 이 비용과 기간을 단축시키는 것이다.

### 2) 플랫폼의 유형

플랫폼의 기능과 역할이 확대되며 제품플랫폼에서 출발한 개념은 고객플랫폼, 거래플랫폼으로 확대되기도 한다.[9] 고객플랫폼은 어느 제품을 통해 확보한 고객을 바탕으로 다른 상품을 개발하여 진입하는 플랫폼을 말하고, 거래플랫폼은 거래를 할 수 있는 공동 플랫폼을 말한다. 아마존은 책을 판매하며 확보한 고객플랫폼을 활용하여 음반이나 기타 상품을 팔게 되었다. 거래플랫폼의 대표적인 형태가 옥션이나 G마켓 등의 인터넷 상거래업체나 스마트 폰을 이용하는 앱스토어들이라 할 것이다. 따라서 거래플랫폼도 기술적인 플랫폼의 한 형태이다.

IT업체와 같은 경우는 거래플랫폼을 확보하기 위해서는 외부업체들이 쉽게 이용할 수 있도록 해야 한다. 플랫폼 제공업체의 기술력은 물론이고 다른 업체들과의 교류를 위한 기술적인 표준화 역시 강조된다. 스마트 폰 자체가 거래플랫폼의 한 예이고, 스마트 폰에 탑재되는 운영체제가 대표적인 예라 할 것이다.

이러한 선도주자들을 플랫폼 리더라 부르기도 한다. 플랫폼 리더십은 첫째, 해당 분야의 제품 기술과 표준을 선도할 수 있는 핵심기술과, 둘째 그에 입각한 플랫폼을 바탕으로 한다. 마지막으로 해당기업의 의도적인 전략이 없다면 플랫폼 리더라는 위치가 쉽게 얻어지는 것은 아니다.

## 3.4 기술체제

기술체제(technological regime)는 산업별 기술혁신의 패턴 차이를 설명하며 출발한 개념이다.[10] 다시 말해 산업별 기술이 가진 속성 차이로 인해 산업별 혁신의 차이가 나타나는 것이고, 그로 인해 각 산업의 혁신시스템 역시 차이가 있

9) 최병삼, 새로운 성장모델, 플랫폼, SERI경영노트 80호, 2010, 11, 11.

10) Breschi, S. & Malerba, F.), "Sectoral Innovation Systems: Technological Regimes, Schumpeterian Dynamics, and Spatial Boundaries". In C. Edquist (Ed.), Systems of Innovation, 1997, pp. 130-156.

다는 것이다. 기술체제는 크게 네 속성에 의해 결정된다고 지적된다. 이는 앞의 1장에서 기술속성에 대해 언급하며 이미 설명한 바 있다. 기술기회, 전유성, 기술지식의 누적형태 및 지식기반의 성격 등이 그것이다.

기술기회는 기술수준이나 적용범위, 변형성 및 원천성 여부를 말하는 것이었다. 전유성은 모방성의 반대 의미로 전유성의 수준과 수단의 속성이 있다하였다. 기술지식의 누적패턴은 설비형, 인적체화형, 조직체화형 등의 누적성을 의미한다. 지식기반의 속성은 이 지식이 기반형인지 특유형인지, 아니면 암묵지인지 코드형 지식인지 등의 구분을 말하는 것이다. 크게 네 속성이라 언급하였지만 대단히 다양한 기술속성을 포함하고 있는 것이다.

## 3.5 시장적합성

시장적합성이란 어떠한 기술 혹은 제품의 시장에서의 적응능력을 말한다. 다른 형태로 표현하자면 어떠한 기술혁신에 대해 시장이 지불할 능력을 말한다. 시장적합성을 결정짓는 요인은 대단히 다양하다. 기술적인 측면에 원인이 있는가하면, 시장환경, 혹은 소비자의 기호 등에 원인이 있는 경우도 있다. 그런가하면, 정부나 사회 등 외적인 요인에 의해 결정되기도 한다.

신기술제품이 대체품이 없는 독보적인 기술이라면, 그리고 필수적인 기술이라면 시장수요는 보장된다. 그러나 대체품이 존재하거나 기술적인 모방가능성의 정도, 시간, 비용 등 제반 기술속성이 독점을 허용하지 않는다면 경쟁시장에 진입하게 된다. 그러할 경우 생존을 위한 경쟁은 필수적이고, 도태되거나 정체되는 기술캐즘이 나타난다.

시장외적인 요인은 간단하다. 정부가 해당제품을 팔지 못하게 하거나 여러 이유로 인해 그 사회에서 제품에 대한 거부감이 큰 경우이다. 시장수요는 기능과 가격, 그리고 A/S 등의 비가격적 요소 등이 결합된 경제적인 측면과 필요성의 정도나 소비자들의 수용태도에 크게 영향을 받는다. 그러나 이 부분은 시장의 영역이므로 여기서는 이 정도로 마치기로 한다.

# 04

# 기술의 수명주기와 패턴

## 4.1 기술의 수명주기

### 1) 수명주기의 개념

기술제품의 수명주기(technology life cycle)는 기술적인 성숙이나 산업의 성숙을 설명하는 주요 도구가 되고 있다. 수명주기란 생성에서부터 소멸까지의 전체 기간을 말한다. 태어나면 성장하는 것이고, 성숙한 어른이 되면 또 나이 들어 죽을 때가 오는 것이다. 수명주기는, 각 단계를 부르는 이름의 차이는 있지만, 대체로 도입기, 성장기, 성숙기 및 쇠퇴기라는 네 단계로 설명된다.

태어나 죽는 과정의 각 단계가 구분되고 각 단계는 다른 성격을 갖는다는 이 이론은 우리의 주제와 연결시켜 보면 기술, 상품, 기업, 산업 등에 모두 적용된다. 심지어 사람에게도 적용되고 국가에도 적용된다. 그런가 하면 아이디어나 특정한 사고방식 혹은 종교 등 무형의 지적인 대상에도 적용된다. 그러기에 만물은 흥망과 성쇠를 반복한다는 흥망성쇠의 법칙이 등장하는 것이다.

기술은 생성에서 소멸까지가 순간적으로 이루어지는 것이 있는가 하면 수백

그림 4-5 **4단계 수명주기**

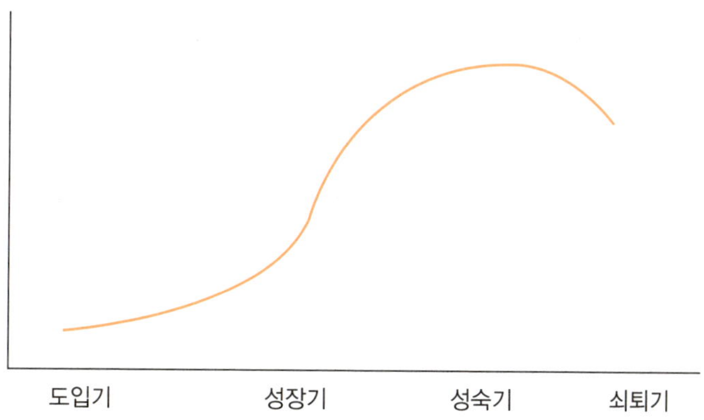

년을 지속하는 것도 있다. 한국의 현대사를 통해 볼 때 기업은 보통 30년이라 하고, 산업은 40년이라 한다.[11] 평균 70% 정도의 기업이나 산업이 그 정도의 수명에서 소멸된다는 것이다. 또한 사람은 평균적으로 70~80년, 국가는 300~500년의 수명을 갖는다.

### 2) 단계별 특성

신기술의 도입단계에서는 어린아이가 성장하는 것처럼 대단히 지루한 과정을 거쳐야 한다. 특히 이전에 찾기 힘든 신기술이라면 더 더욱 수요를 창출하기 쉽지 않다. 이 단계에서는 성장률이 낮고 심한 경우 앞에서 본 바와 같은 캐즘상태에 빠지기도 한다.

성장기에서는 사람의 청소년기와 마찬가지로 성장속도가 빨라진다. 이때에는 기업은 늘어나는 시장수요를 감당하기 위해 생산설비를 늘려야 하고 영업조직도 늘려야 한다. 기업으로서는 능력에 비하여 자금이 가장 많이 소요되는 시기이다. 그렇기 때문에 투자가 원활하지 못해 시장수요를 모두 감당하지 못하기도 하고, 그러한 틈을 타고 경쟁자가 시장에 진입하기도 한다. 반면 시설확장을 서둘러 했는데 캐즘이 발생한다면 기업은 큰 어려움을 겪게 된다. 이 단계에서는 경영자가 아니라 기업의 조직 전체가 움직여야 한다는 특징도 있다. 경영자 한두 명이 감당하기에는 일의 범주가 커졌고 전문성이 확대되었기 때문이다.

성숙기에는 계속 성장은 하고 있지만 시장의 성장속도가 둔화되기 때문에 양적 성장은 한계를 맞는다. 반면 시장은 점차 포화되고 있고, 다른 경쟁자들과 경쟁하기 때문에 제품의 다양화나 차별화가 중요한 요소가 된다. 성장기는 단순한 몇 개 제품이 주를 이루었다면 이 단계에서는 시장의 다양한 계층을 만족시키기 위해 제품이 다양해지고 차별적이게 된다. 그리고 원가절감을 위한 각종 공정기술 개발이 주를 이루게 된다.

쇠퇴기는 수요가 줄어들거나 성장률이 거의 정체된 시기이다. 따라서 새로운 시장수요 창출은 어려우므로 비용을 낮추는 방향으로 활동한다. 이에 따라 생산비용이 적게 드는 외국으로 나가는 국제투자가 이루어지게 된다. 투자된 국가에서도 생산비용 절감의 한계에 이르면 또 다른 곳으로 이동하거나 그 조차도 한

11) 공병호, 한국기업흥망사, 명진출판, 1993. LG경제연구원, 한국의 장수기업, 2005. 5.

계에 이르면 이 산업은 중대한 위기에 빠지게 된다.

### 3) 수명주기 혁신과 진화

그러면 모든 기술, 상품, 기업은 소멸되는가? 이들은 영원한 것이 아니라 언젠가는 사라지겠지만 평균적인 수명 이상으로 오래 생존하는 것들이 종종 발견된다. 물레방아 기술은 기원이 언제인지도 모를 정도로 오래 전부터 사용되고 있고, 철강제품도 수백 년 존재한다. 가장 오래된 기업이라는 일본의 곤고구미(金剛組)사는 절 건축 전문기업으로 573년에 설립된 회사이다. 그 외에도 100~200년의 역사를 가진 기업들도 많다.

이렇게 예외적인 기술, 상품, 기업을 살펴보면 공통점이 발견된다. 초기에 생성된 그대로 존재하기보다 어느 단계에 이르면 기본 속성을 유지한 채 상황에 적합하도록 스스로를 변화시켜 존재한다. 오래 존재하는 것일수록 이러한 탈바꿈은 여러 번 반복된다. 수명주기는 분명 존재하지만 성숙기 후기나 쇠퇴기에 접어들며 상황에 적합하도록 새로운 형태로 탈바꿈하는 것이다.

진화라는 개념은 생물학에서 발전한 것으로 상황에 가장 적합한 것이 살아남는다는 자연선택 원리가 핵심이다. 환경은 계속 변해 가는데 변화하는 환경에 가장 적합한 개체만이 살아남아 세대를 이어 간다는 것이 진화론의 요지이다. 이러한 논리는 기술의 세계에도 나아가 기술이 적용되는 기업과 산업 및 경제에도 그대로 적용된다. 특히 기술과 이를 활용하는 기업에서 나타나는 현상을 통해 사회적인 진화론을 주장하는 근거가 되었다.[12] 그리고 이러한 인식은 기술을 중심으로 경제를 보는 신 슘페터학파의 중심축이 되었다.

기존의 수명주기를 대체하는 새로운 기술수명 주기가 형성되는 한 예를 보자. 1970년대 말 일본 철강업계에서는 철강기술 진보는 당분간 기대하기 힘들다고 평가하였다. 그러나 불과 1~2년 후 마이크로프로세서의 확산으로 공정자동화, 사무자동화가 시작되어 철강업계의 기술혁신이 시작되었다. 또한 1995년에는 한국의 포항제철이 소결 공장과 코크스 공장을 거치지 않고 철광석과 무연탄을 바로 집어넣고 쇳물을 만드는 용융환원로(COREX)를 준공함으로써 세계 철강기술사에 신기원을 이룩하였다. 철강기술이 발전하기 시작한 이래 철광석과 무연

12) Nelson, R., S. Winter, An Evolutionary Theory of Economic Change, Harvard University Press, 1982.

탄을 같이 집어 놓고 쇳물을 생산하는 것은 꿈의 기술이었다. 철강기술의 새로운 수명주기가 시작된 것이다.

자동차 분야의 기술혁신도 좋은 예이다. 사용연료에서의 진화만 보면, 증기기관 엔진이 가솔린 엔진으로 나아가 전기엔진으로 진화한다. 가솔린과 전기가 혼합되어 사용되는 하이브리드형이 있는가 하면 최근에는 수소를 연료로 이용하고자 하는 차가 등장하고 있다. 또한 최근에는 지구온난화를 막기 위해 탄소절감이 강조되며 탄소배출을 많이 하는 차는 생존하기 어렵게 되었다. 이에 따라 탄소배출을 적게 하거나 전혀 하지 않는 차량이 필요하게 되었고, 이에 적응하지 못하는 차들은 도태될 위기에 있다.

수명주기를 갱신한다는 것은 대단히 고통스러운 노력을 수반한다. 소멸되어 가는 존재를 다시 살리려면 먼저 새로운 기술적인 대안을 찾아야 한다. 기술적인 대안은 노력한다고 찾아지는 것만은 아니므로 힘든 과정이다. 나아가 기술혁신보다 더 어려운 수많은 관계 당사자들의 이해관계와 이로 인한 저항을 극복해야 하는 과정이 있다. 이러한 과정이 있기에 기존의 수명주기가 새로운 수명주기로 바로 이어지지 않고 일단 소멸되고 난 후 다른 주체에 의해 형성되는 경우가 많다. 동일기업에서 비 연속적인 혁신을 달성한다는 것은 정말 어려운 일이다.

### 4) 수명주기 연장 노력

기술적인 측면에서 수명주기를 연장하는 방법은 무엇인가. 앞서 언급한 연구개발의 두 가지 기능이 가장 기본이 된다. 그렇지만 활용이라는 관점에서 보면 이는 몇 단계로 구분된다.

첫째는 세상 변화를 모니터하는 것이다. 핵심적으로 점검해야 할 변화의 내용은 주로 기술지식의 변화이고 시장의 변화 동향이다. 단순히 제품을 만드는 것이 아니라 소비자가 좋아하는 제품을 만드는 것이 중요하기에 시장모니터는 기술혁신의 관점에서도 대단히 중요하다.

두 번째는 흡수한 외부 지식과 자체 연구개발 노력을 결합시켜 가는 혁신과정이다. 내부화시키는 노력이 없다면 모니터만으로 충분한 효과를 낼 수 없다. 만약 외부 변화를 반영한 새로운 기술지식의 창출이 어렵다면 외부에서라도 그러한 기술을 도입하여 목적에 맞게 각색하여야 할 것이다.

세 번째는 변화를 조직 내에 흡수하는 과정이다. 외부 변화를 모니터하고 연구개발 조직에서만 흡수하는 것은 별 의미가 없다. 조직 전체 차원에서 체계적으로 흡수하려는 특화된 세부 조직과 시스템이 있어야 한다.

네 번째는 연구소이든 아니든 각 단위조직이 학습하는 분위기가 조성되어야 하고, 이들의 활동이 장려되어야 한다. 연구소의 연구인력만이 아니라 조직 구성원 전체의 노력, 즉 학습조직에 의해 수행해 가자는 것이다. 사실 외부 세계에서 이루어지는 변화는 기술지식일지라도 연구소에 속한 인력만이 감당하기 어려울 정도로 방대하다. 어느 한 분야에 특화된 기업이고 연구소라면 다른 분야에서 커다란 변화가 이루어지고 있다 해도 그를 감지할 수 없다.

## 4.2 제품혁신과 공정혁신의 장기관계

Utterback(1994)은 제품혁신과 공정혁신의 관계를 〈그림 4-6〉과 같이 설명한다. 초기에는 제품혁신이 많으나 이는 점차 줄어든다. 둘째로 공정혁신은 초기에는 증가하나 점차 감소하기 시작한다. 셋째, 과도기 이후 공정혁신은 제품혁신보다 훨씬 많이 발생한다. 어터백은 자신의 이론을 설명하기 위해 수명주기를 전형적인 4단계가 아닌 3단계를 이용한다. 그리고 각 단계에서 나타나는 상품혁신과 공정혁신의 성격, 조직변화, 시장속성 및 경쟁환경에 대해 다음과 같이 설명한다.

먼저, 제품은 초기에는 다양하지만, 점차 소수의 지배제품이 등장하고, 이어 표준화된 제품의 부수적인 혁신이 일어난다.

공정에 있어서는 초기에는 고도의 전문적인 기계가 이용되나, 점차 범용기계로 변하고, 이어 전문성이 낮은 특화기계를 주로 사용하게 된다.

조직에 있어서는 초기의 기업가적 조직에서 점차 구성원간의 유기적 조직으로 변하고 이어 계층적이고 기계적인 조직이 등장하게 된다. 기업규모가 커지며 기업가적인 주도나 가족적인 주도가 한계를 맞는 것이다.

시장에서, 초기에는 다양한 제품이 있어서 각 제품은 대단히 불안정한 위치에 있으나 점차 소수의 지배제품이 등장하고 시장이 안정되어 간다. 이러한 단계에

■ 그림 4-6 제품혁신과 공정혁신의 관계

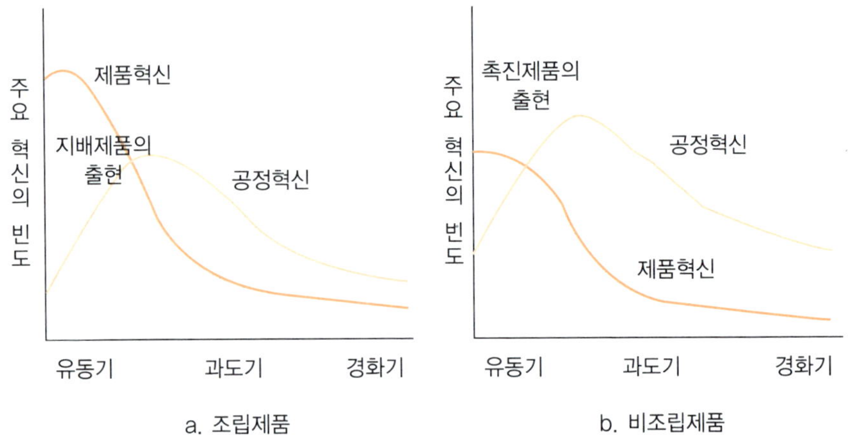


자료: James Utterback, Mastering the Dynamics of Innovation, Harvard Business School Press, 1994. p. 175.

서는 지배제품이 아니라면 시장진입 자체가 어려워진다.

경쟁환경은 단일상품의 소기업에서 점차 다수 상품을 보유한 대기업 형태로 변화되어 간다. 작은 소기업이 그 분야의 거대 기업화되는 것이다. 그러나 이들도 기술수명주기를 피하지는 못한다. 따라서 새로운 수명주기를 창출하거나 불가능하면 소멸될 뿐이다.

어터백은 이러한 환경이 조립기술이냐 아니면 비조립기술이냐에 따라 약간의 차이가 있음을 보여준다. 〈그림 4-6〉에서 보듯이 조립기술은 비조립기술에 비해 후반기에 가서도 제품기술에서의 혁신이 어느 정도 존재하지만 비조립기술에서는 제품혁신이 거의 없다. 반면 비조립기술에서는 공정혁신이 제품혁신보다 훨씬 많아 진다는 특징이 있다.

어터백의 상품 수명주기 이론은 버논의 상품수명이론[13]과 같이 국가간 투자와 국제무역을 설명하기도 한다. 두 이론 모두 상품수명에 바탕을 두고 있지만, 어터백의 이론이 다른 점은 기술혁신의 패턴 변화로 이를 설명한다는 점이고, 최근 국제무역의 중요한 현상이 되고 있는 산업내 무역을 설명한다는 점이다. 산업내 무역이란, 이전의 무역은 서로 다른 주체에 의해 다른 종류의 상품들이

13) Raymond Vernon, "International Investment and International Trade in the Product Cycle", Quarterly Journal of Economics, May 1966.

교역되는 것이지만, 지리적으로 서로 다른 나라에 위치한 동일 기업 혹은 기업군 내에서 이루어지는 교역을 말한다.

어터백은 성숙도 개념으로 이러한 무역을 설명한다. 한 나라에서 기술성숙도가 커지면 기술력으로 인한 부가가치 창출이 한계에 달하므로 기업들은 생산비 감소를 위해 생산시설을 다른 국가로 이동시킨다. 이 이론은 많은 기업들이 생산비가 저렴한 곳을 찾아 생산시설을 이동시키는 것을 설명하는 주요한 설명도구인 것이다. 그런데, 생산시설을 이동하면서 생산공정을 분해한 후 여러 나라에 설치하는 것이 유리한 경우, 각 공정을 분할해 여러 나라에 구분해 배치할 수 있다. 그러할 경우 여러 나라에 분산된 부품들을 통합시키기 위해 자연 기업내 무역 혹은 산업내 무역이라는 현상이 발생하는 것이다.

II

기 / 술 / 혁 / 신 / 론

# 기술과 기업

CHAPTER 05

기/술/혁/신/론

# 사업과 기업

- 기업이란
- 기업이론의 시사점
- 기업의 기술경제적 속성
- 기업의 수명

아무리 좋은 기술도 기술만 가지고는 사업에 성공하지 못한다. 기술은 사업의 가장 핵심적인 부분이지만, 그래도 사업을 위한 아이템일 뿐이다. 따라서 기술혁신을 이해하기 위해서는 사업 혹은 비즈니스가 무엇이고, 사업을 하는 주체인 기업이 무엇인가에 대한 이해가 절대적으로 필요하다.

# 01 기업이란?

사람이 얼굴 등 외모로 평가될 수도 있고, 성품이나 능력으로 평가될 수도 있다. 혹은 지식과 경험 등으로 평가될 수도 있다. 마찬가지로 기업 역시 다양한 시각에서 이해될 수 있다. 우리는 여기에서 기업의 활동내용과 자산구조를 중심으로 살펴보자.

## 1.1 기업의 활동구조

### 1) 기업의 구조자원

기업에 대한 이해는 운전을 처음 배우는 사람이 배워야 하는 것과 유사하다. 먼저 차를 이해해야 하고, 운전법규를 숙지해야 한다. 나아가 도로가 어떻게 되어 있는 지를 알아야 한다. 운전법규는 해당기업이 직면한 법규를 말하고, 도로는 경쟁이 이루어지는 시장을 상징한다.

차의 네 바퀴[1)]는 〈그림 5-1〉에서 보는 바와 같이 마케팅, 기술, 조직 및 자본이라 할 수 있다. 마케팅이란 시장이나 고객과의 모든 관계를 지칭하는 용어이고, 기술은 생산, 기술, 상품 등 매출을 위한 기본 아이템과 관련된 과정과 결과를 지칭한다. 조직은 일을 추진하는 사람과 팀을 위한 모든 것을 지칭하고, 자본

1) 네바퀴 모형은 원래 이진주교수가 경영혁신을 설명하며 사용한 것인데 전략관리, 조직혁신, 생산관리 및 의식관리라는 네 바퀴를 전제로 한다. 이진주, 기술전략과 기술혁신과정, KAIST 테크노경영대학원 강의자료, 2004. 5.

그림 5-1 기업운용의 기본 축

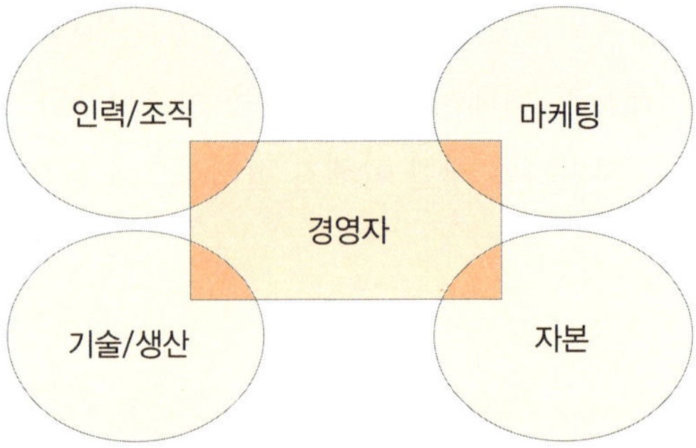


은 기업의 자본금 및 자금 관련 모든 문제로 정의된다.

이 네 바퀴를 다른 차원으로 이해해 보자. 경영학과에서 배우는 기본과목은 크게 구분하면 인사관리, 재무관리, 생산관리, 마케팅관리이다. 여기에 경영학의 모든 전공에 적용되는 또 다른 기본과목인 회계와 경영정보시스템(MIS: Management Information System)이 추가되고, 경우에 따라서는 국제경영이 추가된다. 여기서 인사관리는 차바퀴 중 조직에 해당하고, 재무관리는 자본이라는 바퀴로 대체된다. 또한 생산관리는 기술로 대체된다. 과거는 생산현장을 지칭하는 생산관리가 기본과목이었지만 요즘은 생산과 기술 전반을 같이 보는 추세가 강하다. 따라서 생산관리 영역을 기술로 대체해도 무방하다.

네 바퀴로 구성된 차에 이제 운전수를 앉혀보자. 이 사람을 우리는 경영자라 부를 수 있다. 그러면 이제 다섯 개로 구성된 아주 기본적인 기업의 구성요소가 나타난다. 회계는 차가 굴러가며 나타내는 각종 계기판으로 보고, 경영정보시스템은 차의 배선시스템으로 이해하자. 회계는 활동지표를 돈으로 표현하는 방법이라 일부 경영학자는 재무, 즉 우리의 설명모형에서는 자본에 포함시키기도 한다.

기업에 따라 업종에 따라 이들 요인 중 더 중요하게 여겨지는 요인이 있을 수 있다. 그리고 같은 업종에서도 경영자에 따라서 더 중점을 두는 요인이 있을 수 있다. 예를 들어 하이테크기업의 대부분은 기술의존적인 기업들이다. 따라서 이들에게는 기술적인 요인이 다른 어느 요인보다 중요하게 간주된다. 한편 유통업이라면 유통망 즉, 조직의 문제가 무엇보다 중요한 요인이 되고, 지식서비스업이라면 인적요인과 이에 기반을 둔 내용들이 아주 중요한 요인이 된다.

그림 5-2 경영자의 위치

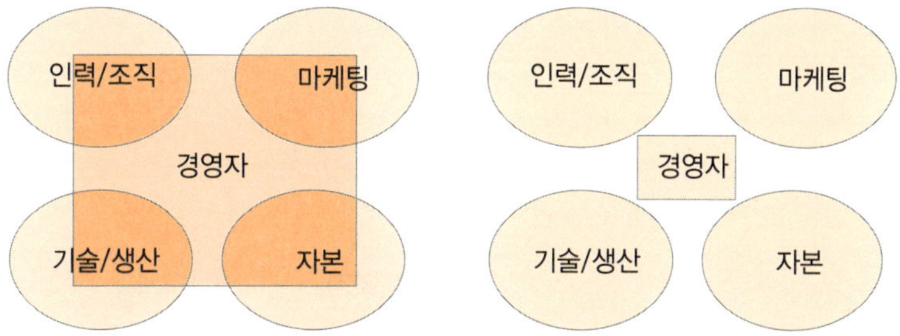


기술을 사업화하는 기업들은 초기 단계에서는 특히 경영자의 중요성이 적지 않다. 기술을 개발한 기술자가 사장이 되어 사업화시킨 경우도 많다. 그러다보니 경영에 대한 기본마인드가 되어 있지 않아 상대적으로 경영의 중요성이 커진다. 또한 초기에는 기업규모가 작다보니 조직이 움직이지 못해 소수의 경영진이 팔방미인격으로 여러 분야를 동시에 수행해야 하므로 경영에 관한 더 많은 지식을 요구하기도 한다. 그러나 기업이 안정되면 점차 소수의 경영진이 아니라 조직이 일을 해야 하는 단계로 접어든다. 가족기업 형태에서 조직기업 형태로 전환해야 하는 것이다. 이 내용은 뒤에서 언급될 기업의 성장과 소멸을 다루는 기업수명에서 더 살펴보기로 한다. 〈그림 5-2〉는 기업 내에서 경영자의 역할이 다른 것을 보여준다.

아무리 한 요인이 특히 중요하다 해도 기업을 구성하는 기본요인들의 중요성은 사라지지 않는다. 아무리 기술이 중요해도 그 기술을 다룰 인력과 조직은 필요하고, 자금 역시 중요성이 결코 부족하지 않으며, 시장관계를 말하는 마케팅 역시 중요하다. 많은 기술기업들이 기술만 강조하다 도태되는 가장 중요한 이유가 바로 여기에 있다.

### 2) 시장구조

차에 대해 알았다 해도 도로법규와 시장을 알아야 차를 몰고 거리로 나설 수 있다. 그러므로 이제 법규와 도로를 추가해 이해하여 보자. 〈그림 5-3〉을 통해 우리는 아주 간단한 기업의 구조를 보고 있다.

■ 그림 5-3 사업영위 기업

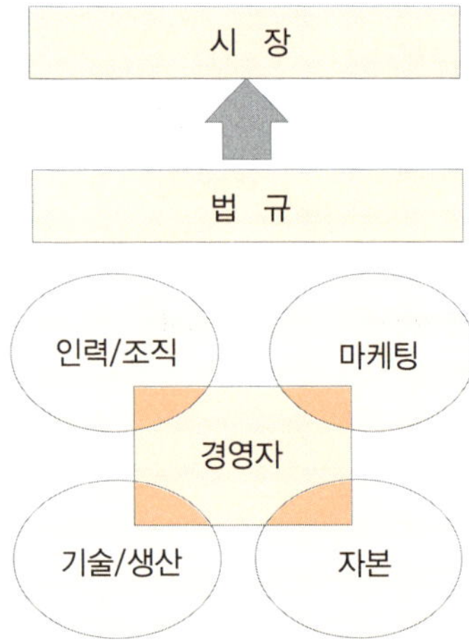


법규는 국회에서 제정되는 법, 행정부에서 결정되는 각종 규칙, 나아가 문화 관습까지를 포함한다고 보면 된다. 운전법규만이 중요한 게 아니라 운전문화 역시 중요하게 작용할 수 있기 때문이다. 그렇지만 실제 자동차 법규가 국가에 따라 다르고 지역에 따라 다르듯이 사업을 위한 법규도 업종에 따라 천차만별이다. 어떠한 법규는 기업활동을 금지시키기도 하고, 규칙과 질서를 정해 규제하기도 한다. 그런가 하면 기업활동을 촉진시키기도 한다. 따라서 일괄하여 법규가 나쁘다고 평가할 수는 없다.

이제 마지막으로 도로에 해당하는 시장을 살펴보자. 시장은 경쟁력을 설명한 마이클 포터의 다이아몬드모형[2]을 변형해 검토한다. 그는 어떠한 산업이든 생산여건, 수요요건, 관련산업, 경영여건이라는 네 개의 조건에 의해 경쟁력이 결정된다고 본다. 생산여건이란 상품을 만들어 공급하는 측면이고 수요조건이란 상품을 사가는 고객들을 말한다.

그런데 기술을 보는 입장에서는 이 모형 대신 〈그림 5-4〉와 같은 산업구조를 가상해 보자. 원 안에는 이미 경영요인이 들어가 있기 때문에 시장을 구성하는 또 한 축에 잠재경쟁자를 추가한 것이다. 잠재경쟁이란 언젠가 이 시장에 영향을 줄 수 있는 경쟁자와 경쟁요인들을 지칭하는 용어이다. 타자기는 전동타자기

2) Porter, Michael, Competitive Advantage of Nations, New York, The Free Press, 1990.

■■ 그림 5-4 **시장구조**

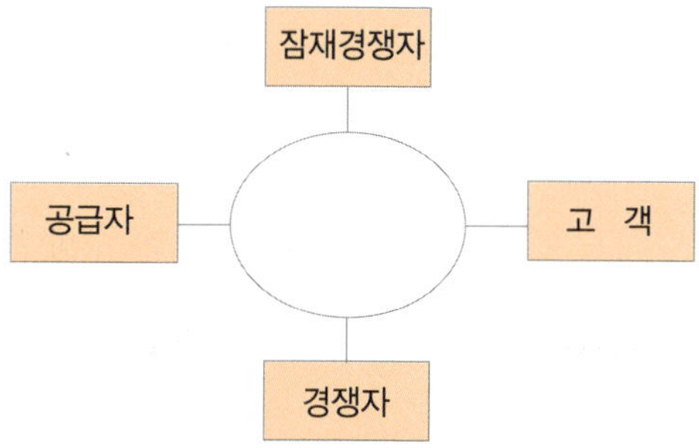


로 인해 소멸되었고, 전동타자기는 컴퓨터의 워드프로세서로 인해 소멸되었다. 타자기 시장 내 경쟁만 중요하게 생각하였다면 전동타자기나 워드프로세서의 등장으로 해당기업은 대응력을 잃고 도태된다.

이 요인들 중에도 다른 요인보다 더 중요하게 작용하는 요인이 있을 수 있다. 인터넷기업들은 전반적으로 고객이 중요하고, 전통적인 제조업들은 생산측면(공급자)이 중요해진다. 의류와 같은 산업은 현재의 시장경쟁이 기업의 사활을 결정하게 만드는 요소이고, 하이테크기업에게 있어서는 어디서 등장할 지 모르는 잠재적인 경쟁자들을 항상 염두에 두어야 한다. 철강을 예로 들면 철강기업 간 경쟁에서 최근에는 강력 합성수지 업체도 철강의 상당부분을 잠식하고 있다.

### 3) 시장 속의 기업

이제 기업과 시장을 결합시켜보자. 위의 그림 두 개를 〈그림 5-5〉와 같이 합한 것이다. 원의 안은 기업의 구성요소이고, 원 밖은 기업 외적인 시장구조이다. 이들 각각의 요소가 기업이 직면한 중요요인이라 할 수 있는 것이다.

이 요소들은 모든 기업들이 가진 기본요소이다. 따라서 기업에 따라 혹은 업종에 따라 특히 더 강조되는 요소들이 존재한다. 경우에 따라서는 기업 외적인 요인보다 기업내적인 요인이 강조되기도 하고, 어떠한 경우에는 기업 외적인 요소가 헐씬 더 중요한 요소로 작용하기도 한다. 그렇기 때문에 경영을 논하는 학자들도 산업구조를 중시하여 기업이론을 펼치기도 하고, 다른 쪽에서는 내부 경영자원과 요인을 더 중요시하여 기업과 경영이론을 전개한다.

■ 그림 5-5 시장 속의 기업

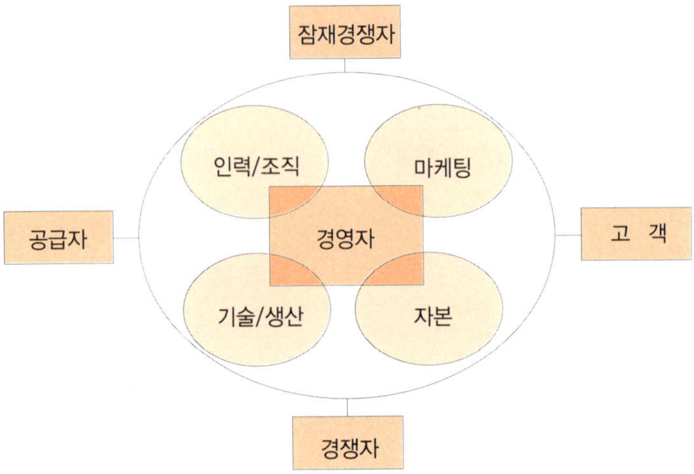


## 1.2 기업의 자산구조

### 1) 무형자산

기업의 가치는 어디에서 나오는 것인가? 이러한 질문은 지식의존형 기업이 커지며 제기되기 시작한 것이다. 과거의 제조업형이나 단순 서비스업형 혹은 자원형 기업에서는 이러한 질문이 불필요하다. 그러나 눈에 보이지 않는 자원이 기업의 가치를 결정하는 작금에 이르러서는 눈에 보이는 자원만으로 기업의 가치를 설명할 수 없게 되었다.

기업의 가치는 특별한 방법으로 계산하지 않는다면 보통 주식시장에서 결정되는 시가총액으로 설명한다. 과거에는 부동산이나 기계설비 등의 유형자산이나 투자자산 등 눈에 보이는 자산이 기업의 가치를 평가하는 중요한 요인이었지만 현재는 이들로 설명되지 않는 가치가 더 커졌다. 기업의 보이지 않는 자산, 즉 무형자산이 중요하게 작용하기 시작한 것이다.

〈표 5-1〉에는 여러 대표적인 기술기업의 예가 나타나 있다. 그 중 LED 반도체를 만드는 서울반도체는 회계장부에 기재된 장부가격은 5,870억원으로 기업 전체 시가 2조 8,861억원의 20.3%에 불과하고, 바이오기업 셀트리온 역시 23.3%에 불과하다. 반면 삼성전자는 이 비율이 79.3%이고, 녹십자는 55.1%에 달하고 있

다. 이 비율이 큰 차이가 나는 첫째 이유는 삼성전자와 녹십자는 새로운 회계기준이 적용되고 있고, 서울반도체와 셀트리온은 아직 적용되지 않기 때문이다. 두 번째는 IT기업 삼성전자와 제약기업 녹십자의 업종 차이가 있다.

기업의 최근 문제는 장부가격이 그 기업의 진정한 가치를 반영하지 못한다는 것이다. 회계장부를 만드는 방식이 무언가 많이 부족한 것이다. 여러 원인이 있지만 기존의 회계장부를 기재하는 원칙 문제가 가장 중요하다. 하나는 다른 기업에 투자된 자산이 모두 사들일 때의 가격, 즉 원가로만 기재되지 투자기업의 활동으로 인한 증감 등은 반영되지 않는다. 소위 투자기업까지를 포함하는 연결재무제표가 작성되지 않고 있었던 것이다. 두 번째는 원천적으로 보이지 않는 무형자산이나 지적자산을 평가하여 기록하지 않았기 때문이다.

간단히 언급하자면 기존의 회계처리는 모두 사들일 때의 가격인 원가에 입각한 방식 즉 원가주의 방식이기에 이러한 문제가 발생하였다 할 수 있다. 그에 따라 새로운 국제회계기준(IFRS: International Financial Reporting Standards)에서는 모든 자산을 시가로 장부에 기록하도록 하고 있다. 한국은 2011년부터 주식시장에 등록된 상장기업은 모두 이 기준을 따라야 한다. 그런데, 〈표 5-1〉의 통계가 작성되고 있던 2010년에는 코스닥에 소속된 두 기술기업은 새로운 회계기준을 적용하지 않고 있었다. 또한 비상장기업은 도입계획은 있으나 아직 시행되고 있지 않다. 한국에는 기업의 장부를 기록하는 두 개의 다른 회계방식이 존재하고 있는 것이다.

어떻든, 보이지 않는 무형의 지적자산을 모두 시가에 맞게 평가하는 것은 무리이다. 평가 자체가 어려운 많은 종류의 자산이 있기 때문이다. 그러한 차이가

표 5-1 기업별 시가총액 (2010.3.19)

| | 장부가 (2010.3) | | | | | 시가총액 (10.7.16) b | a/b |
|---|---|---|---|---|---|---|---|
| | 유동 | 비유동자산 | | | 장부가 a | | |
| | | 유형 | 투자 | 무형 | | | |
| 서울반도체 | 3,809 | 1,000 | 988 | 73 | 5,870 | 28,861억원 | 0.203 |
| 셀트리온 | 855 | 1,137 | 243 | 836 | 5,839 | 25,001억원 | 0.233 |
| 녹십자 | 4,333 | 1,760 | 347 | 126 | 6,803 | 12,345억원 | 0.551 |
| 삼성전자 | 31.5 | 36.4 | 24.0 | 1.5 | 93.6 | 118.1조원 | 0.793 |

삼성전자의 장부가격이 시가의 약 80%인 원인이다. 녹십자의 경우는 이 비율이 55%로 더 낮은 수준이다. 이는 제약이나 바이오기술의 특성상 더 측정하기 어려운 부분이 존재하기 때문인 것으로 풀이된다.

### 2) 무형의 지적자산 종류

보이지 않는 무형자산은 기업내 우수인력, 특정 목적을 위한 각종 팀이나 조직, 브랜드, 상표, 영업망, 각종 형태의 지적자산, 법이나 계약에 의해 보호되는 권리자산 등 유형이 대단히 다양하다. 그에 따라 학자들도 다양한 형태로 무형자산을 구분한다. 따라서 우리는 기업의 보이지 않는 무형자산을 〈그림 5-6〉과 같이 이해해 보자.

기업의 가치는 유형자산과 금융자산 및 무형자산으로 구분된다. 이 중 무형자산은 그림에서 보는 것과 같이 A형인 마케팅자산, 고객자산, 기술관련 자산 및 예술관련 자산으로 구분된다. 이 구분방식은 이제 적용되기 시작하는 새로운 회계기준(IFRS)에 따른 국제가치평가기준위원회(IVSC)에 의한 것이다. 마케팅자산은 브랜드, 상표 등과 같이 기호나 상징만으로도 가치를 갖는 자산이고, 고객자산은 고객의 유형 규모 등에 따른 자산이다. 기술관련 자산은 기술 관련 산업재산권이 대표적이고, 예술 관련 자산은 디자인 저작권 등과 같은 예술적인 성격을 갖는 자산을 말한다.

B형 구분은 이러한 자산이 어디에서 연유되느냐를 중심으로 본 것이다. 결국은 기업 구성원에게서 나오는 인적자산, 혁신활동을 통한 혁신자산, 나아가 이들

그림 5-6 무형자산의 종류

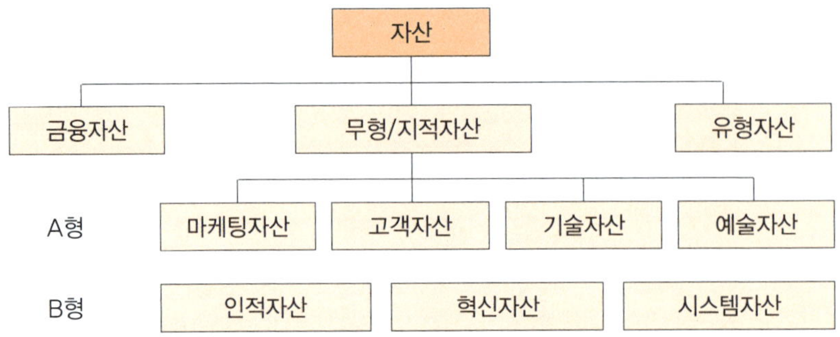


주: A형은 International Valuation Standards Council, 2009의 구분.

자산이 누적된 시스템 자산으로 구분된다. 시스템자산은 기업 내의 업무프로세스, 구조, 네트워크 등과 같은 자산을 말한다.

# 02 기업이론의 시사점

## 2.1 신고전파 경제이론과 진화론

### 1) 전통 경제이론의 기업론

전통적인 경제학, 즉 신고전파 경제학에서 경제는 공급 측의 기업과 수요 측의 소비자, 나아가 제3자로서의 정부를 전제로 한다. 수요와 공급에 의해 경제가 움직이는데, 기업은 공급을 담당하는 주체로 여기는 것이다. 그리고 공급을 결정하는 원리를 도출하기 위해 기업의 행동원리가 설정된다. 소위 미시경제학에서의 공급이론이 기업의 행동원리를 설명하는 것이다.

전통 경제학에서 기업은 첫째, 생산극대화 원리를 지키고, 둘째 이윤극대화 원리를 고수하는 주체로 설정된다. 생산극대화란 주어진 기술 하의 생산능력을 최대한 활용한다는 것이고, 이윤극대화는 비용최소화를 포함하여 이윤을 극대화하기 위해 모든 활동을 맞추어간다는 것이다. 기업이 생산을 극대화하고 이윤을 극대화하는 것이 당연한 것으로 여겨질 수도 있다.

그런데 이러한 가정에는 몇 가지 문제가 따른다. 첫째, 모든 기업이 실제 그렇게 행동하는가라는 질문이 던져진다. 둘째, 모두가 이윤을 극대화하는 기업들이라면 모두가 최상의 기업들이어야 하는데 동일 업종에서도 초 거대기업에서 초소형 기업까지 다양하게 분포되어 있다. 셋째, 모든 기업이 이윤을 극대화한다면 왜 어떠한 기업들은 소멸되고, 어떠한 기업은 크게 성장하는가? 이론적인 명제는 좋지만 현실 속에서는 설명되지 않는 부분이 존재하는 것이다.

### 2) 진화론적 기업론

이에 반해 진화의 경제론에서는 기업의 기술을 주어진 것으로 보지도 않고, 이윤극대화는 기업이 선택가능한 여러 전략 중의 하나라는 입장이다. 이윤보다는 매출극대화를 추구할 수 있다. 그런데 매출극대화는 점유율을 높여 미래의 이윤을 극대화하기 위한 전략이 될 수도 있다. 그런가 하면 원가에 일정 크기의 이윤을 더해 가격을 설정하므로 이윤의 크기는 극대화와는 거리가 멀고, 크기를 결정하는 경영진의 의지나 시장상황이 더 중요할 수 있다. 한편 이윤극대화보다는 적절한 이윤과 회사의 이미지를 동시에 추구할 수도 있다. 기업의 시장에서의 행동원리가 이윤극대화만은 아닌 것이다.

진화의 경제론은 자연과학적인 진화론을 경제에 접목시킨 견해이다. 그런데 진화의 가장 중요한 수단이 기술이라는 것이다. 따라서 이들에게는 기술은 고정된 것이 아니라 언제든 노력에 의해 확보가능하고 선택 가능한 대상일 뿐이다. 기술에 대한 이해와 획득노력이 기업 행동원리의 중요한 전제라 할 것이다.

진화론의 핵심은 자연선택 원리이다. 자연조건은 시간이 흐르며 변화하므로, 상황에 적합한 종이 살아남는다. 상황에 더 적합하다면 더 강하게 존재할 수 있고, 아주 부적합하다면 도태될 수밖에 없다. 따라서 자연이 살아남는 자를 선택한다. 진화의 경제론은 진화론에서의 자연이라는 단어를 경제상황으로 바꾸기만 하면 된다. 변하는 경제상황에 맞추어 적합한 기업만이 살아남는 것이다. 이윤극대화를 추구하는 기업이라도 상황에 부적합하면 예외없이 도태된다.

### 3) 행태론적 기업론

기업이론에는 기업의 다양한 행태만을 분석하는 행태론적인 접근(behavioral approach)도 있다. 이들은 기업은 다양한 사람이나 집단의 결합체이므로 당연히 행태분석이 가능하다는 입장이다. 또한 이들은 실제 상황을 분석하는 경험주의적인 근거를 중시하며 기업의 행동패턴과 원리만을 추적하는 이론이다. 이들은 기업은 스스로 느끼는 환경에 대한 다른 인식 속에서 다른 선택을 할 수 있다는 점을 보인다. 의사결정 과정이 중요한 분석대상이 된다.

어떻든 기업의 선택은 결국은 생과 사를 결정하는 진화적인 선택이 된다. 상황에 따른 의사결정 과정을 연구하는 행태론적인 접근은 진화론적인 접근과 상당부분 일치되어 가는 경향도 있다.

## 2.2 산업환경론과 자원기반론

### 1) 산업환경론

산업환경론은 기업은 독자적으로 기능하기 보다 주어진 환경 속에서 위상이 결정된다고 보는 견해이다. 앞에서 살펴 본 시장구조, 즉 구매자 공급자 경쟁자 잠재경쟁자들의 상호 작용에 의해 결정되는 시장환경도 산업환경의 한 예이고, 여기에 정치사회적인 조건이나 자연조건 혹은 소비자의 기호 등도 포함된다. 따라서 이 견해에서는, 기업은 산업환경에 대한 대응이 가장 중요하다.

### 2) 자원기반론

반면 기업은 기업이 보유한 내적인 자원에 입각해 그 위상이 결정된다는 자원기반론이 있다. 이 견해에 따른다면 기업의 내적인 자원과 노력이야 말로 기업의 위상을 결정하는 것이기에 기업의 내부적 노력과 전략은 대단히 중요한 역할을 하게 된다. 따라서 기업의 내적자원과 이를 가동시키기 위한 방법이 무엇인지에 대한 관심이 클 수밖에 없다.

### 3) 핵심역량

자원기반론은 Prahalad와 Hamel의 핵심역량(core competence)[3]이라는 개념으로 인해 크게 강화된다. 시장에서 성공한 기업은 그 회사만의 핵심역량을 가지고 있고, 핵심역량이 없는 기업은 존속하기 어렵다는 것이다. 이는 기술이나 이에 기반을 둔 상품군일 수도 있고, 앞서 언급한 무형의 자산일 수도 있다. 혹은 여러 형태의 자산이 결합된 형태일 수도 있다. 개념적으로 보자면 핵심기술일 수도 있고, 핵심자원일 수도 있으며, 핵심프로세스일 수도 있다. 그러나 분명한 것은 핵심역량은, 첫째로 다른 기업들이 모방하기 어려운 독특한 역량이고, 둘째로 이 역량이 가치창출능력을 가져야 하며, 셋째로 현재의 상품뿐 아니라 다른 상품으로 확대되어 적용될 수 있어야 한다는 점이다.

3) Prahalad, C.K. and Hamel, G., The Core Competence of the Corporation, Harvard Business Review, Vol. 68, No. 3, 1990, pp. 79-91.

인터넷 포털업체를 예로 보자. 다음은 초기에는 메일서비스로, 이어 카페가 핵심역량이 되어 많은 고객을 확보하였다. 그런가 하면 네이버는 지식in이라는 검색기능으로 포털의 선두주자가 되었다. 핵심역량이 이렇게 간단히 언급될 수 있는 경우도 있지만 한 두 마디로 언급하기 곤란한 경우도 존재한다. 삼성전자의 핵심역량은 어디에 있을까? 세계를 선도하는 연구개발력, 시의적절한 과감한 투자능력, 이미 잘 알려진 브랜드, 잘 구축된 영업망, 혹은 반도체 핸드폰 통신 등의 다각화 능력 등 한 두 마디로 설명되기보다 복합적으로 설명해야만 한다.

핵심역량이라는 개념은 결국 기업은 독자적인 핵심역량을 확보하기 위해 노력해야 한다는 것으로 요약된다. 경쟁우위의 원천, 조직의 학습능력, 경영자의 자원통합 능력, 경영전략 등에 관심이 주어질 수밖에 없다.

## 2.3 기업조직 관련 논의

기업은 왜 존재하는가? 이 질문은 지나치게 이론적이고 관념적인 것처럼 보인다. 그러므로 질문의 범주를 조금 낮추어 보자. 기업을 구성하는 각종 조직형태는 왜 존재하는가? 그러한 기능을 시장에서 구매할 수 있어서 기업 내에 유지시키지 않아도 되는데 조직을 유지하는 경우가 많다. 그러한 조직이 정말 모두 필요한가?

보통의 한국 기업들은 IMF 외환위기가 터지기 전인 1990년대 이전에는 모든 기업이 다른 기업이 가진 기능을 모두 보유해야 하는 것으로 생각하였다. 그런데 경제 전반이 어려워지자 기업들은 상당한 기능을 잘라내고 이 기능을 외부 기업에게서 조달받기 시작했다. 경비, 차량유지, 청소, 배달 등은 물론이고 신규 직원 채용 등도 전문기업에게서 서비스를 구매하기 시작한 것이다. 필요한 모든 조직을 기업 내에 보유하는 것이 능사가 아니라 효율성과 필요성에 의해 조직을 보유해야 한다는 사고가 확산된 것이다.

기업은 필요기능을 모두 보유할 필요가 없다. 시장에서 그러한 서비스를 제공하는 기업들이 많이 있기 때문이다. 그런데도 왜 조직을 보유하려하고, 실제 대조직을 보유하고 있는가? 이를 설명하는 방식은 여러 가지이다. 하나는 시장에서의 활동에는 거래비용이 필요하다는 점이다. 구매비용이 필요하고, 적합한 서비스를 제공하는 기업을 찾기 위한 탐색비용도 필요하다. 또한 원하는 기능을 정확히 제공받지 못해 나타나는 손실비용도 있을 수 있다. 따라서 거래비용이 많이 드는 조직일수록 기업이 보유하고, 그렇지 않은 조직은 시장에서 구입할 수 있는 것이다.

다른 하나는 위기대응 능력이다. 기업에 위기가 닥쳐올 때, 자체 조직은 신속히 대응할 수 있지만 시장에서 구입한 기능은 신속성에 문제도 있고 책임감에도 문제가 있을 수 있다. 따라서 필요기능을 기업이 보유하고자 하는 것이다. 세 번째는 시장에서 구입하는 것보다 기업내 조직을 가지는 경우는 통제가 가능하기 때문이라는 것이다. 마지막은 원하는 기능을 시장에서 원하는 형태로 공급받지 못하기 때문이다.

# 03 기업의 기술경제적 속성

## 3.1 생산활동의 경제성

### 1) 규모, 다각화 및 네트워크효과

경제활동을 하게 되면 의도적이지 않아도 반드시 나타나는 효과가 있다. 규모효과, 다각화효과 및 네트워크효과라 불리는 것이 그것이다. 규모효과란 규모가 커질수록 단위당 생산성이 높아지거나 비용이 낮아진다는 개념이고, 다각화 효과란 사업을 혹은 상품을 다각화할수록 그러한 효과가 나타난다는 개념이다. 반면 네트워크 효과는 사용하는 사람이 많을수록 생산성이 높아지거나 단위당 비용이 낮아진다는 개념이다.

규모의 경제(economies of scale)란 규모가 커지면 커질수록 단위당 생산성이 커지는 것을 말한다. 비용을 기준으로 표현하면 생산량이 많아질수록 단위당 생산비용이 떨어지는 현상을 말한다. 그러나 규모의 경제가 생산량을 늘리면 늘릴수록 나타나는 것은 아니다. 적정 생산량까지는 규모의 경제가 나타나지만 그 규모를 넘어서면 오히려 단위당 생산성이 떨어진다. 적정 생산량에 이르기까지 나타나는 단위당 생산비 하락효과를 규모의 경제라 한다. 반대로 규모가 커지며 나타나는 생산성 하락 혹은 생산비 상승효과를 규모의 비경제성 혹은 간단히 규모의 비경제라 한다.

규모의 경제는 많은 기술이나 제품영역에서 관찰된다. 비행기 생산의 경우 생산량을 2배로 늘리면 대당 생산비가 80% 낮아진다는 법칙은 이미 1930년대에 발견된 것이다. 이러한 효과는 오래 전부터 철강, 기계도구, 레이온, 화학, 전자에서도 보고되었다. 그만큼 광범위하게 나타나는 효과인 것이다.

다각화 경제성(economies of scope)은 산출의 종류를 다양화할수록 단위당 생산비가 낮아지는 현상을 말한다. 은행은 이미 점포, 전산망, 인력 등의 자원을 보유하고 있다. 따라서 보험이나 증권업무를 시작한다 해도 큰 비용이 추가되지 않는다. 이미 자원과 인력은 고정되어 있으므로 여기에 새로운 사업을 하나 둘 추가해 생산성을 높이게 되는 것이다. 이 역시 어느 정도의 범위까지 효과가 나타나지 적절한 수준을 넘어서면 오히려 역효과인 다각화의 비경제성이 나타난다.

네트워크 경제성(economies of network)은 인터넷이나 IT관련 상품에서 인지되기 시작한 효과이다. 컴퓨터 운영체제나 워드프로세서는 많은 사람이 쓰는 것일수록 편하고 여러 장점이 있다. 포털서비스와 이메일도 많은 사람이 참여하고 있는 곳에 가입하는 것이 보다 편리하다. 본인의 노력은 없고 선택만으로 생산성효과가 발생하는 경우라 할 것이다.

규모의 경제성, 다각화 경제성 나아가 네트워크 경제성 등은 오랜 경험이 없다면 혹은 다양한 규모를 경험해 보지 않으면 잘 관찰되지 않는다. 그러나 거의 모든 생산활동에 존재하는 효과이기 때문에 적정규모에 대한 관찰, 적정 다각화 정도에 대한 관찰, 나아가 네트워크의 경제성에 대한 관찰과 적절한 선택이 생산성을 높이는 한 방법이다.

### 2) 수확체감과 체증의 법칙

규모의 경제와 유사 개념으로 수확체감 혹은 수확체증의 법칙이 있다. 학교 운동장만한 논에 모내기를 할 때 한 두 명이 하는 것보다 여러 명이 하는 것이 보다 효율적이다. 그러나 수백 명을 투입시킨다면 모내기를 하는 것이 아니라 심어진 모가 밟히는 현상이 나타날 것이다. 주어진 조건에 어느 한 생산요소를 추가하면 초기에는 효과가 있지만 어느 단계를 넘어서면 효과가 줄어드는 현상을 수확체감의 법칙이라 한다.

농업생산은 기계류와 노동력을 필요로 한다. 여기서 규모의 경제성은 기계류와 노동력을 동일 규모로 증가시키며 나타나는 효과이다. 반면 수확체감의 법칙은 기계류는 고정시키고 노동력만 증가시키거나, 노동력을 고정시키고 기계류 투입만 증가시킬 때 나타나는 효과를 말한다. 수확체감의 법칙은 어느 한 요소만 증가시킬 때 어느 단계를 지나면 단위당 생산성이 떨어지는 효과를 말하는 것이다. 수확체감의 법칙은 농작물 수확을 위한 노동투입에서 관찰된 개념이고, 규모의 경제성은 공장생산에서 관찰된 개념이었다는 것을 염두에 두면 두 개념이 혼동되지 않을 것이다. 물론 두 법칙은 어느 부문에서든 관찰된다.

농업생산에서는 수확체감의 법칙이 적용되었지만, 지식과 정보의존적인 경제활동이 많은 최근에는 수확체증의 법칙이 자주 관찰된다. 아주 간단한 예로 소프트웨어제품은 한번 개발되면 생산량이 늘어도 별도의 비용은 크게 필요하지 않고 복사하는 비용만 추가된다.

## 3.2 생산성과 효율성

### 1) 생산성의 기본 개념

생산성은 투입 대비 산출로 정의되는데, 효율성이 대표적인 개념이다. 효율성은 투입 대비 효과인데 아래에서 보는 바와 같이 투입삭감형, 산출증대형 및 동시추구형의 세 형태가 있다. 투입삭감형은 산출은 그대로 두고 투입만을 삭감하는 형태이고, 산출증대형은 반대로 투입은 그대로 두고 산출만을 증대시키는 형태이다. 반면 동시추구형은 투입을 삭감시키면서 산출을 동시에 키우는 방식이다. 어떠한 형태이든 효율성은 커진다.

$$투입삭감형 = \frac{산출}{투입\downarrow}$$

$$산출증대형 = \frac{산출\uparrow}{투입}$$

$$동시추구형 = \frac{산출\uparrow}{투입\downarrow}$$

동시추구형 효율성이 가장 바람직해 보이지만 실무에서는 투입삭감형이나 산출증대형 효율성이 종종 발견된다. 일례로 예산규모를 무조건 줄이라면 투입삭감형 효율성이 되고, 주어진 예산규모에서 효율성을 증대시키라면 산출증대형 효율성이 된다.

그런데 효율성만 가지고 부족한 경우가 있다. 한 예를 보자. 구 소련에서는 동부에서 서부로 석탄을 보내고 서부에서 채소류 등을 동부로 보낸다. 그런데 출발지에서는 제대로 보낸 것이 도착지에서는 항상 부족했다. 동부에서는 정량을 제 시간에 출발하는 열차에 실었지만 운반과정에서 소실되어 항상 부족했다. 마찬가지로 서부에서 보내는 채소는 도착지에 가면 얼어서 먹지 못하는 경우가 많았다. 보내기만 하면 되었지 어떻게 보내느냐는 자신들의 책임은 아니었기 때문이다.

단순히 효율성을 찾기 위한 노력을 하는 것보다 정확한 시간, 정확한 장소, 정확한 방법에 의한 효율성, 즉 유효성을 추구할 필요가 있다. 유효성은 원래 계획대비 실행이라는 의미와 실제 유효한 정도라는 두 의미를 가지고 있다. 그렇지만 여기서는 후자의 의미, 즉 정확한 시간과 정확한 장소 및 정확한 방법에 의한 효율성이라는 의미를 강조한다.

생산성의 세 번째 개념으로는 초효과라는 것이 있다. 투입은 거의 없는데 성과가 나타나는 현상을 말한다. 초효과가 존재하는 경우 성과도 크게 나타난다는 특징이 있다. 지식과 정보에 입각한 생산활동에서는 충분히 발생할 수 있는 효과이다.

### 2) 학습효과

생산량을 증가시킬수록 단위당 생산비가 감소하는 현상은 크게 두 원인에 의한 것이다. 하나는 생산량이 늘면 단위당 개발비용이나 고정비용이 작아지기 때문이다. 다른 하나는 생산을 증가시키면 부수적으로 등장하는 학습효과가 있기 때문이다. 전자는 이미 규모의 효과로 살펴보았으므로 후자인 학습효과를 살펴보자.

반복적인 시도로 인해 얻어지는 생산성 효과인 학습효과는 다양한 형태로 관찰된다. 반복되는 시도에 의한 학습(learning by doing), 반복되는 사용에 의한 학습(learning by using), 반복되는 탐색에 의한 학습(learning by searching), 반복되는 상호교류에 의한 학습(learning by interacting) 등이 그것이다. 어떠한 형태도 반복을 통해 나아가 반복과정에서 얻어지는 학습효과로 인해 생산성이 높아진다. 최근에는 학습이론의 발전으로 인해 학습을 위한 학습(learning to learn)을 통해 학습효과를 높이자는 주장도 등장한다. 학습효과를 높이는 방법 자체를 연구하고 학습하자는 것이다. 단순한 반복이 아니라 효과를 높이는 방법 자체를 연구하고 도출하자는 것이다. 연구개발의 기본정신을 학습효과에도 그대로 적용시킨 것이다.

### 3) 점진형 혁신의 생산성 효과

무언가 문제가 발생하고 난후 원인을 조사하고 대책을 세우고 해결책을 수행하는 거창한 문제풀이 방식과 현장에서 나타나는 작은 문제들을 바로 바로 해결하고 개선해 나가는 점진적인 혁신 중 어느 것이 보다 효율적일지에 대한 많은 관심이 있다. 점진적인 혁신은 반복되는 행동을 통해 문제를 풀어가는 형식이기 때문이다. 그런데 많은 연구에서, 수많은 작은 단위에서 이루어지는 현장의 작은 문제풀이 방식이 누적될 때 효과가 매우 크다는 점이 보고된다.

화학 전문기업 듀퐁사에 대한 생산성 연구는 거창한 혁신이 아닌 개선과 부수적인 혁신이 생산성 증가의 70% 이상을 설명한다고 보고한다. 일본의 카이젠(개선)제도 역시 작은 개선과 문제해결 방식의 집합으로 상품의 생산성을 높이는 노력들이라 할 것이다.

### 4) 동태적인 효율성

지금까지는 어느 시점에서의 효율성과 생산성을 언급하였다. 이러한 효율성은 시간이 지나면서 그대로 유지되지 않는다. 순간 순간 효율성을 추구해 왔지만 시간이 흐르며 효율성과는 거리가 먼 형태로 나타나는 것이다. 다른 식으로 표현하면 아주 생산성이 높고 효율적이라는 기업도 시간이 지나며 시장에서 경쟁력을 잃어 가기도 하고, 선도적인 위치는커녕 소멸해 가기도 한다. 어느 한 시점을 기준으로 하는 효율성은 시간이 흐르며 나타나는 동태적인 효율성과는 다른 것이다.

이러한 효율성 저하 현상은 기업이 감당하기 어려운 급격한 변화가 주어지거나 주변 환경과의 부적합성으로 인해 나타난다. 급격한 변화는 어떠한 조직이든 대응하기 쉽지 않지만, 속도가 느린 변화라 할지라도 변화가 누적되면 특정 기업이 주변환경에 적응하지 못하는 사태가 발생한다. 별다른 노력이 없다면 이러한 현상으로 인해 결국 기업의 역할 축소와 소멸로 이어진다. 주어진 조건에서는 효율성을 찾았을지 몰라도 변화로 인해 주어진 조건 자체가 점차 축소되거나 소멸된 것이다.

그렇기 때문에 Teece와 Pisano 및 Shuen이 언급하는 동태적인 역량(dynamic capanility)의 확보는 기업의 중요한 과제이기도 하다.[4] 이는 급격한 변화에 대응하기 위해 내외 역량을 통합하고, 구축하며, 재규정하는 기업의 능력으로 정의된다. 구체적으로 보면, 첫째는 학습을 통한 전략적인 자산의 형성이 필요하고, 두 번째는 능력, 기술, 고객피드백과 같은 새로운 전략자산을 기업 내로 통합하는 작업이 필요하다. 세 번째는 기존 자산의 전환이나 재규정을 통해 환경에 대응하는 과정이라 할 것이다.[5]

### 5) 학습조직

이러한 과정을 위해서는 기업 내 어디에선가 변화를 모니터하고, 변화에 대한 대응전략을 수립하고, 나아가 조직 내에 적용해야 한다. 그런데 많은 조직연구자들은 어느 한 부서가 아니라 기업 구성원 전체가 끊임없이 학습하는 학습조직이 되어야 한다고 주장한다.[6] 기업 전체에서 한번에 이루어지는 대응이 아니라 각

4) Teece, D., G. Pisano and A. Shuen, "Dynamic Capabilities and Strategic Management.", Strategic Management Journal, 18-7, 1997, pp. 509-533.

5) Eisenhardt, K. and J. Martin, "Dynamic Capabilities: What are They?", Strategic Management Journal, 21, 2000, pp. 1105-1122.

6) Argyris, C., D. Schön, Organizational Learning: A Theory of action Perspective, Reading MA: Addison-Wesley, 1978.

단위조직에서 나아가 지속적인 형태로 변화를 모니터하고, 그에 대한 대응이 이루어져야 한다는 것이다.

작은 단위 조직에서의 끝없는 문제제기, 새로운 변화에 대한 학습, 또한 그를 통한 문제해결은 각 단위조직 자체를 강화시키고 궁극적으로는 기업 전체의 생산성에 큰 영향을 준다. 변화에 맞추어 설정되는 기업 전체의 방향에 맞추어 각 단위조직들이 자체 능력을 가진 조직이 된다면 조직 전체로는 큰 상승효과를 가지게 된다. 작은 조직들이나 기업 전체가 학습을 하는 이러한 조직을 학습조직이라 부른다.

학습조직은 기술적인 측면에만 존재하는 조직일 필요는 없다. 사무직에서도 영업직에서도 마찬가지로 작은 개선의 노력이 집약되고, 변화를 흡수할 수 있는 학습노력이 계속된다면 기업 전체의 생산성은 훨씬 커질 것이고 급변하는 상황에서도 생존하게 될 것이다.

## 3.3 기술적인 효율성과 배분효율성

앞서 언급한 각종 생산성과 기술적인 속성을 반영하는 경제성 개념 등은 어떠한 형태가 되던 일하는 과정의 변화로 얻어지는 기술적인 효율성이라 할 수 있다. 그러나 기술적인 측면 이외에도 다른 효율성 원천이 존재한다.

배분효율성은 자원을 배분하는 방법에 의해 효율성을 높이는 것을 말한다. 이는 기술적 효율성이 큰 작업 순서대로 자원을 배분하여 주어진 예산조건 내에서 효과를 극대화하는 방법에서 나타난다. 기술적인 효율성이 어느 한 작업에서의 효율성이라면 배분효율성은 여러 작업을 처리하는 방법에서의 효율성을 말한다. 따라서 배분적인 효율성이 기술적인 효율성보다 효과가 더 크다고 평가된다. 효율성이 높다고 판단되는 우선순위에 따라 투입했기에 그만큼 효과를 높일 수 있는 것이다.

한편 최선의 배분효율성이나 기술적 효율성이 현실 속에서 잘 나타나지 않을 수 있다는 지적도 있다. Leibenstein은 여러 요인에 의해 현실 속에서 배분의 효율성을 찾지 못한다고 지적하는데, 이 요인들을 X-비효율성이라 부른다.[7] 이 개념

7) Leibenstein, H., "Allocative Efficiency and X-Efficiency," The American Economic Review, 56 1966, pp. 392-415.

은 원래는 최선의 비용최소화나 이윤극대화를 추구하지 못하는 원인을 지적한 것이었는데, 효율성을 저해하는 문화적 혹은 제도적 요인을 지칭하기도 한다. 예를 들어 노동조합이 효율성을 방해할 수도 있고, 정부의 규제가 효율성을 저해할 수도 있다. 또한 일하는 사람들의 태만이나 거부 등의 사고방식에서도 원인을 찾을 수 있다.

X-비효율성은 기업 차원에서 보자면 기업문화의 정비, 기업목표의 공동인식, 적절한 작업배분 등이 있어야 여러 효율성이 큰 효과를 보인다는 것을 의미하기도 한다. 기술적인 측면 외에도 문화 혹은 사회 제도적인 측면 역시 기업의 생산성 향상의 중요한 수단이다.

국가 차원에서도 이러한 노력은 마찬가지이다. 투자효율성이 높은 부분에 대한 우선적인 자원배분, 기술적 효율성을 추구하는 기업들의 활동을 위한 규제완화, 친 기업문화 확산 등이 국가 전체의 생산성을 높이는 주요 수단이다.

## 04 기업의 수명

우리는 앞에서 기술이나 상품의 수명주기를 살펴본 바 있다. 기업 역시 수명을 가진 것으로 기술이나 상품과 마찬가지로 생성되고 성장하며 소멸되어간다. 아무리 훌륭하고 뛰어난 기업이라도 이 과정을 벗어나는 기업은 없다. 그러나 우리에게 중요한 점은 생사 자체가 아니라 생성에서 소멸까지의 과정, 즉 수명주기이다. 사람들이 살고 죽는 것 자체보다 어떻게 살아가느냐에 관심을 더 두는 것과 마찬가지이다.

## 4.1 실제 사례

### 1) 우수 기업

공병호(1993)[8]는 1965년의 100대 기업은 15년이 지난 후 16개사만이 100대 기업에 속했고, 46개사가 도산했다고 보고한다. 마찬가지로 1975년의 100대 기업은 100위권 25개사, 도산 16개사라 조사되었다. 100대 기업이라면 한국을 대표하는 기업들인데 15년이 지난 후에는 약 1/3 정도만이 기억될 수 있는 위치에 있고 46%의 기업은 소멸된 것이다.

조사 기간을 조금 더 확장해서 1955년, 1965년, 1975년, 1985년, 1991년을 기준으로 보니 100대 기업에 이름을 올린 전체 기업은 총 342개사이었다. 그중 5회 연속으로 100대 기업에 이름을 올린 기업은 3개사, 4회 연속으로 이름을 올린 기업은 5개사에 불과하였다.

이러한 추세는 다른 나라도 마찬가지이다. 일본에서는 1896년부터 1982년까지 100대 기업에 총 413개사가 등장하는데, 10년 단위로 10회 연속 등장한 기업은 단지 2개사에 불과하였다. 또한 77.7%의 기업이 연속 3회를 넘기지 못했다. 이로 인해 일본기업의 수명은 30년이라는 말까지 나왔다.

앞의 같은 연구에서 보인 미국 포춘지의 세계 100대 기업 조사도 비슷한 경향을 보인다. 1960년 100대 기업 중 20년이 지난 시점에서의 100대 기업은 48%이었고, 1970년 100대 기업이 20년 후의 100대 기업은 51%이었다.

대한상공회의소(2010)[9]는 자체 데이터베이스를 분석한 결과, 매출액 기준 1000대 기업 중 지난 2004년부터 2009년까지 생존한 기업은 73.3%라 밝혔다. 5년간 생존 여부를 보면, 전기가스업은 100% 모두 살아남았고, 금융 및 보험업(92.3%), 도소매업(72.7%), 제조업(72.1%) 등은 비교적 생존율이 높았다. 반면 과학기술서비스업(53.1%)과 부동산 및 임대업(21.4%)은 가장 저조했다. 한편 1000대 기업이 되려면 평균 18년이 소요되었다.

### 2) 한국 상장기업

2000년대 초반 한국의 상장기업을 대상으로 한 장수기업 연구[10]는 상위급 기

8) 공병호, 한국기업흥망사, 명진출판사, 1993.
9) 헤럴드경제, 2010-06-22, "1000대기업 5년새 10곳중 3곳 탈락".

업이 아닌 상장된 보통기업을 대상으로 보다 구체적인 수치를 제공한다. 국내 상장기업의 평균 나이는 23.9세이며, 최장수 기업은 108년간 생존한 동화약품공업인 것으로 조사되었다.

이 조사는 20대 장수기업의 특징으로 다음과 같은 점을 지적한다. 한 곳만 파는 한 우물 경영, 외형보다 내실로 승부를 겨루는 짠돌이 경영, 고객중심의 눈높이 경영, 노화방지를 위한 혁신경영, 사회적 책임을 다하는 윤리경영 등이다.

1996년 개장된 코스닥에 등록된 기업을 보면 출범 당시 343개사 중 10년이 지난 시점에도 상장을 유지하고 있는 기업은 131개사로 생존율 39.8%에 불과하다. 그나마 좋은 기업이라고 평가되어 주식시장에 상장되었는데, 코스닥 시장 10년 생존율이 그 정도인 것이다.

### 3) 중소기업

#### (1) 한국개발연구원의 조사

한국개발연구원(2006)[11]의 광공업통계조사의 원 데이터를 이용한 중소기업의 생존율 조사는 중소기업의 생존율에 관한 중요한 정보를 제공해 주고 있다.

첫째, 전체로 보면 1993년 중소기업으로 분류됐던 사업체 56,472개 가운데 2003년까지 유지된 기업은 14,315개로 살아남은 비율이 25.3%에 머물렀다.

둘째, 1994년에 신규진입한 중소기업의 생존율은 1년 후 63.8%, 2년 후 48.8%, 10년 후 13.1%이었다. 2년이 지나며 약 50%의 기업이 소멸되고, 10년이 지나며 13%만 남은 것이다.

셋째, 그중 종업원 300인 이상으로 성장한 기업은 75개(0.13%), 500인 이상으로 커진 업체는 1만개 중 한 개꼴인 8개(0.01%)에 불과했다.

#### (2) 신용보증기금의 조사

신용보증기금(2008) 역시 신용보증을 하며 누적된 54만 여 개의 기업정보를 바탕으로 여러 사항을 조사한 바 있다.[12] 이들의 조사대상은 살아남아 신용보증

10) LG경제연구원, 한국의 장수기업, 2005. 5. 5.

11) 안상훈, 중소기업의 진입과 성장에 대한 실증분석, 김주훈 편, 혁신주도형 경제로의 전환에 있어서 중소기업의 역할, 5장, 한국개발연구원, 2006. 3. 15.

12) 김성규, 조현영, 박희진, 중소기업 창업렐봉若丙Ë 판별모형 및 창업특성에 관한 연구, 2008. 9. 22, 신용보증기금. 김성규, 조현영, 중소기업 성장 성숙 및 생존특성에 관한 연구, 신용보증기금, 2008. 8. 김성규, 조현영, 중소기업 퇴출단계 판별모형 및 성장단계별 재무특성에 관한 연구,

을 받은 기업을 대상으로 한 것이라서 일반 중소기업의 생존율보다 높다.

첫째, 1990년 이후 설립된 중소기업의 5년 생존율은 80%, 10년 생존율은 약 65%이다. 10년 생존율이 업종별로는 서비스업이 68.6%이고 제조업은 62.7% 수준이다.

둘째, 중소기업은 창업 후 4년이면 성장기에 들어서고, 약 10년이 지나면서 매출과 영업이익 증가세가 둔화되는 성숙기로 들어선다. 성숙기 진입은 업종별로는 도매업이 약 9.5년, 제조업 11년 등이다. 또한 기업규모가 클수록 성숙단계 진입이 늦게 나타났다.

셋째, 중소기업은 창업 후 4년의 위험율이 가장 높고 이 시점이 지나면 생존율이 조금씩 증가한다.

넷째, 10년까지의 생존율은 자산증가율과 영업이익증가율에 의해 긍정적인 영향을 받으나, 매출액 증가율은 부정적인 영향을 미친다. 무리한 외형성장이 기업의 위험성을 높여 생존율에 영향을 미친 것이다.

### (3) 한국경제연구원 조사

한국경제연구원(2003)[13]은 1984년부터 2000년까지 국내 신생기업 1,780곳을 대상으로 기업 생존율을 조사한 바 있다. 이들은 국내 신생기업들은 창업 후 3년 이내에 자금여력 부족, 경영환경 분석 미흡, 적응능력 미비 등으로 퇴출위험에 처하며 5년이 되면 78.3%만이 살아남는 것으로 보고했다.

### (4) 종 합

중소기업 혹은 창업기업의 생존율에 관한 많은 연구가 있다. 이러한 연구들을 종합하면 대체로 다음과 같은 사실이 도출된다.

- 창업 초기 5년 내 생존율은 50%를 넘지 못한다.
- 창업규모가 클수록 생존율이 높아진다.
- 창업 후 2~4년이 가장 큰 고비이다.
- 2~4년의 고비를 넘기는 기업은 창업 후 3~4년 사이에 당기 손익분기점을 넘는 성장단계에 진입한다.

---

신용보증기금 경제연구소, 2008. 12.

13) 이병기, 한국 신생기업의 생존요인: 이론과 실증, 2006, 한국경제연구원.

- 죽음의 계곡을 벗어난 기업은 대략 4-8년 기간에 성장기, 9-15년 기간에 성숙기를 거친다.

각종 조사나 연구마다 생존율이 차이가 나는 이유는 조사대상 기업의 차이와 조사시점의 차이 등이 주된 이유이다. 창업규모가 작은 기업을 대상으로 하면 생존율이 낮아지고, 큰 불경기가 존재한 시점을 거치면 생존율이 더 낮아진다. 또한 금융기관의 지원을 받고 있는 기업에 대한 조사라면 당연히 그만큼 신용상태가 좋은 기업들이라 생존율이 일반 기업보다 높아진다.

## 4.2 창업초기의 위험

### 1) 죽음의 계곡

창업 초기기업의 생존가능성이 특히 낮은 이유는 여러 가지로 설명된다. 그러나 가장 중요한 이유는 〈그림 5-7〉에서 보는 바와 같이 초기 기업은 상대적으로 큰 비용문제에 시달린다는 점이다. 초기 투자금이 워낙 큰데 자기 자본금이 아닌 외부 차입에 의존해 금융부담에 시달리는 경우, 매출이 전혀 발생하지 않는 경우, 자본금 규모가 작아 충분한 수익이 발생할 때 까지 견딜 수 없는 경우, 매출이 발생해도 운용비를 감당할 수 없는 경우 등이 그것이다. 대부분의 초기 기업에 대한 조사에서 보면 가장 큰 애로사항은 자금문제라는 답이 항상 절반 이

그림 5-7 기업의 성장단계

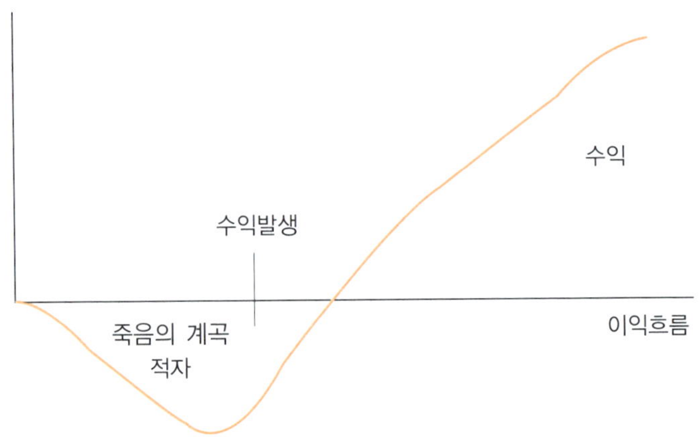

그림 5-8 중소기업의 성장단계별 성장성과 수익성

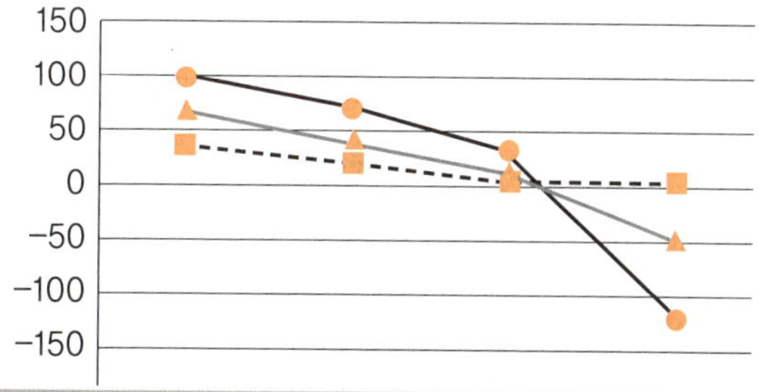


| | 창업 | 성장 | 성숙 | 퇴출 |
|---|---|---|---|---|
| 자기자본순이익률(%) | 32.1 | 28.2 | 18.8 | −56.1 |
| 영업이익증가율(%) | 29.6 | 19 | 2.9 | −63 |
| 매출액증가율(5) | 43.8 | 23 | 11.3 | 8 |

주: 신용보증을 받은 기업 대상.
자료: 김성규, 조현영, 2008. 12.

상에 달한다. 이 외에도 기술문제, 인력문제, 규제문제 등이 거론된다.

어떻든 창업 초기 기업의 생존율이 급격히 낮아지는 기간을 죽음의 계곡이라 부른다. 특히 시장진입의 문제가 있다면 마케팅 영역에서는 캐즘이라 부르고, 기술적인 문제로 진입이 실패한다면 기술캐즘이라 부르는 것이다. 창업기업은 우선 손익분기점을 넘기는 수익이 발생하여야 하고 그를 통하여 성장단계로 진입해야 하는 것이다.

각 기업은 성장단계별 특성이 있다. 따라서 몇 가지의 재무적 속성만 가지고도 기업의 수명단계를 알 수 있다. 〈그림 5-8〉에서 보듯이 창업단계는 매출액 증가율이 대단히 높다. 매출액 대비 영업이익으로 표시되는 영업이익 증가율은 30%에 가깝다. 성장단계는 이 비율들이 각각 20% 근처가 되며, 성숙기에는 훨씬 낮아져 매출액 증가율은 11%대, 영업이익 증가율은 3%대로 떨어진다. 이후 퇴출기에는 매출액 증가율이 10% 이하로 떨어지고, 영업이익은 오히려 감소하는 경향이 있다.

### 2) 창업보육과 기술보증

창업기업의 생존율이 낮기에 특히 경제 전체에 파급효과가 큰 기술창업의 경우 국가나 지역사회에서 창업보육이나 기술보증 등 다양한 방법으로 이들의 생존율을 높이고자 한다.

각종 창업보육센터에서 이루어진 창업보육 후 생존율[14)]은 미국에서는 5년 후 생존률 80%로 일반기업의 4년 후 생존율 47%, 6년 후 38%보다 월등 높다고 보고된다. 호주에서는 1986년 창업보육 졸업기업의 50%가 1994년에도 생존하였는데, 비보육기업은 생존율이 5%에 불과한 정도이었다. 프랑스 역시 보육 2년 후 실패율이 8~20%로 비보육기업의 31%보다 훨씬 낮다.

보육기업의 생존율이 높은 이유는 여러 가지이고, 이점이 창업보육의 논거가 된다. 첫째, 창업보육센터에는 기업의 경영, 회계, 법, 노무, 마케팅 등 각 영역을 전담하는 전문가들이 상주하거나 네트워크를 이루어 입주기업을 지원한다. 창업 초기기업은 이러한 특화된 기능이 없는 경우가 대부분인데 보육센터가 이러한 기능을 제공하는 것이다. 두 번째는 기업운용과 관련된 각종 정보가 결집되어 있고, 초기 기업에게 가장 중요한 다양한 기업들의 경험을 공유할 수 있다. 셋째는, 정부나 금융기관 등의 각종 금융지원에 쉽게 노출되어 그만큼 유리하다는 장점도 있다. 또한 특정 기술이나 산업에 특화된 보육센터에 입주하면 해당 산업이 가진 가치사슬에 자연스럽게 진입할 수 있고 기술과 생산 및 시장정보를 공유할 수 있다는 장점도 있다. 만약 유명 기관이 운용하는 보육센터라면 운용기관의 기술적 경영이점을 그대로 활용할 수 있다는 장점도 있다.

기술창업의 경우 대부분의 기업은 자금부족에 시달리고 있는데 이들은 담보도 없고 기업의 역사가 일천해 신용도 없는 경우가 대부분이다. 따라서 이러한 기업을 위해 보유한 기술을 담보로 은행에서 대출을 해주는 기술보증제도가 도입되어 있다.

---

14) OECD, Technology Incubators: Nurturing Small Firms, 1997.

CHAPTER 06

기/술/혁/신/론

# R&D관리와 기술경영

- 기술개발 투자의 효율화 수단
- 기술정보 수단
- 사전 점검과 예산조정
- 기술경영 개념의 발전

연구개발은 연구가 강조되고 기술개발은 개발이 강조되는 용어이지만 구분의 의미는 별로 없다고 지적한 바 있다. 그러나 연구개발 관리와 기술관리는 의미가 다르다. 기술관리는 연구개발관리를 중심으로 한 기술획득과 나아가 지식재산권 관리와 같은 기술과 관련된 모든 활동을 지칭하기 때문이다. 더 나아가 기술경영은 전통적인 의미의 기술관리라는 개념에 경영전략이 가미된 용어이다.

# 01 기술개발 투자의 효율화 수단

과학기술이 중요한 역할을 했던 2차 대전과 그 직후에는 연구개발에 있어서 비용은 전혀 중요한 문제가 아니었다. 이때는 과학기술은 크고 거대한 것일수록 좋다는 인식이 팽배했다. 그러나 점차 투입 대비 효율성이라는 개념이 등장하게 되고, 과학기술 전체에 투입할 예산이 한정된 상황에서는 더 더욱 투자 효율성이 중요하게 되었다. 특히 선진국에 비해 과학기술 관련 예산이 절대적으로 작은 국가들에서는 투자전략과 효율성은 기업 차원에서 뿐만 아니라 국가적으로도 절대적으로 필요한 요소이었다.

## 1.1 연구개발의 성공과 실패요인

연구개발의 성공과 실패는 결국 연구관리의 문제이다. 국가 연구개발사업을 검토한 연구[1]에 의하면 도전적인 연구목표, 체계적인 연구기획, 팀워크와 의사소통, 팀내 지식공유, 외부 네트워크 구축, 외국인 과학자를 통한 기술획득, 파트너 기업 확보 등을 성공요인이라 제시한다. 이를 조금 더 단순화시키면 연구목표, 연구기획, 연구팀 운영, 외부 네트워크라는 네 요인으로 압축된다.

연구목표가 가져야 할 세부 내용은 분명할 것, 약간은 도전적일 것, 상황변화

1) 과학기술정책관리연구소, 연구개발 성공사례 분석[1], 1997. 9.

에 따라 가변적일 것 등을 요구한다. 분명하다의 의미는 지향점과 수준 등을 말한다. 가변적이라는 의미는 상황변화에 따라 목표수준이나 목표점을 가능한 범주에서 변형시키는 것을 말한다. 가변적일 수 있어야 하는 것은 시간이 많이 소요되는 연구개발에 있어서 기술변화, 시장변화, 일반 사회정치적 환경변화와 같은 돌발요인이 나타날 수 있기 때문이다.

연구기획은 활용분야 조사 혹은 시장조사, 기술적 성공가능성 조사, 개발 후 경쟁력 확보 가능성 조사와 같은 조사분석, 연구를 수행할 인력과 팀 구성, 진행일정과 방법 등에 대한 기획과정을 말한다. 규모가 큰 연구일수록 사전 조사분석과 연구과정 기획은 중요해진다.

연구팀의 문제는 세부과제를 수행할 세부 연구팀의 구성, 각 팀의 연구자간 나아가 팀 간 의사소통, 각 부문 간 혹은 연구자간 정보공유 등을 말한다. 대화와 협조가 없는 연구팀에게서 성과를 기대하기 힘들다. 그런데 실제 연구개발에 있어서 팀간 혹은 연구자간 대화가 전혀 이루어지지 않는 경우가 종종 발견되므로 전체 관리자는 주의하여야 한다.

연구네트워크는 같은 조직 혹은 기업 내 네트워크의 문제와 함께, 필요한 기술을 확보하기 위한 외국의 연구진과의 연계, 개발 후 실제 활용하게 될 관련 기업과의 연계 등을 말한다. 외국의 연구진은 관련 기술정보를 획득하기 위해, 기업과의 연계는 시장정보와 함께 개발 후 활용을 위해 필수적이라 할 것이다.

## 1.2 기술전략

기술전략이란 기술을 전략 자원으로 인식하고 이를 통해 지속적인 경쟁우위를 확보하기 위한 기술관리 방법을 말한다. 전략적인 차원에서 기술의 획득, 관리 및 활용을 위한 모든 활동을 지칭하는 것이다. 전략의 단위는 기업, 산업, 정부, 국가 등 여러 주체별로 가능하고, 기업 내에서도 기업집단, 전사적, 사업부별, 부서별 형태가 존재할 수 있다.

기술전략은 〈표 6-1〉과 같이 수행하는 활동의 범주에 따라 연구개발전략, 기술개발전략, 기술혁신전략 및 기술전략 등 크게 네 형태로 구분해 볼 수 있다. 기술개발 전략은 연구개발에 기술도입이나 현장혁신 등을 포함하는 활동이고, 기

표 6-1 기술전략의 범주

| 유 형 | 내 용 |
|---|---|
| 연구개발전략 | 자체, 외주, 공동 연구개발 등 |
| 기술개발전략 | 연구개발, 기술도입, 현장혁신 등 |
| 기술혁신전략 | 연구개발, 기술도입, 현장혁신, 상업화 |
| 기술전략 | 연구개발, 기술도입, 현장혁신, 상업화, 지재권28,861 |

술혁신전략은 여기에 상업화까지가 포함된다. 나아가 기술전략이라 하면 가장 포괄적인 개념으로, 기술을 다루기 위한 모든 활동이 포함된다.

기술전략은 여러 학자들에 의해 다양한 형태로 구분된다. 이 견해들은 당연히 어떠한 정의와 범주에서 기술전략을 언급하느냐에 따라 차이를 보이기도 한다.

Freeman(1982)[2]은 기술혁신의 전략을 공격형, 방어형, 모방형, 의존형, 전통형 및 거부형이라는 여섯 가지로 구분한다. 공격형 전략이란 세계를 선도하기 위한 공격적인 전략을 말한다. 따라서 기술정보 확보가 쉽지 않으므로 자체 R&D 의존도가 큰 전략이고, 따라서 연구집약도도 클 수밖에 없다. 세계적으로 명성이 있는 대부분의 기술기업들이 여기에 해당된다.

방어형 전략은 공격형과 유사한 능력을 보유하고 있으나 1등 아닌 1위권 전략을 하는 전략을 말한다. 선도적인 전략은 시행착오가 많을 수밖에 없으므로 1위권으로 활동을 하나 경쟁자들의 선도전략에서 나타나는 시행착오를 보아 가며 최종 입장을 선택하는 전략이다. 독과점시장의 경우에 주로 나타나며, 상품차별화 등을 위해 사용된다.

이에 반해 모방형 전략은 선두주자들을 모방하여 쉽게 시장침투를 하고자 하는 전략이다. 기술창조보다는 생산이나 서비스에 중점을 둔다. 따라서 막대한 기술개발비용을 아낄 수 있어서, 저비용으로 시장침투를 시도한다는 이점이 있으나, 선도주자로 나설 수 없고 새로운 기술패러다임이 등장할 때 대응능력이 없어서 소멸되기 쉽다는 한계가 있다.

의존형 전략은 자체 혁신이 거의 없으나 주된 수요처나 모기업의 특별한 요구에는 반응하는 혁신 형태를 말한다. 비슷한 형태로 위성형이나 위성의 위성형이 있다. 이들은 모기업 혹은 주된 기업의 요구에 따라 기술혁신이 이루어지게 된

2) Freeman, C., Economics of Industrial Innovation, Frances Pinter, London, 1982.

다. 기술혁신의 결과가 모기업의 요구와 맞지 않다면 이들과의 관계를 종료하거나 새롭게 개척해야 한다. 따라서 모기업의 방향에 맞출 수밖에 없어서 위성형이라 부르는 것이다. 자본집약산업의 소기업이 주로 해당된다. 위성형의 위성이 있을 수 있다. 위성의 위성형은 위성형 기업에 납품하는 기업의 혁신패턴을 말한다.

전통형 전략은 전통적이고 기능의존적인 산업에서 주로 나타난다. 이들은 고도사회에서도 생존가능하나 외부 기술변화에 취약하다는 단점이 있다.

마지막으로 거부형은 어떠한 기술변화도 거부하는 행태를 말한다. 자동차도 거부하고 핸드폰도 거부하는 사람들이 많지는 않지만 종종 발견된다.

이 밖에도 여러 형태로 전략이 구분된다. 시장진입 시점을 기준으로 하면 최초진입형, 추종형, 응용엔지니어링형, 나도(me-too)형으로 구분된다. 전략적 지향성을 기준으로 하면 방어형, 분석형, 비용차별화형 및 진취형으로 구분되기도 한다.

기술전략이라는 개념은 군사분야의 전략과 기술이 접목한 것으로 1980년대 중반 이후에 등장한다. 이후 이 용어는 기술기획이라는 단어를 대체해 간다. 그런데 기술전략은 시간이 흐르며 상품전략, 시장위치전략, 기업전략 등과 결합되며 점점 더 큰 의미로 발전되어 왔다. 따라서 우리는 먼저 기술기획이라는 개념을 검토하고 뒤에서 최근의 변화를 살펴본다.

## 1.3 기술기획

### 1) 개 요

기술기획은 기술혁신을 성공적으로 마치기 위한 준비과정의 총체를 말한다. 그런데 기술기획은 1회성 행위를 말하는 것이 아니라 상황변화에 따른 연속적인 수정과 적응 과정을 의미한다. 하나의 행위만이 아니라 연속개념으로 파악해야 하는 것이다. 기술 자체가 지속적으로 변하고 있고, 기술을 활용하는 기업의 환경도 지속적으로 변화하고 있기 때문이다. 여기서 계획은 확정된 결과, 기획은 과정이라는 점을 염두에 두자.

기술개발이 이루어지는 과정은 논자에 따라 〈표 6-2〉와 같이 5단계로 구분된

■■ 표 6-2 기술기획과 집행의 단계

| 단 계 | 목 표 | 고려요인 |
|---|---|---|
| 기 획 | 전략목표 설정 | 기술변화, 시장/수요변화, 자체능력, 과거 평가결과 |
| 선 정 | 투자 효율성 | 우선순위, 프로그램/프로젝트간 균형 |
| 실 행 | 관리 효율성 | 예산, 인력, 과정 |
| 평 가 | 적합성과 우수성 | 전략적합성, 목적적합성, 결과우수성 |
| 반 영 | 평가결과 반영 | 차기 기획 시 우선 고려 |

다. 첫째는 기획단계로, 이 단계에서는 전략적인 목표의 도출과 방법론 선택이 이루어진다. 두 번째 단계는 선정단계로 대상 프로그램이나 프로젝트를 선정하는 단계이다. 셋째는 실행단계로, 인력 및 자원을 배치하여 연구를 수행하는 단계이다. 네 번째는 평가단계로, 결과의 목적부합성, 실패시 원인 등을 파악하는 단계이다. 마지막은 반영단계로 다음 기획에 평가결과를 반영하는 단계이다. 반성이 없는 행동은 같은 실수를 계속 반복한다는 점에서 5단계 역시 반드시 필요한 단계이다.

기술기획이 이루어지는 과정은 크게 하향식, 상향식, 혼합식으로 구분된다. 하향식은 상부에서 전체의 방향과 목표를 결정하고 개발해 나가는 방식이다. 상향식은 이와 반대로 세부적으로 개발할 목표를 설정한 후 이를 단순히 종합해 가는 형태를 취한다. 혼합식은 이 두 방식을 혼합한 것으로 전체적인 방향은 하향식으로, 세부 방법은 상향식을 선정하는 형태를 취한다.

기술기획 시 고려하는 요인은 크게 기술요인, 시장요인 및 능력요인이다. 기술요인이란 기술변화 자체에 대한 요인으로 해당 기술의 중요성이나 파급효과 등과 개발가능성 등 기술적인 측면에서의 기회 획득이 주로 검토된다.

시장요인은 출시되었을 때의 시장규모, 수요적합도, 판매가능성, 타이밍 등을 말한다. 기술요인과 시장요인은 서로 상충되기도 한다. 기술측면에서 매력도가 있으나 시장매력도가 떨어지는 경우도 있고, 반대의 경우도 있다. 따라서 기술개발의 목표에 따라 어느 측면을 우선시할 것인가를 결정하게 된다.

능력요인이란 아무리 좋은 기술, 매력적인 시장이라 할지라도 해당 기술개발의 주체가 과연 그러한 기술적 혹은 시장에서의 매력을 획득할 능력이 있느냐의 여부를 말하는 것이다.

표 6-3 기술기획 시 고려요인

| 요 인 | | 설 명 |
|---|---|---|
| 기술요인 | | 기술적 중요도, 파급효과, 개발가능성 등 |
| 시장요인 | | 시장규모, 수익성, 판매가능성 등 |
| 능력요인 | 기술능력 | 개발능력, 상품화 능력 |
| | 시장능력 | 시장진출능력, 경쟁능력 |
| | 예산능력 | 개발비용, 시장진입비용 등 |

능력요인은 개발능력이 있느냐는 기술적인 능력, 시장에서의 능력 및 예산능력 등을 말한다. 기술적인 능력이란 개발능력이 있고 개발 후 상품화시킬 수 있는 능력을 말한다. 시장능력은 상품화시킨 후 시장진입을 시킬 수 있거나 시장에서 일정한 점유율을 유지할 수 있는 능력을 말한다. 또한 예산능력은 기술을 개발하고 시장에 출시할 수 있을 정도로 충분한 자금을 보유하고 있거나 확보할 수 있는 가능성을 지칭한다.

### 2) 기술기획의 예

이상의 지식을 바탕으로 한 예를 보자. 1990년대 초 조지아공대(GT)의 새로운 총장은 학교의 경쟁력을 강화시키기 위해 기술기회 분석을 시도한다.[3] 2년간 수행된 작업은 3개 팀에 의해 4 단계로 구성되었다.

3개 팀 중 실행팀은 GT의 전략기획 부총장 주도로 소규모 전담직원으로 구성되었고, 자문위원회는 9명의 GT지도자와 7명의 외부 지도자가 참여하였다. 실무팀은 각 분야별 연구팀이다.

과정은 첫째는 모니터(monitoring) 단계로, GT를 위한 새로운 연구/기술영역을 식별하는 작업이었다. 두 번째는 GT의 이해와 부합하는가를 평가하는 식별(identification)단계이다. 세 번째는 집중(focus)단계로 큰 범위를 결정하고 기존 조직과의 관계를 규명하는 작업이었다. 마지막은 세분된 연구영역을 확정짓는 분석(analysis) 단계이었다. 이 과정을 보면 모니터, 식별, 분야선정과 적합성 평가, 세부 영역 분석 등의 절차가 있다. 기술기획에도 다양한 세부수단이 있는 것

3) Porter, A.L., X-Y Jin, J.E. Gilmour, S. Cunningham, H. Xu, C. Stanard, L. Wang, "Technology Opportunities Analysis: Integrating Technology Monitoring, Forecasting and Assesment with Strategic Planning", SRA Journal, XXVI, 2, Fall, 1994, pp. 21-31.

이다.

기술기획은 기술중심형과 목표지원형 및 통합형이 있다. 기술중심형은 기술적인 목표를 달성하기 위한 기획을 말하고, 목표지원형은 주어진 목표를 기술적으로 달성하기 위한 활동을 기획하는 것을 말한다. 국가 차원에서 본 목표지원형이라 하면 에너지 절감기술개발과 같은 형태가 된다. 기업 차원이라면 이러저러한 성능을 가진 이 정도 가격대의 차량과 같은 형태가 되는 것이다. 물론 통합형은 이 두 유형이 합쳐진 것이다.

통합형 모형에서는 기술기획의 수단을 크게 세 형태로 구분한다. 첫째는 기본정보에 관한 것으로 조직이나 시장 자체에 대한 이해이다. 다른 하나는 기술정보에 관한 것이다. 이에는 기술동향조사, 기술수준조사, 과학기술예측, 기술영향평가, 기술계획지도 등이 포함된다. 셋째는 의사결정 과정을 지원하기 위한 활동으로 사전타당성조사, 우선순위 설정, 사업예산조정 등이 포함된다.

앞의 생산성 논의에서 기술적인 효율성보다 배분의 효율성이 더 크다는 일반적인 지적을 염두에 두면 배분의사 결정을 위한 집행적인 수단 역시 매우 중요하다는 것을 알 수 있을 것이다.

# 02 기술정보 수단

## 2.1 기술동향조사와 기술수준조사

### 1) 기술동향조사

기술동향조사는 기술 자체의 수준이나 연구동향을 파악하는 협의의 의미와 해당 상품에 대한 동향조사까지를 포함하는 경우 모두를 지칭하기도 한다. 그렇지만 후자는 시장동향 조사 혹은 시장동향 분석이라 언급되기도 하므로 우리는 간단히 기술 자체에 대한 동향조사만 검토해 보자.

기술동향조사는 먼저, 분석대상 기술의 구조에 대한 이해를 바탕으로 한다. 특정 기술의 세부 구조를 파악하게 되면 다음과 같은 조사가 이루어진다. 누가, 어느 기술부분을 연구하고 있거나 개발했는데, 수준은 어떠하고, 다른 기술 대비 어떠한 장단점이 있다. 나아가 이 기술은 기술적으로 향후 어떻게 진행될 것이고, 시장에서는 반응이 어떻게 될 것이다. 다른 기술에 대비한 장단점은 물론이고, 나아가 향후의 기술적 혹은 시장 전망을 포함시키는 것이다.

이러한 기술동향은 기업이 자체적으로 수행하는 경우가 있지만 많은 경우 해당 분야 국가연구소, 주요 기술관리기관, 관련 산업협회 혹은 기술정보 전문기업 등에서 제공하는 정보를 활용하기도 한다. 물론 전문기업이 제공하는 각종 동향 보고서는 수페이지에 수천 혹은 수만 달러로 상당히 고가라는 문제점이 있다.

### 2) 기술수준조사

기술수준조사는 특정 주체의 기술수준을 세계 수준의 경쟁자들과 비교해 보는 조사이다. 조사는 기술적인 지표를 이용한 객관적인 지표, 응답자들의 주관적인 판단을 종합해 얻어지는 주관적 지표, 나아가 통계적 지표를 통해 이루어진다.

기술적인 지표를 이용하는 객관적인 지표의 예를 들어 보자. 삼성전자는 2010년 상반기 현재 50나노급 D램을 위한 공정이 주축인데 다른 기업은 60나노급 혹은 70나노급 공정을 활용하고 있다. 경쟁사보다 높은 생산효율을 확보하고 있어서 가격경쟁력이 높다.[4)]

주관적인 판단은 글자 그대로 전문가들의 주관적인 판단을 기초로 한다. 기초기술은 세계 최고 대비 80%, 생산기술 90%와 같은 형태로 세부기술별로 조사된다. 여러 전문가들의 의견을 종합해야 하기 때문에 종합하는 방법이 문제가 될 수 있다.

통계적인 지표에 의한 판단도 가능하다. 통계지표는 해당 국가 혹은 기업에서 등록한 특허 수 비교, 논문 수 비교 등으로 이루어진다. 개별기술에서는 기술적 지표가 활용될 수 있지만 큰 분야의 기술수준 비교에서는 하나 하나의 기술적인 내용을 언급하기 어려우므로 통계적인 지표를 이용하는 경우가 많다.

---

4) 아시아투데이, 2010-05-28, '삼성전자, 반도체신화는 계속된다.'

표 6-4 특허수준으로 본 G20 국가의 녹색기술 수준

| 에너지분야 | | 고효율화분야 | | 사후처리분야 | |
|---|---|---|---|---|---|
| 일 본 | 13.6 | 일본 | 14.9 | 미국 | 13.4 |
| 미 국 | 12.9 | 미국 | 12.7 | 일본 | 11.1 |
| 한 국 | 11.5 | 독일 | 11.2 | 독일 | 10.9 |
| 독 일 | 11.1 | 한국 | 11.2 | 호주 | 10.8 |
| 남아공 | 11.1 | 캐나다 | 10.8 | 캐나다 | 10.8 |

주: 패밀리정보, 특허상태, 권리현황 각 5점, 15점 만점.
자료: 서민호 외, G20 국가의 녹색기술 현황분석, 한국과학기술정보연구원, 2010.

## 2.2 기술예측과 기술영향평가

### 1) 기술예측

기술예측은 각 기술이 향후 수년 혹은 수십년 후 어떻게 진행될지를 예측하는 것이다. 그런데 많은 사람들이 점차 기술예측은 점쟁이처럼 미래를 예측하는 것이 아니라 미래예측치를 공동인식하자는 의미로 받아들인다. 여러 사람이 그렇게 될 것이라 기대하는 경우 미래도 그러한 형태로 구현되리라고 생각하기 때문이다. 따라서 용어도 예측이라는 forecast보다 foresight라는 용어를 더 좋아한다.

기술예측의 방법은 크게 직관적 방법, 탐구적 방법 및 규범적 방법으로 구분된다. 직관적 방법은 전문가들의 직관에 의존하는 방법으로, 한 두명이 아니라 많은 과학기술자의 의견을 듣는 형태를 취한다. 탐구적 방법은 기술혁신의 패턴을 예측, 분석하는 방법이다. 규범적 방법은 먼저 목표를 설정하고 기술을 획득해 가는 목표지향적인 방법들을 말한다.

기술예측에는 반드시 세 가지 내용이 포함되어 있다. 첫째는 각 기술에 대한 기술적인 속성이 명시되어야 한다. 어떠한 기술적 속성을 갖는 어느 기술이라는 형태로 기술을 구체적으로 지칭하는 것이다. 두 번째는 구현될 시점에 대한 정보이다. 나아가 세 번째는 구현될 확률이 포함된다. 일례로 표현되는 방식은 다음과 같다. 30나노급 반도체 기술이 2년 후에 구현될 가능성의 평균은 70%이다.

국가 차원의 기술예측은 많은 전문가들의 의견을 종합하는 형태를 취하는 것이 일반적이다. 일본이 1960년대부터 시행한 기술예측이 세계적으로 유명하며,

표 6-5 기술예측의 차원 분해

| 목적 \ 대상 | 전 체 | 대분야 | 소분야 | 유형 |
|---|---|---|---|---|
| 전체적인 방향설정 | 우수 | | – | 패러다임형 |
| 우선분야 도출 | – | 우수 | | 분야형 |
| 우선과제 도출 | – | | 우수 | 과제형 |

우리나라에서는 30년 예측과 10년 예측이 있다. 과학기술기획평가원에서 수행되는 30년 예측은, 과학기술 전 분야에 걸쳐, 수천 명의 과학기술자가 동원되며, 델파이법이 주로 사용된다.

델파이법의 적용은 약간의 차이가 있는데 대체로 다음과 같이 이루어진다. 1단계로 준비팀에서 소수의 전문가를 동원하여 조사대상 과학기술을 선정하고, 이 기술들을 응답자에게 우편으로 설문한다. 3단계에서는 수집된 결과에 대한 통계치를 작성하고, 4단계에서는 통계치를 응답자에게 다시 돌려주고 설문을 하게 한다. 5단계에서는 수집된 데이터를 집계해 최종 결과를 발표한다.

기술예측은 크게 패러다임형, 분야형 및 과제형 예측이라는 세 유형으로 구분된다.[5] 이들의 장단점은 〈표 6-5〉에서 보는 바와 같다. 패러다임형 예측은 기술변화 전체의 향방을 예측하기 쉽다. 그러나 다루는 범위가 커 세부 기술내용에 대한 예측은 어렵다는 문제가 있다. 분야형 예측과 과제형 예측은 우선분야, 우선기술과 같이 계층별 예측에 유용하다.

### 2) 기술영향평가

기술영향평가는 특정 기술이 사회경제 전반에 미치는 영향을 미리 검토하는 작업을 말한다. 기술예측과 유사하게 미래를 예측하는 것이지만 기술적인 차원보다 사회경제적인 차원을 중심으로 한다는 차이가 있다. 그러므로 수익만 생각하는 개별기업보다는 국가가 나서서 수행하는 것이 일반적이다. 기술영향평가는 전반적으로 긍정적인 측면의 효과보다 부정적인 측면에 더 중점을 두는 경향이 있다. 기술은 보통 적극적인 활용을 위해 검토되므로 부정적인 측면은 기술을 다루는 사람들이 잘 검토하지 않는다. 따라서 사회 어디에선가 부정적

5) 설성수, "한국의 미래기술" 기술혁신학회지 1-2, 1998.

인 측면을 검토하고 그에 대한 대응을 하자는 의미에서 기술영향평가가 시작된 것이다.

기술은 특정 기업에게는 생산성을 증대시키거나 매출을 증대시켜 수익을 가져다주고, 일반인들에게는 불가능한 것을 가능하게 하거나 생활의 편리함을 준다. 그러나 자동화나 기계화로 인해 이를 활용하는 기업에서는 일자리가 사라지고, 사회곳곳에서 실업문제를 유발한다. 그런가 하면 어떤 기술은 대기오염, 수질오염, 토질오염, 독성물질 배출 등으로 환경파괴를 유발시키거나 질병을 발생시키기도 한다. 또한 인간복제와 같은 경우는 생명윤리의 문제를 제기하고 유전자조작 농작물은 그 결과가 어떻게 나타날지 아무도 모른다. 따라서 이러한 영향을 사전에 파악하고자 하는 것이다.

이 작업은 보통 3단계로 구성된다. 하나는 대상기술이 어떠한 형태로 진화되어 가는지를 예상한다. 두 번째는 해당 기술이 사회 각 분야에 어떠한 영향을 주는 지를 분석한다. 기술에 따라서는 사회적인 측면, 정치적인 측면, 경제적인 측면, 나아가 환경적인 측면 등 다차원에 영향을 주기도 한다. 세 번째는 부정적인 영향을 주는 요인을 최소화시키거나 금지시키는 제언을 하거나 조치를 취하게 된다.

## 2.3 기술계획지도

기술계획지도(technology roadmap)는 그냥 기술지도라 불리기도 하는데, 기술지도(technology map)는 엄격히 보면 전혀 다른 의미를 가지고 있다. 기술지도는 특정 기술이 세부분야별로 어떻게 구성되어 있고, 각 분야에서 어떠한 활동이 이루어지고 있는 지를 보여주는 상황 분석지도이다. 반면 기술계획지도는 특정 기술분야의 기술변화 예상 혹은 의도적인 기술발전 계획을 세부 기술분야별로 설정한 것을 말한다. 그러나 원래 의미의 기술지도는 현재 상태, 계획지도는 가는 길을 보여준다는 점에서 모두 지도라 불릴 수도 있기는 하다.

그림 6-1 기술(계획)지도 예

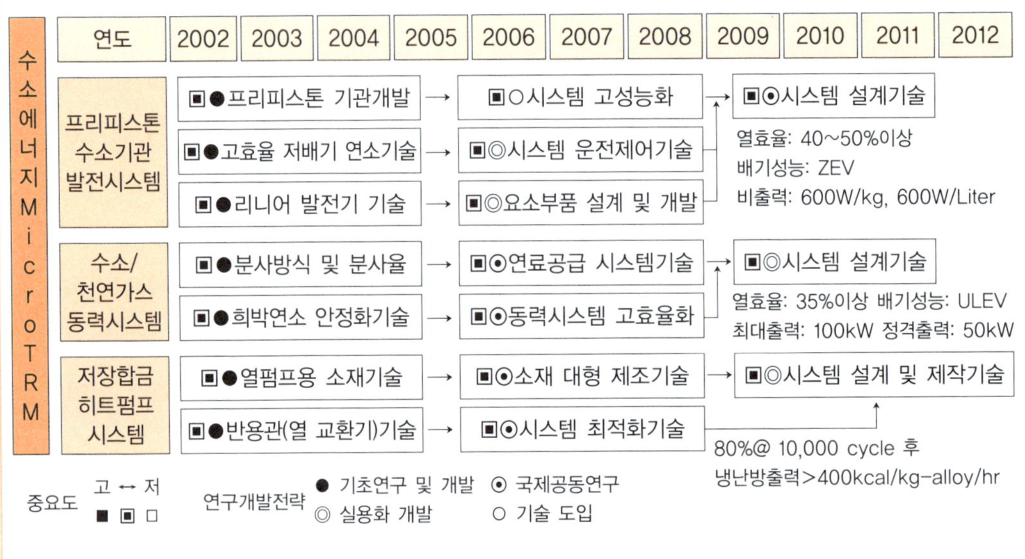


자료: 과학기술부, KISTEP, 국가기술지도, 2002.

기술계획지도는 해당 분야의 전문가를 참여시키고 이들의 지혜를 구하는 것이 필수적이다. 기술계획지도는 기술개발 주체의 기술획득을 위한 강력한 의지로 볼 수도 있지만, 기술개발에 참여한 모든 사람들이 공통적인 생각과 노력을 갖게 하여 실제로 그렇게 이루자는 의도도 내포되어 있다. 모든 것이 계획대로 되는 것은 아니지만, 특히 서로 얼굴을 보며 의견교환을 할 수 없는 많은 사람들이 그렇게 될 것이고 되어야 한다고 생각하는 힘을 이용한다는 의미도 있다.

# 03

## 사전 점검과 예산조정

시장에 대한 정보와 기술정보가 확보되면 다음 단계로는 우선순위 조정을 위한 각종 노력이 일어나게 된다. 사전타당성평가, 진행 및 사후 평가, 우선순위 설정 및 예산조정이 그것이다. 여기서는 사전타당성 평가, 우선순위 설정 및 사업별 예산조정, 즉 예산 포트폴리오를 살려보기로 한다.

## 3.1 사전타당성 평가

사전타당성평가는 무언 가를 시작하기 전에 미리 타당성이 있는 지를 검토하는  작업이다. 기술개발과 같이 시간도 오래 걸리고 불확실성이 높은 경우에는 사전타당성 평가는 필수적인 작업이라 할 것이다. 최근 들어와 사전타당성 평가는 기술개발의 한 과정이 되고 있다. 기술개발 자체보다는 시험적인 시도라면, 혹은 과학적인 연구라면 사전타당성 평가가 불필요할 것이다. 그러나 기술개발 사업에서는 사전타당성 분석은 피할 수 없는 과정이다. 특히 기술이 복잡하고, 불확실성이 클수록 사전타당성 평가는 필수적이다.

사전타당성 평가는 사업타당성 평가로 불리기도 한다. 어떠한 용어로 불리든 이 평가를 위해 중요한 점은 두 가지이다. 하나는 사업을 하는 주체가 누구이냐는 것이고, 다른 하나는 사업의 목적이 무엇인가라는 점이다. 누가 무엇을 하려 하는데, 하고자 하는 시도가 그에 적합하냐는 것이다. 이 두 가지는 모든 평가에 그대로 적용되는 질문이기도 하다.

사업타당성 분석에서 두 가지를 반드시 먼저 확인하라는 것은 〈표 6-6〉과 같이 사업의 주체가 국가인 경우와 기업인 경우가 달라지는 예를 통해서도 알 수 있다. 기업 입장이라면 사업타당성 분석은 최종적으로 수익창출이 우선된다. 중장기적인 사업이라 당장의 수익이 우선되지 않는다면 미래를 위한 수익창출능

표 6-6 사업타당성 분석의 내용

| | 국가차원 | 기업차원 |
|---|---|---|
| 환경분석 | 기술변화<br>사회적 요구 | 기술변화<br>시장요구와 변화<br>경쟁능력 분석 |
| 목표분석 | 목표달성 효과 (경제, 고용 등)<br>기술적 파급효과 | 시장창출효과/수익성<br>기존 사업과의 시너지효과 |
| 기본분석 | 성공가능성<br>투입규모<br>투입방법의 적절성 | |

력이 먼저 강조되고, 나아가 기존 사업구조와의 시너지효과도 강조된다. 수익을 예상하지 않은 기업의 기술개발 노력은 의미가 없기 때문이다.

반면 국가적인 입장에서는 특정기업의 수익보다 사업의 원 목표와 국가 전체에 미칠 기술적인 파급효과, 경제적인 파급효과 등이 우선 고려된다. 개별기업에서는 경제적인 파급효과라는 개념이 시장창출효과가 되고, 여기에서 그치는 것이 아니라 창출효과 중 점유율을 고려해야 한다. 창출되는 시장이 모두 해당기업의 것은 아니기 때문이다. 그리고 기업 입장에서의 파급효과는 기존 사업과의 시너지 효과와 같은 의미가 된다.

## 3.2 우선순위 설정과 사업별 예산 조정

### 1) 연구과제 선정

연구과제 선정 방법은 100여 가지가 넘을 정도로 대단히 다양하다. 따라서 우리는 그 방법 하나 하나를 검토하지는 않고, 공통적인 점만 간단히 지적하기로 한다.연구과제 선정은 대체로 다음과 같은 단계를 거친다. 중요한 점은 각 연구과제를 평가하기 위한 평가기준을 사전에 공개해야 하고, 그에 대한 구성원의 합의가 필요하다는 점이다. 평가기준이 달라지면 순위는 언제든 변할 수 있기 때문이다. 또한 1차 평가 후 평가결과를 반영하여 다시 한번 과제계획서를 고칠 수 있는 기회를 주고 다시 평가하는 것도, 절차가 번거롭고 시간이 걸리지만 연구성과를 높이는 한 방법이다.

#### 연구과제 선정 절차

① 평가기준의 식별과 선정
② 각 기준에 대한 가중치 결정과 구성원의 합의
③ 1차 평가 혹은 평가결과를 감안하여 단점을 보강한 후 재평가
④ 자원배분

그런데, 과제가 많은 경우 개별 과제의 제안서를 통한 연구과제 선정은 몇 가지 치명적인 단점이 있다. 첫째, 어떠한 분야는 공백인 반면 다른 분야에서는 중

표 6-7 **프로젝트 평가 사례**

| 평가항목 | | 가중치 | 점수 (5점 만점) | 계 |
|---|---|---|---|---|
| 성공확률 | 기술적 성공 | 3 | 4 | 12 |
| | 경제적 성공 | 3 | 3 | 9 |
| 소요비용 | 연구개발비 | 2 | 5 | 10 |
| | 소요기간 | 2 | 4 | 8 |
| | 생산/마케팅비 | 2 | 3 | 6 |
| 사업연계 | 기대이익 | 3 | 2 | 6 |
| | 사업기여도 | 3 | 2 | 6 |
| | 경쟁력 지속기간 | 2 | 2 | 4 |
| 계 | | 20 | | 61 |

복이 발생하기도 하고, 둘째, 분야 전반에 걸친 균형발전을 추진할 방법이 없다. 세 번째는 연구수요를 모두 충족시킬 재원이 없다는 문제도 추가된다.

이에 따라 분야를 먼저 선택하고 다음 단계로 과제를 선택하는 등의 보다 체계적인 우선순위 선정방법이 등장하였다. 선진국들은 1970년대 말과 1980년대 초부터 사용하였으나 1980년대 후반 미국이 사용하며 일반화되었다. 작은 과제 중심이 아니라 먼저 분야에 대한 투자원칙을 결정하고 그에 따라 세부과제를 지

표 6-8 **분야별 투자전략 예**

| | | |
|---|---|---|
| 투자비중 증가형 | 생명 | 기술역량 제고와 성장유망분야 조속한 실용화 촉진 |
| | 에너지 · 자원 | 에너지 안보에 능동적 대처를 위한 핵심기반기술 확보에 주력 |
| | 환경 | 환경개선 · 보전을 위한 공공분야 중점 지원 |
| | 기초과학 | 기초 · 기반 학문 저변 강화 위한 투자 강화 |
| 투자비중 점증형 | 소재 · 나노 | 첨단 부품 및 기초소재 원천기술 확보에 주력 |
| | 우주 · 항공 · 해양 | 기반기술확보를 위한 국가 차원의 안정적 · 장기적 지원 |
| | 건설 · 교통 · 안전 | 국민 생활환경 개선, 생명 · 재산 안정성 확보에 주력 |
| 투자비중 점감형 | 기계 · 제조공정 | 성장동력 분야에 투자강화하고 기초 · 원천기술개발로 전환 |
| 투자비중 감소형 | 정보 · 전자 | 성장원천 확보 위한 기초 · 원천기술연구 분야로 전환하고 다른 분야와 융합 강화 |

자료: 과학기술부, 국가 R&D사업 Total Roadmap – 중장기 발전전략(안), 2006. 12.

원하는 전략적인 자원배분 방식이 도입된 것이다. 이 과정에서 분야를 선정하기 위한 의사결정론적인 접근법이 발전하게 되고, 분야에 대한 연구자들의 혹은 정책입안자들의 인식을 돕기 위해 기술예측 등이 시도되었다.

### 2) 우선순위 설정 방법

우선순위 설정방법이란 다른 표현으로는 전략적인 연구개발방법의 도입이라 할 것이다. 많은 연구과제가 있을 때 각 연구주제에 대해 우선순위를 결정하여 자원을 배분하는 방법은 대체로 다음과 같은 절차를 거친다. 첫째는 여러 방법을 통해 분야별 우선순위를 설정한다. 두 번째는 각 분야 혹은 그룹에 대한 투자원칙에 따라 개별 과제에 예산을 배분하게 된다. 분야에 대한 나아가 과제에 대한 연구 포트폴리오를 구성하는 것이다.

먼저 의사결정 방법에 대해 살펴보자. 의사결정 방법은 의사결정론에서 언급되는 방법들이 그대로 원용된다. 여기서는 많이 사용되는 방법 네 개만 설명하기로 한다.

첫째는 리더의 직관적인 판단이다. 물론 직관적인 판단이라 할지라도 직관에만 의존하는 것은 아니고 해당 기술분야에서 혹은 시장에서의 오랜 지식과 경험을 바탕으로 한 경우가 많다. 소수의 혹은 한 두명의 탁월한 지도자에 의한 객관적인 판단도 대단히 중요한 성과를 가져오기도 한다.

혼자서 하는 판단은 두렵기도 하고 자신이 없는 경우도 많다. 그러므로 전문가집단의 판단을 통해 의사결정하는 경우이다. 물론 어느 경우이든 판단에 필요한 기술정보, 상품정보, 경쟁정보 등의 정보가 충분히 수집되고 분석되어 의사결정 과정에 제공되어야 한다. 전문가 집단에 의한 판단도 크게 두 가지로 구분된다. 하나는 델파이(delphi)법을 응용한 것이고, 다른 하나는 포커스그룹법이라 부르는 방법이다. 델파이법은 1차로 관련된 전문가들의 의견을 묻고, 2차로 그에 대한 평균 최고값 최소값 등을 파악한 후, 3차로 응답자에게 그 정보를 알려주어 다시 의견을 수렴하고, 4차로 최종 집계하는 방식이다. 관련 전문가들이 한 곳에 모이기 어려울 때 많이 사용한다.

포커스그룹(focus group)법은 소수의 관련 전문가를 한 곳에 모아 토론을 통해 결론을 도출해 가는 과정이다. 이 방법은 특히 분야를 달리 하는 여러 전문가가 동원되면 더 좋고, 나아가 이들 전문가가 각각 자기 분야의 정보를 설명하고 다른 분야의 전문가들과 토의를 통해 의사결정한다는 장점이 있다.

다른 방법은 쌍대비교법 혹은 AHP(Analytical Hierarchy Process)법이라는 불리는 방법을 이용하는 것이다. 이 방법은 조사대상을 두 개 단위로 비교하며 점수를 주어 전체의 순위를 설정하는 방식이다. 평가기준 설정에도 이용될 수 있고, 분야별 혹은 과제별 평가에도 이용될 수 있다. 이 과정에는 굳이 많은 전문가가 참여할 필요가 없다. 만약 분야를 먼저 결정하고 이어 해당 분야 내의 과제를 선정한다면, 단계별로 이 방법을 적용하면 된다.

필자가 1999년 한국의 기초과학연구 중점 지원분야를 결정하기 위해 시도한 예를 간단히 살펴보자. 당시 한국과학재단은 2,000건이 넘는 과제를 지원하고 있었고, 지원과제 숫자는 계속 증가추세에 있었다. 그럼에도 기초과학연구에의 지원규모는 미국의 1/7 수준에 불과해 효율적인 지원방법을 강구할 수밖에 없었다.

우선분야 선정과정은 기술예측과 기술전략을 결합한 방법으로 전국의 연구자를 대상으로 이루어졌다. 먼저 기초과학연구가 중점을 두어야 할 방향성을 조사하였다. 8,769명의 응답자들은 지원의 방향성에 대해 해당 분야 연구자 수에 비례한 지원 43%, 새로운 분야에 대한 지원 33%, 국가수요의 반영 24%로 응답하였다. 기초과학연구에 대한 설문이라는 점에서 새로운 지식의 진보보다 연구자 수에 따른 고려가 가장 커야한다고 지적된 점이 특징적이다. 또한 국가수요를 반영해야 한다는 지적이 적은 점 역시 기초연구의 특징이기도 하다.

어떻든 이러한 방향성에 기반하여 19명의 전문가가 동원되어 각 연구를 평가하기 위한 내용기준이 설정되었다. 내용기준은 독창형, 추격형, 기반강화형, 수준향상형 및 산업지원형이고, 이들 각각의 중요도, 즉 가중치는 24.05, 24.92, 20.45, 13.48, 17.15이었다. 이 시점까지는 추격형의 가중치가 가장 컸지만 독창형에 대한 지원필요성도 그에 못지 않았다.

이어 우선 지원대상 분야를 과학기술의 전 학문분야에서 ① 최소한 수개의 프로젝트가 형성될 수 있는 작은 영역으로, ② 5년 정도의 지원이 이루어질 필요가 있고, ③ 각 기준에 따라 추천하도록 하였다. 그 결과 추천된 내용은 총 1,450개로 기준별로 골고루 분포되어 있었다. 그러나 추천된 내용은 분류체계상 2단계에

속할 정도로 광의의 분야이거나 6단계에 속하는 아주 구체적인 내용도 있어서 이러한 부분은 제외하였다.

이어 최종 선택된 이들 각 학문별 소분야를 변형된 델파이법을 통해 중요도를 측정하였다. 개별항목에 대한 중요도 측정은 퍼지(fuzzy)의사결정론을 바탕으로 단순 9점 척도를 활용하였다. 그런데 학문분야별로 판단기준이 다르기 때문에 해당학문 내에서 집계된 가중치와 점수를 다른 학문과 단순비교 하지 않았다. 일례로 우수 학생의 시험점수가 수학 물리학에서는 60점, 건축토목은 95점 이상 등이라는 차이가 있기 때문이다.

### 3) 연구포트폴리오 구성

한정된 재원으로 여러 분야의 다양한 과제에 예산을 배분하려면 여러 요인을 고려하게 된다. 연구과제 포트폴리오를 구성할 때 주로 고려되는 요소는 분야별 안배, 연구기간별 안배, 연구규모나 연구비용에 따른 안배, 기술성숙도에 따른 안배 등이다. 연구기간만을 예를 들어 보자. 연구비의 20%는 5년 이상 소요되는 과제군, 40%는 3~5년 과제, 나머지 40%는 2년 이하 과제 등으로의 배분이 그것이다. 연구비는 보통 대형 중형 소형으로 구분해 배분한다. 따라서 대형 20%, 중형 40%, 소형 40%와 같은 배분이 이루어진다. 마찬가지로 연구분야별, 기술성숙도별 배분에서도 적절히 이루어진다.

이 네 요소를 모두 감안한 가장 간단한 예를 보면, 먼저 분야별 배분을 하고, 각 분야별 내에서 연구기간에 따라 배분한다. 이어 각 그룹 내에서 연구비 규모에 따라 다시 30:30:40 등으로 배분하는 것이다.

배분비율을 객관적으로 도출하기 위해 AHP 기법이나 퍼지기법 혹은 다른 기법 등이 이용된다. 도출과정은 핵심 관리자 혹은 중요 연구자들이 참여하여 기간별, 규모별 혹은 분야별로 가중치를 먼저 도출하고 그에 따라 연구개발 자금을 배분하는 것이다. 연구개발 규모가 작다면 우선분야나 우선과제 선정이 비교적 단순하다. 그러나 규모가 큰 연구개발에서는 결국 우선분야, 우선과제를 전략적으로 지원하지만 분야별, 기간별, 규모별 안배가 이루어진 연구포트폴리오가 구성되는 것이다.

# 04 기술경영 개념의 발전

## 4.1 초기형 R&D 개념

### 1) 1세대 R&D

1860년대에 독일과 미국에서 첫 출현한 기업 연구소는 2차 대전 시기까지 과학기술 지식의 창출과 그로 인한 '대박' 상품을 는 형태를 벗어나지 못했다. BASF나 Hoechst같은 독일 염료 기업의 기술개발, 미국 독일 등의 자동차 기술개발, 이어 2차 대전 시기에는 미국 듀퐁사의 나일론개발과 상품화 등이 기술개발의 대표적인 성과로 여겨져 기업 내의 기술개발 노력은 전 세계 모든 기업의 모델이 되었다. 기술개발의 상업적 성과가 워낙 크게 보고된 시기라 R&D는 좋은 것이고 크게 할수록 좋다는 인식이 일반화된 시기이다.

이 시기는 앞에서 언급한 바 있지만 소위 개별 기술개발자가 세상을 이끄는 개인발명가의 시대 혹은 개인적인 영웅의 시대와 일치한다. 기술적인 천재가 시장을 지배하고 세상을 바꾸어 나가던 시대인 것이다.

### 2) 2세대 R&D

그러나 2차 대전 후 1960년대에는 기술의존형 기업이 많아지며 누가 더 시장에 적합한가가 강조되고 공공부문에서도 전시와 달리 예산제약이 심해지자 주어진 예산에서의 효율적인 기술개발이 강조된다. 수요견인형 연구개발시대라 불릴 수 있는 시대가 되었고, 연구개발에서는 프로젝트관리 개념이 등장한다. 과학기술자 이외의 전문가들이 연구개발 예산 편성에 관여하고 연구개발의 성과가 무엇이냐고 물어오기 시작한 것이다.

표 6-9 기술경영 개념의 발전

| | 시 기 | R&D인식 | 강조점 |
|---|---|---|---|
| 1세대 | 1950-60중반 | 이상형 | 기술주도형 |
| 2세대 | 60중반-70초기 | 비즈니스형 | 수요견인형, 프로젝트관리 |
| 3세대 | 70중반-80중반 | 자원형 | R&D와 마케팅 연계 |
| 4세대 | 80초반-90중반 | 통합형 | 고객을 포함한 기업전략 연계 |
| 5세대 | 90중반- | 개방형 | 외부 연계, 기술개발 속도, R과 D 구분 |

자료: Nobelius, D., "Towards the Sixth Generation of R&D Management", Int'l Journal of Project Management, 22-5, 2004, pp. 369-375.
주 1. 원저자의 5세대 기술경영을 수정하여 별도로 추가.
2. 세대 구분은 본문 참조.

## 4.2 R&D와 기업의 결합

### 1) 3세대 R&D

이어 1970년대 중반에 이르면 연구개발과 시장을 연계시키고자 하는 노력들이 강조되기 시작한다. 기존 상품 고도화형 연구개발, 새로운 시장개척형 연구개발, 틈새 시장형 연구개발 등과 같이 연구개발이 연구실이나 실험실에서의 의사결정이 아니라 시장과 연계되어 이루어지기 시작된 것이다. 이 시기를 3세대 R&D 시대라 부른다.[6] 이는 Arthur D. Little사가 기술컨설팅을 수행하며 발전시킨 개념이다.

### 2) 4세대 R&D

4세대 기술경영의 제안자인 Miller와 Morris(2001)[7]는 3세대 기술경영의 기본개념에 적용 가능한 혁신개념의 확장과 시장 통제개념을 추가하여 4세대 기술경영 모델을 전개시킨다. 이들은 3세대 경영은 연속적인 혁신에나 가능한 것이라 돌파형 혁신같은 비연속적인 혁신이나 여러 기술이 융합하는 융합형 혁신에는 부적합하다고 주장한다. 따라서 비연속적인 혁신이나 융합혁신이 고려된 새

6) Roussel, P., K. Saad, T. Ericsson, Third Generation R&D: Managing the Link to Corporate Strategy, Harvard Business School Press, 1991. 이정훈, 권영민 역, 제3세대 기업 제3세대 R&D, 서울: CM비즈니스, 1995. 3.

7) Miller, W., L. Morris, 4th Generation R&D, John Wiley and Sons, 1999. 손욱 역, 4세대 R&D, 모색, 2001.

로운 모형이 필요하다는 것이다. 나아가 새로운 모형에서는 시장에 대한 어느 정도의 제어가 필요함을 언급한다.

그들이 제시한 시장아키텍처 혹은 경쟁 아키텍처라는 개념은 경쟁이 존재하는 시장에서의 고객, 고객의 니즈, 경쟁사 등을 포함한 구조를 말한다. 토목 건축에서 사용하는 개념인 아키텍처란 의미 자체가 제어 혹은 조작이라는 의미를 내포하고 있음을 염두에 둔다면, 시장아키텍처는 완전하지는 않지만 기업의 어느 정도의 시장제어를 내포하고 있다.

그들은 시장아키텍처는 고객지향적인 가치구조, 지배적인 디자인 및 제품플랫폼이라는 세 수단을 통해 가능하다고 주장한다. 제품플랫폼은 하나의 기술적 혹은 생산 플랫폼을 통해 여러 모델을 만들어 낼 수 있는 기술적인 장치를 말한다. 플랫폼은 개발비 감소, 개발시간 단축 및 생산원가 절감이라는 이점이 있어 시장경쟁력의 큰 원천이 되고 있다.

그들은 연구개발은 연구실이나 실험실의 문제가 아니라 기업 전반의 문제가 되어 연구개발 전략이 기술전략이 되었고, 기술전략이 기업전략이 되고 있는 상황을 전제로 하고 있다. 그러기에 연구관리 혹은 연구개발전략이라는 용어보다 기술경영 혹은 기술경영전략이라는 보다 광의의 용어가 더 선호된다. 또한 연구개발은 생산관리나 산업공학적인 접근에서 벗어나 경영 전반에 대한 전략적인 문제로 발전한다.

4세대 기술경영론을 넘어서는 5세대 기술경영론이 존재하지만, 스스로 5세대라 자칭하는 논자가 많아 약간의 혼란을 준다. 또한 스스로 6세대라 자칭하는 연구도 이미 등장한 바 있다. 우리는 누가 5세대이고 6세대인지 등을 논하지는 않는다. 대신 내용적으로 새롭게 제기되고 있는 개방형 혁신을 간단히 5세대 기술경영이라 지칭하자.

사실 4세대 경영은 시장을 제어할 수 있는 지배적인 디자인을 보유하고 있고, 이를 달성하기 위한 기술적인 플랫폼도 보유한 선도적인 기업을 전제로 한다. 근근이 시장을 아가는 기업이라면 시장제어는 꿈도 꿀 수 없기 때문이다. 따라서 4세대 경영론이 보편적인 기술경영론인지는 스스로 판단해야 할 것이다. 그러므로 3세대 R&D를 넘어서면 세대 구분을 할 필요가 없이 기술경영의 새로운 관점이라 보는 것이 더 타당하다.

## 4.3 개방형 혁신과 개방형 비즈니스

Chesbrough(2003)는 개방형 혁신(open innovation)을 기업들이 기술혁신과 사업화 과정에서 다양한 형태로 지식 · 기술 등 외부의 자원을 적극적으로 활용하는 혁신전략 또는 패러다임이라 정의한다.[8] 즉 R&D 단계부터 외부의 연구성과를 받아들이고, 사업화 이전의 R&D 성과를 밖으로 내보내기도 한다. 또한 연구성과의 사업화도 내부적인 사업화만을 고집하는 것이 아니라 라이센스나 분사화 등을 추진한다. 다시 말해, 연구개발, 기술사업화 등 모든 측면에서 기업의 경계를 넘어서서 혁신을 시도하는 것을 말하는 것이다.

개방형 혁신의 반대개념은 자체 자원을 통한 연구개발을 중시하는 폐쇄형 혁신(closed innovation)이다. 즉, 폐쇄형 혁신은 초기 연구단계부터 내부과제만을 추진하고 그 중에서 개발가능성이 높은 과제를 선별하여 사업해 나가는 방식이다

표 6-10 개방형 혁신의 예

| 구 분 | 방 법 | 개 념 | 대표 사례 |
|---|---|---|---|
| 외부 ↓ 내부 | In-Sourcing | 창조적 아이디어와 핵심기술을 외부에서 조달 | -P&G의 C&D1<br>-Kimberly-Clark, Spindle |
| | 공동연구 | 외부기관과 공동으로 기술개발 프로젝트 추진 | -인텔의 Lablet2<br>-듀폰, 노키아, 에릭슨 등 |
| | 벤처투자 | 벤처기업에 선행투자하거나 벤처캐피탈과 협력 | -HP Lab과 벤처캐피탈 협력<br>-노키아, 인텔, Ili Lily |
| 내부 ↓ 외부 | 기술자산 판매 | 사장되어 있는 기술을 라이센스의 형태로 제공 | -MS, IBM, TI, NEC 등 |
| | 분사화 | 기술 활용 및 검증을 위해 관련조직을 분사화 | -루슨트의 NVG3<br>-DSM, 필립스, 캐터필러 등 |
| | 프로젝트 공개 | 내부 프로젝트를 공개하여 다른 개발자 참여촉진 | -IBM의 XML Parser4<br>-리눅스 등 |

자료: 임영모, 복득규 (2006), '개방형 기술혁신'의 확산과 시사점, CEO Information 575호, 삼성경제연구소.

주 1. connect & development.
2. 인텔이 인건비와 운영비 부담, 성과는 공동활용.
3. new venture group: 초기에 분사하고 시장성이 크면 회사를 다시 매입.
4. 웹 소스코드.

8) Chesbrough, H., Open Innovation: The New Imperative for Creating and Profiting from Technology, 2003, Harvard Business School Press: Boston.

개방형 혁신은 크게 두 형태가 있다. 하나는 안으로의 혁신이고, 다른 하나는 이와 반대인 밖으로의 혁신이다. 전자는 외부 자원을 기업 내부로 도입하는 형태이고, 후자는 기업내 자원을 밖으로 내보내는 전략형이다. 〈표 6-10〉에서 보다시피, 외부에서 내부로의 혁신은 외부의 지식을 도입하는 인-소싱, 공동연구, 벤처투자 등이 있다. 외부로의 혁신의 예는 기술자산 판매, 분사화, 프로젝트 공개 등이 있다.

de Jong et al.(2008)은 기업의 개방형 혁신은 크게 네트워킹, 협력, 기업가 정신, 지식재산권 관리 및 연구개발의 다섯 요인이 필요하다고 보고 있다.[9] 첫째, 네트워킹(networking)은 고객이나 공급자, 대학, 공공연구기관, 정부 등은 물론이고 심지어 경쟁자까지를 포함하는 다양한 연계를 의미한다. 둘째, 연계와는 다른 형태인 공식적인 협력(collaboration)은 협력파트너를 활용하는 형태이다. 셋째, 기업가정신(entrepreneurship)은 스핀오프를 통한 내부 자원의 사업화 혹은 외부 벤처기업에 대한 투자 등 지식의 내 · 외부 흐름을 통해 수익을 창출하는

그림 6-2 개방형 혁신의 기대효과

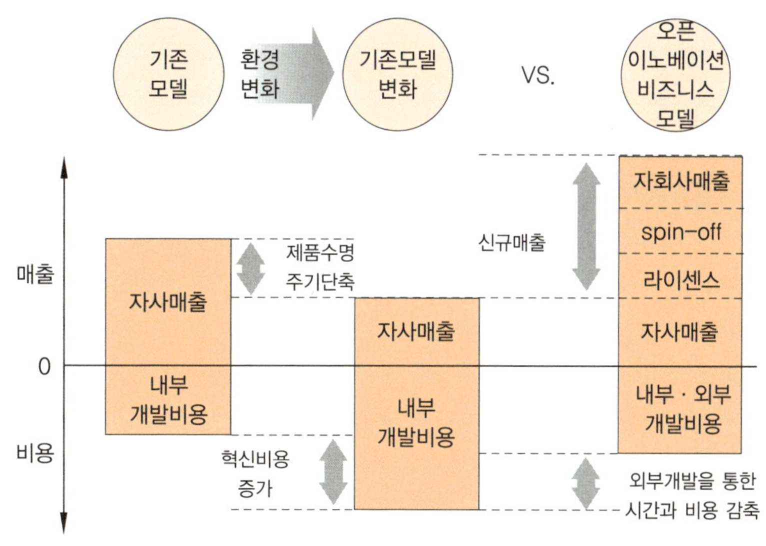


자료: Chesbrough, H., Open Business Models, 2006, Harvard Business School Press: Boston.

9) de Jong, Jeroen P. J., W. Vanhaverbeke, T. Kalvet and H. W. Chesbrough, Policies for Open Innovation: Theory, Framework and Cases, 2008, Vision Era-Net Report, Helsinki, Finland.

혁신전략을 의미한다. 넷째는 지식재산권관리로, 외부와의 공동 활동이 많아지며 기술적 권리를 보호하기 위한 여러 장치가 만들어져야 한다는 것을 말한다. 마지막으로 연구개발 투자는 내부 자원의 동원이나 외부 기술과 자원의 흡수능력 향상을 위해 필수적인 활동이다.

개방형 혁신은 연구개발과 기술혁신에만 적용될 수 있는 것은 아니다. 비즈니스모델에도 그대로 적용되어 개방형 비즈니스모델이 될 수 있는 것이다. 옥션은 자신의 상품보다는 여러 사업자들을 한 곳에 모아 자신의 사업영역을 구축한 좋은 예이다. 스마트 폰의 앱 역시 수많은 개인 사업자들을 한 곳에 모아 그 자체로 사업이 가능한 형태이다. 자신의 자원만으로 사업을 하는 것이 아니라 다른 사업자들을 동원하여 자신의 사업을 유지하고 발전시켜 나갈 수 있는 것이다.

개방형 혁신의 기대효과는 크게 두 가지이다. 하나는 외부의 변화와 지적자원을 적극적으로 흡수할 수 있다는 점이다. 다른 하나는 그만큼 관련 비용과 시간을 단축시키고, 매출증대의 기회를 넓힐 수 있다는 점이다.

CHAPTER 07

기/술/혁/신/론

# 기술사업화

- 기술사업화 개요
- 기술이전
- 기술사업화의 성공과 실패요인
- 사업타당성 분석과 기술가치평가

01

# 기술사업화 개요

## 1.1 기술사업화의 경로와 요소

### 1) 기술사업화 경로

과학적 연구와 달리 모든 기술개발은 최종적으로 활용을 전제로 한다. 그러기에 기술에 대한 논의는 종국에 가서는 사업화의 대상이 된다할 것이다. 국가나 공공기관의 기술개발은 국가적인 목적이나 사회적인 목적을 위해 개발되기도 한다. 그러나 이들도 최종적인 활용을 염두에 두고 있어서 공공기술도 사업화의 대상이라 볼 수 있다.

기술이 사업적으로 활용되는 경로는 〈그림 7-1〉과 같이 크게 세 가지이다. 하나는 제품혁신을 통한 상품으로의 활용, 둘째는 내부 목적을 위한 활용, 세 번째는 기술이전으로 기술 자체를 상품으로 활용하는 것이다.

상품으로의 활용경로도 누가 사업화하느냐에 따라 구분된다. 기존의 기업이 사업화하는 경우와 개발된 기술을 이용한 기술창업이 그 것이다. 이전된 기술도 결국은 사업화 대상이나 창업화 대상이 된다는 점에서 차이는 없다.

### 2) 기술사업화의 세 요소

기술의 사업화뿐 아니라 모든 사업화에는 기본적으로 사람, 사업아이템 및 자

그림 7-1 기술사업화 경로

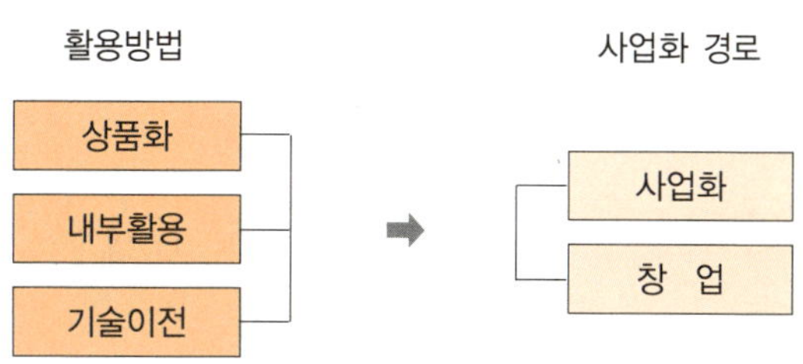

금이라는 세 요소가 필요하다. 이들은 모든 사업화에 필수적으로 필요하다는 점에서 사업화의 기본 3 요소라 부르기도 한다. 앞에서 기업의 기본 요소로 사람(조직과 경영자), 기술, 자본, 마케팅 5개를 지적한 바 있는데, 이 요인들도 사업화의 기본 3 요소를 바탕으로 한다. 5개 요인 중 조직과 마케팅은 어느 정도 기업이 갖추어지며 구비되므로 기술사업화 초기에는 보통 제외하고 논하는 것이다.

우리는 여기서 사업화와 관련된 모든 요인을 검토하지 않고, 간단히 세 요소가 무엇이고, 각각에는 주요한 세부 논점이 무엇이 있는지만 살펴보고, 자세한 내용은 뒤에서 다시 논하기로 한다.

〈표 7-1〉에서 보는 바와 같이 사람과 관련된 주요 세부요인은 기업가와 기업가 정신, 기술전문가, 그리고 팀과 조직이라는 세 유형이 거론된다. 기업가는 기업을 운영하는 사람이라는 의미와 기회를 사업화 하는 사람(entrepreneur, 起業家)이라는 두 의미가 있다. 여기에 사업을 새로 시작하는 창업가(創業家)라는 개념을 추가하면 이들 간의 차이가 조금은 분명해질 것이다.

사업 아이템은 당연히 기술개발을 통해 얻어진 기술이나 그를 이용한 상품이다. 아이템 관련 중요 이슈들은 먼저 대량생산의 성공이다. 두 번째는 그 상품은 기술적인 우수성보다 시장적합성이 더 중시되어야 한다. 기술창업자들이 가장 많이 하는 실수가 시장적합성보다 기술적인 우수성을 중시한다는 점이다. 세 번째는 후속상품 혹은 여러 모델들을 제시할 능력이다. 대부분의 기술상품의 경우 버그 수정, 업그레이드, 새로운 모델 등을 통해 소비자의 기호에 맞는 변형이나 차별화가 필요하고 개선이 필요하다. 후속개발의 능력이 없다면 사업 시작 후의 죽음의 계곡에서 벗어나지 못하게 된다. 따라서 현재 개발되어 있는 상품과 후

표 7-1 기술사업화의 3요소

| 요소 | 주요 요인 |
|---|---|
| 1. 사람 | 기업가/기업가정신<br>개발자/기술전문가<br>조직/팀 |
| 2. 아이템 | 상품화/대량생산 성공<br>시장적합 상품<br>후속 상품을 위한 기반기술 |
| 3. 돈 (자금) | 기술개발비<br>생산시설비<br>운용비(원자재비, 판매 및 일반관리비) |

속 상품을 만들어 낼 수 있는 기술기반이 동시에 언급되어야 한다.

사업화함에 있어서 자금의 중요성은 따로 설명할 필요가 없을 것이다. 사업화에 필요한 자금은 기술개발에 필요한 비용 외에도 생산시설비, 원자재비, 기업조직을 운영해 갈 운영비 등을 위해 필요하다. 기술개발비가 1, 상품화비 10, 생산시설비 100이라는 교훈적인 수치를 염두에 두자. 개발 자체보다 사업을 위해 또한 사업이 시작된 후의 자금소요는 개발보다 훨씬 크다는 점을 명심해야 한다.

## 1.2 기업가 정신

### 1) 기업가 정신과 필수조건

기술사업화에서는 기업하는 사람이 아닌 기회를 사업화하는 사람이라는 슘페터적인 의미의 기업가가 중시된다. 슘페터적인 기업가는 항상 새로움을 추구하는 혁신마인드, 즉 기업가 정신으로 무장한 사람들이다. 이들은 새로운 도전을 하는 사람을 일컫는 것이기에 슘페터적인 기업가는 모든 분야에 존재할 수 있는 사람이다.

그러나 기술분야에서 나아가 기술을 사업화함에 있어서 이러한 개념이 특히 필수적이기에 기업가와 기업가 정신은 기술사업화나 기술창업 등에서 특히 강조되는 것이다. 슘페터 자신도 모든 분야에 그러한 정신을 가진 사람이 있다는 것을 인정하면서도 기술을 언급하며 이러한 사람과 그 정신을 언급한다.

기업가 정신은 크게 새로움에 대한 추구, 모험과 불확실성에 대한 도전, 자원보다 기회 중심적인 행동이라는 세 특징이 있다. 새로움을 위한, 나아가 '보다 더'를 위한 혁신마인드는 더 설명할 필요가 없을 것이다. 그런데 모험정신이나 기회추구형 행동은 자칫 오해를 유발시킬 수 있으므로 주의하여야 한다.

모험정신은 무모한 행동을 말하는 것이 아니다. 모험을 할만한 충분한 가능성과 기회가 계산되고 포착되어야 한다. 기술사업화에 있어서는 충분히 계산된 모험이어야 한다는 점이다. 마찬가지로 기회추구적인 행동 역시 자원이 뒤따르지 않고 행동 자체만 존재하는 무모함이어서는 곤란하다. 기회에 대한 철저한 인식을 바탕으로 후속적인 자원동원이 있어야 하고 가능해야 한다.

이러한 점에서 기술사업화 혹은 창업을 위한 기업가적 자질이란 기회포착의

혜안, 다른 사람들과 같이 갈 수 있는 리더십, 지혜를 동원할 수 있는 인적 네트워크, 실제로 필요한 자원동원력 등이라 할 것이다. 전문지식은 의외로 기업가적인 자질 논의에서 언급되지 않는다. 기업가는, 어느 한 분야의 깊은 전문지식 보유자가 아니라, 기업의 기본요소들을 조정하며 원하는 방향으로 이끌 수 있는 사람이어야 하기 때문이다.

무모한 도전이 아니라 계산된 모험이기 위해서는 미래에 대한 불확실성 자체도 가급적 최대한 그 내용을 구분하고 식별하여야 한다. 그렇기 때문에 사전조사, 분석, 타당성검토는 사업화의 기본요소이자, 기업가 정신의 전제라 할 것이다. 기술사업화라면, 미래에 발생할 기회가 투입비용을 훨씬 능가해야 함을 적어도 사전에 확인하고 가자는 것이다.

### 2) 기술창업자의 일반적인 실패요인

기술창업자에게서 일반적으로 관찰되는 실패요인은 지나친 기술중심, 사장이 모든 업무 관여, 가족형 운영이라는 세 가지 요인이 있다.

사장이 지나치게 기술중심이라는 것은 기업 전체가 지나치게 기술중심이라는 것과 같은 의미이다. 우리는 2부의 시작과 함께 기업이 무엇이고 어떠한 요인에 의해 움직이는 지를 간단한 그림으로 설명한 바 있다. 다시 언급하자면 기술 외에도 자본, 조직, 마케팅이라는 요인이 있고, 경영자의 역할이 지적되었다. 그리고 바퀴 하나가 아무리 좋다고 차가 잘 달리지 못한다는 점을 설명한 바 있다. 그런데도 많은 기술창업기업에서는 기술이 기업의 모두가 되고 있다. 기술 하나에 의존하는 벤처기업에게 기술은 대단히 중요한 요인이지만 그래도 차를 구성하는 바퀴의 하나일 뿐이다.

두 번째는 사장이 모든 분야 업무를 직접 하려한다는 점이다. 사장이 할 수 있는 일의 양은 물리적으로도 한정되어 있다. 조직이 조금만 커지면 세분화되고 전문화되므로 조직이 일을 하여야 하는데 경영자가 전문지식도 없고 시간도 없으면서 모든 분야를 간섭하고 의사결정을 하는 것이다. 당연히 비전문적이고 비효율적인 의사결정이 나타나고, 관련 당사자들은 경영자가 의사결정할 것이라고 판단해 의사결정을 미루거나 안하는 폐단이 발생한다.

세 번째는 가족경영이다. 이는 사장이 모든 영역에 간섭하고 의사결정을 내리려는 경향과도 연계되어 있다. 일정 규모의 매출이나 종업원이 있게 되면 조직이 일을 해야 한다. 그럼에도 소기업 형태로 성장해 온 과거의 경험으로 인해 모든 운영이 가족적인 분위기로 이루어진다. 가족적인 분위기는 의사소통을 원할히 하고 의사결정이 빠르다는 장점이 있다. 반면 아주 작은 소규모의 조직에게나 통용될 뿐이고, 무계획적이고 즉흥적일 가능성이 높은 문제를 갖는다. 따라서 어느 단계를 지나면 체계적이고 조직적인 접근이 반드시 요구되는 것이다. 2010년 현재의 업계에서는 보통 매출 100억원 혹은 종업원 300명 정도가 가족형 기업에서 조직형 기업으로 이전해야 할 마지막 시점이라 평가한다.

## 1.3 자금조달

벤처기업이 활발히 창업되던 1990년대 말, 산업연구원의 벤처기업 조사(1999. 9)에서는 창업초기의 애로사항이 자금조달(50.7%), 행정절차(17.6%), 기술개발(12.3%), 판로개척(11.9%), 인력확보(6.7%) 등이라 보고한다. 자금이 창업 초기기업에게 가장 어려운 과제인 것이다.

창업기업의 설립자금은 자기자금, 차입금, 투자금, 정부지원금 등으로 조달된다. 자기자금이란 기업설립에 참여한 사람들이 납입한 자금이다. 자기자금의 비중이 크다면 창업 후에도 안정적으로 기업을 운영할 수 있지만 기술창업 기업의 대부분이 자기자본이 태부족인 상태에서 시작한다. 그리고 기술에 따라서는 필요한 자금의 규모 자체가 개인적인 차원에서 조달할 수 없는 경우도 많다. 소형기술인 전자 관련 업종에서 벤처기업이 많고 대형기계와 같은 경우는 기술창업 기업이 적은 원인이기도 하다.

차입금은 자본참여가 아닌 친지나 각종 금융기관 나아가 관련기업 등에서 빌린 자금이다. 그런데 설립 초에는 은행 등의 정규 금융기관에서 신용도가 낮고 담보가 부족하다는 이유로 대출을 해 주지도 않는다. 또한 개인적인 차입은 한계가 있다. 따라서 투자금 유치가 기술창업의 경우는 필수적이다.

투자금은 일정 기간 내에 자본이득을 갖고자 하는 개인이나 기관에 의해 이루어진다. 이들은 미래에 이루어질 기대수익만 예상된다면 얼마든 투자한다. 따라서 사업아이템만 좋다면 개발중인 기술의 경우에도 투자금을 유치할 수 있다.

"돈 없이도 사업할 수 있다"가 기술창업에서는 가능한 것이다. 벤처캐피탈이 이러한 역할을 수행하는 전문 금융기관들이고, 이러한 기능을 대기업에서 직접 수행하는 경우도 있다.

정부는 창업, 특히 기술창업을 촉진시키기 위해 직접지원금, 대여금 나아가 투자금의 형태로 설립기나 창업 초기의 기술창업을 지원한다. 따라서 창업자들은 어떠한 정부 관련 기관이 어떠한 조건의 기업에게 지원하는 지를 설립 준비단계에 파악할 필요가 있다.

기술사업화나 기술창업 모두 자금문제와 관련되어 주의할 점이 많다. 사업에 있어서 돈 문제는 대단히 예민하고 무서운 것이다. 수천억 원 대의 기업도 최종적으로 수백만 원이 없어서 부도가 난다. 예상 가능한 충분한 수익 내에서 자금조달이 이루어져야 하고, 아니면 충분한 투자금을 유치해야 한다.

자금사정이 쉽게 개선될 여지가 없다면 빠른 시간 내에 보유기술, 사업부서 혹은 더 나아가 기업 자체도 상품으로 시장에 내 놓아야 한다. 대단히 어려운 결정이지만 이 의사결정이 늦어지면 기업의 가치가 소멸되어 기술도 기업도 소멸되고, 창업자는 대단히 어려운 상황에 빠지게 된다.

## 1.4 기술창업과 벤처생태계

### 1) 기술창업과 벤처기업

기술창업 역시 사업화의 한 수단이다. 따라서 기술사업화의 세 요소는 기술창업의 세 요소와 동일하다. 다만 기술창업은 새로운 기업을 시작한다는 점에서 생산시설 등을 마련해야 하고, 그에 필요한 자금조달, 조직이나 유통경로 구축 등 기존 기업보다 훨씬 많은 노력이 추가되어야 한다. 기업 자체를 만들어야 하고, 사업운영의 경험도 없으며, 기업 내 다른 자원의 지원을 받을 수도 없다. 일반적인 기술사업화보다 기술창업은 그만큼 어려운 것이다.

기술창업기업은 벤처기업이라고도 불린다. 벤처기업은 신기술을 이용하여 새로운 사업에 도전하는 초기 기업을 말하며, 이들은 위험성은 높지만 성공시 높은 수익성을 확보할 수 있는 고도의 모험기업을 지칭한다. 그러나 한국의 벤처정책에서는 지원대상으로서의 벤처기업을 몇 가지 기준을 통해 정의한다. 이 기준들은 일정 비율 이상 창업투자사의 투자를 받은 경우, 일정 기준 이상의 연구개발을 수행하고 있는 기업, 기술보증기금에서 기술평가를 통한 보증을 받거나 중소기업진흥공단에서 신용대출을 받은 경우 등이다. 이러한 기준으로 아주 오래된, 신기술도 아닌 기술을 활용하는 기업들이 벤처기업으로 분류되기도 한다. 따라서 학문적인 의미의 벤처기업과 중소기업정책에 있어서의 벤처기업을 혼동하지 말아야 한다.

### 2) 벤처생태계

벤처기업은, 특히 기술의존적인 창업기업은 살아남는다면 미래의 대기업이다. 또한 새로운 분야를 끊임없이 경제에 공급하는 역할을 수행한다. 다른 창업기업에 비해 성장속도도 높고 고용창출력도 높다. 그러므로 어느 나라에서든 기술의존형 창업기업은 초기 단계부터 보호하려 한다. 벤처기업의 생존율은 대단히 낮기 때문이다. 기업의 설립 자체도 어려운데, 기술창업자들은 자신의 기술을 가지고 창업하는 경우가 많기 때문에 대부분 기업운용의 경험도 없다. 이에 따라 정상적인 기업에서는 전혀 문제가 되지 않을 사항이 창업기업에서는 큰 문제가 되는 경우가 많다.

이러한 점으로 인해 어느 나라이든 정부가 나서서 벤처기업의 성공적인 생존을 위해 노력한다. 자금지원, 경영 및 기술지도, 마케팅이나 법률 자문과 같은 서비스를 제공하는가하면, 벤처기업이 가진 기술을 평가해 은행대출을 보증해 주거나 신용대출을 해 주기도 한다. 그런가 하면 창업보육센터를 직접 운영하거나 운영을 지원하여 벤처기업의 생산시설과 입지를 지원하고, 기술사업화에 필요한 여러 서비스 기능을 보유한 테크노파크를 운영하기도 한다.

창업보육센터는 기술창업을 한 벤처기업을 입주시켜 일정기간이 지나면 졸업시키는 기능을 수행하는 시설이다. 이들은 대학, 정부연구기관 혹은 독자적인 시설에 설치되는데, 대부분 정부의 지원을 받는다. 제공서비스는 입지제공과 함께 대체로 기술지도, 경영지도도 포함되어 있다. 생산은 소규모 생산시설을 허용하는 경우도 있지만 사무실형 생산시설이 아닌 경우는 잘 허용되지 않는다. 입주 가능한 기간을 설정하고 있어 어느 정도의 기간이 지나면 반드시 졸업하여야 한다.

테크노파크는 창업보육기능은 물론이고 기술사업화가 가능한 실험실이나 장비등도 갖춘 벤처기업 혹은 기술사업화 집적지이다. 창업보육센터보다는 숫자적으로 적지만 주요도시에 설치되어 있다.

중요한 점은 이러한 시설에 입주한 기업의 생존율이 높다는 점이다. 유사 벤처기업들이 집적되어 서로의 경험을 배울 수 있고, 기술과 시정정보가 모인다. 또한 기술지도나 경영지도가 가능한 전문인력들이 상시 대기하고 있고, 벤처기업에 집중 투자하는 벤처캐피탈 등이 쉽게 접근 가능하고, 정책지원기능도 쉽게 가동된다는 장점이 있다.

벤처기업의 생존환경을 크게 보아 벤처생태계라 부른다. 당연히 벤처 생태계의 기능이 좋을수록 벤처기업의 생존확률은 높아진다. 벤처 생태계에는 앞서 언급한 자문기능, 시설지원기능 외에도 정책지원기능, 금융지원기능, 시장지원기능 등이 포함된다. 기업을 하려면 수많은 행정절차를 거쳐야 하는데 이제 시작한 소기업이 이를 감당하기 어렵다. 따라서 공무원이 나와 여러 행정기능을 쉽게 접근할 수 있도록 도와준다면 시행착오를 줄일 수 있고 기업에 큰 도움이 된다. 이러한 지원은 정책자금 지원 등에도 그대로 적용된다. 또한 벤처기업에 투자할 벤처캐피탈의 활성화와 적극적인 활동 역시 재원부족에 시달리는 벤처기업의 생존에 큰 도움이 된다. 그러나 지역에 따라 벤처 생태계는 큰 차이를 보일 수밖에 없다.

1990년대 후반 김대중 정부의 벤처정책이 시작되며 몇 군데의 벤처기업 집적지가 유명해진 바 있다. 서울의 테헤란밸리와 포이밸리, 대전의 대덕밸리가 그것이다. 강남의 테헤란로를 중심으로 한 테헤란밸리는 인터넷기업의 집적지이었고, 이들 기업이 테헤란밸리가 포화되고 비싸지자 인근 포이지역으로 이동하여 형성된 것이 포이밸리이다. 이들 지역은 부동산가격과 임대료가 비싸지며 거의 소멸되었다. 반면 대전 대덕연구단지와 인근 대학을 중심으로 한 대덕밸리는 제조업 중심의 벤처집적지이고, 현재도 벤처집적지의 상징적인 곳이 되고 있다. 테헤란밸리와 포이밸리는 시장과 금융에 가까운 이점이 있었고, 대덕밸리는 기술에 가까운 이점이 있었다.

최근 서울의 구로밸리와 디지털미디어시티가 기업집적지로 부각되고 있다. 구로밸리는 과거 제조업형 산업단지인 구로공단을 2000년부터 도시형 산업 집적지로 개조하고 서울디지털단지로 개칭한 곳이다. 2010년 말 현재 1만여 개의 기업과 10만명이 넘는 인력이 활동하고 있다. 이곳은 과거 테헤란밸리나 포이밸리의 기업들을 모두 흡수한 곳이라 해도 될 것이다.

디지털미디어시티는 서울 마포구 상암동에 자리 잡은 신형 산업집적지이다. 서울시에 의해 주도되어 2006년부터 입주가 시작되었고 2014년 완공된다. 벤처기업만을 입주대상으로 하지는 않지만 미디어나 컨텐츠 산업에 특화된 도시형 단지라는 특징이 있다.

# 02 기술이전

## 2.1 기술이전의 기본요소

기술이전에서 짚어야 할 요소는 보통은 이전대상, 이전조건 및 이전가격이라고 말해진다. 그러나 우리는 여기에 이전주체와 이전목적이라는 두 요소를 추가하여 기술이전에는 5개 요소가 필수적이라 간주하자. 5대 요소 중 이전대상은 결국 사업아이템의 선정이나 마찬가지 주제이다. 기술이전을 받은 후 이 기술을 활용해 충분한 수익성을 확보할 수 있어야 하기 때문이다, 이는 뒤에서 다시 언급하기로 하고, 나머지 요소들을 먼저 살펴보자.

### 1) 기술이전의 주체와 목적

실제 기술이전을 해 보고 다양한 경험을 하게 된다면 기술이전을 받아갈 주체와 이들이 가진 목적의 중요성을 실감하게 된다. 기술이전을 해 가는 주체가 조그만 소기업인 경우와 거대기업인 경우 기술대가가 달라진다. 조그만 기업은 해당 기술을 이용해 큰 수익을 올릴 가능성이 크지 않지만 거대기업은 훨씬 큰 수익을 올릴 수 있는 능력이 있기 때문이다. 이외에도 기술이전의 주체를 알아야 할 이유는 이전의 목적과 연계되어 있기 때문이다. 이전된 기술을 활용하려는 목적보다 이전되는 기술을 죽이기 위한 목적도 존재한다.

실제 사례를 보자. 어느 한 기업에 인근 국가에서 기술이전을 요구해 왔고 이전방식은 모든 권리를, 권리범주의 제한없이 매매하며, 기술대가는 첫해 소액의 착수금과 2년차 및 3년차에 나머지를 지불하는 형태이었다. 그런데 구매한 기업은 착수금만 지불하고 이 기술을 활용하지도 않았고, 그대로 사장시켰다. 물론 2차, 3차 기술대가도 활용하지 않았다는 이유로 지불하지 않았다. 이전을 해준 기업은 당연히 도산하였고, 나머지 기술대가는 영원히 받지 못했다. 기술이전을 해간 기업은 경쟁기술을 활용해 현재 사업을 하는 기업이었고, 이전받은 기술에 대항하는 새로운 기술을 개발할 시간이 필요했던 것이다. 기술이전을 받아가는 기업이 어떠한 기업이고 이들은 어떠한 목적으로 이전을 받아가는 지를 반드시 확인하여야 한다.

그러면 기술이전을 시키는 쪽은 왜 자체적으로 활용하지 않고 이전을 시키는 건가? 첫째는 현재 사용하지 않고 있는 유휴기술일 경우이다. 두 번째는 상업화 여력이 없어 상업화를 위해 이전하는 경우, 셋째는 추가 개발을 위한 능력이 부족해 기술 자체를 상품으로 팔고 포기하는 경우, 넷째는 사용 중이지만 기술 자체의 대가를 위한 경우 등이다.

### 2) 이전조건

기술이 이전되는 방식은 보통 〈표 7-2〉에서 보는 바와 같은 협의의 이전조건과 가격조건으로 구분된다. 이전조건은 가격 이외의 모든 사항에 대한 조건을 말하고, 가격조건은 기술대가를 지불하는 모든 사항에 대한 것을 말한다. 이전조건은 다시 권리내용, 권리범주, 이전내용 및 기간조건이라는 크게 넷으로 구분된다.

권리내용에는 모든 권리 이전, 전용실시권 허용, 통상실시권 허용 등이 있다. 모든 권리이전이란 글자 그대로 해당 기술을 특허권자도 이용하지 못하도록 하는 조건을 말한다. 심지어 개발자가 해당기술을 도출하는 과정에 작성했던 연구노트, 보고서 등도 기술을 사가는 측에서 가져가기도 한다. 이러한 정도라면 특허권자도 향후 관련 기술의 개발이나 사업 자체를 못하게 하는 경우도 있다.

■■ 표 7-2 **기술이전 방식**

| | 구성조건 | 내 용 |
|---|---|---|
| 이전조건 | 권리내용 | 모든 권리, 전용실시권, 통상실시권 |
| | 권리범주 | 모든 허용, 지역제한, 상품제한, 수량제한 등 |
| | 이전내용 | 권리, 기술지도, 기계설비 포함, 자본포함 |
| | 기간조건 | 지정기간, 생산개시부터 3-10년, 특허기간 전체 |
| 가격조건 | 일괄지급 | 일시불 |
| | 분할지급 | 착수금(IP) + 2P |
| | 계속지급 | 경상기술료(RR) |
| | 조합형 | (IP + 2P + 3P + RR), (IP + RR + 성과금) 등 |

주: LS = lump sum, IP = Initial Payment, RR = Running Royalty.
2P = 두 번째 지불.

전용실시권이란 특허권자가 다른 사람에게 기간, 장소, 내용 등에 대한 제한을 두어 독점적으로 사용을 허락하는 권리를 말한다. 기간, 장소 및 내용에 대한 제한이 뒤에서 언급하는 권리범주를 말한다. 생산 개시 후 3년, 4년 등과 같은 조건이 기간조건이고, 상품을 생산한 후 한국에서만 판매 등과 같은 조건이 지역제한 조건이다. 상품제한이란 생산할 수 있는 상품의 범주를 미리 결정하는 형태이고, 수량제한은 생산할 수 있는 수량 자체를 미리 설정하는 것을 말한다.

통상실시권은 독점적이진 않지만 허락된 범위 내에서만 사용할 수 있는 권리이다. 여기에도 제한조건이 여러 형태로 존재할 수 있다.

이전내용은 기술과 관련된 권리만을 이전하는 것인지 여기에 기술지도, 관련 기계설비, 나아가 운용자본까지도 포함시켜 이전하는 것인지를 말하는 것이다. 기술이전과 함께 해당기술에 대한 기술지도, 관련 기계설비 이전 등도 자주 관찰되는 이전형태이다. 발전소와 같은 대형설비의 경우 기술이전, 기계설비 이전, 기술지도, 건설 후 운용, 나아가 건설비용까지도 함께 이전되는 경우가 있다.

기간조건은 크게 세 유형이 많이 관찰된다. 하나는 다른 고려없이 기간만을 설정하는 경우이고, 두 번째는 생산개시를 기준으로 수년간만을 허용하는 경우이다. 대체로 3-10년 기간이 많이 선택된다. 세 번째는 남은 특허기간을 기준으로 수년 혹은 전체가 선택된다.

이제 가격조건을 살펴보자. 보통의 상품이라면 일시불이 일반적이다. 그런데 기술이전의 경우에는 일시불로 지불되는 형태가 더 예외적이다. 기술대가를 지불하는 형태는 일시불로 지불하는 일괄지급형, 분할지급형, 기술료형, 성과에 따라 차등 지불하는 성과형, 여러 방식이 혼합된 혼합형으로 구분될 수 있다. 기술료란 매년 매출액이나 영업이익의 일정비율을 지급하는 것을 말한다.

### 2) 기술협상력

지금까지 언급한 것은 기술이전의 조건 유형에 불과하다. 대형 복합기술에서는 지금까지 언급한 것보다 훨씬 더 복잡한 내용과 조건들이 추가된다. 대형 복합기술들은 하나의 기술적인 실체가 아니라 여러 기술들의 집합이 대상이 된다. 따라서 전체가 하나의 조건으로 묶일 수도 있지만, 기술집합별로 조건이 달리 설정될 수도 있다.

비즈니스에서는 얼마든지 이전의 조건을 당사자간 협의로 설정할 수 있다. 그런데 대체로 이전을 받는 측은 기술지식이 부족하거나 인력부족, 경험부족 및 자금부족 등의 이유로 협상능력이 떨어지는 것이 일반적이다. 따라서 기술이전의 조건은 엄밀히 보면 기술이전을 위한 협상력의 문제이기도 하다. 간단한 단위기술인 경우는 기술적인 내용이나 해당 기술의 수익창출능력이 기술이전의 제반조건을 결정하는 주요 요인이지만, 이 경우에도 협상력은 중요한 위치를 차지한다.

기술협상력을 결정하는 요인은 다음과 같이 지적된다. 먼저, 도입하고자 하는 기술에 대한 기술지식이 어느 정도인가에 따라 달라진다. 전체 기술구조를 잘 알고, 부분 부분 혹은 전체에 대한 대체기술을 잘 알고 있다면 이전조건은 훨씬 유리해 질 것이다. 두 번째는 해당 기술을 어느 정도나 자체적으로 개발할 수 있느냐는 개발력에 의해서도 달라진다. 개발을 할 수는 있지만 이전받는 것이 빠르고 쉬어서 이전받는다는 것과 정말 필요한데 능력이 없어서 이전받는 것은 관련 조건에서 큰 차이를 보일 수밖에 없다. 세 번째는 이전받은 기술을 활용할 능력이다. 해당 기술을 가지고 사업화를 잘 할 수 있는 능력이 있다면 더 유리한 조건에서 협상에 임할 수 있을 것이다. 이 밖에도 이전받는 기업의 자금력, 필요성의 정도 등도 협상력을 결정하는 중요 요인으로 거론되기도 한다.

기술을 이전받는 쪽의 협상력만 중요한 것이 아니고 이전하는 쪽에서의 협상력도 자주 거론된다. 일단 이전할 기술의 우수성이 가장 중요한 조건으로 등장한다. 그러나 기술적인 우수성만이 이전의 조건인 것은 아니다. 가격조건 외에도 기술지도, 관련 기계설비 판매, 금융조건, 건설기간과 같은 비 기술적인 요인도 협상력의 중요한 수단이 된다.

## 2.2 기술대가 결정방법

기술의 정확한 가치, 즉 이전의 대가를 결정하기 위해서는 기술가치평가를 수행해야 한다. 그러기 위해서는 대단히 많은 요인이 고려되어야 하므로 특별히 훈련받지 않은 사람들은 계산하기 쉽지 않다. 이 부분은 뒤에서 다시 언급하기로 하고 기술대가와 관련된 두 문제만을 살펴보자.

### 1) 기술료의 의미

기술이전 시 기술의 구체적인 가치결정이 어려우므로 매년도의 사업결과에 따라 기술대가를 지불하는 경상기술료가 많이 선택된다. 경상기술료는 매출액에 대한 비율이나 영업이익에 대한 비율이 많이 선택된다. 영업이익은 매출액에서 제조원가와 판매 및 일반관리비를 제외한 수치이다. 순이익이 잘 선택되지 않는 이유는, 영업이익에서 세금이나 감가상각이나 배당금 등의 지출을 뺀 것이 순이익인데, 이 항목들에 대한 기업의 회계정책에 따라 이익의 규모가 달라질 수 있기 때문이다.

매출액 비율로는 보통 매출액의 2-5%에서 결정된다. 물론 이보다 훨씬 큰 경우도 있는데, 아주 예외적으로 매출액의 20%까지 지불된 경우도 있다. 영업이익을 기준으로 한다면 25%를 기술이전의 황금률이라 부른다. 수많은 기술이전의 사례에서 이 비율이 결정되는 경우가 그만큼 많았기 때문이고, 이 비율을 기준으로 약간 높거나 낮게 설정되었기 때문이다.

영업이익 기준으로 25%가 많이 사용된다는 점은 사업을 위해 투입되는 여러 요인 중 기술의 기여도가 25%라는 것을 말한다. 여기서 우리는 기업을 차에 비교한 앞서의 그림을 염두에 두자. 기술기업에 있어서 기술은 대단히 중요한 요인이지만 그래도 바퀴 중의 하나일 뿐이다.

한국의 주식시장에 상장된 기업의 순이익율은 매출액 대비 매년 2~7% 수준이다. 그런데 기술료가 보통 매출액 대비 2-5%로 설정된다고 했다. 결국 평균적인 기업을 대상으로 하면 순이익 모두가 기술료로 지불되는 것이다.

마찬가지로 상장된 제조업의 평균 영업이익율은 매출액 대비 6-9%이다. 영업이익의 25%가 보통의 경우 기술료로 설정된다고 하였다. 따라서 평균 영업이익율의 1/4, 즉 매출액 대비 1.5~2.25% 정도가 기술료가 되는 것이다.

이상의 수치는 기술료의 기본 성격을 보여주고자 한 것이다. 다시 말해, 기술료는 기술개발자의 입맛에 따라 결정되는 것이 아니고 해당 기술을 이용한 수익창출능력에서 결정되어야 한다는 것이다. 따라서 수익창출능력이 높다면 당연히 기술료도 높아져야 한다.

### 2) 기술과 자본의 제휴를 통한 공동개발과 사업화

기술과 자본이 제휴하여 기술개발은 기술측에서 담당하고, 자본 및 판매는 자본측 혹은 자본을 부담한 대형기업이 담당하는 형태가 종종 관찰된다. 그러한 경우 기술의 대가 계산이 조금 복잡해진다.

대가계산의 원칙은 첫째, 사업화의 성과가 어느 측에도 치우치지 않아 양측 모두 불만이 없도록 적정 배분되어야 한다. 어느 한 쪽으로 치우치는 경우 공동개발이라는 형태가 성립되지 않을 것이다. 두 번째는 기술개발의 초기에 계약이 체결된다면, 즉 상품화 기간이 많이 남은 경우에는 실패확율이 크므로 자본측의 위험부담이 더 크다. 따라서 자본측의 대가 비중이 커야한다. 반대로 상업화에 가까우면 기술측의 그간의 노력이 그만큼 평가되어야 하고, 자본측은 위험이 작아졌으므로 기술측의 대가 비중이 커지는 형태를 취한다.

# 03

# 기술사업화의 성공과 실패요인

## 3.1 기술개발과 사업화 성공

### 1) 기술적인 성공

기술개발이 성공했다. 이 때 성공의 기준은 무엇인가? 특정한 기술적 목표를 달성한 것인가 아니면 상품화에 성공한 것인가? 아니면 상업적으로 성공한 것인가? 과학기술계에서 말하는 기술적인 성공과 비즈니스분야에서 말하는 기술적인 성공의 의미는 다르다. 어느 분야에서든 기술개발의 성공은 어떠한 개념에 의한 것인 지 분명하게 해야 한다.

〈표 7-3〉은 기술개발의 과정과 상품화된 후 해당기술이 소멸되어 가는 과정을 단계별로 구분한 것이다. 출시전 단계는 보통 개발단계라 부르기도 하는 과정이다. 이 시기는 아이디어단계, 개발 단계, 기술적 구현단계, 상품화단계, 대량생산단계라는 5단계로 구분된다. 기술적인 구현은 기술적인 아이디어를 실체화 시키는 과정이고, 상품화는 이를 더 정교하게 관리하여 원하는 상품을 도출해 가는 과정이다. 상품화가 되고나면 대량생산을 위해 각종 엔지니어링 연구가 이루어진다. 원자재를 다루는 공정, 대량으로 상품을 생산하기 위한 프로토타입을 만드는 과정 등이 이 단계에서 이루어진다.

대량생산이 성공하면 상품이 시장으로 출시된다. 출시 후를 기준으로 보면 상품은 도입기, 성장기, 성숙기 및 소멸기라는 일반적인 수명주기를 거친 후 소멸

표 7-3 기술완성도와 기술성숙도

| 출시전(R&D) 단계 | 출시후 수명주기 | 기술기업 |
|---|---|---|
| 1. 아이디어 단계<br>2. 개발단계<br>3. 기술적 구현 단계<br>4. 상품화 단계<br>5. 대량생산 단계 | 1. 도입기 (창업기)<br>2. 성장기<br>3. 성숙기<br>4. 쇠퇴기 (소멸기) | 1. 매출없는 벤처기업<br>2. 매출 벤처기업 (적자)<br>3. 일반 기술기업 (흑자) |

된다. 도입기는 상품이 기술적으로 완전하지 못한 경우도 많다. 또한 전반적으로 시장에 소개되는 시간이 걸리기에 성장속도도 낮고 시간도 많이 걸린다. 그러기에 성장기를 맞지도 못하고 이 단계에서 소멸되는 상품도 많다. 상품 자체의 문제도 있고, 이 상품을 다루는 기업의 역량문제도 있다. 따라서 기술의 사업화 논의에서는 대부분의 논의가 도입기를 중심으로 이루어지기도 한다.

### 2) 기술사업화 성공

기술사업화의 성공을 논할 때 고려해야 할 점은 기술적인 완성의 단계가 전부가 아니라는 점이다. 여기에 사업화로 인한 경제적인 이익이 실제 발생했느냐는 수입측면이 추가되어야 한다. 수입 관련 첫 질문은 사업화된 상품이 과연 매출을 발생시켰느냐의 여부이다. 두 번째는 매출을 발생시켰고 그로부터 각종 비용을 제외하고 난 뒤 충분한 이익을 발생시켰느냐는 것이다. 이익도 두 종류로, 해당 연도의 당기이익과 개발비용까지를 포함한 전체 비용 대비 이익이 그것이다. 최소한 당기순이익이 있어야 이 기술의 사업화는 본격적으로 성장기에 들어갈 수 있는 것이고 성공했다고 평가될 수 있는 것이다.

이제 기술개발이 성공했다는 의미를 살펴보자. 기술이 개발되는 과정만 보면 기술개발의 성공은 완전한 형태의 아이디어 도출, 특정한 기술적인 의미를 갖는 기술적 구현, 상품 구현, 대량생산 완성 모두가 성공의 판단시점이 될 수 있다는 것을 알 수 있다. 개발과정만 볼지라도 기술적인 완성은 더 세분되기도 한다. 상품화에는 $10^{-12}$가 필요하지만 $10^{-6}$ 달성, $10^{-9}$ 달성 등도 기술적인 완성 혹은 성공이라 평가될 수 있는 것이다.

사업화 성공은 기술개발의 성공에 이어 이익이 발생해야 한다. 이 단계도 매출성공, 당기순이익 성공, 나아가 전체 비용 대비 성공이라는 3단계로 구분된다. 개발된 기술을 이용하여 사업화에 성공했다는 것은 가장 바람직한 형태는 전체 비용 이상의 수익, 즉 순이익이 발생했을 때라 할 것이다.

## 3.2 기술개발의 성공확률

### 1) 단계별 성공확률

성공의 기준이 분명해 지고 나면 이제 기술사업화에서 언급되는 상업적 성공을 기준으로 성공과 실패 확률을 검토하여 보자. 〈표 7-4〉는 한 연구에서 도출한 성공과 실패 확률이다. 아이디어단계에서 상업적 성공까지를 단순하게 논의하기는 무리가 있으므로 어느 정도의 행동이 이루어지는 2단계부터 언급하자면, 상업적 성공까지의 확률이 1/300, 즉 0.33%이다. 표에서 5단계인 개발성공에서 상품화 성공까지는 42.5%, 여기서 상업적 성공까지는 60%가 되지 않는다. 또한 벤처기업이 가능한 4단계에서의 성공확률은 약 11%에 불과하다.

창업기업에 전문적으로 투자하는 벤처캐피탈들도 집중적으로 투자하는 단계가 다르다. 어느 벤처캐피탈은 아주 초기단계의 기술에 투자하는가 하면 어느 벤처캐피탈은 매출발생기업을 대상으로 하고, 다른 벤처캐피탈은 주식시장 상장 직전을 전문적으로 다루기도 한다.

이들 중 아주 초기단계에 투자하는 벤처캐피탈은 초기 기술기업의 성공여부를 판단하는 전문가 중의 전문집단이라 할 수 있다. 그런데 이들은 자신들의 투자성과를 50%는 완전실패, 자본비용 회수는 1/3 이하, 자본비용 이상 15%라는 수치로 보여주기도 한다. 자본비용이란 여기서 투입된 원금과 이를 은행에 예금했을 때의 받는 이자율을 합한 금액으로 정의되는데, 은행 이자율 정도의 성과

표 7-4 아이디어의 상업적 성공 확률 (화학업종 예)

| 기술혁신 단계 | 성 공 | 비 고 | 대분류 |
|---|---|---|---|
| 1. 아이디어 | 3,000개 | | 아이디어정착단계 |
| 2. 최소 행동 | 300 | | |
| 3. 소 프로젝트 | 125 | 특허가능 | 기술적 성공 |
| 4. 중요 프로젝트 | 9 | 벤처가능 | |
| 5. 개발 | 4 | | |
| 6. 상품화 | 1.7 | | |
| 7. 상업적 성공 | 1 | | 상업적 성공 |

자료: Stevens, J., Research Technology Management, 1997.
주: 대분류는 필자 추가.

는 1/3 이하이고 그 이상의 성과는 15%라는 것이다. 투자전문가들이 투자해도 15% 정도의 기업에서 투자원금과 기회비용 이상을 회수할 수 있다는 것이다. 그만큼 초기 기술기업의 성공확율은 낮은 것이다.

### 2) 조건에 따른 성공확률

기술개발의 사업화 과정에서 가장 어려운 과정은 어떠한 단계일까? 성공확률이 가장 낮은 단계는 시장단계이다. 아이디어는 큰 비용없이 타당성있는 내용을 걸러내는 작업이 가능하다. 또한 기술단계는 통제가 가능한 환경에서 자신들의 노력으로 성공을 이루어가는 과정이다. 그러나 시장단계는 모르는 내용도 많고 불확실성도 크며 자신들이 통제할 수 있는 것은 없다고 해도 과언이 아니다. 따라서 시장단계에서의 성공확률이 가장 낮다는 것이 일반적인 지적이다.

또한 기술사업화는 누가 어떠한 대상을 사업화하느냐에 따라 성공확률이 많이 달라진다. 〈표 7-4〉는 비교적 많은 단계를 거치는 기술을 상정한 것이지만 기존에 사업을 운영하고 있는 기업은 바로 5단계인 개발단계로 들어가기도 한다. 이러한 경우는 개발과정이 더 더욱 쉬어지고 시장단계는 여전히 미지의 단계가 된다. 이러한 내용을 조금 더 세분화해 보자.

누가 사업화하느냐는 사업화 주체는 성공확률에 큰 영향을 미친다. IT기술을 IT의 상징기업인 삼성전자에서 개발한다면 성공확률이 대단히 높고 이제 시작하는 벤처기업이라면 낮다. 기업의 능력이 성공확률에 큰 영향을 준다. 기술이 신기술인지 기존기술인지에 따라 성공확률은 다시 높아지고 낮아진다. 아주 미지의 기술이라면 성공확률은 낮아지고 기존기술의 간단한 변형이라면 성공확률은 높아진다. 이미 사업을 하고 있는 기업이 기존에 이미 확보하고 있는 고객이나 수요처를 대상으로 한다면 성공확률은 높고, 완전히 새로운 고객을 확보해야 한다면 낮을 수밖에 없다.

## 3.3 기술창업의 성공확률

### 1) 기술사업화보다 어려운 기술창업

지금까지 언급해 온 기술개발이 창업으로 연계되었다면 앞서 지적한 성공확률이 그대로 유효할까? 바로 앞서 살펴본 기술사업화의 조건에 따른 성공확률은 이를 잘 설명해 준다. 사업화 주체가 이미 해당 분야에서 많은 사업경험이 있고 수요처도 확보되어 있는 경우와, 사업경험이 전무하고 기술만을 아는 기업가가 세운 창업기업의 성공확률은 크게 차이날 수밖에 없다. 사업화 성공률도 낮지만 창업기업의 성장기 진입도 만만치 않게 낮은 확률이기 때문이다.

창업기업은 조사에 따라 2년 만에 50% 소멸, 5년 내 50% 소멸이라는 통계를 5장의 기업의 수명부분에서 검토한 바 있다. 그런데 기술창업 기업은 일반창업보다 더 낮은 확률을 갖는 것이 일반적이다. 기술창업은 일반창업에 비해 창업 이전이나 창업기간 중 기술개발 기간이 추가되고 그에 따라 기술개발 성공의 불확실성과 비용이 추가된다. 따라서 앞의 표에서 보는 성공확률에 창업기업 자체의 성공확률을 추가로 감안하여야 한다.

### 2) 창업 초기 비용

기술창업이든 일반창업이든 초기에는 창업을 위한 제반 비용, 즉 창업비가 소요된다. 여기에 기술창업은 기술개발비가 추가되고, 개발된 기술을 상품화하기 위한 상품화비가 소요된다. 이 과정이 성공적으로 끝나면 대량생산을 위한 시설비가 더 소요된다. 경우에 따라서는 대량생산을 위한 원자재비를 사전에 지불하고 물건을 구입해야 할 수도 있다. 그렇게 되면 매출이 발생하기도 전에 이미 거대비용이 시장진출을 위해 필요하다.

업계에서는 기술개발과 상품화 나아가 대량생산의 관계를 아주 간단한 비용비율로 설명한다. 기술개발비 1, 상품화 비용 10, 대량생산을 위한 설비투자비 100으로 보는 것이다. 반도체라면 기술개발과 상품화 개발비 수백억원, 생산설비 2~3조원인 경우가 일반적이다.

만약 창업 초기에 이러한 비용을 감당할 수 없다면 기업은 꽃을 피우기도 전에 소멸된다. 따라서 창업초기를 죽음의 계곡이라 부르는 것이다. 그런데 기술창업은 개발기간으로 인해 손익분기가 일반기업의 경우보다 더 늦게 이루어질 수 있다. 따라서 충분히 개발된 기술을 가지고 기업을 시작하거나, 설립 초기부터 충분한 자금을 확보하고 기술기업을 시작해야 한다.

## 3.4 신제품 개발의 방향

신제품 개발과 관련된 성공과 실패요인은 신제품 개발론에서 집중적으로 다루어지는 분야이다. 따라서 이 주제는 대단히 많은 사례연구가 있고 대단히 많은 요인들이 지적된다. 신제품의 성공과 실패에 관한 연구는 신제품 자체의 성공요인에 관한 연구, 신제품 개발과정에 대한 연구 및 신제품 개발과정의 불확실성에 관한 연구, 전반적인 연구 등으로 구분된다.[1)]

신제품 개발에서의 성공실패와 연구개발에서의 성공실패에 대한 논의의 가장 큰 차이는 수익성 추구 자세이다. 연구개발에서는 기술적 성공이 대상이지 제품 출시 후의 수익성을 직접 대상으로 하지 않지만 신제품개발에서는 수익성이 모든 논의의 출발점이다. 따라서 신제품 개발에서는 연구개발의 성공실패 요인은 물론이고 시장 자체요인도 동시에 검토하여야 한다. 검토내용은 크게 시장에 대한 조사와 분석, 제품의 기술적 문제, 나아가 신제품개발 관리의 문제로 요약해 볼 수 있다.

첫째로 지적되는 요인인 시장조사와 분석은 아무리 강조되어도 부족함이 없다. 시장조사와 분석에서는 대상시장과 소비자에 대한 명확한 정의, 시장규모, 소비자 요구, 시장접근성, 매출규모 예측 등이 이루어진다. 여기에 출시 시점 역시 중요한 문제로 지적된다.

두 번째로 지적된 제품의 기술적 문제는 기술개발 일반에서 살펴 본 바와 같이 제품화 성공, 대량생산 성공, 결점이 없는 제품이라는 기술개발 일반의 문제가 있고, 소비자 요구 충족도 및 경쟁능력의 문제가 있다. 다른 제품에 대한 경쟁능력은 말할 것도 없고, 경쟁능력이 있다해도 제품의 결함이 없어야 한다. 우수한 기술제품도 출시 후 결함으로 사장되는 경우가 많다.

신제품 개발 관리의 문제는 상당부분 앞의 기술개발의 성공요인과 일치한다. 여기서 특히 강조될 사항은 신제품이 기업의 기존 역량과 적합한지의 여부와 최고 경영진의 의지 문제이다. 기존 역량과의 적합성이란, 특별히 의도되지 않았다면, 신제품이 기업의 기존역량과 부합되어 기존 제품을 보완하거나 강화시킬 수 있어야 하고, 관련 기술 혹은 생산능력을 보강할 수 있는 것이면 더 바람직하다.

1) 이병윤, 신제품 개발의 성공요인 분석: 총체적인 관점, 연구보고서 2007-1, 한국산업기술재단, 2007. 9.

신제품이 기존제품과 차이가 클수록 기존 구성원의 반발이 크고 개발의 위험성 등으로 인해 체계적이고 탄력적인 대응을 필요로 한다. 그러나 신속한 대응이 필요함에도 다른 부서의 비협조, 자원투입의 제약이나 부적절한 의사결정 등은 출시 타이밍을 놓치게 하고 성공 자체를 위협하게 된다. 따라서 신제품의 신규성이 크면 클수록 최고 경영자의 의지는 대단히 중요해진다.

# 04 사업타당성 분석과 기술가치평가

## 4.1 사업타당성 분석

### 1) 사업타당성 분석의 의의

기술이 사업화되어 수익으로 환원되는 과정은 전반적으로 오랜 기간이 소요되고, 많은 비용이 들며, 위험도도 매우 높다. 그렇지만 기술사업화에는 높은 위험 – 높은 보상(high risk, high return)의 원칙이 내재되어 있다. 그렇기 때문에 그러한 위험을 사전에 예측하고 회피하거나 최소화할 수 있는 사전타당성분석이 의미를 갖는다.

사전타당성 분석은 사업타당성 분석이라고도 한다. 또한 간단히 타당성분석 혹은 사업성분석이라 말하기도 한다. 경제성분석이나 비용편익분석도 이 범주에 속하는 것들이다. 사전 타당성 분석은 특정 사업의 사업적인 타당성을 사전에 점검하는 행위를 말한다. 이에는 해당 사업의 기회분석, 위험분석 및 비용 대비 수입분석이 기본으로 내재된다.

기회분석이란 해당사업을 진행함에 있어 나타날 기회를 사전에 식별하는 것이고, 위험분석은 반대로 나타날 위험을 사전에 식별하는 것이다. 이러한 과정이 있기에 사업타당성 분석은 사업을 진행하며 나타날 기회를 극대화하고 위험을 최소화할 수 있도록 한다.

사업타당성 분석에서 가장 중요한 점은 해당 사업이 경제적인 타당성이 있느냐의 여부이다. 사업이라고 하는 것은 특별한 목적이 있는 경우가 아니라면 투입비용을 상회하는 수익이 있어야 한다. 수익성이 없어도 진행되도록 하는 특별한 목적은 안보, 보안, 안전, 복지, 문화 등과 같은 사회적인 목적이 대부분이고, 경제적인 차원에서는 간접효과가 존재하는 사업에 국한된다.

국가 안보나 국민의 안전, 질병, 복지문제 등은 비용과 무관하게 기술개발사업이 진행되어야 하는 경우도 많다. 간접효과가 존재하는 경우의 경제적인 목적이란 해당 사업에서는 적자이지만 다른 기술 혹은 다른 사업에서 수익이 발생하도록 하는 경우를 말한다. 스포츠구단은 대체로 적자이다. 그럼에도 이 사업을 하는 이유는 동일 기업집단 내의 다른 부분의 이미지가 상승하거나 다른 부분에서 직접적인 수익이 발생하기 때문이다. 이처럼 다른 부문을 위해 적자사업을 의도적으로 운영하는 경우도 많이 관찰된다.

사업타당성 분석에서 주의할 점은 두 가지이다. 하나는 사업타당성 분석의 결과는 절대적인 의미보다 상대적인 의미로 받아들여져야 한다는 점이다. 다시 말해 어느 한 사업의 타당성이 있다고 그 사업을 바로 실행하는 것은 아니라는 점이다. 그 사업보다 수익성이 좋거나 목적적합성이 높은 사업이 얼마든지 존재할 수 있기 때문이다. 선택가능한 여러 대안 중 상대적인 효율성이 높은 사업이 선택되어야 한다.

두 번째는 주위에서 쉽게 관찰되는 사업타당성 분석 혹은 경제성분석은 기업에서 이루어지는 분석이 아니고 대부분 공적인 혹은 사회적인 목적의 분석이라는 점이다. 사적인 분석과 공적인 분석의 결정적인 차이는, 공적인 분석에서는 국가 전체 혹은 사회 전체의 이득을 고려하지 해당 사업을 추진하며 얻어지는 사적인 이득을 고려하지 않는다는 점이다. 따라서 공적인 분석에서 시장성이 있고 사업타당성 역시 있다고 평가되는 사업도 개별 기업이 추진하면 손해보는 경우도 많다. 시장규모가 크고 성장성도 좋다할지라도 해당 기업이 그 시장에 접근하고 수익을 내는 것은 다른 차원이기 때문이다. 해당 시장에 진입 자체를 못하거나, 진입해도 수익을 창출할 충분한 능력이 없는 경우도 있기 때문이다.

### 2) 사업타당성 평가 요소

기술을 활용한 비즈니스의 가치는 결국 기술에 대한 이해, 상품과 시장에 대한 이해, 기업에 대한 이해 및 수익에 대한 이해를 필요로 한다. 그런데 기술의 사업타당성 평가 혹은 가치평가에서는 이러한 요인 외에 특히 경영자를 포함한 핵심인물의 중요성도 강조된다. 기술개발, 기술사업화, 초기 기술기업 모두 핵심인물의 중요성이 큰 것이다.

표 7-5 **사업타당성/가치평가 점검요소**

| 대항목 | 중항목 | 중항목 설명 |
|---|---|---|
| 0.식별 | 평가목적 | 목적, 용도 |
| | 기술 및 권리형태 | 기술형태와 권리형태 |
| | 기업개요 | 기업의 연혁, 주력상품, 대주주 등 |
| | 정보의 신뢰성 | 제출된 자료, 검색자료 |
| 1. 기술요인(기술성) | 기술의 혁신성 | 기술 자체의 속성 |
| | 기술의 환경성 | 다른 기술/인프라와의 관계 |
| | 기술의 사회성 | 기술 관련 법사회문화적 문제 |
| 2. 시장요인(시장성) | 시장환경요인 | 정치 경제 사회 등 시장외적 문제 |
| | 상품/산업 특성 | 상품 산업 등 공급자 특성 |
| | 시장특성 | 수요측 요인 |
| | 경쟁특성 | 산업과 시장에서의 경쟁특성 |
| 3. 기업요인(사업성) | 전략요인 | 기업내부의 전략적 요인 |
| | 기술개발력 | 기술인력, 조직과 능력 |
| | 생산력 | 공정기술, 투입요소, 시설 등 |
| | 재무구조 | 자본구조, 일반재무구조 |
| | 마케팅/유통 | 유통물류, 마케팅 역량과 노력 |
| | 기타 | 기타 기업내 요인 |
| 4. 수익성(사업성) | 수익 및 비용 구조 | 수익구조, 비용구조 |
| | 수익의 속성 | 수익의 성장성, 안정성 |
| 5. 경영(역량)요인 | 경영자 | 경영자의 기업가정신, 능력 등 |
| | 핵심전문인력 | 기술 영업 관리 등의 핵심인력 |

자료: 설성수, 이기호, 기술시장분석 체크리스트, 기술혁신학회지, 5-3, 2002.

사업타당성 평가이든 기술가치평가이든 기술과 관련된 평가에서는 기술요인, 시장요인, 기업요인, 수익요인 및 경영요인이라는 5대 요인을 점검해야 한다. 그리고 이 5대 요인은 〈표 7-5〉와 같이 세부적으로 구분되는 중항목을 가지며, 이들 중항목은 더 세분되어 소항목으로 구분된다. 각 소항목은 다시 세항목으로 구성된다. 한국기업 · 기술가치평가협회의 체크리스트는 구분된 항목으로는 1천개 이상 내용적으로는 수천개의 점검항목을 가지고 있다.

5개 요인 외에 식별이라는 요인이 추가되어 있는 점은 평가를 위한 기본정보를 다시 확인하자는 의미이다. 평가목적을 분명히 해야 하고, 평가대상을 기술적으로 나아가 법적으로 분명히 해야 한다. 목적에 따라 평가결과가 달라지므로 이 역시 다시 확인하여야 한다. 또한 동일한 기술이지만 완성단계에 따라 혹은 성능 차이에 따라 다른 기술로 간주된다는 점 등을 앞에서 설명한 바 있다. 권리도 기술이전에서 검토한 바와 같이 많은 차이가 있음을 본 바 있다. 이러한 사항 외에도 기업 자체에 대한 정보가 추가된다. 기술을 가지고 있는 주체만 보아도 기술적인 내용을 나아가 그들이 수행할 사업적인 내용을 믿지 못하는 경우가 있다. 또한 분석에 사용할 각종 정보나 데이터 자체의 신뢰성도 확인해야 한다는 것이다. 이러한 점을 분석 이전에 모두 확인하자는 것이다.

5개의 대항목은 5장에서 살펴 본 기업의 구성요소와 같은 내용이다. 기술, 조직, 마케팅 및 자본이라는 네 개의 바퀴와 경영자라는 운전자가 약간의 명칭을 바꾸어 결국은 5개의 대항목이 된 것이다. 기술이라는 바퀴는 여기에서 기술요인 혹은 기술성 분석이 되었고, 마케팅은 결국 시장요인 혹은 시장성이다. 조직요인은 기업요인으로, 자본은 수익요인이 되었다. 운전자는 경영요인으로 본 것이다.

이는 무엇을 말하는가? 기술가치평가이든 사업타당성 분석이든 비즈니스를 위한 것이라면 사업을 할 수 있는 능력에 대한 평가이고, 그 결과인 수익에 대한 평가라는 것이다. 기술의 사업화라 할지라도 사업이 가져야 할 기본속성을 벗어날 수 없다. 수익이 존재해야만 존속될 수 있다는 비즈니스의 기본원칙에서 벗어날 수 없는 것이다.

이러한 체크리스트는 기술과 관련된 사업이 진행되며 직면하게 될 기회나 위험을 놓치지 않고 모든 항목을 제대로 점검하자는 의미로 만들어진 것이다. 그렇기 때문에 이 체크리스트는 구체적인 사업타당성 분석이나 기술가치평가의 예비 작업으로 사용되기도 한다. 체크리스트에 입각해 미리 주요한 항목들을 점검하다보면 해당사업의 주체가 극복할 수 있는 위험요인이 존재하기도 하고, 시간이 흐르며 해소될 수 있는 요인도 존재한다. 극복 불가능한 요인이 발견된다면 그 사업은 타당성분석이나 가치평가를 수행할 필요도 없이 중단해야 할 것이다.

## 4.2 기술가치평가[2)]

### 1) 기술가치평가의 특징

사업타당성 분석은 최근 기술가치평가로 대체되는 경향이 있다. 기술가치평가는 기술의 가치가 얼마인가를 구체적으로 계산하는 작업이다. 사업 타당성분석보다 더 세부적으로 계산해야 하는 것이다. 기술가치평가는 기술적인 가치를 평가하는 기술평가가 아니고 경제적인 가치를 평가하는 작업이다. 구체적으로는 기술 자체, 기술이 활용되는 비즈니스, 나아가 기술기업의 가치를 평가하는 것이다. 따라서 기술의 경제적 가치평가는 기술비즈니스 가치평가, 간단히 기술가치평가라 부른다.

기술가치평가는 공공기술이나 민간기술 모두에 적용될 수 있다. 민간기술에만 국한시켜 본다면, 사업타당성 분석의 수익부분을 보다 구체화시켜 사업 주체의 경제적 수익의 크기를 현재가치로 정확히 계산하자는 것이다. 따라서 기술가치평가는 사업타당성 분석에 구체적인 재무분석이 추가된 것으로 설명할 수 있다.

기술가치평가는 기술평가와 가치평가가 결합되어 있다. 따라서 과학기술자가 기술성평가, 시장전문가가 사업성이나 시장성평가를 담당하는 식으로 평가가 이루어지기도 한다. 그러나 기술가치평가는 전혀 다른 전문가에 의해 별도로 이루어진 평가결과가 단순 결합되는 것이 아니다. 기술가치평가는 기술평가와 가치평가에 의존하지만 가치평가가 우선되는 평가이다.

기술평가와 가치평가가 다른 주체에 의해 이루어진다면 〈그림 7-2〉에서 보는 바와 같이 좌측 그림의 Ⅰ, Ⅱ, Ⅲ, Ⅳ 영역 순서로 높은 가치가 도출된다. 기술성

---

2) 설성수, 기술가치평가 개론, 한국?기업기술가치평가협회, 강의록, 참조.

■ 그림 7-2 기술평가와 가치평가의 결합

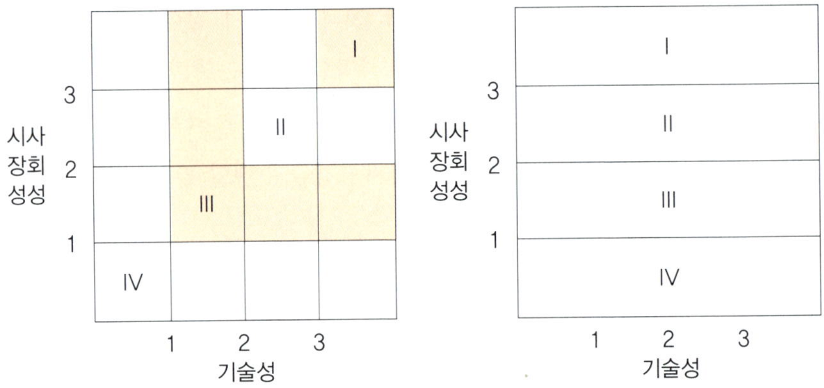


도 좋아야 하고 시장성도 좋아야 하기 때문이다. 그러나 기술가치평가에서는 우측 그림에서 보는 바와 같이 Ⅰ, Ⅱ, Ⅲ, Ⅳ 순서로, 시장성이 우선 고려되어 가치의 크기가 결정된다. 기술가치평가에서는 기술성보다는 시장성이 우선되는 것이다.[3)]

기술가치평가는 두 유형이 존재한다. 하나는 내부적인 목적을 위한 평가이며, 다른 하나는 외부적인 목적을 위한 평가이다. 내부적인 목적을 위해서는 어떠한 방식으로든 자신들의 목적에 맞추어 계산하면 된다. 문제는 외부목적으로 사용하는 경우인데, 이에는 엄격한 규칙이 적용되어야 한다. 가치평가란 주관적인 가치의 객관화 과정이기 때문이다. 가치평가는 해당 업계에서 수 백년 동안 형성된 나름대로의 강한 규칙이 있다. 가치의 객관화 과정은 사용하는 용어, 평가 원칙 및 방법론의 객관화를 통해 얻어진다.[4)]

### 2) 기술가치평가의 기본전제

기술가치평가는 누가, 언제, 무슨 목적 혹은 용도라는 세 가지 주요 전제 위에서 이루어진다. 누가라는 전제는 누가 분석대상 기술을 이용한 사업을 하느냐를 말하는 것이다. 같은 기술을 이용해도 이용하는 주체에 따라 사업결과가 달라진다. 가치평가가 이루어지는 시점 역시 가치평가에 대단히 중요한 영향을 준다.

3) 설성수, "기술가치평가의 개념적 분석", 기술혁신학회지, 3-2, 2000.

4) International Valuation Standards Council, International Valuation Standards 2008. NACVA, Professional Standards, 2008. 기술가치평가기준위원회, 기업 · 기술가치평가기준, 2005.

동일한 사업도 언제를 기준으로 평가했느냐에 따라 타당성이 달라진다. 목적과 용도도 중요하다. 동일한 기술이라도 파는 입장과 사는 입장에서의 가치평가는 결과가 달라지는 것이 일반적이다. 또한 세무용 평가라면 가능하다면 낮게 평가하는 것이 일반적이다.

기술가치평가의 결과는 위 세 조건이 달라지면 무조건 달라진다. 그렇기 때문에 기술가치는 쇼핑몰에 전시되는 상품처럼 고정된 가격표를 단 형태로 제시될 수 없다. 이러한 점은 사업타당성 분석도 마찬가지이다. 사업의 주체가 분명해야 하고, 평가시점이 분명해야 한다. 언제나 모두에게 타당성이 있는 그러한 사업은 없다.

그러면 모든 기술의 가치평가가 가능한 것인가? 그렇지는 않다. 기술가치평가가 가능하려면 평가대상의 기술적인 영역이 분명해야 하고, 활용영역이 분명해야 한다. 예를 들어 자동차 바퀴기술과 같이 모호한 기술은 평가가 힘들다. 바퀴 시스템 전체, 바퀴 자체, 바퀴를 차에 고정시켜주는 기술 등과 같이 구체적이어야 한다는 것이다. 활용영역이 분명해야 한다는 것은 활용할 사업영역이 분명해야 한다는 것과 같은 의미이다. 0과 1로 모든 것을 표현하고 구사하는 디지털기술은 모든 분야에 응용가능하다. 따라서 모든 분야에서 발생할 가치를 평가하라는 의미가 되므로 현실적으로 가치를 평가하는 것은 불가능하다. 사회 전 분야에 영향을 미치는 기술은 사적인 기술가치평가가 아니라 공공기술의 가치평가로 방법이 달라진다.[5] 여기서는 사적인 기술의 가치평가만 언급하고 있다.

평가대상기술이 지금까지 존재한 적이 없는 아주 새로운 개념의 기술이라면 또한 아이디어 단계에 있거나 이에 근접할 정도로 초기 단계의 기술이라면 비즈니스의 실체를 파악할 수 없어서 가치평가가 어려워진다. 〈그림 7-3〉은 기술가치평가 가능영역을 보여준다. 기술완성도와 기술의 신규성을 기준으로 보면, 완성도도 높고 신규성이 낮은 기술은 아주 쉽게 가치평가가 이루어진다. 반면 신규성도 높고 완성도도 낮은 기술의 경우는 평가가 어려워지고 불가능한 경우도 많다.

5) 공공기술의 가치평가는 설성수, “기술가치평가의 분석 틀”, 기술혁신학회지, 3-1, 2000. 참조.

그림 7-3 기술가치평가 가능영역

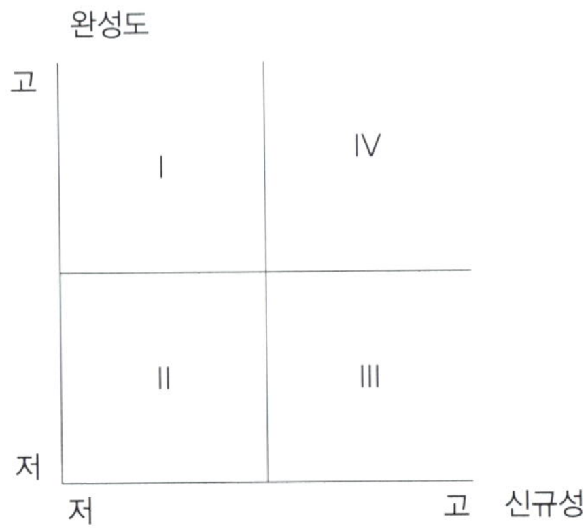


### 3) 미래소득의 현재가치

현재가치라는 개념은 미래나 과거의 금액을 평가시점 현재의 가치로 판단하기 위해 필요한 개념이다. 예를 들어 10년 후 1000억원은 현재의 얼마와 동일한가의 문제인 것이다.

100원을 은행에 예금한다면 1년 후에는 이자율만큼 증가한다. 따라서 $100 * (1+r)$이 되고, 2년 후면 $100 * (1+r)^2$, $n$년 후면 $100 * (1+r)^n$이 된다. 따라서 n년 후의 가치인 $100*(1+r)^n$을 현재가치로 바꾸려면 $100 * (1+r)^n / (1+r)^n$이 된다. 현재가치화의 가장 간단한 공식은 아래와 같다.

$$PV = \sum_{t=1}^{\infty} \frac{CF_t}{(1+r)^t} = \frac{CF_1}{(1+r)^1} + \frac{CF_2}{(1+r)^2} + \frac{CF_3}{(1+r)^3} + \cdots$$

$PV$ : 평가대상 자산의 가치　　$CF_t$ : $t$기의 현금흐름,

$r$ : 위험의 척도　　$t$ : 기간

이 공식에서 결정되어야 할 값은 세 가지이다. 하나는 수익이 발생하는 기간이며, 두 번째는 그 기간 동안 발생할 매년도 현금흐름의 크기이고, 세 번째는 나눗수 $r$이 무엇이냐는 것이다.

나눗수 $r$은 보통 이자율이라 불리는 기다림의 대가와 그 기간 동안 발생할 위험의 대가를 합한 수치이다. 예를 들어 기다림의 대가인 은행이자율이 5%일 때 수익률이라 불리는 기업들이 발행하는 회사채의 이자율은 10% 이상인 경우가

표 7-6 **할인율 예**

| 분석대상 구분 | 할인율 |
|---|---|
| 상장 중소기업 | 8-15% |
| 비상장 중견 중소기업 | 15-20% |
| 비상장 중소기업 | 20-25% |
| 매출있지만 이익없는 기술창업기업 | 20-35% |
| 매출없는 창업기업 | 30-40% |
| 상품화 성공 | 35-50% |
| 개발중 기술 | 40-60% |
| 아이디어 | 50-80% |

자료: Seol, S.S.(2010), "Valuation of Risks in Technology Business", 2010 IACVA Seoul Conference.

많다. 차이는 해당기업에 돈을 빌려주며 감내해야 할 위험의 크기가 포함되어 있는 것이다. 왜 이러한 위험의 크기를 반영하는가? 해당기간 동안 그 기업이 도태될 위험이 역사적인 사례를 통해 살펴볼 때 실제 존재한다는 것이다. 따라서 위험의 크기가 크다면 할인율은 커진다.

〈표 7-6〉은 실제 사용되고 있는 할인율의 예를 보인 것이다. 그러나 이는 어디까지나 예라는 점을 감안해야 한다. 할인율을 결정하는 이론이나 결정방법은 여러 종류가 있고 복잡하다.

현재가치 개념을 필자가 직접 상담해 주었던 실제 사례를 통해 살펴보자. 과학기술분야에서는 가끔 대단한 기술기회와 아이디어가 있으니 정부가 재원을 지원해야 한다고 주장하는 경우가 있다. 10년 후 10년간 매년 100조원을 벌어들일 수 있으니 기술개발비 2,000억원이 필요하다는 것이다. 아이디어단계이므로 할인율을 80%를 적용해 이 요구가 타당한 지를 살펴보자.

〈표 7-7〉을 보면 총수입의 현재가치는 3,491억원이 도출되었다. 투입이 2,000억원이므로 단순계산이지만 이 사업의 순 현재가치는 1,491억원이라 할 것이다. 그런데 여기서 추가로 고려해야 할 세 가지 사항이 있다.

하나는 매년 100조원이라는 수익이 총매출액인지 아니면 순수익인지를 점검해야 한다. 매출액이라면 제조원가나 판매 및 일반관리비, 감가상각, 조세 등의 각종 비용을 추산해 빼 주어야 하고, 그 결과 순수익은 훨씬 적어진다. 제조업 평균 영업이익율 20%, 순이익율 10%이면 좋은 기업이라 평가된다는 점을 감안하면 순수익이 어느 정도인지 짐작할 수 있을 것이다.

두 번째는 이 가치가 해당 기술로 인해 사회 전체에서 얻어질 가치인지 특정

표 7-7 현재가치 계산 예 (10년후 10년간 100조원 발생, 할인율 80%)

| 년도 | 수익(조원) | 현가계수 $1/(1+r)^n$ | 현재가치(억원) |
|---|---|---|---|
| 11 | 100 | 0.001556 | 1556 |
| 12 | 100 | 0.000864 | 864 |
| 13 | 100 | 0.000480 | 480 |
| 14 | 100 | 0.000267 | 267 |
| 15 | 100 | 0.000148 | 148 |
| 16 | 100 | 0.000082 | 82 |
| 17 | 100 | 0.000046 | 46 |
| 18 | 100 | 0.000025 | 25 |
| 19 | 100 | 0.000014 | 14 |
| 20 | 100 | 0.000008 | 8 |
| 합계 | 1,000 | | 3,491 |

기업이 가질 가치인지가 분명해야 한다. 다시 말해 특정기업이 이 분야 기술을 가지고 사업화했다면 해당 기업이 이 시장에서 확보할 수 있는 예상 시장점유율을 다시 계산해야 한다. 시장점유율이 50%라면 미래수익의 현재가치는 745.5억원이 되는 것이다. 시장 전체를 혼자 차지하는 경우는 바이오기술이나 소재기술 등에서 간혹 나타나기는 하지만 이러한 분야도 약간의 시간이 지나면 경쟁제품이 등장한다. 시장 전체를 혼자 가져가는 법은 없다.

세 번째 고려할 점은 모든 수익이 기술요인에 의해서만 얻어진 것이 아니라는 것이다. 10년 후에 성공할 지도 모르는 기술개발사업을 기대하며 투입된 자본, 이를 준비해 가는 인력, 기업적인 요인의 공헌 등이 앞의 순가치에 포함되어 있는 것이다. 바로 이러한 고려가 기술이전에 있어서 기술료 산정과 마찬가지 계산법인 것이다. 기술료 계산에서 영업이익 대비 25%라는 일반적인 수치가 기술의 공헌도를 말해주는 것이다. 바이오기술이나 소재기술 분야의 기업은 영업이익율도 순이익율도 높다. 이러한 분야와 같이 수익 자체가 아주 높은 기업에서는 기술에 대한 대가가 보통의 기업에 비해 높아질 것은 당연하다. 그럼에도 한 사업의 성공에서 기술의 기여도가 50%를 넘는 경우는 잘 관찰되지 않는다. 기술은 분명 중요하지만, 어디까지나 자동차의 한 바퀴일 뿐이다.

앞의 사업타당성분석에 대한 일반적인 논의에서 공공기술 개발사업의 타당성 분석은 주의해야 한다고 지적한 바 있다. 공공사업의 타당성분석에서는 지금 검토하고 있는 사업비용, 사업주체의 시장점유율, 기술기여도 등의 세 속성이 반영이 되지 않고 있는 것이다.

CHAPTER 08

기/술/혁/신/론

# 지식재산권

- 과학기술과 권리
- 특허괴물
- 기술정보분석

# 01

# 과학기술과 권리

## 1.1 과학기술과 법

### 1) 기술적 우수성의 한계

"기술적인 내용의 우수성만 있다면 시장에서의 승리는 보장된 것이다." 이는 일반적인 과학기술자에게서 많이 관찰되는 사고이다. 이에 대해 시장전문가들은 한 걸음 더 나아가 기술에 시장을 첨가시켜 다음과 같이 말한다. "기술과 시장만 안다면 시장성공은 보장된 것이다." 그런데 이러한 명제만 가지고 시장에서 큰 곤욕을 겪는 기업이 있는가 하면 경우에 따라서는 파산하기까지 한다. 개발을 완료하고 시장에서 판매까지 하고 있는데, 그 기술이 다른 기업의 특허를 침해해서 피해보상을 하며 파산하는 경우도 많다. 법적인 문제를 소홀히 한 것이다.

법은 기술적인 내용에 대한 배타적인 권리를 보호해 주기 때문에 법적인 보호 없이는 의미가 없는 기술이 많다. 그렇기 때문에 법은 기술진보를 위한 노력을 보호해주는 기본 환경이라 할 것이다. 그러나 반대 효과도 존재한다. 법적 권리를 확보해 놓고 전혀 사용하지 않아 결국 인류에게는 전혀 도움이 안되는 경우도 있고, 다른 기술적인 진보를 막아버리는 악영향도 존재한다. 법은, 모든 기술의 문제는 아니라할지라도, 기술과 분리되어 검토하기 어려운 중요한 문제이다.

기술적인 우수성이 있는데도 왜 기술혁신의 과정이나 활용에서 법이 중요하게 작용하는가? 모방가능성이라는 문제와 기술집합으로써의 제품이라는 문제가 있다. 모방가능성의 문제란 모방가능성 자체와 모방의 수단 나아가 모방했는지를 알았을 때 적절히 제재할 수단을 말한다. 모방했는지를 알아도 그에 대한 손해배상이나 대가를 받을 방법이 없다면 아무 의미가 없다. 먼 나라의 기업이 복제를 해서 판매했다는 것을 알지만 법적 조치를 취하기 위해 방문했을 때 그 기업을 찾지도 못한 경우, 해당지역의 법적기관이 법절차를 지켜주지 않는 경우 등 모방한 것을 알아도 구제할 방법이 없는 상황이 벌어질 수 있는 것이다.

기술집합으로서의 제품이란 기술제품은 한 두 개의 기술 구성물이 아니고 여러 기술, 경우에 따라 수백 혹은 수천의 세부기술로 구성된다는 것을 말한다. 그런데 법적권리는 최종제품 하나에 국한되는 것이 아니고 구성기술 각각에 대해 나아가 최종제품의 제조방법이나 세부기술의 제조방법까지도 적용된다. 따라서 기술적으로 우수하다는 생각만으로 제품을 만들고 시장에 진입하는 것은 대단히 위험한 일이다. 사용된 많은 기술 중 한 두 개의 기술에서 법적 권리의 문제가 발생하면 수백 개의 기술로 이루어진 제품이라 할지라도 판매는 물론 제조까지도 제한된다.

### 2) 기술보호의 국제협약

세계 각국은 '공업소유권보호를 위한 파리 협약'을 제정하여, 이 협약에 가입한 국가의 국민은 다른 체약국에서도 특허권 기타 공업소유권을 인정받을 수 있도록 하고 있다. 한국도 이 협약의 회원국이며 세계의 주요한 나라들은 이 협약에 가입하고 있다.

파리조약은 권리독립의 원칙, 내외국인 동등 원칙 및 우선권 주장 원칙이 있다. 지식재산권은 각 국가마다 독립적으로 존재할 수 있지만, 다른 나라에서도 내외국인 차별을 받지 않는다는 원칙이다. 세 번째는 먼저 등록한 효과는 어디서든 인정된다는 것이다.

예를 들어 한국에 출원한 날로부터 1년 내에 해당 국가에 출원하면 한국에 출원한 날을 기준으로 특허성 여부를 판단한다. 또한 같은 내용을 외국인이 자기 나라에 등록하려고 하면 한국 출원이 우선되어 외국인의 권리는 인정되지 않는다.

특허는 각국에 각각 등록하여야 하므로 해외에서 보호받으려면 많은 나라에 등록하여야 한다. 이를 위해서는 각국별로 따로 개별 출원하는 방법이 있고, 여러 나라에 공동으로 적용하게 하는 국제출원 방법이 있다. 등록을 원하는 국가 수가 몇 개 안되면 각각 하는 것이 비용이 저렴할 것이고, 국가 수가 많다면 여러 나라에의 동시 등록이 유리할 것이다. 그러나 동시 등록을 원한다 해도 각 국가에 번역된 서류를 접수시켜야하는 점은 동일하다.

## 1.2 지식재산권

### 1) 지식재산권의 유형

물적자산 혹은 금융자산과 대비되는 지적인 자산은 지적자산(intellectual asset), 지적재산(intellectual property), 지적자본(intellectual capital) 등으로 불리운다. 자산은 수익활동을 위해 사용되는 것이라는 의미가 강하고, 재산은 축적된 상태 자체를 지칭하는 스탁(stock)의 의미가 강하다. 한편 자산은 자기 소유인 고유의 자산이라는 의미의 자본과 외부에서 빌려 온 부채의 결합으로 이루어진 것이라는 차이가 있다. 그러나 특허청은 지적재산 혹은 지적재산권은 일본식 표기이므로 모두 지식재산 혹은 지식재산권으로 통일해 부르기를 권장하고 있다.

지식재산권(intellectual property right)은 지식재산 중 법적인 요건이 갖추어져 법적으로 등록된 자산을 말한다. 인간의 지적활동의 결과로 얻어진 지적 창작물에 부여된 법적 권리를 말하는 것이다. 지식재산권은 종류가 다양한데, 〈표 8-1〉과 같이 크게는 산업재산권, 저작권 및 신지식재산권의 세 종류로 구분되고 이들은 보다 세분되어 7개의 권리로 구분된다.

산업재산권은 전형적인 공업 관련 지적창조물을 위한 법적 권리인데 이에는 특허권, 실용신안권, 디자인권 및 상표권이 있다. 이들 각각은 특허법, 실용신안법과 같이 해당 명칭 그대로의 법에 의해 보호된다. 디자인권은 의장권의 명칭이 변한 것으로 제품 외장의 디자인적 요소에 관한 것이다. 이들은 각각 10년에서 20년까지의 보호기간을 갖는다. 미국에서는 최근 상표와는 달리 제품의 고유한 이미지를 형성하는 색채, 크기, 모양도 보호하는 상표성 표현(trade dress)을

표 8-1 지식재산권의 유형과 보호기간

| | 유 형 | 내 용 | 보호기간 |
|---|---|---|---|
| 산업<br>재산권 | 특허(patent)<br>실용신안(utility)<br>디자인(design)<br>상표(trademark) | 발명<br>물품의 형상/구조<br>시각적인 내용<br>상품식별 | 출원일부터 20년<br>출원일부터 10년<br>등록일부터 15년<br>등록일 10년/10년씩 연장 |
| 저작권 | 저작권(copyright) | 문학/예술/디지털 창작물 | 사후 50년(외국 70년) |
| 신지식<br>재산권 | 영업비밀<br>반도체 배치 설계 | 각종 영업비밀<br>반도체회로 | –<br>이용후 10년/최고15년 |

* 컴퓨터프로그램 보호법은 2009년 폐지되어 저작권법에 통합됨.

상표권과 같이 인정해 주고 있다.

저작권은 저술이나 음악, 예술과 관련된 저작에 대한 권리이다. 그런데 저작권법에서는 저작인접권이라는 권리를 추가로 인정한다. 노래를 예로 들면 악보는 저작권의 보호대상이고 이 노래를 부른 가수, 반주자, 제작자 등은 저작인접권(related right)에 의해 보호받는 것이다. 저작권은 한국에서는 사후 50년까지 보호되는데 반해 외국에서는 사후 70년까지 보호되고 있다.

신지식재산권에는 부정경쟁방지 및 영업비밀보호법에 의한 영업비밀(trade secret), 반도체 집적회로 배치 및 설계에 관한 법률에 의한 반도체 배치 설계권이 있다. 영업비밀이란 공개되면 배타적 권리를 상실하는 내용으로 코카콜라의 비법이나 켄터키 프라이드치킨의 조리법 등이 해당된다. 영업비밀은 법률적 정의가 "상당한 노력에 의하여 비밀로 유지되는 생산방법, 판매방법, 그 밖에 영업활동에 유용한 기술상 또는 경영상의 정보"인데, 상당한 노력이라는 용어가 중요하다. 영업비밀을 보호받으려면 침해된 사실을 안지 3년 내에 또한 침해 시작 10년 이내에 조치가 이루어져야 한다.

### 2) 지식재산권 요건

특허를 부여하는 요건은 유용성과 신규성 및 진보성이다. 이들을 간단히 설명하면 유용성은 무언가 효과가 있어야 한다는 것이고, 신규성은 새로운 것을 말하며, 진보성은 선행기술에 비해 개량된 것이라는 의미이다. 셋 중 한 요건이라도 부족할 시에는 특허 등록이 되지 않는다.

유용성이란 다른 것보다 우수하지 못할지라도 무언가 유용한 효과가 있는 생산물이나 방법이어야 한다. 그렇지만 모든 유용한 것이 특허의 대상은 아니다. 부도덕하거나 불법 목적의 유용성은 당연히 제외된다.

특허출원 전 국내외에서 인터넷이든 간행물이든 어떠한 형태로든 공지, 공연되었거나 알려진 내용은 신규성이 상실된다. 즉, 특허출원 전에 미리 알려진 발명은 신규성이 없다. 연구자들이 논문으로 관련 내용을 사전에 발표했다면 당연히 신규성이 상실된다. 따라서 사전 발표는 내용의 연관성이나 수위 조절 등에서 대단히 큰 주의가 필요하다.

진보성은 특허출원 전 그 기술이 속하는 분야에서 통상의 지식을 가진 자가 선행기술을 바탕으로 용이하게 창작해낼 수 있는 발명이 아니어야 한다. 해당 분야의 지식이 있는 누구나가 시도할만한 것들이라면 진보성을 인정할 수 없다는 것이다. 신규성은 선행 발명과 일대 일로 개별 판단을 하지만, 진보성은 선행 발명들을 조합하여 판단할 수 있다.

특허는 물질, 물품 및 비즈니스모델 등에 적용되지만 실용신안권은 물품에만 적용된다. 또한 실용신안은 특허와 같이 신규성 진보성 등을 요구하지는 않지만 일반적인 지식과는 다른 고도성을 요구한다. 그러므로 특허에 비해 비교적 간단하게 등록할 수 있고 관련 비용도 저렴하며, 권리 보호기간도 특허의 20년보다 짧은 10년이다.

디자인권은 과거에는 의장권이라 불렸던 것으로 외적인 의장을 중심으로 한다. 그런데 주의할 점은 건축디자인과 같은 경우는 같은 디자인이지만 외형적인 것만을 다루지 않는 거대한 지적창조물이기에 여기서 다루어지지 않고 저작권법에서 다루어진다.

### 3) 지식재산권 등록경향

지식재산권은 법적 보호를 받기 위한 유효성과 실제 업계에서 사용되는 유효성이라는 두 개의 유효성 개념이 있다. 전자는 법적 등록을 위한 세 가지 요건을 말하는 것으로 법적 유효성이라 부르는 것이고, 후자는 산업적 가치가 있느냐의 여부를 묻는 산업적 유효성이라 부른다. 실제 활용하는 산업에서 유효성이 없다면 법적 권리를 갖기 위해 매년 수수료를 지불할 필요가 없을 것이다. 그러나 시장적합성이 있고, 침해가 발생해도 해결수단이 있다면, 혹은 여타의 법적보호의 견고성이 있다면 법적 보호를 신청하여야 할 것이다.

지식재산권은 법적으로 보호되는 지적재산을 말한다. 그렇지만 법적보호를 신청하지 않은 지적재산도 많다. 법적보호를 받기 위한 비용의 문제가 있고 굳이 법적보호를 받을 필요가 없기 때문이다. 지식재산권을 신청하는 경우와 신청하지 않는 경우를 각각 살펴보자.

기술적 속성에서 전용성이 크거나 모방할 수단과 방법이 없다면 법적보호의 필요성이 낮아진다. 또한 여러 기술이 결합하여 하나의 제품이나 제품군을 형성하는 경우 몇 개의 핵심 기술만 지식재산권으로 보호하고 나머지는 그대로 방치하는 경우도 있다. 몇 개의 기술이 집합된 경우라면 쉽게 모방이 되겠지만 수많은 기술이 조합된 제품이라면 그중 상당수를 법적으로 보호하지 않아도 보호가 되기 때문이다.

여기에 특허 등록이나 유지 수수료, 즉 경제적인 문제가 추가된다. 지식재산권은 각국에 등록하여야 하기 때문에 하나의 특허라도 여러 나라에 등록하면 비용이 많이 든다. 그런데 보호를 원하는 기술이 수천 개라면 보호할 나라를 10개만 잡아도 수만 개의 보호신청이 매년 이루어져야 한다. 지식재산권을 확보하기 위한 비용과 함께 유지하기 위해 매년 지불해야 할 비용도 만만치 않은 것이다.

세 번째로는 법적보호를 받을 수단이 있어야 한다. 모방가능성이 높은데다 모방했는지의 관찰이 쉽지 않은 경우라면 법적보호를 받을 필요가 없다. 저 먼 이국땅에서 이루어지고 있는 모방을 알 방법도 없고, 침해사실을 발견하고 조치를 취하기 시작하면 사라져 버리는 회사 혹은 기업주가 종종 발견된다. 또한 관련국가 해당지역에서 법을 지키는 사람들이 고의적이건 아니건 적극적이지 않은 경우도 많다.

이러한 속성에 따라 기업들의 특허 등록경향이 나타난다. 대기업들과 같이 보호할 보완 기술이 많다면 지적창조물 전체에 대해 굳이 법적 보호를 위한 신청하지 않으려 하고 일부 핵심기술만 혹은 모방가능성이 큰 기술만 보호를 원하게 된다. 이러한 경우 특허등록은 상대적으로 적다. 과소등록 경향이 존재하는 것이다.

반대로 자신들의 지적창조물 전체를 최대한 많이 등록하려는 경향도 존재한다. 중소기업일수록 이러한 경향이 크다. 중소기업은 가지고 있는 기술이 많지 않은데다 보유기술들이 비교적 간단하고 복잡한 시스템 기술이 아니라서 법적 보호를 강하게 원하는 것이다.

그런데 한국의 기업들은 다른 이유로 특허 등록을 많이 하려는 경향이 있다. 많은 권리를 보유하면 그만큼 침해소송에서 피해나가는 효과도 있고, 많은 지식재산권을 보유한 선진국의 다른 기업과 대등한 입장에서 특허의 상호 이용을 시도할 수 있기 때문이다.

참고로, 한국 기업의 특허 등록이 기본적으로 많이 늘어나고 있다. 1999년 미국 특허 출원 상위 20개 기업에는 미국과 유럽 기업이 각각 10개와 2개로 절반 이상이었지만, 2009년에는 미국이 7개로 줄었고 유럽은 한 곳도 없다. 대신 일본이 7개에서 10개로, 한국이 2개, 대만이 1개가 되었다.

## 1.3 지식재산권제도 평가

지식재산권제도는 여러 장점이 있는 반면 단점도 많다. 그렇기 때문에 일부에서는 지식재산권제도 무용론을 주장하기도 하고 지식재산권 반대운동을 펼치기도 한다. 여기서는 어떠한 이유로 반대 운동이 발생하는 지를 검토하고자 한다.

### 1) 지식재산권제도의 발전

지식재산권 중 가장 먼저 시작된 특허제도는 수백 년의 역사를 가진 것이다. 그럼에도 특허제도가 세상 사람들의 이목을 끌기 시작하고 지식재산권제도 전체의 활성화를 가져온 것은 1980년대이다.

1970년대 후반 제2차 석유파동으로 세계는 심한 불황기에 접어든다. 특히 선진국들은 1982년까지 마이너스 성장을 하는 등 아주 큰 어려움을 겪었다. 반면 일본은 이 기회를 활용해 세계무대에 성공적으로 진입하였고, 뒤를 이어 대만 한국 싱가포르 홍콩 등 당시 아시아의 네마리 용 역시 세계무대로 진출하는 계기가 되었다. 미국의 입장에서는 자신들의 기술에 기반을 둔 해외의 기업이나 나라들이 경제적으로 성공하는 것을 곱게 볼 수 없었고, 이에 따라 지식재산권 보호제도를 강력히 도입하게 된다.

미국 정부는 1988년 통상법을 개정하여 불공정 무역이라는 틀에서 자국의 지식재산권을 보호하기 시작하였다. 이 법의 301조, 통칭 슈퍼 301조는 미국의 지식재산권을 침해하여 만든 상품이 미국에 수입될 경우 해당국 전체가 무역보복도 당할 수 있다는 것이었다. 사실 미국정부의 법적 조치가 시작되기 몇 년 전부터 일본과 한국의 대기업은 미국 기업들로부터 특허 침해소송을 당했고 수천만 달러의 합의금을 지불한 바 있다. 미국의 이러한 자국 지식재산권 보호 조치는 다른 나라에도 그대로 확산되어 세계적으로 지식재산권 보호가 확대되는 계기가 되었다.

1980년대 중반 이후 본격화된 지식재산권 침해 소송과 이로 인한 보상금 지불 사례는 시간이 흐르며 점차 많아지고 금액도 커지기 시작하였다. 그리고 보상금으로 인해 기업 자체가 도산하는 사례도 나타나기 시작하였다. 더 중요한 점은, 뒤에서 언급되겠지만, 1990년대 초반에 특허괴물(patent troll)이라는 지식재산권 전문 관리 기업이 등장하기 시작한 것이고, 2000년대에는 이들의 활동이 극대화되기 시작한다.

### 2) 긍정론

지식재산권제도의 좋은 점은 무엇보다 법적보호를 통해 기술혁신의 의욕을 보호한다는 점이다. 우수한 기술을 만들어냈고 시장에서 통용되는 기술이 등장했음에도 시장에서 보상받지 못한다면 기술혁신의 의욕 자체가 없어지게 되고 기술혁신을 기피하게 만든다. 과학기술의 기반이 붕괴되는 것이고, 그 결과 인류의 발전 역시 정체되는 현상이 나타난다. 엄청난 비극인 것이다.

두 번째 이유는 복제제품의 출현을 금지시키거나 억제시켜 안정적인 시장을 유지하도록 한다는 점이다. 기업 존속의 기반을 만들어 주는 것이다. 과학기술 기반도 중요하지만 사회 유지를 위해서는 기업존속의 기반도 중요하다. 이 목적 역시 적절한 법적보호를 통해 이루어질 수 있는 것이다.

세 번째 이유는 모방제품의 출현을 그나마 최소화시키고 법적보호를 받고 있는 기술을 피해갈 수 있는 새로운 기술혁신을 촉진시킨다는 점이다. 법적보호의 효력이 크면 클수록 그리고 관련 시장의 규모가 거대할수록 법적방어를 회피할 기술혁신을 촉진시킬 수 있는 것이다. 이 또한 법적 보호의 중요한 장점이다.

### 3) 부정론

지식재산권제도의 무용론자나 반대론자들은 지식재산권 제도의 폐해를 지적하며 자신들의 주장을 펼친다. 첫째는 특허괴물(patent troll)과 같이 자신들은 전혀 건전한 제조활동을 하지 않고 지식재산권이라는 법적보호를 악용해 이득을 챙기는 집단의 출현을 반대한다. 법적보호가 없었다면 그러한 기생적인 존재는 없었다는 것이다.

두 번째는 법적보호를 통해 사회적으로 활용되지도 않는 지식재산권들이 해당분야의 발전을 가로 막고 있고, 나아가 새로운 창조의 길을 원천적으로 봉쇄한다는 것이다.

세 번째로는 지식재산권제도는 이미 개발된 기술도 사용을 제한하여 해당분야의 기술이나 산업의 발전을 막는 것이고, 그에 따라 건전한 인류의 발전을 막는다는 것이다.

이와 같은 주장으로 카피레프트(copyleft)라는 개념과 운동이 존재한다. 카피레프트는 권리를 의미하는 라이트(right)와는 정반대의 개념으로 저작물에 대한 권리를 모든 사람이 공유할 수 있도록 하자는 주장이다. 이 주장은 1984년 미국의 컴퓨터학자가 소프트웨어의 상업화에 반대해 프로그램을 자유롭게 사용하자는 운동을 펼치면서 시작되었다

## 1.4 특허의 등록과 활용 실태

한국 특허청은 2004년에 1990-96년 기간의 특허 통계를 발표한 바 있다. 이 기간 동안 출원된 특허가 등록된 비율은 51.1%이었다. 그러나 대학에서 출원한 특허는 85.9%가 등록되어, 일반인이나 기업의 등록률은 상당히 낮음을 알 수 있다.

한편, 이 기간 특허의 생존율은 67.8%이었다. 특허의 생존율이란 이전에 받았던 특허가 당해 연도에 만료, 포기, 취하되지 않고 특허권을 계속 유지하는 비율을 말한다. 또한 이 기간 특허 중 11.4%가 이전되었고, 기술료가 징수된 특허는 52.1%이었다.

이러한 수치를 간단히 요약해 보자. 발명이라 생각한 기술들이 특허로 등록되는 비율이 약 50%, 그중 누군가에게 이전되는 특허는 약 10%, 이전된 기술 중 기술료가 징수되는 경우는 약 50%의 확률을 가진다는 것을 의미한다.

# 02

# 특허괴물

## 2.1 정의와 피해사례

### 1) 정 의

지적재산에 대한 법적권리만을 사업 아이템으로 설정해 살아가는 기업들도 있다. 특허괴물(patent troll)이라 불리는 이들은 특별한 생산시설이나 영업시설 없이 자신들이 보유한 특허를 이용해 다른 기업으로부터 로얄티나 손해배상 등을 받아 수익을 올리는 기업들이다. 다른 측면에서는 이들을 지식재산권의 비실행기업(non-practicing entities)이라 부르기도 한다. 이들은 지식경제시대와 법적권리를 잘 활용한 기업들이지만 다른 기업들이 열심히 일해 활용하기만을 기다렸다가 약탈한다는 점에서 과거의 해적과 유사하다고 평가되기도 한다. 그러나 이들도 힘이 약한 개개인의 특허를 활용할 수 있게 해주고, 그에 대한 적절한 대가를 받게 해준다는 명분을 갖고 있기는 하다.

특허를 이용해 다른 기업으로부터 로얄티나 손해배상을 받아 살아가는 기업들은 1990년대 초부터 존재했지만, 특허괴물이라는 용어는 2000년대 초 인텔사가 특허에 대한 권리만을 보유한 특허전문 기업으로부터 소송을 당하는 과정에서 등장한 용어이다. 인텔은 결과적으로 수년에 걸친 소송 끝에 승리하였지만, 이 사건을 담당했던 인텔의 간부는 보다 전문적인 다른 특허괴물의 고위층으로 이동해 본인이 특허괴물의 진두 지휘자가 된다.

특허괴물은 오래된 과학기술분야보다 새롭게 등장하고 활용되고 있는 정보통신기술이나 생명공학기술에 집중되어 있다는 특징이 있다. 오랜 기술 분야에서는 특허권이 소멸되거나 활용 빈도가 적기 때문이다.

### 2) 대표적인 피해사례

미국의 유명한 온라인 쇼핑몰 eBay는 인터넷을 이용한 쇼핑몰 운영사업을 시작한지 6년 후인 2001년, 무명의 인터넷회사로부터 인터넷을 활용한 비즈니스모델 특허를 침해했다고 소송 당한다. 이 소송은 eBay가 2,950만 달러를 지불하고 종료되었다.

NPT라는 특허전문기업은 스마트폰 블랙베리를 생산하는 RIM(Research in Motion)사에 대해 인터넷 이메일 관리 프로그램 특허를 침해했다고 소송을 건다. 4년간 지속된 소송의 결과 RIM은 2006년 6억 1,250만 달러를 지불한다.

미국의 InterDigital사는 2009년 현재 3,000여 무선통신분야의 특허를 보유하고 있는 기업이다. 이들은 2005년 말부터 노키아 파나소닉 삼성전자 LG전자를 상대로 특허침해 소송을 시작하였다. 그 결과 노키아에게서는 2억 5,300만 달러의 보상을 받아 냈고, 삼성전자에게서는 4억 달러를 받아낸다. 이들의 2009년 상반기 수익은 1억 4,200만 달러 정도인데 이 수익의 98%가 로얄티이다.[1)]

생명과학분야에서는 세계 최초의 복제양 둘리에 대한 특허권을 사 들인 미국 제론사가 2005년 로얄티만을 전문으로 하는 기업을 설립하고 줄기세포 관련 특허를 매집하고 있다한다. 이들은 새로운 기술의 출현단계에서부터 원천기술을 확보하고 있기 때문에 향후 줄기세포 관련 산업이 확대될 때 상당한 위협이 될 것이다.

특허관리 전문기업은 전 세계에 200여 개가 있는 것으로 알려지고 있다. 그리고 피해 건수는 미국의 Patent Freedom이라는 단체에 의하면 1998년 50여건에

표 8-2 **특허소송된 건수 상위기업**

| 피해기업 | 2004-2009 | 2009 |
|---|---|---|
| Apple | 56 | 21 |
| Sony | 55 | 17 |
| Dell | 50 | 17 |
| Microsoft | 49 | 10 |
| HP | 48 | 13 |
| Samsung | 48 | 6 |
| Motorola | 46 | 9 |
| AT&T | 44 | 7 |
| Nokia | 42 | 11 |
| Panasonic | 40 | 11 |
| LG | 39 | 8 |

자료: https://www.patentfreedom.com/research.html.

1) Bloomberg, "InterDigital Loses Bid for Agency Review of Nokia Patent Ruling", Oct. 17, 2009.

서 2005년에는 300건을 넘는 것으로 보고된다. 2004~2009년 기간 전 세계에서 가장 많은 소송을 당한 기업은 56건으로 애플사이고 다음은 소니, 델, 마이크로소프트, 휴렛패커드, 삼성전자 순이다. LG전자는 11위이다.

세계적인 기업들이 주 피해자인데, 이들을 제소한 기업이 모두 특허괴물들인 것은 아니다. 주요 기업 간 특허소송 역시 주요한 이슈 중의 하나이다. 2003년 마이크로소프트는 통신 대기업 루슨트-알카텔에게서 윈도우에서 사용하는 MP3 특허를 침해했다는 소송을 당하고 법원에서 사상 최대 규모 수준인 15억 달러의 배상 판결을 받은바 있고, 이에 대해 마이크로소프트는 루슨트-알카텔을 자신들의 특허를 침해했다고 역으로 소송을 걸기도 한다.

삼성전자는 2010년 1월 미국의 반도체 기술회사 램버스와 특허 라이선스 비용 등 7억 달러를 지불하고 관련 소송을 취하하는 데 합의했다. 삼성전자는 선급금으로 2억 달러를 주고 향후 5년간 분기마다 2,500만 달러를 지급하게 된다.[2)]

## 2.2 특허괴물에 대한 대응

지식재산권의 세계, 즉 법의 세계는 기술혁신의 세계와는 다른 세계이다. 다시 말해 우수한 기술의 창출만으로는 이 세계에 대응할 수 없다. 특허침해 소송을 당하고 있는 가장 대표적인 기업들이 기술적으로 가장 우수하고 시장에서도 가장 활발히 움직이고 있는 기업들이기 때문이다.

### 1) 특허괴물의 전략

특허괴물들의 기본전략은 가급적 많은 피해당사자인 원고를 동원하고, 특허법이나 배심원 등에서 유리한 소송지역을 선택하며, 시간을 오래 끈다. 그로 인해 해당기업을 지치게 함과 동시에 이들의 법적비용이 많이 들도록 하는 것이다.[3)] 소송을 당하게 되면 법률비용만 종료할 때 까지 미국에서는 보통 수십만 달러에서 수백만 달러가 소요된다. 여기에 특허침해 비용까지가 포함되므로 기업의 부담은 가중된다. 그렇기 때문에 특허괴물은 소송과정에서도 최대한 소송을

2) 삼성전자, 美 램버스社에 7억弗 주고 소송 취하 합의, 서울경제신문, 2010. 01. 20.

3) "Patent Troll Litigation", Patent World, vol.208, 2008.12-2009.1 지식재산연구원 역, 페이턴트 트롤에 대응하는 기업 전략

지연시키는 전술을 구사하고, 관련 기술을 이용해 납품하는 기업들에게는 그들도 소송피해를 받을 수 있다는 점을 부각시켜 생산 활동이 원활히 이루어지지 않도록 한다.

조정과정에서는 재판 후 보상금액이나 법적인 비용보다 낮은 보상금액을 제시해 합의하려 한다. 당하는 입장에서는 법률비용이 대단히 크기 때문에 이러한 요구에 응하게 되는 것이다. 특허괴물이 제기한 침해소송의 약 90%가 재판 전에 종료되는데, 일반적으로 법원에서 상호 조정기간을 갖도록 하고 있다는 점도 주요한 원인이다. 이로써 특허괴물의 전략이 성공하고 또 다른 피해 사례를 만들고 있는 것이다.

### 2) 집단대응

시스코 시스템즈, 에릭슨, 구글, 휴렛패커드 등 11개 기업은 2008년 비실행기업에 대응하는 Allied Security Trust라는 회사를 만들었다. 이 회사는 각 기업이 부담한 재원으로 특허를 사거나 보유하고 그 특허를 공유하는 형태로 유지된다. 2009년 말 현재 회원사는 매출액 10억 달러 이상의 기업으로 15개사이다.

2008년에는 RPX사가 비실행기업으로부터 피해를 막기 위해 보유 특허를 활용하고 공동으로 특허를 사 모으는 서비스를 시작하였다. 이 서비스는 한 회원사가 침해소송 1건을 당했을 때 드는 비용 이하로 년 회비를 받으며 서비스를 한다. 이들은 비실행기업에 전문적으로 대응하는 서비스이고, 회원사 기업의 특허집합을 통해 비실행기업의 공격에 노출될 수 있는 경우의 수를 낮추며, 관심이 있는 특허의 구입에도 장점이 있다고 주장한다. 엡슨 등이 이 서비스의 회원사이다.

국내에서는 2006년 당시 정보통신부의 지원 아래 국내 대기업과 연구기관 등이 투자자로 참여해 미국에 SPH아메리카라는 특허전문 법률회사를 설립하기도 하였다. 이 회사는 한국전자통신연구원을 대신해 노키아나 소니 에릭슨 같은 글로벌 기업을 대상으로 특허 소송을 제기하기도 하였다.

### 3) 개별기업의 대응

특허괴물에 대한 대응은 크게 기술경영적인 대응과 법적인 대응 및 시장전략적인 대응으로 구분될 수 있다. 기술경영적인 차원의 대응은 개별기업들이 취하는 대응책으로 사업 시작 전 혹은 더 나아가 기술개발 전부터 다른 특허를 침해하지 않는 지를 사전에 파악하여 침해소송을 당할 가능성을 사전에 제거하는 것이다. 이를 위해 특허지도 분석이나 데이터마이닝(data mining) 기법 등이 활용된다. 이 내용은 뒤에서 다시 검토된다.

법적대응 차원에서는, 특허침해소송을 당하게 되면 먼저 초기에 침해한 기술적인 내용을 파악함과 동시에 침해했을 시 보상해야 할 피해액을 산출하는 등의 대응이 있어야 한다. 그러나 지나치게 피해보상을 서두르는 경우 특허괴물에게 휘둘릴 수 있으므로 주의해야 한다. 또한 특허괴물은 대체로 다수기업을 대상으로 소송을 하므로 초기 피해기업이 되지 않도록 회피하는 전략도 필요하다. 순서가 늦으면 다른 기업의 대응을 보아가며 대응할 수 있어서 시간과 비용을 줄일 수 있기 때문이다. 또한 특허 관련기관에 재심사 신청을 하는 방법도 있다. 만약 재심사가 받아들여지면 소송이 지연될 수 있다.

삼성전자의 대응사례는 중요한 시사점을 준다. 이 회사는 2008년까지만 해도 세계에서 가장 피해가 큰 기업이었다. 그런데 2009년에는 6건밖에 피소되지 않아 세계 1위의 오명을 벗어나게 되었다. 삼성전자는 정당한 침해요구에 대해서는 합의하고 적절한 보상을 하지만, 특허괴물에 대해서는 중간에 합의하지 않고 끝까지 대응하는 전략을 취한 것이다. 그 결과 삼성전자와의 싸움은 만만한 게 아니라는 인식이 강해지고, 2009년에는 특허소송을 6건으로 줄일 수 있었다.[4)]

침해소송을 걸어 온 기업이 특허괴물이 아니라면 정당한 보상은 피할 수 없다. 그렇지만 동 업계의 기업이라면 상호 보유특허를 자유로 활용하는 크로스라이센스(cross license)도 중요한 전략이 된다. 그러나 이 전략은 관련 특허를 충분히 많이 보유하고 있거나 핵심기술을 보유하고 있었을 때나 채택할 수 있는 것이다.

---

4) 삼성전자, 특허괴물 강력대응 '효과', 한국경제신문, 2010-01-22.

# 03

# 기술정보분석[5)]

특허지도나 특허마이닝이란 크게 보면 기술정보분석의 한 수단들이다. 특허지도는 특허뿐 아니라 기술 일반을 포함하는 기술지도(technology map)의 한 종류이고, 특허마이닝은 특허뿐 아니라 과학기술문헌 나아가 상품정보나 시장정보에도 적용될 수 있는 데이터마이닝(data mining) 기법이 특허에 적용된 것이다.

## 3.1 기술정보의 유형과 분석목적

### 1) 기술정보의 유형

기술정보는 크게 세 유형으로 구분된다. 첫째는 특허 등과 같은 지식재산권 정보이다. 특허청이 중요한 역할을 하고 특허데이터베이스나 기타 데이터베이스가 중요한 역할을 한다. 두 번째는 과학기술논문 정보이다. 학술논문에도 중요한 과학기술정보가 담겨 있고, 이들 각각은 경우에 따라 특허정보보다 더 큰 역할을 하기도 한다. 세 번째는 새로운 상품정보나 기업에 대한 정보이다. 학술논문은 아니지만 동종 업계의 정보를 전하는 각종 시장전문지 등이 있다.

제조업형 기술에서는 특허정보나 시장에서의 상품정보가 중요하겠지만 과학의 영역에서는 논문정보가 더 중요하다. 또한 과학의존적인 성격이 강한 IT나 BT 혹은 NT 등의 새로운 기술분야에서는 특허정보 못지않게 과학기술논문이 중요하다. 또한 어떠한 경우이든 시장을 알고자 한다면 시장전문 정보를 알아야 한다.

특허정보는 특허청과 같은 각국의 특허기관이 데이터베이스화하여 무료로 제공한다. 다만 너무 방대한 정보이기에 검색하고 분석할 특별한 소프트웨어가 필요하다. 따라서 특허정보를 제대로 활용하기 위해서는 약간의 훈련을 받아야 한다.

5) 설성수, "기술분석의 고도화", 기술혁신학회지, 5-3, 2002.

과학기술분야에는 약 12만여 종의 저널이 있다. 그러나 다행히 각 분야를 대표하는 데이터베이스들이 있고, 그러한 데이터베이스를 모아 놓은 데이터은행들이 있다. 따라서 해당분야 데이터베이스를 검색한다면 관련 논문정보를 쉽게 검색할 수 있다. 공학분야의 COMPENDEX, 화학분야의 CAS, IT분야의 INSPEC (Information Service for Physics, Electronics, and Computing), 의약학분야의 Medline 등이 대표적인 데이터베이스라 할 것이다. 반면 데이터은행으로는 미국과 독일에 의해 운영되고 일본이 참여한 STN International과 완전 상업용 Dialog 등이 있다. 그 밖에도 분야별로 대단히 다양한 데이터베이스들이 있다. 많이 언급되는 SCI(Science Citation Index)는 과학논문을 인용한 데이터만을 모아 놓은 데이터베이스이다.

### 2) 기술정보분석의 목적

기술정보를 분석하는 이유는 다양하다. 기술개발과 관련하여서는, 새로운 기술이나 제품을 개발하는 과정에서 기존 연구와 중복되는가의 판단, 기술적으로 빈 공간 찾기 등의 목적이 있다. 그런가 하면 시장적인 목적을 위해서는 기존 상품과 중복되는 가의 여부 판단, 경쟁적인 기업의 지적재산 활동 식별, 새롭게 진입하는 기업이나 그들의 기술적 내용 식별 등이 존재한다. 기술방어적인 입장에서는 다른 기업이 우리 기술을 침해 활용하는 지를 파악하는 수단이다.

간단히 말해 기술정보분석은 기술개발 여부를 결정해주고, 기술개발의 방향타 역할을 한다. 또한 시장에서의 존립과 경쟁을 위해 필수적으로 필요한 절차이다. 그럼에도 많은 기업들은, 특히 중소기업들은, 기술을 분석하고 시장을 분석하는 기능을 가지고 있지 않다.

이러한 현상은 연구개발을 전문적으로 담당하는 국가 연구소 등에서도 나타난다. 연구개발활동만 있으면 되고, 그러한 활동은 개별 연구자가 당연히 수행해야 하는 기능이라 별도의 조직이 필요 없다고 보는 것이다. 그렇다면 해당 조직 내에서 연구개발이 이루어지지 않는 분야는 어떻게 해야 하는가? 또한 새로운 분야를 공부한 새로운 젊은 인력이 끊임없이 공급되지 않는다면 어떻게 해야 하는가? 급변하는 과학기술의 세계에서 낡은 지식에 머물게 되고 새로운 변화에 뒤처지게 된다. 결국은 도태의 길로 가는 것이다. 단위 연구팀이 할 수 있는 기술정보 검색이 있고 조직 단위에서 점검해야 할 기술정보분석이 있다.

만약 조직 내에 그러한 기능이 없다면 중소기업을 위해 국가가 운영하는 조직이나 상업적으로 전문적인 서비스를 해주는 곳을 찾아야 한다. 보통의 특허사무소는 지식재산권 등록을 대행해 주는 곳이지 특허정보를 전문적으로 분석하는 곳은 아니다. 이들도 간단한 선행특허에 대한 분석을 하지만 이는 등록을 위한 간단한 형태일 뿐이다. 따라서 특허사무소 중에서도 분석기능을 제대로 갖춘 곳을 찾아 서비스를 의뢰하여야 한다.

두뇌 없는 연구개발 활동의 유효성은 보장되기 힘들고, 특허괴물들의 표적이 될 것이다. 기술정보분석은 기술혁신이 있는 곳에서는 필수적인 작업이다.

## 3.2 기술지도

기술지도는 관련 기술이나 특허에 대한 정보를 지도와 같은 모습으로 보여주는 것을 말한다. 수치로 도출된 정보를 그래픽으로 보여주는 것이니 수치로 보여질 수도 있고 지도와 같은 모습으로 보여줄 수도 있다. 이러한 기법은 특허의 데이터베이스화나 온라인화가 완성되며 활성화되기 시작했다. 미국에서도 특허의 데이터베이스화는 1975년에 완성되었기 때문에 특허분석은 1970년대 말부터 본격적으로 등장한다.

특허 출원 문건에는 발명의 명칭, 목적, 구성, 효과를 포함하는 내용, 특허 청구범위, 관련 도면, 출원일자, 출원인, 출원인 소속기관, 비교가 되는 선행특허나 과학기술문헌 등의 정보가 담겨 있다. 여기에 특허분류가 추가되고 키워드가 추가되어 최종적으로 특허가 등록된다. 따라서 특허분석은 특허문건에 담겨있는 정보를 검색한 결과인 통계정보를 활용하는 것이다.

주의할 점은 한국의 특허 데이터베이스에는 인용문건에 대한 정보가 없으나 미국의 특허 데이터베이스에는 각 특허가 등록되기 위해 참고한 선행 과학기술문헌이나 다른 특허가 기록되어 있다. 따라서 미국에서의 특허분석은 인용된 문헌을 추가로 분석할 수 있다는 장점이 있다. 인용분석이란 특허문건에 인용된 과학문헌이나 다른 특허를 분석하는 것을 말한다. 많이 인용될수록 주요 특허이다.[6)]

---

6) Carpenter, M., F. Narin and P. Woolf(1981), "Citation Rates to Technologically Important Patents," World Patent Information 3, pp. 160-163.

■ 그림 8-1 직접메탄올 연료전지(DMFC)의 기술간 인접성 및 특허밀도

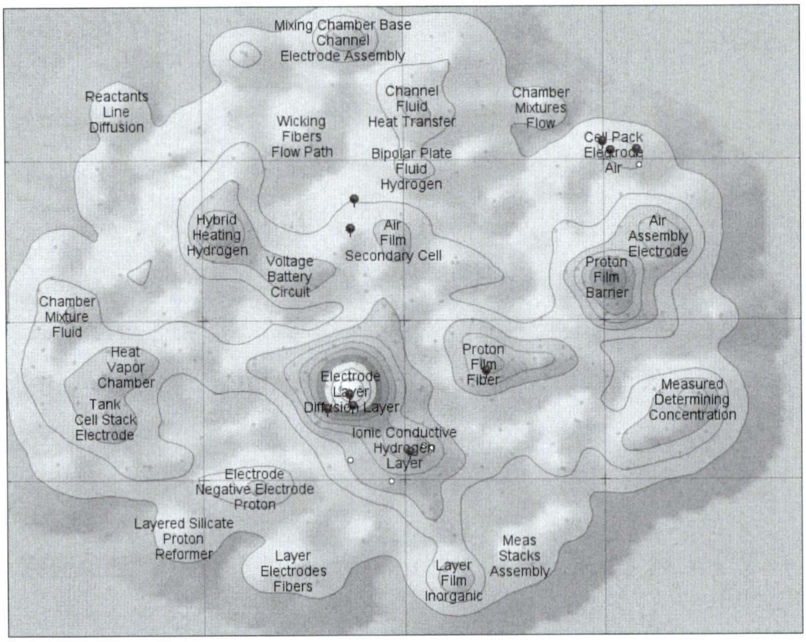


자료: 강희종, 송종국, 연료전지기술의 특허분석 및 시사점, STEPI, 2006. 4. 28.

특허분석은 초기부터 활동성(activity), 즉시성(immediacy), 핵심성(dominance), 활동자(scope) 등의 지표를 개발해 이루어졌다.[7] 활동성은 특허기업 수, 발명자, 분야별 특허수 등의 단순 통계를 지칭하며, 즉시성은 최근 특허에 인용되는 과거 특허의 등록연도를 통해 기술의 연령을 측정한다. 한편 핵심성은 인용 분석을 통해 주요 특허를 파악하는 것을 말하고, 활동자 지표 역시 인용 분석을 통해 핵심 연구자를 파악하기 위한 것이다.

1990년대 이전의 특허분석은 해당 분야 전문가에 의한 전문가 분석적인 의미가 강했다. 그러나 세계 주요국의 특허 데이터베이스가 무료로 제공되기 시작하고 온라인화가 일반화되면서 특허 데이터베이스를 분석하는 여러 소프트웨어들이 개발 보급되어, 특허분석은 해당 분야 전문가가 아니라도 시도할 수 있게 되었고, 그래픽으로 보여지게 되었다.

7) Campbell, Richard, "Patent Trends as a Technological Forecasting Tool," Workshop on Patent and Innovation Statistics, 1982, Paris: OECD. Campbell, Richard, "Patenting the Future - A New Way to Forecast Changing Technology", The Futurist, Washington; Dec 1983; 17-2, 62-68.

■■ 표 8-3 기술지도 예: 기체막 분리장치 특허 수

| 해결수단 / 과제 | | 제막기술 | | | | | | 모듈화 | | | | | | | 시스템화 · 보수 | | | |
|---|---|---|---|---|---|---|---|---|---|---|---|---|---|---|---|---|---|---|
| | | 막재질 | 막기능물질첨가 | 막형상 | 제막기술 | 제공기술 | 복합화 | 결속집속고정접착법 | 모듈구조 | 모듈제조법 | 다단·집적화 | 시스템·장치화 | 타단위조작과의조합 | 구성기기개량 | 운전제어법 | 세정·건조법 | 막검사법 | 보수방법 |
| 이용 목적 | 분리성 향상 | 55 | 30 | | 48 | | | 58 | 69 | 56 | | 58 | 47 | | | | | |
| | 탈기성 향상 | | | | | | | | 34 | 22 | | 48 | | | | | | |
| | 조습성 향상 | | | | | | | | 22 | | | 102 | 24 | 25 | | | | |
| | 증발/증류성 향상 | | | | | | | | | | | 45 | | | | | | |
| | 제조성 향상 | 65 | 34 | | 73 | | | 33 | 31 | 35 | | 72 | 35 | 16 | | | | |
| | 제거능력 | 33 | | | 27 | | | | 28 | 22 | | 97 | 19 | 20 | 27 | | | |
| | 회수능력 | 18 | | | | | | | | | | 43 | 23 | | 26 | | | |
| 기능 향상 | 기능강화 | 111 | 65 | | 94 | | 33 | 28 | 66 | 45 | | 79 | | | 39 | | | |
| | 기능부가 | 32 | 21 | | 22 | | | | 29 | | | 209 | 74 | 41 | 56 | | | |
| | 기능안정 | | | | | | | | | | | | | | | | | |
| 장치화 | 막제조법 개발 | | 79 | | | | 48 | | | | | | | | | | | |
| | 모듈제조법 개발 | | | | | | | 155 | 196 | 182 | | | | | | | | |
| | 운전보수성 향상 | | | | | | | | | | | | | | | 24 | | 21 |
| | 막 내구성 향상 | 43 | | | 36 | | | 28 | 29 | 27 | | 21 | | | | | | |
| | 막 검사성 향상 | | | | | | | | | | | | | | | | | |
| | 소형화 | | | | | | | | 30 | | | 63 | | | | | | |
| | 대형화 | | | | | | | | | | | | | | | | | |
| | 처리능력향상 | | | | | | | | | | | | | | | | | |
| | 저비용화 | | | | | | | | | | | 59 | | | | | | |

자료: 工業所有權總合情報館, 特許流通支援セット, 氣體膜分離裝置, Ⅴ, 2002.3.
주: 원래는 풍선형으로 표시된 것임, 특허 수 20개 이상 셀만 표시

최근에는 주요국 특허 관련 기관은 특허 데이터베이스를 무료로 제공하고 있다. 또한 특허정보를 쉽게 분석할 수 있는 소프트웨어들도 무료로 제공되고 있다. 국내에서는 특허청이 수년 전 PIAS라는 특허검색시스템을 보급한 바 있고,

2000년부터는 주요 기술의 특허지도를 작성하여 배포한 바 있다. 한편 특허청의 검색시스템을 개발했던 윕스사는 주요 국가의 특허데이터베이스를 연계한 후 WIPS검색시스템을 통해 분석하도록 하고 있다.

한국과학기술정보연구원(KISTI)은 과학기술정보 유통의 대표기관으로서 주요국 특허 데이터베이스와 함께 과학기술문헌 데이터베이스를 보유하고 있는데, 특허와 과학기술문헌 모두를 검색하고 분석할 수 있는 Knowledge Matrics(과거에는 KITAS)라는 정보분석시스템을 보유하고 있다.

주의할 점은 기술지도와 유사한 기술개발계획지도(technology road map)가 별도로 존재한다는 점이다. 로드맵은 어떠한 목적지를 찾아 갈 때 활용하는 지도를 말한다. 따라서 기술로드맵은 필요한 기술이나 제품을 개발하기 위해 세부기술을 구분하고 필요시점을 파악한 후, 각 세부기술이 필요한 시점에 완성되도록 순서에 맞게 개발할 시점을 정해, 최종적으로는 목표기술 혹은 제품을 완성해 나가는 개발계획을 말한다.

## 3.3 데이터마이닝

데이터마이닝은 1990년대 초부터 소개되기 시작한 데이터분석기법이다. SAS나 SPSS와 같은 통계처리 패키지보다 좀 더 기계적인 방법으로 데이터처리를 하고자 개발된 것이다. 이 기법은 특허나 문헌검색과 숨어 있는 패턴 도출이라는 용도로만 사용되는 것이 아니라 마케팅, 신용평가, 통계적 품질관리, 텍스트 마이닝(text mining) 등에도 활용된다.

데이터마이닝은 분류, 클러스터링(clustering), 연관규칙, 순차패턴, 사례기반 추론 등의 기법을 활용한다. 연관규칙은 여러 데이터가 있을 때 항목 간에 서로 연관되어 있는지를 가려내는 규칙을 말하고, 순차패턴이란 데이터간의 순서가 발생하는 패턴을 말한다.

데이터마이닝은 방대한 데이터 사이에 숨어있는 지식 패턴을 발견하는 작업이므로 상당한 시간이 요구된다. 수많은 연관성 중에서 일정 수준 이상의 신뢰도와 지지도를 가지는 규칙만을 뽑아내야 하기 때문이다. 따라서 데이터의 양이 늘어난다면 연관성 역시 기하급수적으로 증가할 수 있다. 상업용 데이터마이닝

패키지들은 대부분 기존의 통계패키지의 기능을 보강한 것들이다.

텍스트 마이닝은 문서에서 지식이나 의미있는 패턴을 추출해내는 과정을 일컫는 용어이다. 텍스트마이닝은 텍스트를 다룬다는 점에서 데이터마이닝에 비해 더 어려움이 많다. 대단히 다양한 구조를 갖는 텍스트를 기계가 읽고 학습하여 분석할 수 있는 형태로 전환해야 하고, 그로부터 유용한 지식을 추출하여야 한다.

텍스트마이닝은 아직도 발전 중에 있고 많은 과제를 가지고 있다. 첫째, 다양한 분야에서 문서 내에 존재하는 개념과 어떠한 실체 사이의 관계를 제대로 포착할 수 있도록 하려면 표현방식이 대단히 자유로워야 한다. 다음은 텍스트 자체가 가진 한계로 아직 언어의 이질성이라는 문제가 있고, 각 분야만의 고유한 표현방식과 언어가 존재한다. 실제로 러시아 특허의 경우 러시아어로는 미세한 차이가 드러나지만 영어로 번역된 텍스트의 경우에는 차이가 발견되지 않는 경우가 있다. 따라서 현재까지는 전문가들을 대상으로 한 텍스트마이닝 툴이 있을 뿐이다.

# III

기 / 술 / 혁 / 신 / 론

# 기술과 산업

CHAPTER 09

기/술/혁/신/론

# 기술과 산업

- 산업
- 기초개념
- 산업구조 변화
- 한국의 산업구조 변화

아무리 좋은 기술도 기술만 가지고는 사업에 성공하지 못한다. 기술은 사업의 가장 핵심적인 부분이지만, 그래도 사업을 위한 아이템일 뿐이다. 따라서 기술혁신을 이해하기 위해서는 사업 혹은 비즈니스가 무엇이고, 사업을 하는 주체인 기업이 무엇인가에 대한 이해가 절대적으로 필요하다.

# 01 산 업

## 1.1 개념 정립

### 1) 유사상품 집합으로서의 산업

산업은 유사한 상품들의 집합을 말한다. 따라서 상품에 대한 이해가 먼저 필요하다. 상품은 만들어진 제품과 사람에 의해 제공되는 서비스를 모두 일컫는 용어이다. 제품도 물건만 파는 경우가 있고, 물건과 서비스가 결합되는 경우도 있다. 제품을 공급한다면 제조업이 되고, 제품과 서비스가 결합된 경우는 순수 서비스업과는 다른 형태를 갖는다. 음식업은 음식이라는 제품을 만들어 파는 서비스업인데, 순수 서비스업과는 구분된다. 통신업도 통신이라는 기능과 서비스가 결합된 것이라 순수하게 사람에 의해 이루어지는 순수 서비스업과 구분된다.

산업에 대한 이해는 개별 상품에 대한 이해, 특히 상품의 유사성 여부를 판단하는 것으로부터 출발한다. 간혹 하나의 상품이 한 산업을 구성하는 것처럼 보이기도 한다. 자동차산업 반도체산업과 같은 것이 그 예인데, 사실 이들도 대단히 다양한 상품들의 집합으로 구성되어 있다. 자동차산업을 보면 승용차가 있고 화물차가 있다. 승용차도 대형 버스가 있는가 하면 보통 4-5명이 타는 일반 승용차도 있고 이보다 약간 더 큰 승합차도 있다. 화물차도 1톤급, 4톤급, 8톤급 등 얼마나 다양한가? 그 외에도 이륜차가 있고 특수차들이 있다. 이들 모두를 자동차라는 용어 하나로 이해하고자 한다면 산업에 대한 이해를 포기하는 것과 마찬가지이다.

상품의 유사성과 차이라는 문제를 우리에게 너무도 친숙한 농산물을 대상으로 조금 더 살펴보자. 배추 무우 쌀과 같은 농산물은 농업으로 분류된다. 그런데 그 농산물은 식당으로 가서 음식업의 대상이 된다. 만약 이 농산물이 조금이라도 가공되어 먹거리로 이용되면 이제는 식품산업이 된다. 그리고 그 농산물이 의약품으로 사용된다면 의약품업이 된다. 같은 농산물이 용도에 따라 분류되었고, 가공여부에 따라 또 달리 분류되는 것이다.

산업은 유사성의 정도에 따라 작은 단위에서부터 큰 단위로 점차 수준을 달리하며 커진다. 소형차 중형차 대형차와 같은 자가용산업은 여러 명을 태우는 승합차산업과 합해지며 승용차산업이 되고, 승용차산업은 다시 화물차나 이륜차와 어울리며 자동차산업이 되는 식이다. 작은 규모의 산업을 보통 업종이라 부르기도 한다.

### 2) 상품구분

산업의 기반을 이루는 상품의 종류는 대단히 복잡하고 다양하다. 그렇기 때문에 아주 간단한 형태로 상품의 속성을 구분하기도 한다.

상품은 사용가능 기간에 따라 내구재와 비내구재로 구분한다. 오랜 기간 사용할 수 있는 상품이 내구재인데 가전제품 대부분, 기계 설비 대부분이 이에 해당된다. 비내구재의 가장 대표적인 것이 음식류이다. 내구재의 수명은 사용상의 수명과 법적인 수명으로 구분되기도 한다. 법적인 수명은 주로 회계목적을 위해 설정되는데, 매년 비용처리할 감가상각 액수를 정하기 위한 것이다. 법적인 수명 인정은 보통은 7년인데, 첨단산업의 경우 3년, 발전소 등은 20-30년이 되기도 한다.

사용되는 형태에 따른 분류는 생산재와 소비재가 있다. 생산재는 생산활동을 위해 사용되는 상품을 말하고, 소비재는 최종 소비를 위한 상품이다. 기계설비는 대부분 생산재이고, 의복이나 주택 등은 대부분 소비재이다. 생산재는 사용되는 형태에 따라 다시 자본재와 중간재로 구분되기도 한다. 자본재는 기계설비와 같이 내구적인 생산재를 말하고, 중간재는 생산과정에 투입되는 상품을 말한다. 원자재라 하면 대부분이 중간재에 해당된다. 그런데 이 구분은 누가 사용하느냐에 따라 약간 모호한 측면이 있다. 자동차가 어떠한 기업에서 생산과정에 투입되어 사용되면 생산재이다. 특히 운송회사에서 사용된다면 중요한 자본재 중의 하나인 것이다.

상품을 구분하는 다른 형태로 대체재와 보완재라는 개념이 있다. 대체재는 서로 경쟁관계에 있는 상품이고, 보완재는 바늘과 실처럼 특정 상품의 활용과 같이 가는 상품을 말한다. 자동차와 석유는 보완재적인 관계이고, 특급 기차와 항공기는 대체재이다.

공공재와 사유재 구분도 있다. 사유재는 특정 소유자나 활용자를 위한 상품이고, 공공재는 정부 등 공공기관이 공급하거나 여러 사람에게 관련이 되는 상품을 말한다. 환경 관련 상품은 사유재이지만 공공재적인 성격이 큰 상품이다.

기술제품은 앞서의 상품구분 모두에 적용된다. 내구재가 되기도 하고 비내구재가 되기도 한다. 그런가 하면 자본재와 중간재 및 최종소비재로 활용되기도 한다. 어떠한 상품이 대체재가 될 수도 있고, 보완재도 될 수 있다. 더 중요한 점은 이러한 구분이 시간 흐름에 따라 상품간 관계가 변할 수 있다는 점이다. 기술변화가 한 원인이고 가격변화와 같은 시장변화도 원인이 된다.

### 3) 산업과 기술 및 기업

기술의 집합이 상품이고, 상품의 집합이 산업이 된다. 이는 한 산업이 하나의 기술에만 의존하지는 않는다는 것과 같은 의미이다. 전자산업에 속한 기업은 전자기술이 핵심을 이루겠지만 화학전문가, 생명공학 전문가, 건설전문가도 속해 있다. 반도체산업을 보면 반도체 기술 하나만 있으면 되고, TV는 전자기술 하나만 있으면 되는 것처럼 보인다. 그러나 반도체도 전자기술과 함께 소재기술이 핵심을 이루고 있고, TV 역시 전자기술 외에도 많은 기술이 결합되어 하나의 상품을 이룬다.

이러한 경향은 복합 기술산업에서 더 혼란스럽다. 자동차산업은 자동차 기술이 핵심을 이루지만, 자동제어를 위한 전기전자기술이 바탕이 되고 있고, 바퀴나 내장재에 적용되는 화학기술도 필요하다. 선박산업은 어떠한가. 특히 대규모 승객을 태우고 여행하는 대형 유람선은 선박기술 외에도 호텔기능을 위한 기술 등 사람이 필요한 모든 기술을 다 필요로 한다는 점에서 모든 기술의 복합체라 불리기도 한다.

이제 산업과 기업의 관계를 보자. 상품들의 집합이 산업이지만 한 기업은 여러 상품을 공급할 수 있기에 하나의 산업에만 속하는 것은 아니다. 따라서 기업들의 집합을 산업이라 부르기에는 약간의 문제가 있다. 삼성물산은 건설업과 무역업으로 구성되어 있고, 삼성전자는 반도체 통신 가전 단말기와 같은 전자산업 내에서도 서로 다른 업종의 산업에 속해있다. 현대중공업은 조선업 외에도 중장비나 플랜트 제조업을 겸하고 있다. 이렇게 많은 상품을 공급하는 기업들의 경우에도 주된 상품을 중심으로 소속 업종이 결정된다. 건설업과 무역업을 하는 기업의 경우 무역업의 비중이 크다면 무역업으로 구분되고, 건설업의 비중이 크다면 건설업으로 구분된다. 상품에 따라 하부 단위의 산업에서는 서로 다를 수 있지만, 기업 전체로는 주된 수입을 기준으로 소속 업종이 결정된다.

국가적인 차원에서 혹은 이론적인 차원에서의 산업구분은 주된 수익이 어느 부분에서 발생하느냐에 따라 결정된다. 그러나 업계에서의 작은 단위의 산업, 즉 업종구분은 반드시 그러한 것은 아니다. 예를 들어 전자산업에서 사용되는 소재를 만드는 화학업체도 대부분을 전자산업용을 만든다는 점에서 전자산업으로 분류되기를 원하고, 그렇게 구분되는 경우도 있다.

## 1.2 산업의 존재 이유와 형태

### 1) 존재이유

왜 어떠한 산업이 존재할까? 다른 표현으로 보자면 왜 상품이 존재하고 분화되느냐는 것이다. 이유는 대체로 네 가지로 구분된다.

첫 번째는 자원형으로 가장 오래된 상품집합이다. 수자원, 광물자원, 농업자원과 같이 어떠한 자원이 있기에 그에 바탕을 둔 산업이 존속할 수 있는 것이다. 농업, 임업, 수산업, 광업과 같은 천연자원 분야가 대체로 이 영역에 해당된다. 전통사회에서는 가장 핵심적인 산업이지만 발전된 국가가 될수록 경제 전체에서 차지하는 비중은 점차 줄어든다.

두 번째는 분업형이다. 서로가 전문적인 영역이 있기에 다른 영역을 필요로 하는 것이다. 목수는 철기구 전문가가 필요하고, 음식업도 필요로 한다. “나를 도와줄 누군가가 있으면 좋겠다. 집도 지어주고, 가구도 만들어주고, 장식도 만들어준다면 난 내 일만 할 수 있을텐데..." 이러한 요구가 바로 어떠한 산업의 시작이 되는 것이다. 어떠한 발전단계에 있는 사회이든 자원형과 분업형 산업은 존재한다. 그러나 전통사회의 분업형은 종류도 적고 대단히 제한적이라는 특징이 있다.

세 번째는 기술형으로 산업혁명기 이후 가장 보편적으로 확대되고 있는 상품군이다. 새로운 기술에 의해 상품이 형성되고 산업이 형성되는 것으로 현대 사회에 가장 큰 영향을 미치고 있는 유형이다. 만들어진 제품, 즉 인공물을 다루는 제조업이 여기 속하고, 대부분의 산업이 이 제품에 의해 영향을 받는다. 기술형 산업에 의해 분업형 산업도 대단히 고도화되고 다양해졌다. 현대형 서비스산업이 더욱 고도화된 것이다.

네 번째는 필요형이다. 사람들의 필요에 의해 산업이 만들어진다. 사람들의 필요를 충족시키기 위해 제공되는 모든 상품이 여기에 해당된다. 대부분의 서비스업은 당연히 여기에 포함된다. 소득수준이 높아지고 사회가 고도화될수록 사람들의 필요를 먼저 찾아 제공하는 것이 이 산업의 형성과 발전에 중요 원천이 되고 있다. 필요형 산업은 영속할 수도 있지만 수명이 대단히 짧을 수도 있다. 상황변화에 따라 사람들의 필요가 갑자기 발생할 수도 있고, 소멸될 수도 있기 때문이다.

모든 산업이 이 네 유형에만 속하는 것은 아니다. 사실 여러 요인이 결합되어 산업이 형성되는 경우가 더 많다고 해야할 것이다. 사람들의 필요가 있다해도 기술적인 대안이 없다면 상품이 형성되지 않고 산업이 형성되지 않는다. 그런가 하면 기술적인 대안에 의해 형성된 상품이라도 사람들이 필요로 하지 않는 경우도 존재한다. 자원이 있어도 기술이 없다면 자연적인 형태 그대로만 상품화가 되고, 보다 고도화된 상품이 되지 못한다.

산업의 존재유형을 언급한 것은 어떠한 산업의 발생형태를 이해하자는 것이다. 최근 들어 기술형의 중요성이 커지고 있고, 필요형이 더 부각되고 있다. 기술형의 중요성은 본 교재 전체가 대상으로 하고 있는 영역이라 긴 설명은 생략한다. 필요형의 경우는 초기에 필요의 형태, 필요량 등 어느 것도 분명하지 않은 경우가 대부분이다. 그렇지만 필요의 형태를 규정하고 필요의 내용 자체를 선도하는 것이 바로 산업형성의 시작점이다.

### 2) 존재형태

산업의 존재이유는 존재형태로 연계된다. 사람들이 필요를 바탕으로 하는 산업이라면 인구밀집 지역에서 주로 분포되어 있고 발전한다. 필요형은 인구밀집지역에서 발전할 수밖에 없다. 분업형 역시 사람들이 많아야 분화가 가능하기에 대체로 인구밀집지역에 분포하고 발전한다. 반면 자원형은 자원이 있는 곳에 분포할 수밖에 없다. 농림수산업 중 일부는 근교 농업이라 하여 인구밀집지역 근처에 입지하기도 하지만, 자원형은 자원이 존재하는 곳에 입지할 수밖에 없다.

기술형은 분포형태가 조금은 복잡해진다. 전통적인 제조업의 입지는 자원이 있는 곳에 위치하는 자원입지형, 유통을 중시하는 유통입지형, 시장을 중시하는 시장형 및 사회간접자본이 발달된 공업단지형 등이 있다. 그러나 최근에는 노동력 확보가 용이한 대도시 인근형, 기술력 확보가 필요한 대학이나 연구소 주변 입지형 등이 새롭게 부각되고 있다.

자원입지형은 자원 자체를 생산하는 자원형과 달리 이들 자원을 활용하는 업종이다. 이들이 자원 근처에 입지하는 중요한 이유 중의 하나는 상품을 만들며 폐기되는 자원이 월등 많은 경우이다. 불필요한 부분까지를 시장 근처로 수송해 와서 다시 가공한다면 수송비가 많이 들고 폐기물 처리비용도 만만치 않고 경우에 따라 폐기 자체가 어려워지기 때문이다.

유통입지형은 도로망이 발달되고 교통이 편리해 여러 시장으로 배송이 편리한 지역에 자리를 잡는 산업형태를 말한다. 수송비용과 수송의 이점 자체가 산업의 중요한 경쟁원천이 되는 경우이다.

시장형은 시장의 동향을 쉽게 파악할 수 있고, 시장동향에 쉽게 대응할 수 있는 장점이 있다. 그러나 이들은 인구밀집지역에 인접해야 한다는 점에서 소음, 먼지, 냄새, 연기, 수질 등의 오염 방지와 같은 여러 제약이 따른다. 따라서 굴뚝형 업종은 시장이 있는 인구밀집지역 근처에는 입지할 수 없고, 혐오시설이 아닌 도시형 산업만 분포하게 된다.

최근 부각되고 있는 기술집약형 혹은 지식집약형 산업은 전통적인 자원형, 유통형, 시장형과는 달리 기술을 중시하고 인력을 중시한다. 따라서 기술지식이나 기술인력의 공급이 원활한 대학이나 연구단지 인근에 자리를 잡는 경우가 많다.

## 1.3 산업론

산업을 다루는 학문을 산업론이라 한다. 산업론은 산업이론을 다루는 영역과 개별 산업분야를 다루는 영역으로 구분된다. 산업이론 부분에서는 산업론 일반, 산업기술, 산업조직, 산업구조 및 산업정책이 다루어진다. 개별 산업분야란 전자산업 서비스업 등 모든 산업 각각을 연구하는 분야를 말한다. 지역산업론은 특정 지역의 산업을 연구하는 분야이다. 지역 중 유럽, 동아시아 등과 같이 한 국가를 넘어서는 큰 지역이 연구대상이 되기도 하는데 이러할 경우 구역산업론이라 부르기도 한다.

산업기술론은 산업별 기술에 대한 연구분야를 말한다. 이 분야는 해당분야의 기술개발활동 자체라기보다는 이러한 활동 전체에 대한 조망과 분석에 대한 연구분야이다. 산업별 필요기술의 구조, 기술인력 수급, 기술발전 동향, 기술전망, 산업별 혁신체제 등에 관한 연구가 이루어진다.

산업조직론은 시장의 경쟁상태, 즉 산업의 조직형태와 가격 품질 수량 등의 시장성과의 관계를 다룬다. 시장기구의 작동원리와 과정을 중심으로 본다는 점에서 경제학의 기본과목 중의 하나이다. 산업조직은 공급자나 수요자가 하나밖에 없는 독점, 둘이 존재하는 복점, 몇 개가 존재하는 과점, 경쟁시장 등이 있다.

반면 산업구조론은 산업의 내적구조와 함께 외적 구조를 다룬다. 내적구조에서는 산업조직론에서 다루지 않는 수요구조, 공급구조, 인력구조, 기술구조 등

표 9-1 **산업론의 구조**

| 대분야 | 중분야 | 내용 |
|---|---|---|
| 산업이론 | 산업론 일반<br>산업기술론<br>산업조직론<br>산업구조론<br>산업정책론 | 산업론의 일반사항<br>기술적인 측면<br>경쟁형태<br>산업의 구조, 산업간 연계관계<br>산업관련 정책 |
| 개별산업론 | 전자산업<br>기계산업 등 | |
| 지역/구역산업론 | 한국산업<br>도시산업 등 | |

전반적인 내용을 다룬다. 외적구조는 어떠한 산업의 다른 산업과의 연계구조, 경제 전체를 이루는 산업구조 등이 다루어진다. 그러나 다루어지는 내용이 개별산업론이나 특정한 지역이나 국가를 다루는 구역산업론과 중첩되는 부분이 많아 산업구조론이라는 과목으로 가르쳐지지는 않는다.

산업정책론은 산업과 관련된 모든 정책적인 문제를 다루는 분야이다. 그러나 산업의 문제는 산업 자체에서 해결해야 한다는 사고가 강해서 산업정책론의 역사는 대단히 짧다. 산업정책론은 1970년대 프랑스나 일본에서 등장했다고 평가될 정도이다. 최근에는 산업 자체의 육성, 산업기술의 발전, 경쟁형태 등 산업발전을 위한 모든 부분이 정책의 대상이 되고 있다. 그러나 산업정책은 세계무역기구(WTO) 협정에 의해 다른 나라의 기업에 직접 영향을 미치지 못하도록 상품화 이전, 즉 경쟁전 상태에 대해서만 이루어지도록 강제되고 있다.

# 02 기초개념

## 2.1 신고전파 경제이론과 진화론

### 1) 산업과 시장

산업은 유사한 공정과 기술을 이용하여 생산을 하는 상품의 집합으로 정의되고, 시장은 대체성이 높은 상품들의 집합으로 정의된다. 또한 산업은 사용되는 원자재나 공정의 유사성 혹은 상품의 용도에 의해 구분되지만 시장은 소비자의 사용목적에 의해 결정된다. 어느 개념이든 산업은 공급자가 중심이 되고, 시장은 소비자가 중심이 된다는 차이가 있다.

두 개념은 동일할 수도 있고, 전혀 다른 내용일 수도 있다. 예를 들어 철제가구 산업과 목제가구 산업, 합성수지 가구산업은 분명 원자재가 다르고 공정이 다르기에 다른 산업이다. 그러나 소비자에게 있어서는 이들은 모두 대체재일 뿐이고,

취향에 따라 선택 가능한 가구시장일 뿐이다.

시장을 정의함에 있어서 가장 중요한 개념은 대체성이다. 그런데 대체성은 시간이 지나면서 여러 조건의 변화로 대체관계가 소멸될 수도 있고 새로이 형성될 수 있다는 점을 염두에 두어야 한다. 특히 기술혁신의 세계에서는 그렇다.

어떠한 산업의 규모를 파악하는 척도는 세 가지가 있다. 가장 간단한 척도는 관련된 기업의 수이지만, 기업 숫자만으로는 해당산업의 규모를 파악하기 어렵다. 따라서 해당산업에서의 전체 매출액 혹은 생산액을 가지고 규모를 파악한다. 세 번째는 해당산업에 속한 취업자 수로 산업의 규모를 파악하기도 한다.

주의할 점은 매출액과 취업자 수의 상관관계가 그리 높지 않다는 점이다. 매출액이 커도 취업자는 상대적으로 작을 수 있고, 반대로 취업자가 많아도 매출액은 많지 않을 수 있다. 정유산업같은 경우는 매출액에 비해 취업자가 상대적으로 적고, 섬유봉제업 같은 경우는 매출액에 비해 취업자가 상대적으로 많다. 해당산업의 자본장비율, 부가가치율 등에 의해 매출액과 취업자 수의 관계가 형성된다. 자본장비율은 근로자 1인당 장비비용 혹은 1인당 자본액이라는 의미이다. 자본집약도 역시 자본장비율과 같은 의미를 가지고 있으나 근로자 1인당 총자산의 의미도 있다.

### 2) 기술과 산업의 시차

기술은 모여 상품이 되고, 상품은 모여 산업이 된다고 하였다. 그러면 새로운 기술이 상품이 되고 새로운 상품이 모여 산업이 되는 시간은 어느 정도일까? 기술이 상품이 되는 시간과 상품이 산업이 되는 시간을 나누어 두 단계로 살펴보자. 새로운 기술이 새로운 상품이 되는 시간은 상품에 따라 다르다. 기술개발 기간이 다르고 상품화 기간이 다르기 때문이다. 과학형 원천기술이라면 상품화가 되는 데에 10년 이상이 소요될 것이고, 현장형 기술이라면 몇 개월일 수도 있다. 새로운 상품이 산업으로 인지되기 시작하는 경우는 상품시장의 규모에 따라 다르다. 해당 상품시장의 규모가 크다면 처음부터 독립된 산업으로 간주되지만, 규모가 작다면 기존의 상품이나 다른 상품과 묶여 독립적인 업종으로 간주되지 못한다. 그러나 경제 전체로 볼 때 새로운 영역을 개척하는 기술분야는 보통 5-10년 정도가 소요되어 새로운 산업으로 안착된다고 본다.

최근의 소비재 전자제품은 기존의 기술과 산업의 시차관계 추세를 넘어서고 있다. 2010년 애플사에 의해 등장한 스마트 폰은 등장 첫해에 하나의 산업을 형성한 대표적인 예라 할 수 있다. 애플의 아이폰에 대항하기 위해 등장한 삼성전자의 갤럭시 S폰은 수십만원 대의 고가이지만, 2010년 출시 7개월 만에 1,000만 대가 팔릴 정도이었다.

### 3) 진입과 퇴거장벽

누구든 언제든 어떠한 산업에 진입할 수 있는 것은 아니다. 산업에 따라 여러 형태의 진입장벽이 있기 때문이다. 진입장벽이란 해당분야에서의 활동 자체를 불가능하게 하는 장벽을 말한다. 진입장벽은 기존 기업에게는 중요한 보호막이 되지만 새로운 기업은 전혀 활동을 못하게 만든다. 진입장벽의 원인은 물리적 장벽, 법규적 장벽, 기술적 장벽 및 경제적 장벽으로 구분될 수 있다.

물리적 장벽이란 이동불가능성이 가장 중요한 원인이다. 이동성이 없거나 이동에 많은 비용이 드는 경우 해당산업은 강한 진입장벽을 갖는다. 법규적 장벽은 법률이나 정부의 명령 등에 의해 특정산업에 진입이 안되는 경우이다. 전화와 같은 기간통신업은 정부의 허가제이다.

기술적 장벽에는 크게 두 원인이 있다. 하나는 절대적인 기술우위에 입각한 장벽이다. 기술능력이 없기에 시장에 진입할 수 없는 경우이다. 두 번째는 규모의 경제성이나 네트워크 경제성과 같은 속성으로 진입이 안되는 경우이다. 규모의 경제성은 생산규모에 따라 단위비용이 감소하는 현상을 말한다. 따라서 기존 기업은 적정규모를 유지하는 경우가 대부분이기에 생산비를 최대한 낮게 설정할 수 있지만 신규 기업은 생산량이 적기에 생산비가 높아진다. 기술적인 요인에 의해 생산비가 결정되고, 그로 인해 진입이 자연스럽게 억제되는 것이다. 사용자가 많으면 많을수록 생산비가 낮아지는 네트워크 경제성도 마찬가지 현상을 유발시킨다.

경제적 장벽은 비용우위, 임계가격 정책 및 소비자 관성 혹은 충성도 등에 의해 결정된다. 비용우위란 여러 이유로 비용이 특히 낮아지는 경우를 말한다. 임계가격 정책이란 다른 기업이 진입하려하면 생산비 수준의 가격을 설정해 다른 기업의 진입을 저지하는 경우이다. 물론 경우에 따라 생산비보다 낮은 가격을 설정해 진입을 방해하기도 한다. 소비자의 충성도는 소비자들의 특별한 사랑을 받을 수 있는 요인에 의해 생겨난 장벽으로 소비자의 선호도가 큰 물품 혹은 한 번 선택하면 바꾸기가 어려운 내구재나 고가의 물품 등에서도 이러한 현상이 나타난다.

## 2.2 경쟁형태로서의 산업조직

### 1) 시장형태

산업과 시장의 개념 차이가 있기에 어떠한 산업에서의 경쟁형태는 시장에서의 경쟁형태와는 다른 개념임을 알 수 있다. 따라서 경쟁형태를 논할 때는 실질적으로 경쟁이 이루어지는 시장경쟁을 언급하는 것이 더 타당하다. 철제가구 시장에서의 경쟁보다는 가구시장에서의 경쟁이 훨씬 현실적이라는 말이다.

시장의 가장 기본적인 경쟁형태는 완전경쟁이다. 시장참여자는 누구든 상품의 질과 가격에 의해 경쟁을 하는 시장이다. 이에 대비되어 완전한 경쟁이 이루어지지 못하고 있는 시장은 불완전 경쟁시장이라 부르고, 경쟁이 전혀 없는 시장은 독점시장이라 부른다. 불완전 경쟁시장에는 참여자가 둘인 복점, 4-5명인 과점이 있다.

시장의 경쟁형태는 공급자인 기업을 중심으로 하느냐 수요자를 중심으로 하느냐에 따라 공급독점, 수요독점 등의 형태로 구분된다. 공급자가 하나밖에 없다면 공급독점이고, 수요자가 하나밖에 없다면 수요독점이라 한다.

시장의 경쟁형태가 중요한 이유는 그로 인해 시장에서 결정되는 가격이나 상품의 질이 차이를 보일 수 있기 때문이다. 공급기업이 1개에 불과하고 그 상품을 불가피하게 사용해야만 한다면 해당기업은 얼마든 가격을 가지고 횡포를 부릴

표 9-2 시장형태

| 시장유형 | 경쟁자 수 |
|---|---|
| 완전경쟁 | 많음 |
| 불완전 경쟁<br>복점<br>과점 | <br>2<br>4-5 |
| 독점 | 없음 |

수 있고, 상품의 질도 좋아질리 없다. 그러기에 이 기업은 상품의 질을 개선하고 새로운 상품을 공급할 동기가 없어 기술개발 노력을 등한시하게 된다. 수요기업이 하나라면 반대의 경우가 발생한다. 가격을 원하는 수준까지 낮추어 요구할 것이고, 공급기업간 경쟁이 치열해져 궁극적으로는 어느 공급기업도 건강한 형태로 성장하지 못한다는 위험성을 가지고 있다.

그런데 특히 공급자가 1~2개인 경우라도 마치 경쟁적인 시장처럼 가격이 결정되고 시장 전체가 움직이는 경우도 있다. 국지적으로는 독점이나 복점이라도 타 지역의 혹은 외국의 기업이 시장에 진출하는 경우 실제로는 경쟁과 비슷한 현상이 발생할 수 있다. 이러한 시장을 준경쟁시장(contestable market)이라 한다.

기술적인 독점력을 가진 기업은 자연스럽게 시장에서 독점적인 지위를 가지게 되어 가격결정이나 제품공급에 있어 절대적인 힘을 갖게 된다. 이러한 독점시장도 많은 경우 시간이 흐르며 대체기술이 등장하여 어느 정도의 경쟁이 존재하는 과점시장이 되는 것이 일반적이다. 반면, 대체기술이 상당기간 출현하기 어려운 기술분야는 의약품이나 신소재 등에서 많이 나타난다.

기술적인 독점이 존재하면 시장에서의 독점이나 과점으로 이어져 기업 입장에서는 아주 행복한 위치에 있게 된다. 그러나 경제 전체로 보자면 독점기업에 의한 피해가 크기 때문에 공정거래위원회와 같이 공정거래만을 전담하는 정부기관이 있고 이들은 독점기업의 활동을 감독한다. 가격인상의 상한선을 두는가 하면 독과점화가 되는 것 자체를 억제하기도 하고, 새로운 기업의 진입을 장려하기도 한다. 그렇기 때문에 독점력을 행사할 수 있는 기업도 시장전략상 힘이 약한 군소업체의 존재를 묵인하기도 한다.

### 2) 시장집중도

어떠한 시장에서 몇 개의 기업이 어느 정도의 시장지배력을 가지고 있는 지를 파악할 필요가 있다. 시장에 2개의 업체가 있는데 점유율 90%와 10% 업체가 있는 경우와 점유율 55%와 45% 기업이 있는 시장에서 나타나는 각종 현상이 다르기 때문이다. 특정 시장에서의 지배력을 파악하는 지표 중의 하나는 시장집중도(concentration ratio)이다. 시장집중도로 상위 몇 개 기업의 시장점유율을 합한 수치는 $CR_k$라 표현한다. 여기서 k는 상위의 몇 개의 기업을 고려했느냐를 보여주는 수치이나, 보통 상위 3개 기업의 점유율을 합한 수치를 이용한다. 이는 한국 일본이나 유럽에서 많이 사용하는 지표이다.

시장에서의 경쟁상태를 파악하는 또 다른 지표로 허핀달-허쉬만지수(Herfindahl-Hirschman Index)가 있는데, 특히 미국에서 많이 사용한다. 이는 해당시장에서 활동하는 기업을 매출액이나 자산규모별로 나열하고 이들의 시장점유율을 %로 표시한 후, 이들 점유율의 제곱을 합산한 수치이다. 이 수치가 1,000 이하이면 경쟁시장으로 평가되고, 1,000−1,800은 다소 독과점이 존재하는 상황, 1,800 이상은 독과점이 심한 상태로 인식하는 것이 일반적이다. 시장점유율이 50%, 30%, 20%인 사업자 3개가 있으면 이 지수가 3,800이 된다.[1] 반면 점유율 10%인 기업 10개가 활동하고 있는 시장이라면 이 지수는 1,000(10*10*10)이 된다. 전자는 기업들의 시장지배력이 아주 심한 형태이고 조그만 기업 10개로 구성된 후자는 경쟁이 있는 시장이라 할 것이다.

## 2.3 산업의 내부구조

### 1) 산업의 수직구조 및 하청구조

산업의 수직구조를 설명하기 위해 조선산업을 예로 들어보자. 철광석을 캐내는 광업기업에서 철광석이 제철기업으로 넘어가 철강으로 변한다. 이 철강은 철구조물 기업으로 넘겨진 후 다양한 형태로 변형되어 선박기업으로 넘겨진다. 다른 경로에서는 강철이 엔진공장으로 넘어가고, 엔진공장에서는 다른 구조물과 결합되어 엔진시스템을 형성한다. 이후 선박기업에 넘겨져 선박에 탑재된다. 이 간단한 예는 선박기업이 가진 2개의 수직구조를 보여주고 있다. 원자재에서 최종 제품이 되는 과정을 산업의 수직구조라 한다. 그런데 수직구조는 위의 예에서 보듯이 여러 구조가 형성될 수 있다.

수직구조가 의미를 갖는 것은 여러 이유이다. 첫째는 안정적인 공급이다. 2010년 중 전자제품에 아주 소량 사용되는 희토류로 인해 중국과 일본의 불화가 있었다. 전 세계 희토류의 90% 이상을 차지하고 있는 중국이 희토류를 수출하지

1) $50*50+30*30+20*20=2500+900+400=3800$

않는다면 일본과 미국의 기업은 생산이 중단된다. 이들 기업은 당연히 희토류의 안정적인 확보에 큰 노력을 기울이게 된다. 두 번째로 가격, 즉 상품의 비용구조 역시 수직구조를 확보하기 위한 중요 이유이다. 해당상품의 비용구조에서 큰 비중을 차지하는 원자재 가격이 불안정할 경우 이 기업의 비용구조 역시 불안해지고 가격경쟁력이 발휘되지 못한다. 셋째로, 원자재 공급 시간을 적절히 조절할 수 있다는 것도 수직구조가 의미를 갖는 이유이기도 하다. 적절한 시간에 맞추어 공급될 수 있으면 많은 양을 사전에 구매하지 않아도 되므로 그에 해당되는 이자비용이나 보관비용을 절약할 수 있다.

수직구조는 제품을 생산하는 입장에서는 간단히 하청관계라는 용어로도 설명된다. 현대자동차의 협력업체는 2000년대 중반 1차 공급회사가 360여 업체, 2차 공급회사가 2,200업체 그리고 부품외의 상품 납품업체가 700여개 등 3,300여개에 이르고 있다. 자동차에는 20,000여개의 부품이 필요하다보니 이 정도되는 납품업체가 필요한 것이다. 1차 공급회사란 현대자동차에 직접 납품하는 회사를 말하며, 2차 납품회사는 1차 납품회사에 원자재를 공급하는 회사를 말한다. 따라서 3차 납품회사는 2차 납품회사에 원자재를 납품하는 회사이다. 합성고무를 공급하는 회사가 3차라면, 이를 이용해 바퀴의 겉 부분을 만드는 회사가 2차, 바퀴를 최종 조립하여 납품하는 회사는 1차 회사라 할 수 있다.

만약 이러한 관계에서 3차 하청업체 중의 하나가 노사분규 등의 이유로 작동되지 않으면 해당 부품의 수직구조 뿐 아니라 자동차 생산 전체가 중단될 수도 있다. 실제로 노사분규가 한창 심한 시기에 3차 업체의 노사분규로 현대자동차의 조업이 중단된 사례도 있다. 그러므로 최종 조립기업은 항상 복수의 기업들이 해당 원자재를 공급하도록 하고 있고, 가급적 관련 기업의 수를 줄여 나가려 노력하고 있다. 일례로 세계 최대의 자동차 생산업체 도요다자동차는 1차 공급자를 200개 이내로 제한해 운영하기도 한다.

수직구조 전체를 관리하여 원자재 구입의 안정성을 높이고, 각 공정을 분할하여 생산원가를 낮추고, 그러면서도 전체가 하나로 작용하도록 하는 등의 노력을 공급사슬관리(SCM: supply chain management)라 부른다. 공급사슬관리는 컴퓨터 네트워크를 통한 수직구조 연계를 통해 실시간으로, 정확한 주문이 가능하도록 하여 원자재 공급의 안정성 뿐 아니라 재고관리나 생산시간 단축 등의 비용

감소 효과를 얻고자 한다. 나아가 세계 전체에 흩어져 있는 모든 하청기업과 공장을 관리함으로써 그 자체에서 새로운 부가가치를 찾으려 노력하기도 한다.

### 2) 전후방산업과 연관효과

수직구조의 어느 한 지점에서 볼 때 앞으로 진행되는 산업을 전방산업이라 하고, 해당산업까지 원자재를 공급해 준 산업을 후방산업이라 한다. 철강업체 입장에서는 철광석은 후방산업에서 공급되는 것이고, 자동차는 전방산업에 해당된다.

어느 한 지점에서 전후방산업과의 관계를 연관효과라 한다. 전방산업과 더 밀접히 연결된 산업이 있는가 하면 후방산업에 더 밀접히 연결된 산업도 있다. 그런가 하면 전후방 모든 산업에 큰 영향을 주는 산업도 있다. 어느 한 지점에서 볼 때 전체 원가에서 원자재 비중이 크다면 후방효과가 큰 것이고, 해당 지점의 산업이 다른 산업의 원가에서 차지하는 비중이 크다면 전방 연관효과가 크다고 부르는 것이다. 봉제업에서 섬유업의 비중이 큰 것은 후방 연관효과가 큰 것이고, 반도체 입장에서는 반도체가 원가의 대부분을 차지하는 휴대용 저장장치(USB) 산업은 전방 연관효과가 크다고 부르는 것이다.

산업간 연관효과는 경제 전체에서 파악되고 있다. 산업연관표(input-output table)는 경제 전체의 모든 산업간 주고 받는 관계를 분석한 통계표로 한국은행에서 매 3년과 8년에 발표하고 있다. 경제 전체를 19개 산업으로 구분해 간단하게 파악하기도 하고, 수백 개로 구분해 아주 자세히 산업간 관계를 분석하기도 한다. 이러한 분석을 산업연관분석이라 한다.

개별기업이 생산액 혹은 부가가치 비중이 큰 기술에 우선 관심을 두듯이 국가적인 입장에서도 경제 전체에 큰 영향을 주는 기술산업을 중시할 수밖에 없다. 따라서 어떠한 새로운 기술산업이 등장하면 자체 생산액과 함께, 이 산업으로 인해 다른 산업에서 유발될 생산액도 중요하게 검토된다. 이는 고용도 마찬가지이다. 해당산업에서의 고용증가는 물론이고, 다른 산업에서 발생한 고용증가도 같이 고려하는 것이다.

## 2.4 첨단사업

산업과 관련된 논의에서 반드시 등장하는 용어 중의 하나는 하이테크산업 혹은 첨단산업이라는 용어이다. 그런데 이 용어는 개념적으로 모호하므로 분명한 의미를 염두에 두고 사용될 필요가 있다. 첨단산업이라는 용어는 〈표 9-3〉에서 보는 바와 같이 판단하는 기준이 산업단위, 제품단위, 제품군 단위, 출현시기 등 여러 가지이다.

산업기준은 매출액 대비 R&D지출액의 비율인 기술집약도나 기술전문가 비율을 통해 첨단산업을 파악하는 개념이다. 그러나 이에도 기술집약도의 수준을 어떻게 설정할 것인가에 따라 여러 기준이 있다. Boretsky(1974)는 첨단기술산업은 기술집약도가 10% 이상이거나 해당분야의 기술전문가 비율이 10% 이상인 산업을 말하고, 기술집약산업을 기술집약도 5% 이상 혹은 전문가 비율 5% 이상으로 설정한다.

단일제품을 기준으로 하는 경우에서도 어느 수준 이상으로 기술집약도를 설정할 것인가에 따라 첨단산업의 범주가 달라진다. 보통은 평균이상의 기술집약도를 가진 산업을 말하나 이 역시 집약도가 아주 큰 경우만 선정할 수도 있다.

단일제품을 기준으로 하게 되면 해당제품에 사용된 부품의 첨단여부를 판단하지 못하는 경우가 발생한다. 따라서 해당제품에 사용된 부품까지를 포함한 제품군의 R&D까지를 포함해서 기술집약도를 계산하는 방법을 사용하기도 한다. 이 경우도 포함범주는 평균 이상의 그룹을 선택하거나 그보다 훨씬 큰 경우만 선정할 수도 있다.

일본 통산성에서는 출현시기를 기준으로 첨단산업을 판단한 적이 있다. 이들은 5년 이내에 상품화되었거나 상품화 직전의 기술상품을 지칭한다. 이 방법은 판단이 단순하기는 하나 기술적인 집중도를 알 수 없다는 단점이 있다.

국가 단위에서 첨단산업을 별도로 구분하고자 하는 이유는 이들이 다른 기업이나 산업에 비해 큰 차이를 보이기 때문이다. 이들은 전반적으로 고도 기술산업인 관계로 매출액 대비 부가가치 비율이 높고, 성장성이 높다. 또한 고용증가율도 보통의 산업에 비해 높다. 더 중요한 점은 이들의 기술상품은 다른 산업의 생산성을 향상시켜 경제 전체에 큰 영향을 준다는 점이다. 또한 국방부문에서도

표 9-3 첨단산업 판단기준

| 판단기준 | 판단방법 |
| --- | --- |
| 산업<br>- 첨단기술산업<br>- 기술집약산업 | <br>기술집약도 10% 이상, 전문가 비율 10% 이상<br>기술집약도 5% 이상, 전문가 비율 5% 이상 |
| 제 품 | 평균이상의 기술집약도 제품 |
| 제품군 | 제품그룹, 즉 중간재의 R&D도 포함해서 기술집약도 계산 |
| 출현시기 | 5년 이내 상품화 혹은 상품화 직전의 기술 |

주: 기술집약도 = R&D지출/매출액 비율.
자료: 김준현, 김영호 역, US Department of Commerce, 미국 첨단기술산업의 경쟁력 평가, 한국산업기술경제연구원, 1983.

우수한 기술로 중요한 역할을 한다.

그렇지만 첨단산업이 반드시 제조업일 필요는 없고, 다른 분야에 큰 영향을 미치는 것만은 아니다. 먼저 기술집약도가 10%가 넘는 목욕탕을 상정해 보자. 이 목욕탕에서는 피부보호나 건강증진을 위해 목욕을 어떻게 해야 하고, 어떠한 조건이 필요하고, 어떠한 비누나 향수 혹은 약재가 필요한 지를 연구한다. 그렇기 때문에 매출의 10% 이상을 연구비로 사용하고 있다. 출현시기를 기준으로 한다면 이는 첨단산업이 될 수 없다. 그러나 이러한 노력은 산업의 개념 자체를 바꾸어가는 혁신적이고 첨단의 노력인 것은 분명하다. 이러한 경우라면 첨단산업이라 불러도 무방할 것이다.

반면 기업 전체를 바꿀 정도의 기술혁신을 시도하는 기업이라도 첨단산업에 포함되는 것은 아니다. 옷을 만드는 어떤 봉제업체는 최근 사용하던 모든 장비를 최신식 기기로 바꿈과 동시에 공정 전체를 자동화하였다. 다른 봉제업체에서는 상상도 할 수 없는 시도를 한 것이다. 그럼에도 이들은 지출이 연구비 형태가 아니고 기계설비 구입비라면 첨단산업이라 평가되지 않는다.

# 03
## 산업구조 변화

한 사회의 중심적인 산업은 그 사회의 성격을 사실상 규정짓는다. 그리고 이러한 현상이 오랜 시간 집적되면 결국은 사회 정도가 아니라 문명 전체를 규정짓는다. 사실 주된 산업은 인간의 삶을 결정짓는 주요한 도구를 제공하기에 오랜 시간 누적된 산업구조의 여파는 문명의 성격 자체를 규정짓는 것이다.

수렵이 주된 사회는 수렵사회라 불리운다. 이 사회에서는 사냥을 위한 칼과 활이 삶을 유지하는 중요한 수단이 되며, 사회적으로는 강한 힘과 조직력이 우선되는 사회이다. 사냥으로 확보되는 먹거리가 시간에 따라 달라지고 충분치 않을 수 있기에 인구가 많아지고 집중되기 어렵다.

반면 농업이 주된 사회에서는 한 곳에의 정착과 집단화가 가속되고, 농작물 수확을 위한 각종 수단을 강구하는 것이 사회적으로도 아주 중요한 일이 된다. 날씨를 알아보기 위해 천문이 발달해 과학발전의 계기가 되고, 물 확보와 관리는 중요한 기술적인 대상이 된다. 사회적으로는 질서가 강조되고 사회적 힘을 가진 사람이 사회를 지배하게 된다.

산업혁명 이후 제조업이 발전하기 시작한 이후에는 문명의 기술의존적인 성격이 강화되고, 기술을 다루는 사람들 중에서 새로운 영웅들이 탄생한다. 사회 각 분야가 분화되고 전문성이 필요해짐에 따라 교육이 필요해지고 사람들의 문맹율은 급격히 낮아진다. 또한 정치적으로는 일반인에게도 정치참여의 기회가 제공되고 점차 활발해지기 시작한다. 사람들의 이동성도 높아지므로 사회간, 지역간 비교가 가능해지고 서로의 학습속도가 빨라진다. 우리가 익히 알고 있는 산업사회인 것이다.

기계가 아니라 지식과 정보가 경제생활의 주된 원천이 되고 있는 작금과 같은 지식사회에서는 지식과 정보를 가진 자 혹은 이를 창출하는 자가 사회적으로 높은 대우를 받게 된다. 산업사회와는 전혀 다른 교육이 이루어지고 삶의 패턴이 형성된다. 대량생산 대량소비라는 산업사회의 특성이 사라지고 다원화, 다양화가 기본이 되는 사회가 된다. 이것이 산업이 사회를 변화시켜 오는 기본적인 패턴이다.

## 3.1 구체적인 산업구분

모든 나라는 자신들의 산업활동을 측정하기 위해 산업을 구분한 표준산업분류를 가지고 있는데, 이는 UNESCO가 권장한 국제표준산업분류를 바탕으로 하고 있다. UNESCO는 큰 분류에서는 국가비교가 가능하도록 하고, 세부 차원에서는 각국의 독자적인 상황을 반영할 수 있도록 권장하고 있다. 그런데 어떠한 산업분류이든 고정된 것이 아니라 산업의 발전에 따라 분화되고 다원화되므로 어느 시점의 산업분류인지를 명확히 할 필요가 있다. 〈표 9-4〉는 현재 사용되고 있는 한국의 표준산업분류이다.

### 1) 21개 대분류 산업

산업의 종류가 많기에, 다시 말해 경제활동의 종류가 많기에 산업구조 전체를 한눈에 파악하기는 쉽지 않다. 〈표 9-4〉에서 보는 산업은 대분류 산업이다. 이 정도도 한 눈에 파악하기가 쉽지 않은데, 산업분류는 대분류 밑에 중분류, 소분류, 세분류 등으로 구분된다. 또한 다만, 가장 최근의 변화로는 하수폐기물 처리업, 전문 과학기술서비스업의 별도 산업으로의 분리가 주목된다.

### 2) 제조업의 세부 분류

여러 대분류 산업 중 세부산업이 가장 많고 복잡한 산업이 제조업인데, 제조

표 9-4 한국의 표준산업분류

| | |
|---|---|
| A 농림수산업 | L 부동산업 및 임대업 |
| B 광업 | M 전문, 과학 및 기술 서비스업 |
| C 제조업 | N 사업시설관리 및 사업지원 서비스업 |
| D 전기가스수도업 | O 공공행정, 국방 및 사회보장 행정 |
| E 하수폐기물 처리, 원료재생 및 환경복원업 | P 교육 서비스업 |
| F 건설업 | Q 보건업 및 사회복지 서비스업 |
| G 도매 및 소매업 | R 예술, 스포츠 및 여가관련 서비스업 |
| H 운수업 | S 협회 및 단체, 수리 및 기타 개인 서비스업 |
| I 숙박 및 음식점업 | T 가구내 고용활동/기타 자가소비 생산활동 |
| J 출판, 영상, 방송통신 및 정보서비스업 | U 국제 및 외국기관 |
| K 금융 및 보험업 | |

표 9-5 표준산업분류 상의 제조업

| 코드 | 명칭 | 코드 | 명칭 |
|---|---|---|---|
| 10 | 식료품 | 22 | 고무/플라스틱제품 |
| 11 | 음료 | 23 | 비금속 광물 |
| 12 | 담배 | 24 | 1차 금속 |
| 13 | 섬유 | 25 | 금속가공 |
| 14 | 의복/액세서리/모피 | 26 | 전자부품/컴퓨터/영상/음향/통신장비 |
| 15 | 가죽, 가방 및 신발 | 27 | 의료, 정밀, 광학기기 및 시계 |
| 16 | 목재 및 나무제품 | 28 | 전기장비 |
| 17 | 펄프/종이/종이제품 | 29 | 기타 기계 및 장비 |
| 18 | 인쇄/기록매체 복제업 | 30 | 자동차 및 트레일러 |
| 19 | 코크스/연탄/석유정제품 | 31 | 기타 운송장비 |
| 20 | 화학물질 및 화학제품 | 32 | 가구 제조업 |
| 21 | 의료용 물질 및 의약품 | 33 | 기타 제품 |

업의 세부 산업은 〈표 9-5〉와 같다. 가장 오래되고 전통적인 음식료담배산업부터 컴퓨터 음향통신기기산업까지가 나열되어 있다. 기술에서 산업을 본다면 공과대학의 학과 종류보다 제조업의 종류가 더 분화되어 있다할 것이다.

## 3.2 추상적인 산업분류

### 1) 전통적인 산업구분

산업의 종류가 많으므로 산업구조 변화를 파악하기 위해 산업을 보다 단순화시켜 파악하게 된다. 1930년대 말 콜린 크라크(Colin Clark)는 산업을 1차 산업, 2차 산업, 3차 산업과 같이 세 유형으로 구분하였다. 1차 산업은 농업, 임업, 수산업, 광업과 같은 자연에서의 채취업을 지칭하고, 2차 산업은 자연에서 채취된 대상을 가공하거나 전환하는 전환업, 3차 산업은 이에 속하지 않는 산업이다. 한편, 그는 경제가 발전하며 3차 산업의 비중이 커진다고 지적한 바 있다.

그런데 1차, 2차, 3차 산업이 구체적으로 어느 산업이냐에 대한 의견은 조금씩 다르다. 광업도 단순 채취형 광업이 있는가 하면 가공형 광업이 있다. 또한 건설업, 전기업, 가스업, 수도업, 통신업 등도 가공과 수송이라는 기능을 가지고 있다. 산업이 다양해지며 2차 산업의 범주를 가공이나 전환이라는 개념만 가지고는 설정하기 어려워진 것이다. 2차 산업의 정의가 모호해지면, 1차 2차가 아닌 다른 산업으로 정의되는 3차 산업도 모호해진다. 따라서 1차 산업은 보통 농림수산업으로 규정하고, 2차 산업은 광공업, 즉 광업과 제조업만으로 규정하기도 한다.

광업과 제조업만을 구분하는 이유는 이 두 산업이 제조업 중심사회, 즉 산업사회에서는 필수적인 산업이었기 때문이다. 건설업, 전기업, 가스업, 수도업, 통신업은 결국 광업과 제조업의 바탕이 없으면 발전하기 어렵다. 과거에는 광업과 제조업은 모든 산업의 기초이었던 것이다. 일본은 2차 대전에서의 패전 후 철강과 석탄 두 산업을 통해 모든 산업의 기반을 갖추어 갔다. 현존하는 철강을 석탄생산에 투입하여 석탄생산을 늘리고, 늘어난 석탄생산량은 다시 철강생산에 사용되었다. 석탄과 철강의 상호의존적인 발전을 바탕으로 다른 제조업의 부흥을 이루었던 것이다. 한국도 광공업 중시 정책은 1970년대 이후 1990년대 까지 지속되었다.

### 2) 전통적인 제조업 구분

제조업이 중심인 산업사회에서는 제조업의 세부 업종에 대한 이해가 무엇보다 중요하였다. 각 업종의 속성을 파악하여야 했고, 제조업종 중에서도 어떠한 업종이 경제발전에 더 유리한 지를 파악해야 했기 때문이다.

제조업은 먼저 경공업, 중화학공업 및 전자산업으로 구분된다. 초기의 제조업 논의에서는 전자산업은 빠지고 오직 경공업과 중화학공업만이 언급되었으나 최근에는 이 구분에 전자산업을 포함시킨다. 경공업은 음식료품 제조업, 섬유의복 제조업, 나무 및 종이제조업 등을 말한다. 또한 중화학 공업은 석유화학, 기계장비 및 금속업종과 같이 장비의존도가 높고 경공업에 비해 기술집약도가 높은 산업을 말한다. 전자산업은 전기전자, 컴퓨터 나아가 최근 말하는 하드웨어적인 IT 산업을 말한다.

제조업을 때로는 부품조립형과 일관공정형 업종으로의 구분하기도 한다. 조립형은 여러 부품을 조립하여 하나의 제품을 만드는 업종을 말하고, 일관공정형은 원료를 넣으면 최종 단계에 이르기까지가 하나로 연결된 공정을 거쳐 제품이

표 9-6 **제조업 구분 1**

| | 세부산업 |
|---|---|
| 경공업 | 섬유의복, 나무종이, 음식료 등 |
| 중화학공업 | 석유화학, 기계장비, 금속 등 |
| 전자산업 | 전기전자, 컴퓨터 등 하드웨어 |

■■ 표 9-7 제조업 구분 2

| | (부품)조립형 | 일관(공정)형 |
|---|---|---|
| 형 태 | 여러 부품을 조립 | 원료에서 제품까지 일관형 |
| 업 종 | 전자, 자동차, 비행기, 선박 | 석유화학, 화학 |
| 특 성 | -많은 하청업체, 수직구조 관리 중요<br>-많은 부품의 조합 자체가 기술 | -하청업체 상대적으로 적음<br>-장비집약형 업종, 많은 자본 필요 |

된다. 글자 그대로 하나의 공정에서 여러 제품이 생산될 수 있는 공정을 말하는 것이다.

조립형 혹은 부품조립형 산업은 TV 핸드폰 컴퓨터와 같은 전자 관련 하드웨어, 자동차, 선박, 항공기 등의 업종이 여기에 해당된다. 이 산업은 기술계보가 다른 많은 하청업체를 가져야 한다는 특징이 있다.

일관형 혹은 일관공정형 산업의 대표적인 예가 석유화학업종이다. 원유를 넣으면 공정이 진행되며 10여 개의 성격이 전혀 다른 제품이 생산된다. 이러한 산업에서는 공정의 어느 한 단계가 문제를 일으키면 공정 전체에 영향을 미치는 특성이 있다. 이들은 공정 규모가 커질 수밖에 없어 대단히 장비집약적인 속성을 가진다. 그러면서도 하청업체 혹은 후방산업의 종류나 숫자는 많지 않다.

## 3.3 최근의 산업구조론

### 1) 지식사회형 산업론

경제 전체의 산업을 3개로 구분하는 것은 전형적인 산업사회형 구분이다. 그런데 1980년대에 이르러서는 경제 전체에 존재하는 지식이나 정보기반형 산업활동을 별도로 구분해 정보산업, 지식산업 혹은 4차 산업으로 설정하기 시작한다. 4차 산업은 개별 경제활동에서 지식이나 정보가 가장 핵심이 된다고 보는 것이다. 그런데 4차 산업에 대한 정의도 논자에 따라 정보산업으로 보는 경우와 지식기반산업으로 보는 등 약간 차이가 있다. 그렇지만 이들의 공통점은 현대사회에서는 이 산업이 다른 어떠한 산업보다 커지고 있다는 것이다.

〈표 9-8〉은 새로운 산업과 관련된 논의들이다. 지식산업론은 이미 1960년대부터 제기된 것으로, 대중교육에 의한 교육산업의 확대와 라디오나 TV를 통한

■■ 표 9-8 **산업구조론의 흐름**

| | 지식산업론 | 정보산업론 | 지식기반산업론 | 과학기반산업론 |
|---|---|---|---|---|
| 출 현 | Machlup(1962) | Porat(1977) | OECD(1996) | Pavitt(1984) |
| 주안점 | 지식활동 | 정보활동 | 지식기반활동 | 과학활동 |
| 이론적 배경 | 지식활동론 | 산업론 | | 기술혁신론 |
| 기존통계와의 호환성 | 없 음 | 재편필요 | 호 환 | 곤 란 |
| 산업의 범주 | 일부 모호 | 명 확 | 명 확 | 모 호 |
| 통계파악된 국가 | 미국, 일본 소수 | 주요 선진국 | OECD 국가 | 소 수 |

주: Grupp(1992)을 과학기반산업론의 시초로 볼 수도 있을 것이다.
자료: 설성수, 과학기반산업의 속성과 논점, 기술혁신학회지 4-1, 2001.

미디어산업의 확대가 논의의 핵심이었다. 지식산업론은 시간이 흐르며 발전되었고 이후 미국 경제를 대상으로 실제 측정되기도 하였다. 그러나 이 논의는 IT 기술이 본격화되기 이전의 논의라는 특징이 있다.

1970년대 후반에 등장하여, 경제 전체를 4개의 산업으로 보는 견해는 〈표 9-8〉의 Porat의 정보산업론과 OECD의 지식기반산업론이 대표적이다. Porat은 미국경제를 대상으로 제4차 산업으로서의 정보산업의 구조를 실제 측정하여 보고한 바 있다.[2] 기존의 산업에 내재된 지식과 정보 의존적인 경제활동을 별도로 구분해 이를 정보산업 혹은 4차 산업이라 부른 것이다. 그리고 이 4차 산업의 성장성이 다른 산업에 비해 가장 크고, 경제 전체에서의 비중 역시 가장 크다는 것을 보였다.

포랏의 정보산업론은 OECD(1986)[3]에서 6개국을 대상으로 한 측정으로 연계된다. 이 연구에 따르면 미국은 이미 1970년에 지식사회로 진입하였고, 대부분의 서구 국가들이 1970년대에 지식사회로 진입한다. 그러나 예외적으로 일본만이 1970년대 중반에도 제조업 비중이 가장 컸다. 동일한 방법론을 적용하여 측정된 한국은 1980년대 중반에도 제조업의 비중이 큰 사회이었고, 1990년대 중반에 들어서며 지식사회로 진입되었다고 보고되었다.[4]

정보산업론은 10년 후 OECD(1996)[5]에 의해 지식기반산업론으로 발전한다. OECD는 주요 국가의 지식기반산업을 측정함과 동시에 각국에서 지식기반산업

2) Porat, Marc U., M. Rubin, The Information Economy, 1977, US Department of Commerce.
3) OECD, Trends in the Information Economy, 1986, Paris, ICCP Series 11.
4) 설성수, 정보부분 변화의 원인과 방향, 한남대 경상대 논문집, 1987.
5) OECD, The Knowledge-Based Economy, 1996, Paris.

표 9-9 제조업 구분 1

| 구 분 | 세부산업 |
|---|---|
| 지식기반 1차산업 | 첨단작물, 첨단축산, 첨단영림, 첨단양식 |
| 지식기반 제조업 | 정밀화학, 메카트로닉스, 전자정보통신기기, 정밀기기, 우주항공, 생물, 신소재, 원자력, 환경 |
| 지식기반 서비스업 | 정보통신서비스, 금융보험, 소프트웨어, 데이터베이스, 컨설팅, 엔지니어링 및 연구개발, 광고, 산업디자인, 교육서비스, 의료, 방송, 문화산업 |

자료: 장석인, 지식기반의 정의와 범주, 정책자문자료 98-020, 1998, 산업연구원.

표 9-10 지식기반 제조업과 서비스업의 성장기여도 (%)

| 구 분 | 1985~95 | 1985~90 | 1990~95 |
|---|---|---|---|
| 농림어업 | 0.4 | 0.4 | 0.3 |
| 광업 | 0.2 | 0.3 | 0.2 |
| 제조업 | 49.4 | 47.0 | 51.2 |
| 지식기반제조업 | 9.0 | 6.3 | 11.0 |
| 일반제조업 | 40.4 | 40.7 | 40.2 |
| 서비스업 | 50.0 | 52.2 | 48.3 |
| 지식기반서비스업 | 10.3 | 8.5 | 11.7 |
| 일반서비스업 | 39.7 | 43.7 | 36.6 |
| 계 | 100.0 | 100.0 | 100.0 |
| OECD기준 지식기반산업 비중 | 19.3 | 14.8 | 22.7 |

자료: 장석인, 이건우, 지식기반산업의 성장요인 분석, 산업연구원, 2005. 8.

에 대한 관심을 가질 것을 당부한다. 지식기반산업론의 세부 산업 구분은 〈표 9-9〉와 같다. 그 결과 한국에서도 1990년대 후반 이에 대한 논의가 활발하였다.

한국의 지식기반산업은 〈표 9-10〉에서 보는 바와 같이 1995년에 19.3%에 불과하였다. 앞서 지적한 것처럼 한국은 지식사회 진입이 늦었기에 이 시점에서의 지식기반산업의 비중 역시 크지 못하다. 그러나 지식기반산업의 성장기여도는 지식기반 제조업과 지식기반 서비스업 모두 크게 나타나고 있다. 지식기반 제조업은 1985-90년 기간 6.3%에서 11,0%로, 지식기반서비스업은 8.5%에서 11.7%로 증가한다. 제조업에서는 전자산업의 공헌도가 컸고, 서비스업에서는 정보통신서비스, 비즈니스서비스 및 금융보험업 순으로 성장기여도가 컸다.

### 2) 과학기반산업론

과학기반산업론은 전형적으로 기술혁신의 패턴변화에 기반을 두고 산업을 파악한 견해이다. 이 견해에서는 과학이 결국 산업의 기반이 되는 최근의 산업형성 패턴을 지적한 것이다. IT, BT, NT산업이 가장 대표적인 예들이다.

과학기반산업을 측정하는 핵심적인 개념은 과학화이다. 이는 현 단계에서는 특허문건에 반영된 과학문헌의 숫자로 파악된다. 과거에는 특허문건에 다른 특허만이 인용되었으나 최근에는 과학문헌 자체가 특허문건에 인용되고 있다. 과학적인 연구결과가 바로 산업으로 연계되는 패턴을 반영하고 있는 것이다. 업종에 따라 다르지만 가장 많이 인용되는 제약업의 경우 이미 1995년에 하나의 특허문건에 평균 10개 이상의 과학문헌이 언급되기도 한다.

과학기반산업론은 기술혁신의 패턴을 기반으로 했다는 점에서 다음에 언급되는 패빗의 산업구분과 크게 관계가 있다.

### 3) 기술혁신 패턴에 따른 산업구분

패빗(Pavitt, 1984)[6]은 기술혁신의 패턴에 따라 산업유형을 〈표 9-11〉과 같이 구분한 바 있다. 공급자가 주도하는 공급자 주도형 산업은 자체 기술혁신을 많이 하지 않고, 기술혁신을 많이 하는 공급기업의 제품을 통해 새로운 기술을 습득하는 산업이다. 섬유 의복 가죽 인쇄 목재산업 등이 예이다. 이러한 산업에서는 외부의 기술변화를 모니터하는 것이 혁신의 가장 중요한 원천이 된다.

규모집약형 산업은 규모의 경제성이 중시되면서도 제품혁신과 공정혁신이 모두 나타나는 산업들이다. 운송장비, 전기소비재, 금속, 식료품, 시멘트, 유리 등이 대표적인 예이다. 이들은 자체 R&D를 통해 새로운 기술을 습득하는 전략을 사용한다. 특화공급자형은 특화된 기계장치를 공급하는 산업을 말한다. 기계나 장치산업이 여기에 속하며, 이들은 제품혁신을 주로 한다. 이들은 제품 자체가 기술의 집약이 되어야 하므로 자체 연구개발 노력도 크다. 다만 이들은 자신들의 기계를 사 가는 수요업체의 동향을 주의 깊게 관찰해서 수요에 맞는 기계를 공급해야 한다는 특징이 있다.

6) Pavitt, K., "Sectoral Patterns of Technical Change: Towards a Taxonomy and a Theory", Research Policy, Vol. 13, 1984, pp. 343-373.

표 9-11 기술혁신형 산업 구분

| 분야 | 구체적인 산업 | 특성 | 기술혁신 전략 |
|---|---|---|---|
| 1. 공급자 주도 | 섬유 · 의복 · 가죽 · 인쇄 · 인쇄 | 비용절감형 일상혁신 | 외부기업의 혁신관찰 |
| 2. 규모집약 | 운송장비 · 전기소비재 · 금속 · 식료품 · 시멘트 · 유리 | 규모경제성이 중시됨 공정, 제품혁신 모두 | 독자적인 R&D |
| 3. 특화 공급자 | 기계 장치산업 | 제품혁신이 주 | 수요산업 관찰 |
| 4. 과학의존 | 전자, 대부분의 화학산업 | 과학적 진보 의존 | 조직화된 연구개발 |
| 5. 정보집약 | 금융업, 정보서비스업 등 | 정보의 누적 | 정보시스템의 효율성 |

과학의존형 산업은 과학적인 연구가 산업형성의 원천이 되는 산업을 말한다. 앞서 살펴본 과학기반산업과 같은 내용이며, 패빗에 의해 이러한 산업이 존재한다는 것이 지적된 것이다. 가장 현대적인 기술혁신 패턴을 반영하고 있는 산업이라 할 것이다.

패빗은 후기 저서에서 정보집약형 산업을 추가로 언급한다. 금융업이나 정보서비스업이 예인데, 이 산업은 정보의 누적, 정보시스템의 효율성이 산업의 주요한 기술혁신이 되는 산업들이라 지적한다.

Miozzo & Soete(2001)는 서비스업을 Pavitt의 산업별 혁신패턴과 같이 분류한다.[7] 첫 유형은 공급자 주도형으로 여기에는 개인서비스, 음식점, 공공서비스, 교육, 건강업이 포함된다. 두 번째 유형은 규모집약적인 물리적 네트워크형으로 도소매업과 운송업이 여기에 해당된다. 세 번째 유형은 정보네트워크형으로 금융업, 전기통신업이 예이다. 네 번째 유형은 특화된 공급자형 혹은 과학형으로 불릴 수 있는 산업으로 디자인, 오물처리, 건설, 컴퓨터디자인, 부동산개발, 비즈니스서비스, 특수서비스 등이 포함된다.

이와 같은 서비스분류는 지나치게 기술중심적이라는 한계가 있지만, 서비스산업을 기술적인 관점에서 본다는 장점은 있다. 이 분류를 2000년대 중반의 대만 경제에 실제 적용한 경우를 보면 물리적 네트워크형 기업이 58.5%로 가장 많고, 다음으로 특화된 공급자형 혹은 과학기반형 28.9%이었다. 정보네트워크형이나 공급자 주도형에 속하는 기업 수는 각각 6.6%와 6.0% 이었다.[8]

7) Miozzo, M., L. Soete, "Internationalization of Services: a Technological Perspective." Technological Forecasting and Social Change 67(2): 159-185, 2001.

8) Chang Y., M. Chang, Patterns of Sectoral Innovation in Services: Evidence from Taiwan Innovation Survey (2004-06), Paper at the 7th Asia LICS, Taipei, 2010.4.15.

표 9-12 기술속성으로 본 서비스업

| 유 형 | 구성 업종 | % |
|---|---|---|
| 공급자 주도형 | 개인서비스, 음식점, 공공서비스, 교육, 건강업 | 6.0 |
| 규모형 물리네트워크형 | 도소매, 운송 | 58.5 |
| 정보네트워크형 | 금융, 전기통신 | 6.6 |
| 특화공급자/과학기반형 | 디자인, 오물처리, 건설, 컴퓨터디자인, 부동산개발, 비즈니스서비스, 특수서비스 | 28.9 |

주: 비중은 대만 경제 연구 결과.

# 04 한국의 산업구조 변화

한국의 산업구조 변화는 산업발전의 가장 기본적인 형태를 보여주는 예로 세계적으로도 드물다. 이는 두 가지 이유에 기인한다. 첫째는 3년여에 걸친 전쟁으로 거의 모든 것이 파괴된 상태에서 산업을 새롭게 건설하였다는 점이다. 두 번째는 그러면서도 60여 년에 걸친 짧은 기간에 인류사에 나타난 산업발전의 기본경로를 충실히 답습해 왔다는 점이다. 세 번째로는 1차 산업 중심의 전통적인 농업사회에서 산업사회를 거쳐 지식사회에 이르기 까지 각 단계를 성공적으로 이행해 왔다는 점이다.

이러한 큰 변화 추세를 바탕으로 기술이 한국의 산업구조를 어떻게 변화시키고 있는 지를 살펴보자.

## 4.1 거시적 구조변화

1950~53년 기간에 있었던 한국전쟁으로 한국은 남한과 북한으로 갈라졌고, 내부적으로는 전국 구축물의 70%가 파괴되고 수백만의 사상자가 발생하였다. 지역적으로는 경남 일대를 제외하고는 거의 모든 구축물이 소실된 상황에서 경제 재건이 시작되었다.

표 9-13 한국의 산업구조 변화 (부가가치 기준)

| | 농림어업 | 광공업 | (제조업) | 건설/전기/가스/수도업 | 서비스업 | 계 |
|---|---|---|---|---|---|---|
| 1953 | 47.3 | 10.1 | ( 9.0) | 2.6 | 40.0 | 100 |
| 1960 | 36.8 | 15.9 | (13.8) | 4.1 | 43.2 | 100 |
| 1970 | 26.9 | 22.4 | (20.9) | 7.1 | 43.6 | 100 |
| 1970 | 29.1 | 20.2 | (18.5) | 6.4 | 44.3 | 100 |
| 1980 | 16.0 | 26.0 | (24.6) | 10.0 | 48.0 | 100 |
| 1990 | 8.7 | 27.4 | (26.6) | 12.5 | 51.5 | 100 |
| 2000 | 4.6 | 28.6 | (28.3) | 9.4 | 57.3 | 100 |
| 2009 | 2.6 | 28.0 | (27.7) | 8.7 | 60.7 | 100 |

주: 겹줄 위 데이터는 1975년 가격 기준, 아래는 2005년 가격기준.
자료: 한국은행 경제통계시스템

한국경제의 60여년에 걸친 산업구조 변화는 〈표 9-13〉과 같다. 전쟁 직후에는 1차 산업인 농림어업이 47.3%로 주력산업이었다. 물론 이 시기는 모든 것이 파괴된 상황이라 농림수산업에 의존할 수밖에 없었지만, 전쟁 전 상황도 크게 차이가 나는 것은 아니었다.

1960년대부터 경제개발계획이 시작되며 광공업을 중심으로 한 체계적인 산업화가 이루어진다. 1970년대 까지의 특징은 농업부문의 급격한 감소, 제조업 부문의 급격한 확장으로 특징지어진다. 그리고 부수적으로 광업이 상대적으로 확대되고 건설업과 전기가스수도업이 크게 확장된다. 제조업의 확장과 사회하부구조 건설이 같은 차원에서 다루어졌다할 것이다. 그러나 광업은 1980년대 이후, 건설업은 1980년대 중반을 기점으로 상대적인 구성비가 감소하기 시작한다. 제조업 역시 2000년을 기점으로 성장이 정체되고 상대적으로 점차 하강세에 접어들었다. 그리고 다른 산업이 감소되는 부분만큼 서비스업이 커지기 시작했다.

2009년 말 현재를 기준으로 보면 서비스업이 60.7%, 제조업 27.7%, 농림어업 2.6%의 구조를 보이고 있다. 이 분류로만 본다면 확연한 서비스사회라 할 수 있지만, 서비스업의 내용을 본다면 지식사회라 부르게 된다. 서비스업의 구조는 뒤에서 다시 검토한다.

## 4.2 세부 산업별 변화

### 1) 제조업의 세부업종 변화

제조업의 업종별 구성의 변화를 살펴본 것이 〈표 9-14〉이다. 제조업은 11개의 중분류 업종으로 구분되는데, 이들을 집단화하여 변화를 살펴보는 것이 일반적이다. 표에서 경공업은 섬유의복, 음식료품, 종이 및 종이제품, 나무 및 나무제품을 말한다. 또한 중화학공업은 석유석탄 화학제품과 금속 및 비금속제품을 말한다. 조립부품업종은 일반기계, 전기 및 전자기계, 정밀기기, 운송장비 산업이다.

1990년만해도 경공업과 중화학공업 및 부품조립산업의 비중이 29.2%, 35.3% 및 35.6%이었는데, 이 비율은 2009년에 14.2%, 33.9% 및 51.9%로 급격히 변했다. 특히 경공업의 감소와 조립부품업종의 확대가 눈에 뜨인다. 이들의 변화는 1990-2009년 기간의 연 평균 성장률을 보면 바로 알 수 있다. 제조업 평균은

표 9-14 **한국의 제조업 구조 변화 (부가가치, 기초가격 기준)**

| | | 1999 | 2000 | 2009 | |
|---|---|---|---|---|---|
| | | 구성비 | | | 90-09 년평균 성장률 |
| 제조업 | | 100 | 100 | 100 | 9.2 |
| 경공업 | 소계 | 29.2 | 21.2 | 14.2 | 5.3 |
| | 1. 음식료품및담배 제조업 | 7.4 | 6.3 | 5.1 | 7.2 |
| | 2. 섬유, 가죽제품 제조업 | 13.5 | 8.3 | 4.2 | 3.0 |
| | 3. 목재, 종이, 인쇄및복제업 | 5.1 | 4.3 | 3.4 | 7.0 |
| | 11.가구및기타제품제조업 | 3.3 | 2.3 | 1.5 | 4.8 |
| 중화학 공업 | 소계 | 35.2 | 32.3 | 33.9 | 9.0 |
| | 4. 석유및석탄및화학제품제조업 | 14.5 | 15.3 | 15.7 | 9.6 |
| | 5. 비금속광물 제품제조 | 6.7 | 4.2 | 3.8 | 6.2 |
| | 6. 금속제품 제조업 | 13.9 | 12.8 | 14.4 | 9.3 |
| 부품조립업 | 소계 | 35.6 | 46.5 | 51.9 | 11.3 |
| | 7. 일반기계 제조업 | 6.7 | 7.9 | 8.5 | 10.5 |
| | 8. 전기및전자기기 제조업 | 15.6 | 24.8 | 24.0 | 11.5 |
| | 9. 정밀기기 제조업 | 1.5 | 1.4 | 1.7 | 10.1 |
| | 10. 운송장비 제조업 | 11.8 | 12.4 | 17.7 | 11.4 |

자료: 한국은행 경제통계시스템.

9.2% 성장인데, 조립부품업종은 평균 11.3%, 중화학공업 9.6%, 경공업 5.3%인 것이다.

### 2) 서비스업의 세부업종 변화

서비스업 역시 여러 산업으로 구성되어 있다. 그러나 이들 산업은 크게 전통적인 서비스업과 지식과 정보에 의존한 서비스업으로 구분될 수 있다. 최근의 변화를 분명히 하고 성격에 따른 차이를 분명히 하기 위한 것이다. 즉, 산업사회형 서비스업과 지식사회형 서비스업을 구분하기 위한 것이다. 일반서비스업에는 도소매음식숙박업, 운수보관업, 부동산 및 임대업, 기타서비스업, 보건 및 사회복지업이 포함된다. 나아가 지식정보서비스업에는 금융보험업, 정보통신업, 사업서비스업, 공공행정 및 국방업, 교육서비스업, 문화오락서비스업이 포함된다.

서비스업의 1990~2009년 평균 성장률은 9.9%로 경제 전체의 9.0% 성장에 비해 높다. 확실히 서비스산업의 비중이 커지고 있어 경제의 서비스화가 진행되고 있다할 것이다. 그러나 서비스업의 구조를 보면 이러한 형태의 구분과 설명이 부족하다는 것을 알 수 있다. 일반서비스업의 성장률은 경제 전체의 성장률과

표 9-15 서비스업의 구조와 변화

| | 1990 | 2000 | 2009 | |
|---|---|---|---|---|
| | 구성비 | | | 90-09 년평균 성장률 |
| 일반서비스업 | 29.3 | 30.9 | 29.7 | 9.0 |
| 보건 및 사회복지 | 2.0 | 2.7 | 4.5 | 13.4 |
| 지식정보서비스업 | 22.2 | 26.5 | 31.0 | 10.8 |
| 금융보험업 | 5.2 | 5.8 | 6.9 | 10.5 |
| 정보통신업 | 3.0 | 4.5 | 4.2 | 10.7 |
| 사업서비스 | 3.0 | 4.4 | 5.2 | 12.1 |
| 공공행정 및 국방 | 5.3 | 5.7 | 6.7 | 10.3 |
| 교육서비스업 | 4.7 | 5.1 | 6.6 | 10.9 |
| 문화 및 오락서비스업 | 1.0 | 1.1 | 1.4 | 10.7 |
| 서비스업 계 | 51.5 | 57.3 | 60.7 | 9.9 |
| 총부가가치(기초가격 기준) | 100 | 100 | 100 | 9.0 |

자료: 한국은행 경제통계시스템.

같은 9.0%인데, 지식과 정보의존형 서비스업은 10.8%의 성장을 보이고 있다.

서비스업의 변화 추이에 있어서 특징적인 세부 업종은 일반서비스업에 속한다고 볼 수 있는 보건 및 사회복지업이다. 이 업종은 동기간 연평균 성장률이 13.4%에 달할 정도로 성장속도가 모든 서비스업 중 가장 높다. 이 업종은 기술의존적인 산업이 아님에도 성장률이 가장 높은 것이다. 최근의 사회변화를 보여주는 주요한 추이 중의 하나이다.

## 4.3 사업체 수와 취업자로 본 산업구조 변화

### 1) 사업체 수 변화

사업체 수로 살펴본 산업구조 변화는 〈표 9-16〉과 같다. 2006년 현재 총 314만 여 업체가 있고, 일반서비스업에 73.8%가 분포되어 있다. 두 번째는 지식정보서비스업에 속한 업체들이고, 세 번째는 제조업에 속한 업체들이다. 사업체 기준으로 하면 서비스업이 85%를 넘을 정도로 비중이 크다. 그런데 일반 서비스업이 차지하는 산출비중은 그리 크지 않다는 점을 감안하면 이들의 규모는 작다할 것이다.

### 2) 취업자 수 변화

취업자 수를 기준으로 하면 사업체 수를 기준으로 한 것과 전혀 다른 양상을

표 9-16 **한국의 산업별 사업체 수 변화 (5인 이상 업체)**

| | 1993 | 2006 | 93-06 연평균 증가율 |
|---|---|---|---|
| 농림어업/광업 | 0.2 | 0.1 | 0.2 |
| 제조업 | 12.2 | 10.7 | 1.0 |
| 전기가스수도건설 | 2.3 | 2.9 | 3.0 |
| 일반서비스업<br>(보건 및 사회복지업) | 74.9<br>(1.6) | 73.8<br>(2.5) | 1.7<br>(4.4) |
| 지식정보서비스업 | 10.4 | 12.5 | 2.8 |
| 전산업 | 100<br>(2,304,250) | 100<br>(3,143,581) | 1.7 |

자료: 한국은행 경제통계시스템.

■ 표 9-17 산업별 취업자 변화

| | 1993 | 2006 | 93-06 연평균 증가율 |
|---|---|---|---|
| 농림어업/광업 | 0.6 | 0.3 | 1.2 |
| 제조업 | 31.7 | 22.5 | -2.4 |
| 전기가스수도건설 | 37.4 | 28.4 | -0.7 |
| 일반서비스업<br>(보건 및 사회복지업) | 37.4<br>(2.3) | 44.6<br>(4.5) | -0.3 |
| 지식정보서비스업 | 20.2 | 26.7 | 1.6<br>(5.1) |
| 전산업 | 100<br>(12,245,073) | 100<br>(15,217,892) | 2.8 |

자료: 한국은행 경제통계시스템.

보인다. 일반서비스업 종사자는 44.6%로 줄어들고, 전기가스수도건설업의 비중이 28.4%로 두 번째로 커진다. 전기가스수도건설업 중에는 건설업이 대부분을 차지하고 있다. 세 번째는 지식정보서비스업의 비중이 26.7%로 크고, 제조업은 22.5%를 차지하고 있다.

그런데 1993년과 대비시켜 보면 서비스업을 제외한 모든 산업의 취업자가 감소되고 있는 것을 알 수 있다. 1993-2006년 기간의 연평균 성장률을 보면 전산업은 1.2%로 증가하고 있는데, 성장률이 증가하고 있는 산업은 모두 서비스업인 것이다. 그중 지식정보서비스업이 연평균 2.8%이고, 일반서비스업은 1.6%이다. 여기서도 보건 및 복지서비스업이 5.1%로 가장 크게 증가하고 있다는 점이 주목된다.

## 4.4 한국의 수출 주력상품 변화

한국의 산업구조 변화는 수출 주력상품의 변화와도 직결된다. 〈표 9-18〉은 주요 시기별 한국의 주력 수출상품을 보여준 것이다.

1960년대는 농림어업 및 광업 제품이 10대 상품 중 8개를 차지하였고, 전체 수출에서 차지하는 비중도 60%가 넘었다.

그런데 1970년에는 섬유 의복 가발 가방과 같은 경공업제품이 71.8%를 차지하고 있다. 전형적인 경공업 시대로 들어선 것이다.

■■ 표 9-18 **한국의 수출 주력상품 변화**

| 년 도 | 품 목 | 10대 상품 |
|---|---|---|
| 1960 | 철광석, 텅스텐, 무연탄, 흑연, 강모 (소계 38.6%)<br>오징어, 활어, 쌀 (소계 13.3%) | 61.3% |
| 1970 | 섬유/합판/가방/신발 71.8 철광석 5.9 | |
| 1980 | 섬유/합판/신발 5.9<br>전자 13.3 철강 9 조선 3.5 합성수지 3.3 | 61.4% |
| 1990 | 의류/신발 16.3, 인조섬유 3.6<br>반도체 7.2 영상기기 4.1 컴퓨터 3.3 음향기기 3.0<br>조선 4.3 철강판 3.8 자동차 3 | 49.5% |
| 2000 | 반도체 15.1 컴퓨터 8.4 무선통신기기 4.7 전자부품 2.1<br>자동차 7.7 석유화학 5.5 조선 4.8 철강판 2.8<br>의류 2.7 인조섬유 2.1 | 55.9% |
| 2006 | 반도체 10.2 무선통신기기 8.3 컴퓨터 3.9 디스플레이 3.8<br>자동차 10.1 자동차부품 3.1 조선 6.8 철강판 3.4<br>석유제품 6.3 합성수지 3.4 | 58.3% |

자료: 상동.

1980년에는 경공업의 비중이 5.8% 대로 급격히 줄어 들고, 중화학 및 부품산업이 약 30% 수준으로 증가한다. 경공업에서 중화학공업으로 변하기 시작한 것이다.

1990년에는 전기전자산업, 경공업 및 중화학공업이 모두 주력상품을 구성한다. 이어 2000년에는 전자관련 제품이 30.3%를 차지할 정도로 급격히 확대된다. 조립부품업종의 수출비중이 커지기 시작한 것이다. 그리고 이 추세는 현재까지도 지속되고 있다.

CHAPTER 10

기/술/혁/신/론

# 장기 기술혁명

- 자본주의 장기파동과 기술혁신
- 혁신파동의 역사
- 혁신파동의 기본속성
- 혁신파동의 의미

# 01

# 자본주의 장기파동과 기술혁신

## 1.1 경기순환(파동)

### 1) 순환의 유형

자본주의 경제는 호황과 불황의 연속이다. 호황 상황이 지속되다 다시 경기가 나빠지며 불황이 다가오고 불황의 저점을 거치며 호황으로 돌아선다. 이러한 연속적인 패턴을 순환이라 부르므로 경제에서는 이를 경제순환, 경기순환 혹은 순환의 형태를 참고해 경제파동이라 부르기도 한다. 순환현상은, 수명주기와 함께 기술과 경제 이해의 기본패턴으로, 경제순환론에서 다루어지는 내용이다.

경제 속에서 순환은 여러 형태로 관찰된다. 짧게는 하루 중에도 관찰되고, 주단위, 월단위, 분기단위, 반기단위, 년 단위 등 많다. 학교 앞이라면 점심시간이나 등하교 시간에 문방구의 매출은 증가한다. 음식점 등 일반 영업집이라면 매주 화요일이나 수요일에 약속이 많고 금요일 저녁은 주말 분위기이다. 오피스 타운에서는 일요일은 사람조차도 보기 어렵다. 1년 중 월단위도 마찬가지이다. 시중자금 사정을 기준으로 보면 구정을 전후한 1-2월이 자금소요가 가장 많다. 이 시기가 학생들 입학시기와 겹치면 자금구하기가 더 어려워진다. 그리고 3월 6월 9월 12월의 마지막 주에 세금 납부 시기가 오면 또 시중자금 상황이 어려워진다. 우산은 여름 장사이고, 아이스크림은 한 여름과 한 겨울 상품이다.

1년 이상으로 나타나는 중기나 장기형 순환도 여러 종류이다. 3년을 전후로 하는 유형이 있는가 하면, 6-10년형이 있고, 20년형 나아가 50-60년형도 있다. 50-60년형이라면 인간이 정상적으로 사회활동을 할 시기를 넘어서는 기간이라 많은 사람이 인지하지 못한다.

3년형은 통화량이나 기업의 재고 등에 의한 순환이라 일컬어진다. 그리고 6-10년형은 설비교체형, 20년형은 건축형이라 불리기도 한다. 문제는 50-60년형으로 이는 기술혁신에 의해 나타나므로 기술혁신형 순환, 기술파동 혹은 장기파동이라 불린다.

### 2) 순환적 기술변화 개괄

산업혁명 이후의 시기를 자동화의 역사로 보는 Coombs(1984)[1)]는 기계화의 내용과 이에 따른 생산과정의 제 변화로 각각의 패러다임을 구분한다. 1차 자동화는 1850년대부터 시작된 생산물의 변형을 위한 자동화인데, 이로 인해 인간의 행동을 기계적인 패턴으로 간주하는 테일러주의(Taylorism)가 등장하였다. 이는 모든 작업의 단위를 구분하고, 각 단위의 시간을 파악해 작업의 효율성을 기하고자 하는 방식이다. 자그마한 오차도 없이 기계적으로 움직이도록 하는 생산시스템 구축이 가장 기본적인 작업이라 할 것이다.

2차 자동화는 20세기 초에 시작되었으나 2차 대전 후에 본격화된 전달체계의 자동화로 정의된다. 이로 인해 포디즘(Fordism) 혹은 대량생산방식이라는 패러다임이 형성되어 현재까지도 지배적인 패러다임으로 작용하고 있다. 포디즘이라 불리는 대량생산방식은 1908년 포드의 자동차공장에서 시작되었지만 1920년대에 GM사에서 완성되어 2차 대전 후 다른 나라로 확산된다.

포드사에 의한 자동차의 대량생산은 당시 획기적인 시도이었다. 당시의 자동차는 전문적인 기술자, 소위 장인이라 불리는 이들에 의해 대부분 수작업으로 만

1) Coombs, R., "Long-Term Trends in Automation", in Marstand, P. (ed.), New Technology and the Future of Work and Skills, Frances Pinter, London, 1984.

들어졌다. 그런데 포드사는 장인들의 작업단위를 구분하고, 작업물을 이동시키는 콘베이어시스템을 도입하였다. 이 시스템은 노동자가 이동하는 것이 아니라 작업물이 이동한다는 특징이 있고, 전문성이 없는 노동자가 주어진 작업만 수행하면 된다는 특징이 있다. 또한 각 작업단위가 정해진 시간에 움직여서 생산성 역시 향상시키는 장점이 있었다. 그 결과 포드사는 자동차 시장을 주도한다.

그러나 이들은 전형적인 공급자 주도형 기업이었다. 소비자를 만족시키기보다 대량생산으로 도출된 자동차를 소비자에게 강요하는 형태이었던 것이다. 이에 반해 1920년대의 GM은 동일한 대량생산 방식을 택하면서도 소비자가 원하는 색상, 원하는 형태를 공급하기 시작한다. 수요를 중시하는 대량생산 방식을 도입한 것이다. 그 결과 GM은 자동차 시장의 선두주자로 활동하게 되고, 이들의 생산방식은 이후 모든 업종으로 확산되며 대량생산시대를 대표하게 된다.

이에 반해 3차 자동화는 지금까지의 기계화에 대한 제어를 중심으로 한 자동화이며 포스트 포디즘(Post-fordism)이라는 형태로 시작되었다고 주장된다. 컴퓨터나 마이크로세서의 발전과 이를 통한 제어기술의 발달이 관리기술의 발전과 어울려 결국은 생산시스템을 변화시키고 사회 전체를 변화시켰다는 것이다. 대량생산방식에 비교되는 유연생산방식, 대량생산방식에서의 소품종 대량생산에 비교되는 다품종 소량생산방식 등이 이 시대의 특징이다.

자동차만을 놓고 본다면 GM의 시대에서 일본의 도요다자동차가 사용한 간판시스템, 혹은 JIT(just-in-time)시스템 혹은 린생산방식이라 불리우는 생산방식이 자동차 시장을 주도하게 된다. 대량생산을 가능하게 한 컨베이어를 예로 든다면 동일한 컨베이어 위에서 다양한 제품을 생산할 수 있는 혼류생산이 가능해진 것이다. 또한 혼류생산이 가능하도록 재고품을 최소화시키기 위한 활동 역시 도입되었다. 즉 한 공정의 생산계획을 간판에 적어 놓으면 그에 맞추어 원자재를 즉시에 공급하도록 하는 물류체계의 혁신도 동시에 강구한 것이다.

그런데 기계화나 자동화만으로 기술변화와 그로 인한 생산방식의 변화를 설명하기에는 한계가 있다. 기계화나 자동화는 기본적으로 생산현장의 문제이고, 조금 더 나아가 생산방식 혹은 생산방식과 사회적인 문제를 결합시켜 본다해도 기본적으로 생산경제의 문제이기 때문이다. 최근의 기술변화는 생산과 관련된 시각만으로는 설명하기 어렵다. 그보다 훨씬 큰 문명 자체의 변화를 야기시키고 있기 때문이다.

대량생산양식의 논의에서는 실업이나 노동의 문제가 심각하게 거론되고, 소외라는 개념이 중요하다. 이어 이어진 유연생산체제에서는 대량생산과 대비된 사회를 설명하는 데에 열중한다. 그러나 새로운 기술시스템은 과거와 대비되며 설명되는 것 만으로는 전체의 모습을 보여줄 수 없다.

## 1.2 장기파동

### 1) 논의의 전개

자본주의 경제에 50-60년 주기의 호불황이 존재한다는 지적은 러시아의 경제학자 콘드라티에프(Nikolai D. Kondratiev)에 의해 지적되었다. 그로 인해 1920년대에 장기파동의 존재여부와 원인에 대한 논쟁이 활발한 바 있다.

첫째 주장은 장기파동을 최초로 지적한 콘드라티에프가 주장한 것으로 전쟁 등 경제외적 요인에 의해 이러한 현상이 나타난다는 것이다. 1830년대의 나폴레옹전쟁, 1880년대의 미국 독립전쟁과 독일 통일이 예라 지적되었다. 두 번째 주장은 사회주의의 한 유파인 맨세비키(Menshebiki)파의 것으로 자본주의의 내적 모순에 의해 이러한 파동이 존재한다는 것이다. 세 번째는 슘페터(Joseph A. Schumpeter)의 주장으로 자본주의의 창조적인 파괴과정인 기술혁신에 의해 이러한 파동이 나타난다는 것이었다. 이 논쟁은 콘드라티에프의 유배와 멘쉐비키파의 몰락으로 사회주의권에서 소멸되고, 슘페터는 자본주의권에서도 전혀 주목받지 못했다. 슘페터의 기술혁신을 통한 경제분석 자체가 이상한 시각으로 간주되었던 것이다.

그런데 이 논의가 석유파동으로 인해 세계적인 불황기가 지속된 1970년대에 사회주의학파에 의해 다시 제기되었다. 이윤율 저하와 계급투쟁이 원인이라는 것이다. 이에 반해 불황을 타개할 발명의 군집에 의해 장기파동이 존재한다는 기술중심적인 사고가 다시 재기되었다. 불황기에 경제를 호황으로 이끌 발명의 군집이 이루어져 경제가 호황국면에 접어들고, 그러한 발명의 경제적 이점이 사라지기 시작하면 경제는 불황국면으로 접어든다는 것이다.

이에 반해 Freeman(1982)[2]은 발명의 군집은 호황기에도 존재하며 R&D는 불황기에 감소한다는 점을 들며 발명의 군집을 부인한다. 그는 장기파동이란 기술시스템이 변하는 것으로, 각 파동에는 기술시스템의 핵심기술이 존재하며, 발명이 아닌 혁신과 확산의 군집이 일어난다고 지적하였다. 한편 Freeman과 Perez(1983)는 기술시스템에서 한 걸음 더 나아가 기술경제패러다임이라는 개념을 도입하고 이 패러다임과 사회제도의 결합에 의해 이러한 파동이 발생한다고 주장하였다.

### 2) 기술경제패러다임과 사회제도의 조화

기술경제 패러다임을 설명하기 위해 먼저 두 개념을 이해하자. 하나는 신기술시스템이라는 개념이다. 이는 새로운 핵심기술과 그의 사용으로 사회 전체에서 형성되는 기술시스템을 말한다. 그런데 기술시스템은 단순히 관련 기술들의 집합이라는 형태로 끝나는 것이 아니라는 점이다. 그러한 기술시스템을 충분히 가동시킬 수 있는 경제적인 활동 양식이 있어야 하고 또한 실제로 등장한다는 것이다. 이렇게 하나의 기술시스템과 결합된 경제적인 활동 양식을 기술경제 패러다임이라 부른다. 다시 말해 기술경제 패러다임은 어떠한 기술시스템에 맞추어 최선의 생산성과 이익을 얻기 위한 한 시대의 공학적이고 관리적인 상식의 집합으로 정의된다.

기술경제 패러다임의 판단 기준은 제품이나 시스템에서 새로운 영역이 등장하고, 그 주축을 이루는 핵심요소의 상대적인 가격변화가 존재한다는 것이다. 핵심요소는 가격이 지속적으로 하락하고, 장기적으로 무한공급되며, 큰 응용가능성이라는 세 조건을 가진 기술로 정의된다. 석유와 같은 에너지원, 내연기관, 반도체 등이 한 시대를 열어 온 핵심요소들이다.

핵심요소에 의해 촉발된 기술경제 패러다임이 등장할 때 사회제도가 그를 뒷받침하기 위해 변하기 시작하면 기술경제 패러다임은 더욱 활성화되어 호황으로 이어지고, 기술경제 패러다임이 더 이상 새로운 동력을 제공하지 못하면 점차 불황으로 접어든다. 이후 다시 새로운 기술경제 패러다임이 등장할 때 기존

---

2) Freeman, C., Carlota Perez, "Structural Crisis of Adjustment, Business Cycles and Investment Behaviour", in Dosi et. al., Technical Change and Economic Theory, Pinter Publishers, ch.3. 1988, pp. 38-66.

의 사회제도는 새로운 패러다임의 발전을 저해하는 요소로 작용하고, 새로운 기술경제 패러다임에 적합한 사회제도가 점차 등장함에 따라 호황의 정점을 향해 간다는 설명이다.

# 02 혁신파동의 역사

## 2.1 총 괄

혁신파동은 〈표 10-1〉과 같이 1770년대의 산업혁명기 이후 5차에 걸쳐 나타났다고 보고된다. 산업혁명은 현재와 같은 산업 개념에 입각한 산업 일반에 있어서의 혁명이 아니라 제조업에 있어서의 혁명이라는 의미이다. 현대적인 의미의 산업에는 제조업 외에도 전기, 가스, 수도와 같은 사회간접자본 관련 산업, 각종 공공 혹은 개인 서비스업이 존재하고 이들 서비스업의 비중이 워낙 커 서비스경제라는 표현이 등장할 정도이다. 그러나 과거에는 산업이라 하면 농업 임업 수산업에 대비되는 제조업을 지칭하는 용어이다.

〈표 10-1〉에서 보면, 1차부터 5차까지 등장한 산업들은 모두 현대문명의 기반을 이루고 있는 산업들이다. 1차에서는 섬유기술과 수력 및 운하가 등장한다. 2차에서는 증기기관과 철도 및 운송산업이 등장한다. 이어 3차에서는 전기 철도 석유화학과 같은 산업이 등장한다. 대량생산시대인 4차에서는 자동차 항공 및 합성화학이 등장한다. 그리고 5차에서 현재 우리가 주로 직면하고 있는 각종 IT 상품들이 등장한다.

우리의 일상생활에서 이를 설명해 보자. 먼저 옷을 기준으로 보면 1940년대 등장한 합성섬유 제품이 모두 사라지면 면제품과 털옷 비단 모시 등과 천연제품이 남는다. 여기서 대량생산되는 면제품을 제외하면 우리는 천연제품을 찾을 수 밖에 없다. 그렇다면 털옷이나 수작업으로 만들어진 면제품은 얼마나 확보 가능

■■ 표 10-1 기술파동별 특징

| | 1차 | 2차 | 3차 | 4차 | 5차 |
|---|---|---|---|---|---|
| 시기<br>핵심요소<br>주요산업 | 1770-1830<br>섬유, 선철<br>섬유, 수력,<br>운하 | 1830-1880<br>석탄, 운송<br>증기기관, 철도,<br>해운 | 1880-1930<br>철, 전기<br>전기, 철도<br>중화학, 해운 | 1930-1980<br>에너지<br>자동차 항공<br>합성화학 | 1980-2030?<br>반도체칩<br>전자, 통신 |
| 주도국 | 영 국 | | 독일, 미국 | 미국 | 미국 |

자료: Freeman, 1987, 1988.

■■ 표 10-2 5차의 기술혁명

| | 일반적 명칭 | 혁명을 추동한 빅뱅 | 연도 |
|---|---|---|---|
| 1차 | 산업혁명 | 크롬포드에 설립된 아크라이트의 방적기 | 1771 |
| 2차 | 증기와 철도 시대 | 맨체스터 · 리버풀 철도 증기엔진 시험 | 1829 |
| 3차 | 철강, 전기와 중공업 시대 | 카네기의 베세머 철강소가 피츠버그에 설립 | 1875 |
| 4차 | 석유, 자동차와 대량생산 시대 | Model-T 자동차가 디트로이트의 포드 공장에서 출시 | 1908 |
| 5차 | 정보통신의 시대 | 인텔 마이크로프로세서가 캘리포니아 산타클라라에서 공개 | 1971 |

자료: Perez, C. Technological Revolutions and Financial Capital, Edward Elgar, Cheltenham, 2002, p. 31에서 핵심국가 삭제.

했을까 의문이 든다. 또한 자동차가 없어지고 전기가 없어지면 일단 19세기 중반으로 돌아간다. 100여년의 시간 속에서 현대문명의 상당한 기반이 형성된 것이다. 그리고 그 시작은 240여년 전의 산업혁명으로 거슬러 올라간다.

## 2.2 1차 파동

1차 파동은 제조업에서의 혁명이라 할 수 있는데, 이유는 기계가 최초로 등장하고, 기계를 이용하여 생산을 하는 공장이 최초로 등장했기 때문이다. 초기의 기계는 세 개의 기능과 소재가 철이라는 조건으로 정의되었다. 즉, 원동기기능, 전달기능 및 작업기능을 가진 것의 소재가 금속이어야 한다는 것이다. 물레방아는 세 기능을 가지고 아주 오래 전부터 있었지만 소재가 금속이 아니라는 점에서 기계라 부르지 않았다.

기계는 목화를 실로 만들어내는 방적기에 처음 응용되었다. 그리고 1771년 방적기를 이용한 면제품 공장이 최초로 건설되었다. 수공업 방식으로 소량으로 만들어지던 면제품의 대량생산이 가능해진 것이다. 이 공장은 설립 후 3년 만에 600여명을 고용할 정도이었다고 한다. 현재의 시각에서 600여명의 공장은 작은 규모이지만 당시 이 공장은 역사를 바꿀 정도의 대규모 공장이었다. 가족단위에서 대규모 고용으로, 수작업에서 기계생산으로의 변화는 사회 전체를 변화시키기에 충분하였다.

시장의 변화를 보자. 영국의 공장에서 등장한 면제품은 질적인 우수성과 대량생산의 이점에 의해 바로 세계시장 전체를 석권한다. 섬유공장이 위치한 영국 중부 해안가의 맨체스터나 리버풀 지역은 60%가 상공업에 종사할 정도이었다. 영국 면제품의 세계 시장침투력은 대단해서, 1700년대 말 나폴레옹의 프랑스가 대륙봉쇄를 했음에도 나폴레옹의 궁정에서는 영국제 면제품을 밀수해 사용할 정도이었다.

사회적인 측면에서는, 공장의 확대는 노동자 집단의 형성을 가속시켰고, 인구의 도시집중과 그로 인한 도시빈민의 등장을 초래하였다. 초기 공장들은 값싼 노동력의 활용을 위해 노동자에 대한 착취가 기본이었다. 심지어 산업혁명기의 공장은 노동자들의 생산성을 높이기 위해 채찍이 난무했고, 화장실 출입도 억제하기 위해 쇠사슬이 존재하던 곳이었다. 이러한 사회적인 상황은 사회주의 사상이나 공산주의 사상이 등장하는 배경이 되었다. 자본과 노동의 대립, 도시빈민 등 현대적인 사회문제가 나타나기 시작한 것이다.

주의할 점은 신기술의 확대가 자연스럽게 이루어지는 것은 아니라는 점이다. 기계가 등장하고 공장이 확대되며 기존의 생산체제를 유지하던 각종 장인들의 삶이 위협을 받았다. 또한 공장에서의 이윤극대화를 위한 노동자 착취 역시 기계에 대한 반감, 공장에 대한 반감을 불러 일으켰고, 심지어는 기계파괴운동이나 공장파괴운동으로 나타나기도 하였다.

러다이트운동으로 대표되는 기계파괴운동은 영국에서 1810년대에 수년간 발생하였다. 산업혁명 초기에는 자본가와 노동자의 관계, 노동자에 대한 처우, 작업환경과 같은 개념은 존재도 하지 않았던 시절이다. 심지어 어린아이를 활용한 노동도 일반적이었다. 따라서 공장과 기계에 대한 반감 형성은 자연스러웠고, 여기에 불황이 겹치며 나타난 임금하락이나 실업자 증가가 기계파괴운동으로 연계되었다. 이 시기는 특히 프랑스와의 전쟁이 계속된 시기라 큰 불황이 있었다.

## 2.3 2차 파동

기계가 등장하기 위해서는 철이 필요한데, 철광석에서 철을 제련하기 위해서는 고열이 가능한 연료가 필수적이다. 그런데 당시 영국에서는 나무에 의존하던 땔감이 거의 사라져 연료난에 봉착했는데, 이 돌파구를 연 것이 석탄을 변형시킨 코크스이다. 코크스로 인해 석탄만으로 고열을 얻을 수 있게 된 것이다. 그렇기 때문에 일부 학자들은 산업혁명을 지속하게 한 가장 중요한 기술적인 돌파는 코크스의 발명이라 평하기도 한다. 코크스의 등장으로 대량의 철 제련이 가능해졌고, 이 철은 증기기관의 재료로 사용되어 지하 깊은 곳의 석탄을 캐 낼 수 있었다. 석탄과 철의 선순환 과정이 있었던 것이다.

증기기관은 철도와 일반 기계부문에도 확산되었다. 산업용 증기기관이 일반화되어 사람이나 동물의 힘에 의존하던 에너지원이 수증기를 이용하는 기계적인 형태로 변하였다. 증기기관을 이용한 대량생산은 철도라는 수단을 통한 대량수송으로 이어졌고, 이러한 움직임은 대규모 수송, 항구, 선박 등의 발전으로 이어졌다. 수송체계가 일반화되며 타 지역의 소비를 감안한 대규모 생산이 가능해진 것이고, 한편으로는 보편적인 우편서비스 역시 등장한다.

산업적인 측면의 긍정적인 변화는 다시 시간이 지나 사회적인 변화로 이어졌다. 노동자 집단의 확대, 공장에서의 여전한 노동착취나 아동노동, 불황으로 인한 실직과 임금축소의 경험이 누적되자 노동자들의 자기권익을 찾기 위한 사회적인 노력이 등장하였다. 폭력적인 수단에 의한 저항이나 각종 사회주의 운동이 발생하기 시작한 것이고, 이는 현대적인 복지개념의 등장이나 선거법의 개정과 같은 형태로 이어졌다.

공장법이 본격화되어 9세 이하의 아동노동 금지, 13세 이하 노동자의 노동시간 제한, 이어 점차 여성 노동자의 노동시간 제한과 같은 노동규정 등이 마련된 것도 이 시기이다. 그런가 하면 확대된 노동자 집단은 자신들의 정치적인 권익을 주장해 결국 귀족이 아닌 일반인도 선거권을 갖게 되고, 다른 한편으로는 사회주의 운동으로 발전된다. 지금의 관점에서는 우스운 이야기가 될 수 있지만

"만국의 노동자여, 단결하라"는 공산당 선언이 등장한 것이 이 시기이다. 그러나 이는 당시로서는 울분에 처한 주장이었다.

## 2.4 3차 파동

3차 파동은 철강과 전기의 시대이고 1880년대에 시작되었다고 평가된다. 시작 시점을 알리는 주요 사건은 1875년 미국의 카네기가 베세머법에 의한 강철생산을 시작한 것과 1882년 상업용 전기가 시판되기 시작한 것을 꼽는다. 이 시기는 영국 주도적인 1차와 2차 파동과는 달리 독일과 미국이 영국을 추월하는 시기이기도 하다.

베세머법은 과거의 선철(무쇠)에 비해 훨씬 좋은 재질의 강철을 저렴한 가격으로 공급할 수 있게 하였다. 그로 인해 강철의 이용범위가 확대되었고, 철도의 확장과 증기선의 철선으로의 변화가 가속되었다. 또한 강철은 소위 대규모 토목과 건축공사를 가능하게 하였다. 강철을 이용한 산업에서의 혁신과 확산의 군집이 동시에 발생한 것이다.

여기에 전기가 등장하며 전기기기, 케이블 등의 전기 네트워크 구축 관련 산업의 확장과 모든 산업에서의 활용, 나아가 가정에서의 전기소비도 확대되었다. 전기를 생산하는 발전소, 전기기기, 전기네트워크 등과 같은 전기공급업, 이 전기를 사용하는 각종 산업현장, 여기에 가정에서의 소비도 추가된 것으로 그 자체가 엄청난 변화이었다.

전기와 질 좋은 강철의 만남은 전기엔진의 등장으로 이어졌다. 1882년 상업용 전기공급이 시작되고 1883년에는 전기를 이용하는 모터가 등장하였다. 이어 1900년대 초에 이르면 전기를 이용하는 모터가 증기를 이용하는 모터를 역전하기 시작한다. 에너지원 자체가 증기에서 전기로 바뀌는 것인데 대단히 빠른 시간에 대체가 이루어졌다. 이 시대에는 가솔린을 사용하는 엔진은 아직 일반화되지 못했다.

3차 파동은 영국과 독일 미국에 의해 동시 진행되었다는 특징이 있다. 후발국 미국과 독일이 선진국 영국을 추격하였고, 추월하기 시작한 것이다. 그런데 미국은 20세기 초까지 자신들의 산업생산력에 대한 실체 인식을 하지 못했다. 통일

표 10-3 국가별 철강생산(백만톤)

| | | 1880 | 1913 | 1929 |
|---|---|---|---|---|
| 선 철 | 영 국 | 7.7 | 10.3 | 7.7 |
| | 독 일 | 2.5 | 19.3 | 13.4[1] |
| | 미 국 | 3.8 | 31.0 | 43.3 |
| 강 철 | 영 국 | 1.3 | 7.7 | 9.8 |
| | 독 일 | 0.7 | 18.9 | 16.2 |
| | 미 국 | 1.2 | 31.3 | 57.3 |

주 1. 프랑스로 반환된 알자스-로렌지방 제외
자료: Freeman & Soete, Table 3.3, 1997, p. 59.

된 국가로서의 자기 실체에 대한 인식이 늦었던 것이다. 따라서 3차 파동이 한창 진행될 때는 영국과 독일이 비교되었다. 3차 파동이 시작되고 얼마되지 않아 독일의 철강생산이 선철과 강철 어느 부문에서도 영국을 추월한다. 이는 1900년도 현재 독일의 철도부설량이 전 세계의 철도 부설량을 상회하는 것과도 연결된다.

앞의 표에는 화학분야에 대한 언급이 없지만 1870년대와 1880년대 독일에서 일어난 주요한 과학기술적인 사건은 염료산업과 이를 바탕으로 한 화학산업의 등장이다. 섬유산업의 발전은 섬유의 처리과정과 세탁 등을 위해 염료나 각종 화학성분의 발전을 필요로 하였다. 그에 따라 여러 염료가 영국에서 개발되었으나 주목할 발전은 영국의 염료분야를 경험한 독일 기술자를 통해 이루어졌다.

현재도 존재하는 BASF, Hoechst, Bayer와 같은 기업으로 상징되는 독일의 화학산업은 1860년대 출현하여 염료뿐 아니라 약품 및 화학분야에서 전 세계를 선도하는 기업들이 되었다. 1880년대 독일의 염료생산은 세계의 1/3 수준이었지만 1900년이 되면 전 세계 염료의 4/5를 생산하였다.[3] 이들은 기업 내에 연구개발 기능을 보유한 초기 기업들이다. 또한 대학의 화학과를 만드는데 기여하여 관련 기술인력의 배출과 연구개발이라는 현대 기술혁신의 기반을 닦았다. 기업연구소와 공과대학의 시초가 이 시기 독일에서 탄생된 것이다.

독일은 19세기에는 프랑스의 나폴레옹 군대에게 국토 전체가 두 번이나 유린되는 경험을 가진 후진국이었다. 그런데 통일 국가를 이룸과 동시에, 철강과 전기 및 화학이라는 신기술의 출현에 적극 대응하여 연구개발은 물론이고 활용에서도 적극적이었다. 이러한 점이 1900년대로 접어들며 독일이 당시의 선진국인

3) Freeman, C. & L. Soete, Economics of Industrial Innovation, 2nd ed., MIT Press, 1997.

영국을 추월하게 만든 원인이며, 이후 1차 및 2차 대전과 같이 20세기 초 국제정치 나아가 군사적인 갈등을 일으키게 하는 배경이 된다.

### 2.5 4차 및 5차 파동

4차 파동은 핵심사건은 1908년의 포드사의 T형 자동차이지만 1930년대부터 시작되었다고 평가된다. 이는 기본적으로 신기술체계의 습득과 이를 관리하는 방식의 확립에 많은 시간이 소요되었고, 1900년대 초의 세계대전의 영향으로 그러한 생산방식이 전 세계에 확산되는 속도가 늦었기 때문이다. 4차 파동은 기술적으로는 석유라는 핵심요소의 발굴과 내연기관의 발전, 나아가 나일론으로 대표되는 합성화학의 시대이다. 석유와 내연기관을 바탕으로 한 자동차, 항공기 및 선박은 이 시대의 대표적인 산업들이다. 이들은 여행관련 업종의 발전, 산업과 관리방식의 이동속도 증가와 같은 파급효과를 야기시켰다. 기술적인 측면을 넘어선 기술경제 패러다임과 관련된 부분은 다음 절에서 검토한다.

5차 파동은 1971년 인텔사에 의한 마이크로프로세서의 등장을 기점으로 보고, 시대적으로는 1980년대부터 시작되었다고 본다. 5차 파동은 현재진행형이고 현재의 삶과 미래의 삶 모두에 영향을 주리라 예상되므로 뒤에서 별도의 장으로 다루어질 예정이다.

## 03 혁신파동의 기본속성

### 3.1 기술경제 패러다임의 구체적인 모습

#### 1) 기술과 산업 및 인프라

기술경제 패러다임은 핵심요소를 바탕으로 한 신기술의 등장과 그로 인한 새

■■ 표 10-4 혁신파동별 새로운 산업과 인프라

| | 새로운 산업 | 새로운 인프라 |
|---|---|---|
| 1. 산업혁명<br>영국 | 기계화된 면 산업<br>선철<br>기계류 | 운하와 수로<br>유료도로<br>수력 |
| 2. 증기와 철도의 시대<br>영국에서 대륙과 미국 | 증기엔진과 기계류<br>(철로 제작, 석탄 사용)<br>철광/석탄 채광<br>철도, 철도 차량 생산<br>산업용 증기엔진 | 철도(증기기관 사용)<br>보편적 우편 서비스<br>전신(철로를 따라 국가단위)<br>항구, 창고, 국제용 선박 도시가스 |
| 3. 철강, 전기와 중공업의 시대<br>미/독 영국 추월 | 저렴한 철강(베세머 공법)<br>철선용 증기기관<br>중공업과 토목<br>전기기기 사업<br>구리와 케이블<br>캔, 병 가공식품<br>제지와 포장 | 철선이용 국제수송(수에즈 운하)<br>국제 철로망<br>대규모 교량과 터널<br>국제적 전신<br>전화(주로 국가단위)<br>전기 네트워크(조명, 산업용) |
| 4. 석유, 자동차와 대량생산의 시대<br>미국에서 유럽 | 대량생산된 자동차<br>저렴한 석유와 연료<br>석유화학(합성물)<br>수송기기와 발전용 내연기관<br>가정용 전자기기<br>냉동, 냉장 식품 | 도로, 항구, 공항 네트워크<br>송유관 네트워크<br>보편적 전기 공급<br>국제 유무선 아날로그 통신 |
| 5. 정보통신의 시대<br>미국에서 유럽 아시아 | 저렴한 반도체<br>컴퓨터, 소프트웨어, 제어기기<br>통신<br>컴퓨터지원 생명공학과 신소재 | 국제 디지털 통신<br>인터넷, 전자서비스<br>유연한 전기 네트워크<br>고속의 물리적 운송 |

자료: Perez(2002), p. 35.

로운 산업의 등장과 발전, 그를 뒷받침하기위한 새로운 관리방식의 등장, 이러한 변화를 뒷받침하기 위한 사회간접자본의 형성 등의 과정을 거친다. 〈표 10-4〉는 새로운 기술과 새로운 산업, 나아가 그로 인해 새롭게 정의되고 형성된 산업을 보여준다.

1차에서의 면섬유와 증기기관, 2차의 증기기관과 기계류, 3차의 철강과 전기, 4차의 자동차와 석유화학, 5차의 반도체와 정보통신 등이 새롭게 형성된 산업들이다. 그런데 이들 산업은 그 자체로 끝난 것이 아니라 그러한 산업을 위한 혹은 활용하는 새로운 인프라를 요구한다는 특징이 있다. 특정기술이 그 기술에 의존한 산업을 파생시키고, 해당 기술산업은 그 기술과 기술적으로 직접적인 관련이 없는 새로운 경제활동을 다시 파생시키는 것이다.

〈표 10-4〉에서 보는 것처럼, 1차 파동에서 증기기관의 등장은 운하와 수로의

등장을 가져왔다. 증기기관과 기술적으로 관계가 없는 운하와 수로의 건설이라는 새로운 경제활동을 창출한 것이다. 증기기관이 본격적으로 응용되던 2차 파동에서는 우편과 전신서비스가 등장하고, 항구나 창고와 같은 산업들이 갖추어진다. 3차 파동에서는 강철과 철도 및 전기의 활성화로 국제적인 철도망이 형성되고, 이를 위해 도로와 교량 및 대규모 터널이 건설된다. 또한 전기공급망이 형성되기 시작한다. 현재도 사회를 뒷받침하는 주요 네트워크인 철도, 전기 네트워크가 본격화된 것이다. 4차 파동은 내연기관과 석유 및 석유화학의 시대이다. 따라서 도로, 항구 및 공항의 등장과 송유관 네트워크가 본격화된다. 반도체와 통신의 시대인 5차에서는 정보통신망의 구축이 새로운 인프라로 등장한다.

이상의 과정은 기술이 산업이 되고, 다시 그를 뒷받침하는 사회적 인프라를 구축해 나가는 것을 보여준다. 그러나 이러한 전개과정은 모든 나라에서 동일한 속도로 나타난 것은 아니다. 과거의 파동일수록 적용되는 범주는 더 제약적이었고, 파동의 수혜지역은 제한적이었다. 작금과 같이 국가 전체 혹은 전세계가 아니고 제한적인 세계에서만 적용되었던 것이다. 새로운 기술의 전파속도와 활용속도가 과거일수록 늦었기 때문이다.

### 2) 신기술 관리 패러다임의 등장

한편 〈표 10-5〉는 신기술을 관리하는 새로운 패러다임을 보여주고 있다. 신기술-산업-인프라로 전개되는 과정에는 해당산업에서 신기술에 가장 적합한 관리방식이 등장했다는 점이다. 이 관리방식이 신기술과 함께 기술경제패러다임을 형성해 가는 것이다. 우리는 이 점을 현재에도 부분적으로 적용되고 있는 대량생산방식을 가지고 살펴보자. 5차 파동은 뒤에서 별도의 장으로 다루어질 예정이기 때문이다.

대량생산방식은 포드사에서 T형 자동차를 생산하며 1908년 시작되었다고 평가된다. 이 사건은 과거의 장인에 의한 생산에서 기계적인 대량생산의 시초이었기 때문이다. 이 생산방식은 1913년 콘베이어시스템이 활용되며 포드시스템으로 불리는 조립라인을 형성한다. 작업단위의 구분과 분업, 그리고 각 작업시간의 계측을 통한 기계적인 대량생산으로 발전한 것이다. 당시 포드의 기본철학은 작업에서의 효율을 높이고, 대규모 생산으로 규모의 경제를 찾아, 제품가격을 인하

표 10-5 관리 패러다임

| 기술혁명 | 관리 패러다임 |
|---|---|
| 1. 산업혁명 | 공장생산<br>기계화<br>생산성/시간 엄수와 시간 절약<br>국경을 넘는 이동성 |
| 2. 증기와 철도의 시대 | 집적/산업도시/전국시장의 경제<br>전국적 네트워크를 가진 동력원<br>진보로서의 규모<br>표준 부품/기계에 의해 제작된 기계<br>필요한 곳에 에너지 공급(증기)<br>상호의존적 움직임(기계와 운송수단) |
| 3. 철강, 전기와 중공업의 시대 | 대규모 구조물(철강)<br>공장/수직계열화에 의한 규모의 경제<br>산업용 동력 공급(전기)<br>생산적 힘으로서의 과학<br>국제적 네트워크와 제국(카르텔 포함)<br>국제적인 표준화<br>관리와 효율성을 위한 원가회계<br>세계시장 주도를 위한 규모 / 국지적으로는 작은 것이 성공적 |
| 4. 석유, 자동차와 대량생산의 시대 | 대량생산/대량소비<br>규모의 경제/수평계열화<br>제품의 표준화<br>에너지 집약(석유 기반)<br>합성물질<br>기능적 전문화 / 위계적 피라미드<br>중앙집중화 / 거대도시 중심지와 교외<br>국가적 권력, 세계적 합의와 대치 |
| 5. 정보통신의 시대 | 정보집약 (정보통신기술)<br>분산된 통합네트워크<br>자본으로서의 지식 / 무형의 부가가치<br>이질성, 다양성, 적응성<br>시장 분할 / 틈새시장의 확산<br>다각화 경제와 규모와 결합된 전문화<br>세계적인 것과 국지적인 것의 상호작용<br>안팎으로의 협력/클러스터<br>실시간 연결과 행동 / 실시간 국제 통신 |

자료: 상게서, p. 40.

하는 것이 가장 최선의 방책이라 생각하였다. 시장분석과 같은 개념은 없었고 값싼 차만 공급하면 된다는 사고이었다.

포드사의 생산방식보다 GM의 생산방식이 최종적으로 대량생산시대를 열어 가는 보다 적합한 관리패러다임이라 불린다. 초기 자동차 시장의 50% 이상을 차지하던 포드사가 1920년대에 등장한 GM의 관리방식과 생산방식에 압도되어, 시장점유율을 역전당한 후 한번도 자동차시장을 주도하지 못했다. 반면 GM은 한번 역전시킨 후 향후 70년 이상 세계 자동차 시장을 선도한다.

1923년 GM의 새로운 경영자 Alfred P. Sloan은 GM에 소속된 30여개에 달한 자동차 관련 기업들을 조립, 핵심부품 및 부속품 기업이라는 3개 군집으로 재편한다. 생산에 있어서는 수직적인 통합과 전문화를 기하고 표준화를 촉진시킨 것이고, 경영에 있어서는 독립적이면서도 집중적인 경영방식을 택한 것이다. 대량생산시대의 집중화라는 관리패러다임을 배태시킨 것이다. 또한 누구에게든, 어떠한 예산으로든, 어떠한 목적이든 그에 적합한 자동차를 공급하겠다는 차종 다양화 전략을 채택한다. 대량생산방식이면서도 시장을 고려하는 경영전략이 등장한 것이다. 그 결과 1930년대 초반이 되면 GM의 시장점유율이 40%를 넘어서고 포드는 25% 수준으로 역전된다.

증기기관에 의해 움직이는 자동차가 아니라 가솔린이나 디젤에 의해 움직이는 자동차는 1880년대 중반과 후반에 독일에서 등장한다. 그리고 이 추세에 따라 유럽의 자동차 기업들이 1900년대 초까지 자동차 분야를 주도한다. 그럼에도 1900년대 후반에 접어들면 미국의 자동차 업계가 선두로 나선다. 미국에서는 자동차의 연료인 석유를 보다 저렴한 가격에 공급할 수 있었기 때문이다. 특정 기술의 확산과 산업의 발전에는 관련 기술이나 소재, 즉 관련 기술군에 의해 크게 좌우되는 것이다.

## 3.2 혁신파동과 금융자본

### 1) 혁신자본과 금융자본의 상호작용

페레즈는 2002년 발표된 저서에서 기술경제 패러다임만으로는 사회 변화의 과정을 모두 설명하기에는 부족하다고 본다. 기술경제 패러다임은 혁신파동 와중에서 초기 확산과정에는 금융이 기술을 주도하는 역할을 하는데, 후반에는 반대로 기술측에서 금융을 주도하는 현상이 존재한다. 또한 혁신파동의 전후반기가 전환되는 시점에는 대체로 큰 금융혼란이 존재한다. 그런데 기술경제 패러다임만으로는 이러한 현상을 설명할 수 없다는 것이다.

신기술 패러다임의 도입기 초기에는 새로운 기술이 다양하게 시도되므로 벤처기업들이 다른 시기에 비해 많이 등장하고 활발히 활동한다. 그렇지만 이들은

■■ 표 10-6 혁신파동의 단계

| | 도입기 | 성장기 | 성숙기 | 활용기 |
|---|---|---|---|---|
| 기술경제 | - 신산업 등장<br>- 폭발적 성장 | - 새로운 산업 등장<br>- 기존산업 현대화 | | - 시장포화 |
| | 패러다임의 정립 | | | 잠재력 소진 |
| 금융자본 | 난입기 | 광란기 | 시너지기 | 성숙기 |
| 주도부문 | 기술의 시기 | 금융의 시기 | 생산의 시기 | 불만족시기 |

주: 각 단계가 10여년으로 구성되고 중앙 2중선은 전환점을 의미.

자금력이 없기 때문에 금융이 자본투입을 도우며 이들을 주도한다. 그러나 금융부문의 입장에서는 기존 패러다임의 활동성이 저해되고 신기술 패러다임은 소규모로 작동하기에 점차 시간이 흐르며 금융만의 머니 게임을 시작한다는 것이다. 이로 인해 성장기와 성숙기 중간에 전반적으로 심각한 금융혼란이 존재한다는 것이다. 그리고 이 혼란을 극복하며 기술측이 축적된 자본으로 금융과 조화를 이루어간다는 것이다.

### 2) 상호작용 과정

페레즈는 후기 저서에서 혁신파동이나 장기파동보다 발전의 거대한 파동이라는 표현이 이러한 역사적인 변화에 더 어울린다고 주장한다. 그만큼 신기술에 의해 유발된 변화가 사회 전체를 변화시킨다는 것이다. 어떻든 우리는 이 파동의 각 단계에서 기술경제와 금융자본이 어떻게 작용하고 어떠한 현상을 유발시키는 지를 살펴보자.

일반적인 파동의 시작단계인 도입기는 기술경제적인 관점에서는 신산업의 등장과 이들의 폭발적인 성장으로 설명된다. 그리고 이 시기는 새로운 패러다임이 정립되는 시기이기도 하다. 신기술에 의한 기회가 워낙 크기에 기술이 금융을 주도하는 형태가 나타난다. 신기술을 가지고 사업을 시작하는 주체들은 이 단계에서는 항상 자금이 부족하지만 폭발적인 성장기회를 가지고 있기에, 자본이 기술을 따라오는 형태를 취한다.

성장기는 새로운 산업이 계속 확장되어 가고 기존 산업의 현대화가 이루어진다. 이미 앞에서 설명한 바와 같은 기술경제 패러다임의 전개가 시작되는 것이다. 그런데 금융부문에서는 기본적인 활동형태가 변화되기 시작한다. 새로운 기술경제분야는 규모가 작아 금융자본을 만족시킬 수 없어 금융자본이 투기처를 찾기 시작한다. 그로 인해 생산자본은 조작과 투기의 대상이 되고 거품경제가 나타나는 소위 금융광란의 시기로 접어든다.

조작과 투기도 누군가가 사 주어야 지속되는데 이 힘이 소멸되기 시작하면 금융부문은 여기저기서 붕괴신호를 보내고 커다란 충격을 입게 된다. 소위 한 파동의 전반기와 후반기가 구분되는 전환점이 등장한다는 것이다. 그녀에 따르면 2000년대 초반 등장한 금융혼란과 그로 인한 불황이 모두 IT시대의 전환점을 보여준 예라 한다. 이러한 불황은 2001년 12월의 미국 에너지기업 엔론(Enron)사의 파산과 그 영향, 2008년 미국의 투자은행 리먼브라더스(Lehman Brothers)사의 부도와 그 영향 등이 예이다.

이후 금융붕괴를 겪고 나면 금융부문이 주도를 하는 것이 아니라 충분히 성장한 기술경제 부문이 금융부문과의 시너지효과를 기대하는 시기가 온다. 금융과 생산의 새로운 관계가 금융의 정상적인 매개기능을 통해 이루어지고, 축적된 재원을 가진 생산부문이 금융부문을 주도한다는 것이다.

이어 성숙기가 되면 생산부문에서 강화된 독점자본은 잠재력의 약화와 소멸을 권력추구 형태로 보상받으려 하고, 금융부문에서도 핵심국가나 핵심부문에 대한 투자가 아니라 주변에 대한 투자가 이루어진다. 그런가 하면 시장포화로 인한 경기침체가 나타나고 경제는 불황기로 접어든다.

기술경제 패러다임을 설명함에 있어서, 나아가 지금까지 관찰되어 온 대대적인 혁신파동의 역사를 통해 볼 때 혁신파동은 기술과 경제의 결합만으로 설명되기에는 한계가 있다는 것이 그녀의 새로운 주장이다. 역사적으로 보아도 1차 파동 시에는 예금과 대출이라는 금융제도가 등장했다. 또한 2차와 3차 파동에서는 기존의 은행제도가 대규모 철도나 운하 건설에 한계를 보여 합자회사와 유한회사라는 제도가 등장하였고, 세계적인 네트워크를 가진 금융기관의 등장을 촉진시켰다. 4차에서는 대량생산과 대량소비를 뒷받침할 소비자금융제도가 존재했다는 것이다.

# 04

## 혁신파동의 의미

### 4.1 혁신파동과 관련된 이견

사회과학에서의 어느 이론과 마찬가지로 혁신파동론 역시 반대 주장이나 변형된 주장이 있다. 첫째는 중요한 기술적인 혁신은 역사 속에서 자주는 아니지만 계속 출현했는데, 혁신파동의 주장자들이 그러한 사건들을 시기적으로 잘 구분하고 포장해서 소개할 뿐이라는 것이다. 또한 두 번째로, 각 파동의 시작을 알리는 시기들이 논자에 따라 차이가 나는데, 이는 분명한 시기구분이 원래 되지 않기 때문이라는 것이다. 세 번째는 한 파동의 소멸기에 나타나는 불황이 꼭 해당기간에 나타난 혁신의 인센티브가 소멸되어 나타나는 것이냐는 지적이다. 3차 파동의 소멸기인 1920년대 말 대불황의 원인은 1차 대전과 그 이후의 국제적인 보호무역이 원인이고, 4차 파동의 말기에 나타난 1970년대의 불황도 제3세계의 자원국유화로 야기된 석유파동이 원인이지 않느냐는 것이다.

페레즈에 의해 새롭게 제시된 혁신파동과 금융자본의 관계 역시 반론이 제시될 수 있다. 첫째는 혁신파동의 도입기에는 금융자본이 기술부문을 주도한다는 것이 과연 타당하냐는 것이다. 소규모 기술비즈니스 주체들은 어느 단계이든 금융부문에 휘둘릴 수 있다는 지적도 가능하다. 두 번째로 혁신파동의 중간 전환점을 기록하는 사건들이 과연 혁신차동 위에서의 금융자본의 광란적인 활동에 의한 것이냐는 질문이 가능하다. 5차 파동 전환기에 나타난 사건이라는 2002년의 엔론사태는 기술경제 패러다임과 금융자본의 상호작용이라기보다 특정기업의 회계부정이 더 큰 원인이고, 이 시기에 등장한 다른 사건들도 금융 이외의 요인에 의해 그러한 혼란과 불황이 유발되었다고 볼 수 있는 것이다.

이러한 주장이 있음에도 불구하고 혁신파동이 존재한다는 견해가 대세를 이루고 있다. 새로운 기술패러다임이 등장할 때 혁신이나 확산이 군집되는 현상이 분명 존재하고, 그에 적합한 사회적인 관리방식이 등장한다는 것 역시 부정되지 않는다. 심지어 역사 속에서는 독일이나 일본, 나아가 한국 등을 포함한 아시아 신흥공업국들이 이러한 파동을 잘 이용한 수혜국이라는 평가가 존재한다. 또한 한국 등은 이러한 이론을 실제 정책에 반영하여 성공하였다고 평가되기도 한다.

## 4.2 혁신파동과 개도국의 추격

### 1) 후발 선진국의 경험

국가의 발전을 개발도상국, 중진국, 다음으로 선진국으로 구분할 때, 개발도상국이 중진국이 되고 중진국이 선진국으로 발전하는 것은 대단히 어렵고 드문 경우이다. 19세기의 역사 속에서 중진국이 선진국이 된 대표적인 나라는 독일, 20세기에는 일본 한 나라밖에 없다고 평가된다. 반면 개도국에서 중진국이 된 나라는 20세기에는 한국 대만 등 아시아의 신흥공업국 정도이다.

19세기 후발국 독일은 19세기초 나폴레옹의 군대에 의해 국토가 초토화된 적이 있고, 39개의 소공국들이 존재하던 곳이었다. 이 소공국들은 오스트리아와 프로이센에 의해 주도되었다. 프로이센은 철도와 철 나아가 이들을 기반으로 형성된 기계산업의 발전을 통해 독일의 산업화를 주도하였는데, 철도는 분산된 소공국들의 대화와 교류를 촉진시키는 계기가 되었다. 2차 파동의 기술을 활용하며 산업화를 주도한 프로이센은 1850년대가 되면 독일연방의 주도국으로 부상한다. 그리고 이들에 의해 1871년 독일 통일이 이루어지고, 3차 파동에서 강철과 화학 분야를 더욱 강화해 당시의 세계 주도국 영국을 추월하게 된다.

일본은 1868년 명치유신의 결과 미국과 유럽으로부터 신문물을 받아들이고, 신분제도 폐지, 의무교육, 의회제도 도입과 같은 기술경제적 변화와 사회제도적인 변화를 동시에 시도한다. 기술경제분야의 외국문물 도입은 단순한 도입이 아니라 국가가 주도적으로 인재를 선발하고 이들을 외국으로 보내 기술을 습득하여 돌아오게 하는 방식이었다. 기술과 인재양성을 동시에 시도한 것이다.

### 2) 20세기 아시아 신흥공업국

이들과 달리 개발도상국에서 중진국으로 도약한 한국과 아시아의 신흥공업국들은 기술경제적 차원에서는 대량생산시대의 확장기에 이 생산방식을 받아 들여 잘 활용하였기 때문이라는 평가가 나온 바 있다. 한국은 전쟁으로 인해 기존의 사회제도가 무너졌고, 사회제도나 정치제도 모두 미국식을 흡수하는 대변혁을 이룬다. 과학기술 기반 역시 일본의 것은 거의 사라지고 미국식으로 대체된 바 있다. 당시 미국은 대량생산방식의 선두주자이었고, 한국은 모범적인 학생이었던 것이다.

한편, 한국은 1982년부터 IT시대가 도래함을 인지하고 본격적인 정보화 정책을 시도하여 1980년대부터 시작된 IT패러다임시대에 적극 대응하였다고 평가된다. 그리고 그에 따른 경제적인 관리방식의 변화가 상당히 급격한 속도로 이루어졌고, 사회제도 역시 정보화시대가 요구하는 방향으로 변화되어 왔다. 이러한 점이 한국이 중진국으로 성공적으로 진입하고 선진국도 바라볼 수 있는 계기를 주었다는 것이 기술경제적인 관점에서의 일반적인 평가이다.

후발주자는 여러 점에서 이점이 있다. 선진국의 설비공급자, 엔지니어링업자의 역할로 설비도입이 저렴하고 쉽게 이루어질 수 있다. 또한 일반화된 기술지식과 표준화된 기술도입이 용이하고, 일반 교육체계로도 필요한 기술에 어느 정도 접근이 가능할 정도가 된다. 또한 선진국의 포기 분야를 취할 수 있다면 더욱 추격은 쉬워진다.

그런데 후발주자가 패러다임형 기술을 선택하면 세계시장의 자연스러운 확대를 활용할 수 있고, 전체 기술패러다임이 미성숙하여 지배적인 대기업이 아직 형성되지 않아 독점적인 횡포가 작을 수밖에 없다. 또한 기술이 성숙화 되며 나타나는 향후의 세계적인 기술학습에 편승할 수 있어서 고급기술로 편입될 수 있는 가능성 또한 커지게 된다. 아시아 신흥공업국은 대량생산형 패러다임의 확산기에 편승한 결과라 평가된다.

그렇다고 중진으로의 도약이 선진으로의 도약을 그대로 보장하는 것은 아니다. 기술적인 학습에는 수확체감의 법칙이 적용되기 때문이다. 초기에는 학습비용이 개발에 비해 저렴해 시작하기에는 편리하다. 그러나 어느 단계에 이르면 학습할 기술이 감소하고, 고급기술은 암묵지화 되어 있고, 가격이 높아 학습비용이나 도입비용이 급증한다는 문제가 있다. 자기개발 이외에는 답이 없는 것이다. 따라서 중진에서 선진으로의 도약에는 자기 기술을 확보하는 노력이 절대적으로 필요해진다. 그리고 혁신파동론은 이 노력을 새로운 기술경제 패러다임에 맞추어 가자는 것이다. 그러할 경우 훨씬 빠르고 효율적인 결과가 도출된다는 것이다.

### 3) 21세기의 개도국

에스토니아에서 이루어진 최근의 IT시대 대응정책을 살펴보자. Drechsler (2002)는 핀란드의 남쪽바다에 위치한 에스토니아의 산업정책을 위한 기술혁명 심포지움에서 다음과 같이 언급한다.[4]

첫째, 2020년이나 그 비슷한 시기까지는 IT시대이므로, 에스토니아의 산업정책은 이 기술시스템을 중심으로 이루어져야 한다.

둘째, 이제는 IT시대의 전개단계에 들어갔다고 평가되므로, 정부의 적극적인 주도하의 IT 산업정책은 무리라고 판단한다. 대신 정부는 산업계를 지원하기 위한 제도적인 적응이 이루어지도록 조치를 해야 한다.

셋째, 벤처캐피탈과 같은 금융자본을 통한 IT지원정책이나 1990년대에 활발히 전개되었던 경영혁신과 같은 조치는 전개단계에서는 맞지 않다. 벤처기업은 새로운 기술패러다임 하에서 기술기회가 열리기 시작하는 도입기나 성장기에 집중적으로 나타나지 성숙단계에 들어서면 활동이 둔화된다. 따라서 벤처기업 정책이나 벤처캐피탈을 집중 육성하는 정책은 맞지 않다. 또한 이미 안정기에 들어선 상황에서는 IT패러다임에 맞추기 위한 기술경제 패러다임 역시 어느 정도 안정된 단계이므로 각종 경영혁신과 같은 새로운 관리 패러다임 확보 노력 역시 시기적으로 맞지 않다.

## 4.3 다가 올 6차 파동

현재는 1980년대부터 시작된 IT패러다임 시대라 평가된다. 그러면 다음 패러다임은 무엇이고 언제부터 시작될 것인가가 기술정책, 나아가 국가 전체의 정책기조에 영향을 미치는 중요한 질문이 된다. 다행히 대부분의 연구자들은 6차 파동은 생명공학기술에 의한 생명공학시대라는 점에 일치하고, 핵심요소도 유전

4) Drechsler, Wolfgang, 2002, "IST Techno-Economic Paradigms", Presentations for A Ministry of Economic Affairs and PRAXIS Workshop, How are ICT and Biotechnology Related Policy Implications for Estonia, 27September.(http://fistera.jrc.es/pages/books/content%2520FFC%2520book/short%2520contributions/ist%2520policies/39Drechsler.pdf+technoeconomic+paradigm&hl=ko&ct=clnk&cd=15&gl=kr)

■■ 표 10-7 2030년 미래 100대 주요기술

| 단독분야 | | 융합분야 | |
|---|---|---|---|
| BT | 16개 | NBT | 3개 |
| IT | 9개 | IBT | 3개 |
| NT | 1개 | BINT | 2개 |

주: 과학기술부, 미래기술예측, 2005.

자가 될 것이라는 점에 대해 거의 일치한다. 그러므로 관심은 바이오시대가 열리는 구체적인 시점은 언제이고, 어떠한 계기로 본격화될 것인 가에 몰려 있다.

과학기술부는 수년에 한번 씩 향후 25-30년에 나타날 미래 기술예측을 시도한다. 2005년에 발표된 향후 25-30년후 구현될 100대 주요 기술을 IT, NT, BT 3개 기술을 중심으로 다시 정리해 보면 〈표 10-7〉과 같다. BT분야가 16개로 나타나고, IT분야는 9개, NT분야는 1개로 나타났다. 나머지는 기타 기술들이다. BT분야에서 가능성이 큰 기술들이 크게 나타나고 있는 것이다. 한편, 융합기술분야에서는 NBT(NT+BT)가 3개, IBT(IT+BT)가 3개, BINT(NT+BT+IT)가 2개 기술이 있다. 융합영역에서 8개의 주요기술이 구현되리라 예상되는 것이다.

다음 파동은 언제부터 시작될 것인가? 우리는 이 부분에 대해서는 쉽게 답할 수 없다. 다가올 미래에 대한 예측은 어렵고, 현 시점에 대한 평가도 어렵다. 수십년에 걸친 장기파동을 어느 한 시점에서 판단하는 것은 너무 어려운 일이기 때문이다. 분명한 것은 시간이 지난 후에는 과거의 역사에 대한 평가를 비교적 쉽게 할 것이라는 점이다.

출발시점을 기준으로 볼 때 IT시대는 1971년과 1980년 두 시점이 지적된다. 어느 시점이 시작점이던, 그리고 대략 50년 주기라면 대체로 현 시점은 IT파동의 중간점이거나 중간점을 막 통과한 상태가 아닌 가라고 예상해 볼 수 있다. 또한

■■ 표 10-8 국가 R&D사업 중장기 투자전략

| | 분 야 |
|---|---|
| 증가형 | 생명, 에너지자원, 환경, 기초과학 |
| 점증형 | 소재나노, 우주항공해양, 건설교통안전 |
| 점감형 | 기계 · 공정 |
| 감소형 | 정보전자 |

자료: 과기부, 2007, p. 118.

■ 표 10-9 유망 융합신기술 분야(성장성 및 수익성)

| BIT | BNT |
|---|---|
| -초정밀측정기기<br>-나노센서<br>-탄소나노튜브<br>-바이오 반도체 제품<br>-Bioinformatics<br>-생체계측기술<br>-Immuno diagnostics<br>-Pyhsiome biology<br>-Pharmacogenomics | -초고집적 기억매체<br>-Lab-on-a-chip<br>-DNA chip<br>-protein chip<br>-BioMEMS<br>-BioNEMS<br>-나노바이오센서<br>-바이오인공장기<br>-생체이식용재료 |
| **NIT** | **BINT** |
| -조명용 신 광원소재 (백색 LED)<br>-통신/PC용 나노전자 소자<br>-고기능나노소재<br>-감시용 나노계측센서<br>-Molecular electronics<br>-소형다기능컴퓨터<br>-반도체 미세가공 | -헬스케어 센서칩<br>-약물전달시스템<br>-Bio-Photodiode<br>-Bio-EL Device<br>-Visual prosthesis<br>-분자영상기술<br>-초소형 환경센서<br>-Ubiquitous |

자료: 산업연구원 설문조사, 2004. 정진화 외, 2004, p. 140에서 재인용.

미국의 리먼브라더스 사건과 같은 경우는 전환점을 알려주는 것으로도 이해할 수 있다. 그렇다면 2020년-2030년 정도에서는 BT를 중심으로 한 어떠한 큰 변화가 존재하지 않겠느냐는 예상을 할 수 있다.

그리고 〈표 10-9〉는 한국의 국가 R&D사업에서의 2010년대 예산투입 방향을 보여주고 있다. BT와 기초과학에 대한 투자는 증가형으로 IT는 감소형이 되고 있다. IT는 민간기업이 감당할 수 있을 정도가 되었으므로 국가는 미래형으로 전환해야 한다는 것이다.

그러면 다가올 BT시대를 맞이 하기 위한 적극적인 대응책은 없을까? 설성수, 박정민, 조성복(2007)은 이러한 점을 반영하여 첫째, 국가 R&D 정책은 BT시대를 맞기에 앞서 재원이 있고, 산업화 경험이 풍부한 IT를 활용하여 산업화가 지연되고 있는 BT분야의 산업화를 촉진시킬 필요가 있음을 주장한다. 특히 BT분야에서 시장이 열리고 있는 〈표 10-9〉와 같은 BT 융합분야에 대한 적극적인 연구개발과 산업화 촉진정책이 필요함을 지적한 바 있다. 두 번째는 융합분야의 신기술 전문인력을 양성해야 하는데 학과중심형인 현재의 교육체계로는 신규인력 양성이 어려우므로 이공계 교육에 있어서의 새로운 접근이 필요함을 지적하였다.

CHAPTER

# 11

기 / 술 / 혁 / 신 / 론

# IT와 IT패러다임

- IT 기술발전
- IT 산업 변화
- 정 보 화

# 01
# IT 기술발전

## 1.1 IT와 IT패러다임

### 1) 마이크로프로세서 이전의 IT

IT(information technology)는 전자기술의 발전 형태를 모두 포괄하는 기술체계로, 1970년대 후반에 등장한 명칭이다. IT는 출현 이후 마이크로일렉트로닉스, ME, 정보기술, 정보통신기술, ICT(information and communication technology) 등과 같이 시대에 따라 이름이 조금씩 달리 불렸다. 그리고 다른 명칭에 따라 해당 기술의 포함범주와 강조점이 조금씩 달라지기도 하였다.

사실 1970년대 후반 이전에는 전자기술은 1940년대에 등장한 컴퓨터로 상징되었다. 컴퓨터는 인간의 사고를 대신한다는 사실로 획기적인 기술이었다. 그러나 최초의 컴퓨터는, 크기만 크고 기능은 대단치 않은데다 활용 용도도 작아, 기술적 관심 이상의 의미는 크게 갖지 못했다. 최초의 컴퓨터로 불리우던 ENIAC은 진공관의 수가 18,000개이고 무게가 30톤에 달하는 거구이었으나 기억용량은 적고 계산능력은 초당 5천회 정도의 가감산이었다. 이후의 컴퓨터들은 핵심기술이 진공관에서 트랜지스터로 바뀌며 한층 개선되고 규모가 줄어들었지만 1960년대 중반 집적회로가 이용되기 전까지만 해도 여전히 규모가 컸다. 집적회로의 등장으로 컴퓨터는 한층 고도화되었다. 그러나 이 시기까지도 숫적으로 많지 않았고, 초기에는 대부분 과학기술용 혹은 인구통계 등에 이용되고, 점차 사무용 및 생산용으로 사용되기 시작하였다. 그러나 1970년대 초반까지도 보편적인 이용은 시작되지 못했다.

### 2) 마이크로프로세서의 등장

이러한 와중에 1971년 인텔사에 의해 여러 집적회로 중 제어 및 연산기능을 단일 칩 위에 결합시켜 집적시킨 마이크로프로세서(microprocessor)가 등장한

표 11-1 마이크로프로세서 이전의 컴퓨터 발전

| | 기간 | 회로기술 | 주 사용부문 |
|---|---|---|---|
| 1세대 | 1950-57 | 진공관 | 과학기술 |
| 2세대 | 1957-64 | 트랜지스터 | 관리부문 도입 |
| 3세대 | 1964-69 | 집적회로 | 관리부문 일반화 |
| 4세대 | 1969- | 고밀도집적회로 | 생산부문 일반화 |

자료: 설성수, 1986, 정보기술의 특성과 경제적 의미.

다. 마이크로프로세서는 중앙처리장치(CPU: central processing unit)로 불리기도 하지만 소형 장치에 부착되는 처리장치(MPU: micro processor unit) 역할도 하므로 둘이 완전히 같은 용어는 아니다. 어떻든 이들로 인해 집적회로와 마이크로프로세서 등을 통칭하는 마이크로일렉트로닉스(microelectonics, 이하 ME)라는 용어가 등장한다. 이로 인해 전자기술에 대한 사람들의 인식이 획기적으로 변화하기 시작한다.

다음은 저자가 1980년대의 한 논문에서 이용한 정보기술에 대한 설명이다. "정보기술은 ME를 기반으로 하는 기술체계로서 컴퓨터와 통신기술이 결합되어 나타나고 있다. 정보기술이 본격적인 주목을 받게 된 것은 70년대초 대규모 집적회로의 개발을 통한 마이크로컴퓨터가 등장하면서 부터이다. ME관련 기술은 빠른 기술혁신을 반영하며 급격히 소형화 저렴화되었고 그 결과 광범위하게 확산될 수 있었다. 정보기술은 정보의 생산, 축적, 처리, 유통에 이용되는 기술체계로도 정의되지만 기술사적인 측면에서는 단순한 생산적인 기술체계를 넘어서 사회적인 기술체계로 까지 이해된다. 사회적인 기술체계는 한 사회의 기본적인 생활방식을 규정짓는 기술체계로 수렵기술, 농업기술, 공업기술과 같은 광범위한 기술체계를 말한다.(정보부문 변화의 원인과 방향, 1987)"

ME가 초기에 보인 기술적인 가능성은 다음과 같다. 첫째는 정보처리기술의 발전으로 모든 기계의 지능화가 가능하다고 평가되었다. 자동화의 기술적 단초를 제공한 것이다. 둘째는 컴퓨터와 통신기술의 결합이 시작되었다고 평가되었다. 두 기술영역 모두 디지털 기술이 응용되므로 두 기술의 결합은 자연스러운 추세라 본 것이다. 사실 이 내용만 가지고도 정보기술이 새로운 산업혁명적인 기술이라는 평가가 1973년 OECD의 연구에서 나타난다.[1] 이후 ME는 새로운 산업혁명 기술이라는 견해가 70년대 후반 주요 국제기구나 선진 각국에서 본격적으로 등장한다.

당시 ME와 관련된 연구는 크게 셋으로 구분된다. 하나는 ME의 생산성 효과와 국가적인 생산력 확대라는 차원에서 이루어졌고, 두 번째는 실업문제와 관련되어 많은 연구가 이루어졌다. 마지막으로는 각국에서 ME가 구체적으로 어떻게 혁신되고 산업현장에 누적되어 가는 지를 검토하였다.[2] 신기술의 생산성 효과나 기술혁신이 누적되어 가는 과정은 당연한 과정이었지만 실업에 관한 논의는 대단히 큰 사회적인 반향을 불러 일으켰고, 또한 반 기술적인 성향을 가졌다.

ME 응용 기계가 생산현장에서 로봇으로 응용되면서 자동화 기계가 등장하였다. 이는 곧 생산현장의 실업으로 이어져 노동조합의 극렬한 저항이 있었다. 그 결과 유럽에서는 로봇의 도입에 대한 거부가 노동운동의 상징이 될 정도이었다. 특히 자동차업계에서의 기술에 대한 이러한 저항은 유럽 자동차업계의 몰락과 일본의 등장이라는 역사적 사실과도 연계되었다.

정보기술의 응용은 생산자동화(FA: factory automation)와 사무자동화(OA: office automation) 및 뉴미디어 분야로 구분되었다. 사무자동화나 생산자동화는 50년대 초반부터 거론되었으나 다시 각광을 받기 시작한 것은 70년대 중반 이후 ME기기로 인해 개별기기의 자동화와 시스템화가 가능하였기 때문이다.

그간의 자동화는 기기 중심의 자동화로 유압 혹은 공압식, 기계식 및 전기적인 방식 등의 고정식으로 기계의 마모가 심하거나 비싼 가격으로 인해 크게 보급되지 못했다. ME의 등장은 가격의 저렴화와 프로그램화가 가능한 기기(Programmable automation)나 인간의 동작에 유사한 기기를 출현시키고 기기간의 연계를 이루어 시스템화된 공장의 자동화로 가속되었던 것이다.

텍사스인스트루먼트의 OA[3]를 통해 사무자동화의 예를 보자. 이 기업은 1980년 당시 19개국 50개 공장의 연계가 큰 과제이어서 정보통신시스템의 구비가 필수적이었다. 당시 이 시스템에는 8,200여 개의 단말기와 140여 대의 컴퓨터가 연결되었다. 지금으로 보면 그리 큰 규모는 아니었지만 이는 대단히 역사적인 네

1) OECD, Computers and Telecommunications, 1973.
2) 설성수, "정보부문 변화의 원인과 방향", 한남대 사회과학 논집 7, 1987. 참조.
3) Craig, L.C. "OA at Texas Instruments Incorporated" M.L. Moss et al, Telecommunications and Productivity, Addison Wesley, 1981, pp. 202~214.

트워킹이었다.

초기의 ME의 기술적인 파급효과는 통신기술과 정보처리기술, 즉 컴퓨터의 결합이었다. 그런데 시간이 흐르며 1980년대 초에는 여기에 방송기술까지가 결합될 것으로 예상되었다. 오늘날과 같은 컴퓨터 통신 및 방송이 융합되는 기술발전 추세가 1980년대 초에 예측된 것이다.

## 1.2 응용대상으로 본 IT시대의 구분

### 1) IT시대 구분

IT시대는 다양하게 발전되었다. 따라서 IT시대에 새롭게 출현한 특징적인 대상을 기준으로 보면 〈표 11-2〉와 같다. 1970년대 기기의 시대에서, 1980년대 소프트웨어(SW)의 시대로, 나아가 1990년대에는 통신의 시대가 되고, 2000년대에는 컨텐츠나 e비즈니스의 시대가 열린다. 2010년대의 시작인 작금에는 스마트폰을 중심으로 통신-정보-e비즈니스가 결합된 형태를 보인다.

1970년대는 컴퓨터와 집적회로 기술의 바탕에 Intel사의 마이크로프로세서(MPU, CPU)가 추가되며 본격적인 IT시대가 열린다. 이어 1980년대에는 마이크로소프트사의 개인용 컴퓨터의 운영체계(OS)가 등장하며 소프트웨어시대를 열어간다. 1990년대에는 통신기술의 혁신으로 인터넷의 기반이 된 월드와이드웹(WWW)이 설정되고, 웹브라우저가 등장한다. 여기에 이동통신 기술이 등장하며 본격적인 통신의 시대에 들어선다.

2000년대는 기기와 통신의 결합을 바탕으로 이에 탑재될 정보와 컨텐츠가 고려되기 시작하고, 나아가 e비즈니스의 시대가 열린다. e비즈니스만 볼지라도 초

표 11-2 IT 시대 구분 - 응용대상과 주도기업

| | 기술특징 | 주도기업 |
|---|---|---|
| 1970년대 | 기기 | IBM, Intel, Texas Instruments |
| 1980년대 | SW | Microsoft |
| 1990년대 | 통신(인터넷, 무선) | Qualcomm, Cisco Systems |
| 2000년대 | 컨텐츠, e-비즈니스 | Google, Yahoo, Auction |
| 2010년대 | 이동 | Apple |

기에는 인터넷을 이용한 인터넷비즈니스 혹은 전자적인 방식에 의한 거래라는 의미의 전자상거래 등으로 불리었으나, 무선통신을 이용한 휴대용 단말기에서의 상거래가 포함되며 이들을 모두 포함하는 e비즈니스라는 용어로 대체되었다.

### 2) 스마트 폰의 등장

2010년대에 들어서면서 크게 두 추세가 나타나고 있다. 하나는 컨버전스이며, 다른 하나는 스마트 폰을 중심으로 한 변화이다. 이중 컨버전스는 뒤에서 검토하기로 하고, 여기서는 컴퓨터와 단말기, 컨텐츠와 e비즈니스가 모두 결합되어 나타나는 스마트 폰을 집중적으로 살펴보자.

이동 단말기는 네트워크, 하드웨어, 소프트웨어 플랫폼 및 응용소프트웨어 혹은 애플리케이션이라 불리는 4 계층의 기술체계를 바탕으로 한다. 그런데 과거의 단말기는 소프트웨어 플랫폼이 전용 OS를 사용하였고, 응용소프트웨어도 고정식이었다. 반면, 스마트폰은 애플리케이션의 추가 삭제가 가능한 범용 OS를 탑재한 단말기를 말한다. 과거의 단말기에 비해 운영체제가 가변적이고, 그에 따라 응용소프트웨어가 다양한 형태로 탑재되고 또 그 숫자도 확대된 것이다. 〈표 11-3〉에는 과거형 단말기와 2010년에 등장한 스마트 폰의 차이가 나타나 있다.

## 1.3 융합을 통해 본 IT시대 변화

### 1) IT컨버전스

기기와 서비스 중심으로 발전 형태를 살펴보자. 초기는 아날로그시대에서 점차 디지털시대로 발전하고, 이어 최근에는 융합시대로 나아가고 있다. 아날로그

표 11-3 **스마트 폰의 기술적 특징**

| | 기존 단말기 | 스마트 폰 |
|---|---|---|
| 응용소프트웨어 | 고정 앱, 폐쇄형 | 가변 앱, 개방형 |
| 소프트웨어 플랫폼 | (전용 OS) | (범용 OS) |
| 하드웨어 | 입력형 | 터치형, 지능형 |
| 네트워크 | 아날로그/디지털 | 고속(3G) 디지털 |

주: 앱=applications, app.

■ 표 11-4 IT 시대 구분 - 기술발전 추세

| 시대 명칭 | 기술특징 | 대표 기기/기술 |
|---|---|---|
| 1. 아날로그 | 아날로그형 전자기기 | 유선전화 |
| 2. 디지털 | 디지털 기기 | 초고속통신망, 이동통신,<br>반도체, 컴퓨터, 디스플레이 |
| 3. 디지털컨버전스 | -통신과 방송 융합<br>-HA<br>-기존산업과 융합 | SoC, RFID<br>디지털방송, 디지털콘텐츠<br>텔레매틱스, 홈네트워킹, 지능형로봇 |
| 4. IT-BT-NT 융합 | IT와 BT, NT 결합 | BIT, BNT, BINT<br>실감 IT |

주: SoC: system on chip, RFID: Radio Frequency Identification, HA: home automation.

시대에는 정보기기 조차도 모든 기기가 아날로그형이었지만 ME기술이 고도화되며 모든 기기와 서비스가 디지털기술로 대체되는 디지털시대가 열렸다. 디지털기술이란 문자 이미지 소리 영상 등 모든 대상을 0과 1로 바꾸어 저장, 처리, 가공하고 표현하는 기술이다. 따라서 고도의 계산능력을 가진 정보기기가 필수적인 기술이고 이로 인해 사회 전체가 변해갈 수 있었던 것이다.

IT시대는 기술의 발전 추이를 기준으로 보면 〈표 11-4〉와 같이 다른 형태로 구분되기도 한다. 아날로그형 정보기술시대에서 디지털형 정보기술시대로 발전하였고, 현재는 디지털 컨버전스 시대가 활발히 진행되고 있다. 디지털시대는 디지털 기술에 입각하여, 컴퓨터와 통신이 먼저 결합하였고 이어 방송과도 결합하였다. 여기에 각종 응용기기의 지능화에 힘입어 이들과도 연계되고 있는 것이다.

텔레매틱스는 자동차의 GPS처럼 위치정보시스템과 정보기기가 결합되며 나타나는 각종 디지털서비스들이다. 여기에 가정의 각종 기기의 자동화와 로봇화, 나아가 이들을 연결하는 통신시스템인 홈네트워크 등이 디지털 컨버전스 시대에 달성하고자 하는 목표들이다. 공장자동화로 시작된 IT시대가 사무자동화 시대를 거쳐 산업의 자동화 시대를 지났으며, 이제 가정의 정보화 시대로 까지 확대되고 있는 것이다.

### 2) 다른 기술과의 융합

지금까지는 IT기술 내에서의 융합을 언급한 것이다. 그러나 현 시대는 IT기술이 IT기술과만 연계되는 것이 아니라 비IT기술과의 융합도 예견되고 있다. IT와

BT 및 NT 등 이종기술간 융합이 예견되고 있는 것이다. 현재도 진행되고 있는 이 추세는 〈그림 11-1〉에서 보다 명확해진다.

이종기술간 융합의 시대가 과연 IT 시대인가 아니면 IT시대를 벗어나는 다음 기술시대인가에 대해서는 아직 확정적인 견해가 등장한 것은 아니다. IT시대의 연장이라는 견해, BT시대로의 전환과정에서 일시적으로 등장했다고 보는 견해, BT시대와 무관하게 지속되리라 보는 견해, BT시대의 전조라 보는 견해 등이 그 것이다.

이 질문은 BT시대가 과연 어떻게 나타날 것인 가에 대한 질문과도 연계된다. BT는 유전자와 관련된 기술이라 농수산어업, 의료산업에 큰 영향을 미치리라 예상된다. 그런데 한 시대를 열어가는 혁신파동의 기본조건은 핵심기술이 존재하고, 이 기술의 파급효과가 크고, 그 자체의 기술진보로 인해 가격이 지속적으로 하락하는 추세를 가져야 한다는 것이다. 여기서 농수산업 및 보건의료산업에 적용되는 BT가 과연 한 시대를 열어갈 정도로 큰 파급효과를 줄 수 있느냐는 질문이 등장한다. IT처럼 거의 모든 산업에 영향을 주어 경제 전체를 바꾸어 가는 과정이 과연 BT에 있느냐는 것이다. 농림어업과 보건의료산업만으로는 효과가 약하지 않으냐는 것이다.

이에 대해 IT기술을 이용한 실감형 바이오기술이 추가된다면 응용범위도 넓지 않느냐는 지적이 추가되고 있다. 농림어업에서의 변화, 보건의료산업의 변화

그림 11-1 NBIC 융합 체계

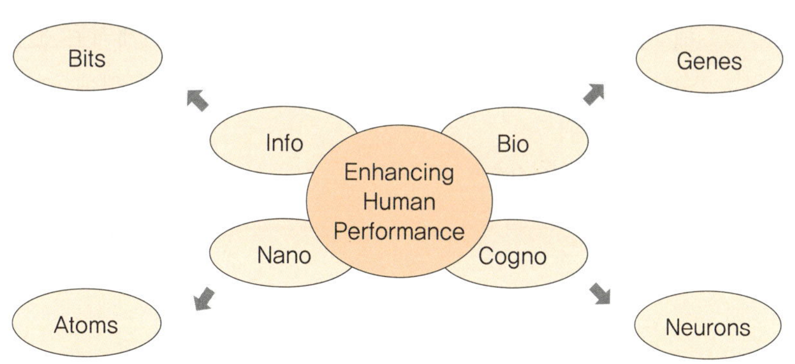


Canton, James, NBIC Convergent Technologies and the Innovation Economy, Ch. 4, 33-45, in W. S. Bainbridge, M. C. Loco (eds.), Managing Nano-Bio-Info-Cogno Innovations: Converging. Technologies in Society, Springer, 2006, p. 38.

에 사회 전체에서 등장하게 될 실감형 자동화 기술로 인한 변화가 추가된다면 모든 분야에서 인체를 대체할 기술이 등장할 수 있다는 것이고, 그 점에서 BT기술의 응용은 무한하지 않느냐는 지적이 나오는 것이다. 실감기술과 자동화 기술은 무인 자동차, 무인 항공기 등 기계에 의한 기계의 확대로 연결될 수 있기 때문이다. 이러할 경우 IT와 BT, NT, CT(Cogno Technology)의 결합은 새로운 지평을 줄 수 있지 않느냐는 것이다.

미국의 국립과학재단은 2005년 IT기술과 다른 기술과의 융합에 대한 컨퍼런스를 개최하고 발표문을 출판한 적 있다. 그들은 IT기술은 비트로 상징되고, NT는 원자, BT는 유전자, CT는 신경으로 대표된다고 지적한다. 이어 IT는 BT, NT는 물론이고 인식기술과 결합되어 새로운 기술시대를 열어갈 것으로 예상하고 있다.

### 3) 실감형 기술

실감형 기술에 대한 이해는 인체와 인공물에 대한 관계를 탐구하는 인지기술(CT)에 대한 이해가 필요하다. 인체의 인지능력은 외수용성 감각과 내수용성 감각을 통해서 이루어진다. 외수용성 감각은 시각, 청각, 후각, 촉각, 미각, 평형감각 등이며, 내수용성 감각은 인체 내부에 있는 각종 장기들의 움직임을 스스로 감지하는 인지능력이다.

따라서 이들에 대한 기술적인 대안은 〈표 11-5〉에서 보는 바와 같이 시각-기계 눈, 청각-소리처리, 후각-전자 코, 미각-전자 혀, 촉각-촉각센서, 평형감각-균형센서와 같이 나타난다. 이어 내수용성 감각은 바이오센서나 바이오칩에 의해 대체될 수 있다. 이중에서 기술적으로 가장 미개척된 분야는 촉각센서나 평형감각 센서라 평가되기도 한다. 촉각은 온도나 압력에 대한 동시 인지가 필요

표 11-5 실감기술

| 인 체 | 기 술 |
|---|---|
| 외수용성 감각 | |
| 시각 | 기계 눈 |
| 청각 | 소리처리 |
| 후각 | 전자 코 |
| 미각 | 전자 혀 |
| 촉각 | 촉각센서 |
| 평형감각 | 균형센서 |
| 내수용성 감각 | 바이오센서/바이오칩 |

하고, 균형센서는 속도감과 위치에 대한 동시 인지가 필요하다.

# 02 IT산업 변화

## 2.1 IT 산업의 개념과 발전

### 1) 개 요

IT산업의 개념 역시 IT기술과 마찬가지로 시대흐름에 따라 여러 형태로 불리었다. 전자산업, 전기전자산업, 정보산업, 정보통신산업, IT산업, ICT산업 등으로 시대에 따라 명칭이 변경된 것이다. IT산업은 디지털기술을 이용한 정보의 생산, 처리, 가공, 이용과 관련한 산업을 말한다. 그리고 한국의 정보통신산업협회는 IT산업을 〈표 11-6〉과 같이 구분하여 통계를 발표하고 있다.

IT산업의 한 분야는 정보통신서비스산업이다. 여기에는 기술적인 측면에서의 통신과 방송 융합을 보여주듯 통신서비스업과 방송서비스업이 포함된다. 두 번째는 정보통신기기산업이다. 여기에는 정보기기, 통신기기, 방송기기 및 이를 이루는 부품들이 포함된다. 세 번째는 소프트웨어와 컴퓨터관련 서비스업이다. 이

표 11-6 IT 산업

| 대분류 | 소분류 |
|---|---|
| 1. 정보통신서비스 | 통신서비스 : 기간, 별정, 부가<br>방송서비스 : 지상파, 유선, 위성, 프로그램 제작공급 |
| 2. 정보통신기기 | 통신, 정보, 방송, 부품(반도체, 디스플레이, 범용부품) |
| 3. SW/컴퓨터서비스 | S/W패키지, 컴퓨터관련 서비스, 디지털컨텐츠 개발 |

주 1. 기간통신서비스: 전기통신 설비를 보유하고 서비스.
2. 별정통신서비스: 전기통신설비를 임차하여 특정집단에게 서비스하거나 재판매하는 서비스 혹은 구내통신 서비스.
3. 부가통신서비스: 전기통신설비를 임차하여 컴퓨터기능을 결합한 후 정보의 축적, 가공, 계산, 데이터베이스 서비스 등을 제공.

에는 소프트웨어 패키지, 컴퓨터관련 서비스업 및 컨텐츠 관련 업종이 포함된다.

### 2) 한국의 IT산업 발전

정보통신의 관점에서 한국에서의 IT산업의 발전과정은 〈표 11-7〉에서 보는 바와 같이 크게 4단계로 구분된다. 그런데 IT산업의 발전을 이해하기 위해서는 1980년대 이전의 한국의 통신 환경을 먼저 살펴 볼 필요가 있다.

1980년대 이전의 통신은 이동전화는 전혀 없었고 유선전화가 중심인데, 유선전화는 당시 부의 상징이었다. 전화 개설 신청을 하고 설치될 때 까지 너무 오래 기다려야 했고, 전화보유자의 이름을 바꿀 수 있는 전화는 제한적이었다. 이로 인해 명의이전이 가능한 유선전화는 신입사원의 1년분 임금 정도의 프리미엄을 가진 시기도 있었다. 교환시설이 부족한 것이 원인이었는데, 당시에는 국가적으로 교환기를 구입할 여력이 없었다.

그로 인해 통신을 위한 첫 조치는 정부가 직접 관할하던 전기통신사업을 준민영화시켜 서비스라는 의미가 등장할 수 있도록 했다. 또한 1981년 파격적인 240억원을 투입해 전자교환기(TDX) 개발을 시작한다. 이 규모는 당시 한국정부의 예산 중 건설공사를 제외하고는 가장 큰 사업이었다. 어떻든 1986년 개발이 성공되어 전화국에 설치가 시작되며 한국의 유선전화는 대중화되기 시작하였다. 이어 1987년에는 1,000만 가입자를 기록하고, 2002년 2,349만명을 기록한 후 무선전화 가입자의 증가로 인해 정체되다 2008년부터는 확연하게 감소추세에 있다.

1990년대에는 통신 인프라 구축을 전자교환기 외에도 이동통신을 위한 기술(CDMA)이 개발되어 구축되었다. 이동전화 기술인 CDMA는 1989년 개발되기 시작하여 성공되었고, 1995년에는 상용화가 시작되었다. 어떻든 대용량 통신을 위한 국가적인 기간망이 강화되고, 이 기간망에 연결된 각종 분야망이나 지역망이 형성되어 각 건물이나 아파트단지 등으로 연계되었다.

한편 1990년대 중반부터는 전자산업의 발전에 따라 각종 정보기기산업이 발전하기 시작하였고, 소프트웨어나 데이터베이스가 독립된 산업으로 발전하였다. 통신네트워크와 별도로 정보처리 관련 기기와 서비스업이 발전한 것이다.

그리고 2000년대 중반부터는 전통산업에 대한 IT산업의 기반성이 확대되어

■■ 표 11-7 한국 IT산업의 발전

| 시 기 | 내 용 |
|---|---|
| 1980년대 | 통신서비스 제공을 위한 인프라 구축 |
| 1990년대 | 통신, 기기, S/W, 데이터베이스가 독립된 산업으로 발전 |
| 2000년대 중반~ | 융합화, 유비쿼터스화 |

전통산업과 IT산업의 융합화가 가속되고 있고, 유비쿼터스화에 대한 준비과정이 진행되고 있다.

## 2.2 IT산업의 위상

### 1) 산업구조

2000년대 초반 방송을 제외한 IT산업의 비중은 국가별로 차이가 있으나 IT가 강한 국가들을 보면 〈표 11-8〉에서 보는 바와 같이 대체로 7-15% 범주에 달한다.

〈표 11-8〉의 통계만 보면 IT산업은 그리 크지 않아 보인다. 따라서 IT산업과 IT기기나 서비스를 이용하는 산업까지를 포함하여 위상을 살려보자. 〈표 11-9〉는 IT산업과 IT이용산업, 나아가 비IT산업으로 구분하여 경제 전체의 구조를 살핀 것이다. 1990년에 비해 2000년대에는 IT산업의 비중이 증가했으나 2000년대에 들어서서는 큰 변화를 감지하기 어렵다. 2000년대에는 IT산업과 IT이용산업의 비중이 각각 10% 수준과 20% 수준으로 경제 전체의 30% 수준에 달하고 있다. IT산업 중 특히 반도체 및 전자부품산업과 소프트웨어산업의 확장속도가 빠름을 알 수 있다.

구조상으로는 경제 전체에서 크게 변하지 않고 있으나 〈표 11-10〉에서 보는 바와 같이 IT산업의 성장률은 IT이용산업이나 비IT산업에 비해 대단히 높음을 알 수 있다. IT산업의 1992-2005년 기간의 연평균 성장률은 15.9% 상당이나 IT이

■■ 표 11-8 주요국의 명목 GDP대비 IT산업 비중(%)

| | 한국 | 핀란드 | 영국 | 미국 | 일본 | 독일 |
|---|---|---|---|---|---|---|
| 1995 | 7.5 | 8.3 | 9.7 | 9.6 | 7.2 | 5.7 |
| 2003 | 10.6 | 14.9 | 10.7 | 10.5 | 7.6 | 6.9 |

자료: OECD, 박명호, 2008에서 재인용.

■■ 표 11-9 한국의 IT산업 구조(조원, %)

| | 1990 | 1995 | 2000 | 2005 |
|---|---|---|---|---|
| IT산업 | 10.8(6.4) | 27.1(7.5) | 57.0(11.1) | 78.0(10.9) |
| IT제조업<br>(컴퓨터)<br>(반도체및전자부품)<br>(통신기기) | 6.9[64.5]<br>0.7<br>2.1<br>2.1 | 18.9[69.8]<br>1.6<br>9.0<br>4.1 | 38.1[66.8]<br>4.6<br>19.3<br>6.4 | 49.8[63.8]<br>1.9<br>26.0<br>12.0 |
| IT서비스업2<br>(통신)<br>(소프트웨어) | 3.8[35.5]<br>3.3<br>. | 8.2[30.2]<br>7.0<br>0.0 | 18.9[33.2]<br>12.2<br>5.0 | 28.2[36.2]<br>18.9<br>6.9 |
| IT이용서비스업3 | 33.7(20.1) | 72.1(20.1) | 102.4(19.9) | 149.0(20.8) |
| 비IT산업 | 123.3(73.5) | 260.4(72.4) | 354.6(69.0) | 491.0(68.4) |

주1. ( ) 안은 명목GDP 대비 비중(%), [ ] 안은 IT산업 대비 비중(%).
주2. 소프트웨어 부문은 정보통신산업협회 자료를 이용 추정.
주3. OECD 기준에 따라 도소매, 금융보험, 사업서비스로 정의.
자료: 박명호, "IT산업의 경제적 파급효과 분석", 기술혁신학회지, 11-2, 2008. 6. pp. 314-334.

용산업 5.3%, 비IT산업 3.9%이다.

동 기간 국내총생산(GDP) 증가율은 5.3%인데 각 산업의 성장기여도는 IT산업 1.2%, IT이용서비스업 1.08%, 비IT산업 2.92%이었다. 이는 전체 10% 수준인 IT산업이 성장기여도에 있어서는 전체의 1/4수준을 담당하였고, IT이용서비스업까지를 합하는 경우 전체의 43% 성장을 담당하였다는 것을 의미한다. IT가 경제성장의 견인차 역할을 한 것이다.

### 2) IT산업의 타 산업 영향

IT산업은 산출증대효과도 있지만 경제 전체에서의 가격하락효과도 있다. 〈표

■■ 표 11-10 한국의 IT산업 성장률 추이(1992-2005)

| | 성장률 | 기여도 |
|---|---|---|
| GDP | 5.3 | |
| IT산업<br>IT제조업<br>IT서비스업 | 15.9<br>16.6<br>14.8 | 1.20<br>0.78<br>0.42 |
| IT이용서비스업 | 5.3 | 1.08 |
| 비IT산업 | 3.9 | 2.92 |

자료: 박명호, 2008.

표 11-11 한국의 IT산업의 가격변화 효과

| | 가격변동률 | 전체 가격효과 |
|---|---|---|
| 정보기기 | -25.34 | -0.233 |
| 반도체 | -25.23 | -0.425 |
| 전자부품 | -13.00 | -0.383 |
| 통신기기 | -8.77 | -0.236 |
| 통신서비스 | -2.42 | -0.078 |
| 소프트웨어 | 1.85 | 0.031 |

주: 전체 효과=직접효과+간접효과
자료: 박명호(2008)

11-11>에는 IT산업의 가격변동률과 경제 전체에 미친 가격효과가 표시되어 있다. 전체적으로 보면 IT산업 자체의 가격하락효과로 인해 경제 전체에 미친 가격효과가 컸다고 평가되며, 특히 정보기기나 반도체의 가격하락효과가 컸다. 예외적으로 소프트웨어의 경우는 미미하나마 가격상승효과가 있었다.

역사적 흐름 속에서의 IT산업의 효과를 보면 더 극적이다. 〈표 11-12〉에는 한국 경제를 대상으로 한 IT산업의 성장기여도가 나타나 있다. 1975-85년 기간에는 IT산업의 성장기여도가 거의 없었으나 2000년대 초반에는 31.4%로 커졌다.

표 11-12 한국의 IT산업의 성장기여도(%)

| 1975-85 | | 1991-95 | | 2001-05 | |
|---|---|---|---|---|---|
| 섬유 | 3.4 | 자동차 | 3.1 | 반도체/전자부품 | 19.4 |
| 식료품 | 3.2 | 반도체/전자부품 | 2.9 | 영상음향통신기기 | 12.0 |
| 금속제품 | 2.8 | 철강 | 2.6 | 자동차 | 4.4 |
| 철강 | 1.9 | 일반기계 | 2.2 | 석유석탄제품 | 2.4 |
| 기타 수송기계 | 1.2 | 산업화합물 | 2.1 | 기타수송기계 | 2.0 |
| IT | 0 | IT | 2.9 | IT | 31.4 |

주: 성장기여도=(해당부분 부가가치 상승분 / GDP 성장률)×100.
자료: 한국산업의 발자취, 삼성경제연구소, 2006. 7. 김홍남, 2009.

## 2.3 전통산업의 융합화[1)]

IT기술과 전통산업의 융합화가 이루어지고 있는 몇 개 산업의 예를 보자. 여기에서 언급되는 전통산업은 앞서 본 IT이용서비스업에 포함되기도 하지만 별개인 경우가 대부분이다.

먼저 텔레매틱스(telematics)분야를 보자. 텔레매틱스는 통신(telecommunication)과 정보학(informatics)의 합성어인데, 통신을 통한 정보기기라는 말이다. 특히 자동차 교통에 많이 이용되고 있는데, 자동차와 교통정보시스템 간의 양방향 통신이 바탕이 되고 있다. 이에는 단말기, 양방향 통신 인프라, 교통정보의 통합과 분배시스템 등의 기술과 네트워크 구비가 필요하다. 따라서 이 분야에서는 텔레매틱스만을 위한 IT보다는 IT 일반의 발전을 적용하는 패턴으로 융합화가 진행되고 있다.

의료분야에서는 IT활용 의료기기와 원격지에서의 진료인 온라인 의료서비스가 주요 활용분야이다. 이 분야에서는 IT 완제품 활용보다 기존 IT기술을 수정하여 활용하는 형태로 융합이 이루어지고 있다. 따라서 의료지식을 겸비한 IT 전문가가  필요하고, 관련 기술의 표준화가 필요하다. 나아가 이종 분야의 융합이라는 점에서 관련 부처간 법과 규제의 정비가 필요하다할 것이다.

국방분야는 전군에서 사용가능한 네트워크기술과 소프트웨어 기술 및 장비기술로 대별된다. 이를 위해서는 분산컴퓨팅, 컴퓨터시스템, 정보처리기술 등 다분야 IT기술이 필요하다. 특히 전투현장에서 군인들이 사용해야 할 개인용 컴퓨터와 이 컴퓨터에 대한 정보의 수집과 분배기능이 중시된다. 즉, 착용가능한(wearable) 형태나 차량 탑재형 컴퓨터가 필요하고, 개별 병사들이 수집한 현장정보를 집중시키고 분석하여 다시 현장에 정보를 제공하는 정보의 수집과 배분기능도 중요해진다. 기존 IT기술 이용과 함께 이 분야에만 작용될 독자 신기술이 필요하다.

물류분야는 물류정보화, 창고관리, 운송관리 등에서 활용된다. 따라서 개개의 자재와 상품을 관리하기 위한 인식장치와 관리장치가 필요하고, 이들을 판매현장 및 생산현장과 연계시킬 수 있는 네트워크 기술이 필수적이다. 실시간 판매

4) 이관희, 안춘모, 박광만, 전통산업과 IT산업의 융합화 분석, 전자통신동향분석, 23-2, 2008. 4에 입각.

동향을 창고관리시스템에 전송하고, 나아가 생산시스템까지 연계시켜가는 과정이 필요하다할 것이다.

농업분야는 생산, 관리, 유통 전 분야에서 사용된다. 특히 생산에서 유통까지를 총괄하는 생산이력시스템 등이 중요하게 간주된다. 생산이력시스템이란 축산물을 예로 들자면, 출생에서 성장, 도축을 거쳐 식탁에 오르는 전 과정이 기록되고 판독되는 시스템을 말한다. 소형이어야 하고 무선판독이 가능해야 한다. 이 분야에서는 기존 IT기술의 활용으로 충분하다고 평가된다.

건설업은 본사의 프로젝트 관리시스템, 자재공급업체와 협력업체를 연결하는 시스템 등이 필요하다. 그러나 이 업종은 원래가 복잡해 전사적인 자원관리시스템(ERP: enterprise resource planning)이나 협력업체관리시스템(SCM: supply chain management) 등이 이미 잘 발달되어 있다.

조선업은 기계주도형 산업에서 기계와 IT 융합형 산업으로 변화 중이다. 과거에는 선박의 기자재 비중은 원가의 55-65%이었으나 최근 IT 기자재가 5-10%를 차지할 정도로 커졌다고 보고된다. 새로운 형태의 기술개발이 필요한 융합이다.

이상을 종합하면 전통산업과의 융합은 크게 두 가지로 요약된다. 하나는 기술기획, 연구개발, 사업화, 서비스 등의 과정에서 후 단계는 기존 IT기술을 이용하는 정도로 충분하나 전단계는 특화된 IT기술을 필요로 한다는 것이다. 두 번째는 융합 정도가 약하면 기존 IT기술이 유효하나, 강하면 새로운 IT융합 기술개발이 필요하고, 그로 인해 새로운 형태의 산업질서나 규제가 필요해진다는 것이다.

융합화의 수단은 디지털 인텔리전스, 유비쿼터스 인프라, 융합부품 및 메가컨버전스기술이라 보고된다. 디지털 인텔리전스는 디지털기기가 보다 고도화되는 것을 말한다. 또한 유비쿼터스 인프라는 언제 어디서나 어느 기기로도 통신을 할 수 있는 네트워크를 말한다. 여기에 융합을 위해 필요한 부품과 융합 자체를 위한 기술이 융합화의 기술적 수단이라는 것이다. 요약하면 지능화, 유비쿼터스 및 융합화가 기술변화의 기본방향이라 할 것이다.

# 03 정보화

## 3.1 정보화의 정의와 형태

### 1) 개 요

기술발전 부분에서 언급하였다시피 IT시대는 컴퓨터, 집적회로가 바탕이 되고 1970년대 초 마이크로프로세서가 격발시킨 형태이다. 그리고 마이크로프로세서가 등장하면서부터 이 기술은 새로운 시대를 열어가는 혁신파동의 원천이 된다고 예상되었다. 그간의 기술발전을 정리하면 손의 기계화, 발의 기계화, 이들을 바탕으로 한 대량생산방식의 도입이었다. 그럼에도 아직 남아 있는 영역은 머리의 기계화이었다. 바로 이 영역을 마이크로일렉트로닉스가 해결할 수 있다고 보았던 것이다.

활용 형태는 앞서 본 바와 같이 지능이 있는 IT기기의 활용이라는 형태와 기기 자체의 지능화가 동시에 진행되는 패턴이었다. 그리고 주된 활용은 산업부문에서 이루어졌다. 생산자동화(FA)에 이어 사무자동화(OA)가 진행되었고, 다음 단계로는 이 둘이 결합되며 산업자동화(IA: industrial automation)로 진행되었다. 여기에 약간의 시간이 흐르며 독립적인 모든 기기들이 지능화되기 시작하였고, 이제는 가정의 자동화(HA: home automation)와 사회 전반의 자동화로 이어진 것이다.

산업부문에서 주로 사용되는 자동화라는 용어는 사회 전반으로 확대되며 정보화라는 용어로도 사용되었다. 엄밀히 보면 정보화는 두 의미를 갖는다. 하나는 정보를 다루는 기기의 활용이라는 의미이고, 다른 하나는 지식과 정보를 다루는 활동의 증가라는 의미이다. 그런데 후자의 활동 역시 주로 정보기기의 도움을 받아 이루어진다는 점에서 정보화는 보편적인 용어가 되기도 하였다. 정보기기의 영향은 생산이나 사무부문 정도가 아니라 사회 전반에서도 영향을 미쳤기에 산업만을 대상으로 하는 IT기술에 대한 평가는 IT의 한 부분만을 말하는 것이다.

교육분야에서의 IT기술의 이용은 학생들에게는 낯익은 현상이다. 분필과 칠판이 컴퓨터와 자동칠판으로 변하고 이러한 기기들이 네트워크화되어 교실이 정보화의 경연장이 되고 있다. 정부의 행정부문도 마찬가지이다. 주민등록과 호적 나아가 지적 등의 시스템이 도입되며 정부부문 전체가 네트워크화되었다. 행정전산화가 행정정보화로 발전해 온 것이다. 이러한 변화는 국방부문에서의 변화도 마찬가지이고, 치안부문에서의 변화도 마찬가지이다. 물론 IT산업 자체보다 IT기기를 이용하는 분야에서의 정보화 속도는 느리다. 그러나 IT기기와 서비스의 활용만으로도 사회 각 분야는 이미 충분히 변했다.

### 2) 사회의 정보화

최근에는 일상생활의 정보화 역시 주목된다. 현실이 아닌 사이버세계가 존재하고 여기에 새로운 삶의 공간이 존재한다. 또한 사회적 관계가 나이와 국경을 넘어서까지 형성되고 있다. 2000년대 초반만 해도 사회의 정보화는 사이버세계의 발전으로 이어지리라 예상되었다. 가상의 사이버세계에 실제 세계와 같은 세계를 건설하는 것이 일상생활의 정보화 혹은 사회의 정보화의 남은 영역으로 간주했던 것이다. 그러나 최근 형태는 각종 인터넷 동호회, 싸이월드, 트위터, 페이스북과 같은 사회적 네트워크의 강화라는 형태로 나타나고 있다.

표 11-13 사회의 정보화

| 유 형 | 내 용 |
|---|---|
| 산업정보화 | 산업부문의 정보기기 활용, 지식정보 의존 산업 증가 |
| 금융정보화 | 금융기관 네트워크화, 결제자동화/온라인화 |
| 사회정보화 | 사이버세계의 발전, 사회네트워크 활동의 확대 |
| 행정/국방정보화 | 행정/국방업무 전산화, 행정/국방기관 네트워크화 |
| 가정정보화 | 지능형 IT기기 활용, 각종 전자기기 네트워크화 |
| 교육정보화 | 지능형 IT기기 활용, 교육기관 네트워크화 |

## 3.2 유비쿼터스와 IT사회의 하부구조

### 1) IT하부구조

보통의 기술은 기술-산업-사회라는 연결구조를 갖는다. 그런데 IT기술은 기술-네트워크-산업-사회라는 형태로 전체 구조에서 네트워크라는 요인이 하나 더 강조된다. 네트워크는 과거에도 존재해 왔다. 도로망, 철도망, 전화망, 전기망과 같은 네트워크가 바로 그것이다. 그러나 과거의 네트워크는 주요 거점형 연결체계이었고 특수 목적용이었는데 반해, IT네트워크는 아무 기기나, 아무 곳이나, 그리고 다목적용으로 활용되는 네트워크라는 차이가 있다. 과거의 네트워크는 각각의 기기가 독립형으로 존재하는 산업사회형 네트워크라 부를 수 있는 것이고, IT네트워크는 모든 기기가 지능을 보유한 지식사회형 네트워크라는 차이도 있다.

〈표 11-14〉에는 산업사회형과 지식사회형 하부구조가 나타나 있다. 산업, 생활, 안전 복지 등 사회 모든 측면에서 필요한 하부구조를 비교한 것이다. 산업사회형 하부구조에는 공원, 병원, 치산치수와 같은 물리적인 하부구조가 주를 이루었다면 지식사회형은 대부분이 네트워크에 기반을 둔 형태임을 알 수 있다. 따라서 이를 디지털 하부구조(SOC: social overhead capital)라 부르기도 한다.

디지털 하부구조는 디지털산업인프라, 디지털 라이프인프라, 디지털 안전인프라, 디지털 복지인프라와 같은 형태로 구분되기도 한다. 디지털 라이프인프라에는 홈 네트워크, 인포테인먼트(infortainment: information+entertainment)같은 내용이 추가되고, 디지털 안전인프라에는 재난통신, 지식정보보호와 같은 활동들이 포함된다. 디지털 복지인프라에는 첨단원격의료, 복지통신 등이 포함된다.

표 11-14 IT시대의 하부구조

| | 과 거 | 현재 / 미래 |
|---|---|---|
| 산 업 | 도로, 철도, 항만, 공항 | 미래인터넷, 이동, 위성 |
| 생 활 | 공원, 교육, 문화 | 홈네트워크, 인포테인먼트 |
| 안 전 | 치수, 치산, 간척 | 재난통신, 지식정보보호 |
| 복 지 | 병원, 보육, 양로 | 첨단원격의료, 복지통신 |

자료: ETRI, IT산업의 현황과 전망, 그리고 융합기술, 2009. 4. 22.

### 2) 유비쿼터스

위와 같은 IT 네트워크는 최종적으로 어떠한 모습으로 발전해 갈 것이고 가야 하는가? 이러한 개념을 설명해 주는 용어가 유비쿼터스(ubiquitous)이다. 라틴어에 기반을 둔 이 용어는 언제, 어디서나 어떠한 형태로든 컴퓨터에 접속할 수 있는 상황을 말하는 것으로, 꿈의 통신을 말한다. 이에는 두 조건이 필요하다. 하나는 언제 어디서나 누구든지 컴퓨터에 접속하여 원하는 서비스를 제공받을 수 있어야 한다는 것이고, 다른 하나는 모든 대상이 지능화되고 네트워크화된 지능형 사회이어야 한다는 점이다. 모든 기기가 지능형으로 바뀌어야 하고, 그 기기들이 네트워크에 접속되어 있고, 또 어느 곳에서나 접속할 수 있는 네트워크가 있어야 한다는 것이다.

따라서 유비쿼터스가 구현되기 위해서는 먼저 고속 대용량 데이터를 주고 받을 수 있는 초고속 네트워크가 필요하고, 다음으로는 네트워크에 연결된 기기 혹은 플랫폼들이 있어야 한다. 또한 개별 단말기인 각종 응용장치들이 존재해야 하고, 여기에는 개별기기들을 감지할 수 있는 표시체계와 센서의 중요성이 커진다.

그러나 유비쿼터스가 구현되었다해서 꿈의 나라가 실현되는 것은 아니다. 이 역시 다른 기술과 마찬가지로 새로운 문제를 야기시킨다. 네트워크시대에서 나

표 11-15 새로운 정책유형

| |
|---|
| 1. 지역간, 이용자간 디지털 구분 최소화<br>– 방송통신 양극화 해소<br>– 융합형 보편적 서비스 고도화 경쟁환경 조성<br>– 공익적 방송통신정책 – 사회갈등 최소화 |
| 2. 이용자 보호<br>– 개인정보 보호<br>– 불만처리 및 피해보상<br>– 방송통신 QoS 보장: SLA도입 등 품질규제 |
| 3. 프라이버시 보호<br>– 개인정보보안: 신상정보, 신용정보 등<br>– 사적정보보안: 커뮤니티 이메일 등 사이버 상의 사적공간 보호<br>– 불법 통신판매 스팸 등 사생활 침해 방지 |
| 4. 위험관리<br>– 긴급 구조 방송통신 대책<br>– 재해 재산 방송통신 대책<br>– 미아 노인 실종 등 사회안전 통신 |

자료: ETRI, IT산업의 현황과 전망, 그리고 융합기술, 2009. 4. 22.

타나는 문제는 크게 넷으로 압축될 수 있다. 첫째는 사이버 안보와 보안의 문제이다. 국가간 혹은 집단 간 사이버 전쟁이 존재하고, 네트워크에의 접속을 방해하는 사이버 폭력배도 존재한다. 여기에 정보보호라는 문제도 제기된다. 두 번째는 사생활 침해 문제이다. 다른 사람 혹은 기업의 개별 정보를 악용하는 경우 등의 침해 문제가 존재하는 것이다. 세 번째는 고장 난 컴퓨터, 고장 난 네트워크 등으로 인한 네트워크의 신뢰성 문제가 있을 수 있다. 마지막으로는 정보격차의 문제로 유비쿼터스 상황에서도 네트워크에 접속할 수 있는 능력의 차이 문제가 존재할 수 있는 것이다.

이상과 같은 문제로 인해 정부가 취해야 하는 정책의 내용도 과거와는 판이하게 달라진다. 국가 차원의 안보가 항상 고려되어야 하고, 사이버 보안이 강화되어야 한다. 그런가 하면 사이버 경찰이 존재해야 하고, 서비스업체들의 활동을 감시할 공정경쟁 감독기구의 활동이 강화되어야 한다. 그리고 산업사회에서 빈부격차를 고려해야 하는 것처럼 정보격차를 해소할 정책을 마련해야 한다.

# IV

기 / 술 / 혁 / 신 / 론

# 기술과 발전

CHAPTER

# 12

기 / 술 / 혁 / 신 / 론

# 기술과 발전

- 기술의 발전 과정
- 혁신 시스템과 클러스터
- 기술의 부작용과 극복

# 01

# 기술의 발전 과정

## 1.1 기술발전의 단계

### 1) 개도국 기술발전 모형

개도국은 모두 기술능력을 강화시켜 선진 기술을 확보하고 싶어 하지만 모두가 그렇게 되는 것은 아니다. 많은 시행착오를 거쳐서 성공하는 경우도 있지만 실패하는 경우가 더 많기 때문이다. 따라서 시행착오를 가급적 줄이고 효과적으로 기술발전을 달성하기 위한 전략이 모든 개도국이 가진 고민들이다.

개발도상국가의 기술발전은 자체 기술능력이 전혀 없기 때문에 외국 기술의 도입에서부터 출발한다. 따라서 이들 국가의 기술발전 단계는 외국 기술의 도입소화기, 개조토착화기, 자체 개발기, 기술수출이라는 단계를 거치리라 예상된다. 이 단계구분에서는 초기에 외국기술의 도입과 소화가 동시에 발생한다고 보고 있고, 최종적으로는 기술수출로 연계된다고 보고 있다. 기술의 불모지에서는 도입 자체가 어려운데 낭만적인 발전단계이다.

또 다른 형태로는 도입기술의 활용기, 소화모방기, 자체개발기라는 형태로 발전한다고 지적되기도 한다. 이 모형에서는 도입기술을 활용하는 것 자체도 어려운 과정이므로 외국기술 습득기가 별도로 구분되고, 이어 소화흡수하는 단계가 나타난다. 나아가 독자개발기라는 최선의 단계를 상정한다. 기술수출이라는 이상형 단계는 고려할 필요가 없다고 본 것이다.

한편 OEM(original equipment manufacturing), ODM(original design M), OBM(original brand M)의 단계를 거쳐 발전한다고 지적하기도 한다.[1)] OEM은 독자적인 기술능력이나 개발능력이 없이 선진국의 기술에 입각한 하청생산단계를 말한다. ODM은 제조업자 개발생산으로 선진국의 하청생산이라는 점은 동일

1) Hobday, Michael, Innovation in East Asia: The Challenge to Japan, Edward Edgar, Cheltenham, 1995.

표 12-1 개도국 기술발전 단계 모형

| | 단계 |
|---|---|
| 1 유형 | 도입소화기-개조토착화기-자체개발기-기술수출기 |
| 2 유형 | 도입기술 활용기-소화모방기-자체개발기 |
| 3 유형 | OEM-ODM-OBM |
| 4 유형 | 외국기술 도입기-정부의 산업 민영화기-기업의 흡수기-독자혁신기 |

하지만 독자적인 설계나 디자인을 바탕으로 납품하는 발전된 단계를 말한다. OBM은 독자적인 설계, 독자적인 브랜드로 세계시장에 진출하는 형태를 말한다. 많은 연구들은 선진기업의 하청생산 형태인 OEM만으로는 기술발전이 이루어질 수 없다고 주장한다. 그러나 ODM에서 OBM 단계로의 이행 역시 대단한 노력과 기술이 필요한 과정이다. 따라서 어느 단계이든 한 단계씩 발전하기 위해서는 대단한 혁신노력이 필요하다.

김인수(1997)[2]는 일본과 한국이 가지고 있는 기술발전의 공동 패턴을 설명한다. 먼저 외국기술의 도입이 이루어지고, 이어 정부주도에서 산업계로 기업이 이양된다. 세 번째로는 기업에 의한 도입기술의 흡수과정이 이루어진다. 네 번째로는 자체혁신을 성공시켜 선진국가와 경쟁하는 단계로 접어든다. 이 발전모형에서는 외국 기술의 도입과정에 나타난 정부의 역할을 중시하고 있다.

개도국 기술발전의 전체적인 과정도 중요하지만 모방단계에서 독자혁신 단계로 이어지는 추격과정이 특히 한국이나 대만과 같은 국가에서는 관심이 많았다. 모방단계는 졸업할 수준이 되므로 한 단계 더 높은 선진단계로 나아가는 방법에 큰 관심을 가진 것이다.

그런데 개도국의 기술발전 모형 논의에서 자주 간과되고 있는 내용들이 있다. 첫째는 발전의 최종단계라 할 수 있는 국가적인 선진단계와 기술적인 선진단계는 다르다는 점이다. 국가적으로 저개발단계라 할지라도 많지는 않지만 선진기술을 가진 일부 기업이 존재할 수 있고, 선진국에서도 기술수준이 낮은 기업 혹은 산업이 존재할 수 있다. 그러할 경우 국가적인 발전단계와 기술적인 발전단계가 일단 맞지 않는다. 두 번째는 기술수준과 세계시장에서의 위치는 다르다는

2) Kim, L., From Imitation to Innovation, Harvard Business Press, 1997.

점이다. 세계시장을 선도하거나 선도권에 있는 기업이 모두 기술적으로 원천기술을 가지지는 않는다. 또한 첨단분야에서는 시장에 참여한 기업의 기술수준이 아주 높아도 지배제품이 되지 못하여 시장을 선도하지 못할 수 있다.

### 2) 탈추격 모형

개발도상국 기업이나 국가의 목표는 선진 기술을 잘 모방해 따라잡는 기술추격이다. 그러므로 추격을 어떻게 하는 것이 효율적인가를 보여주는 추격형 모형에 대한 연구도 많았다. 추격이 성공한 나라나 기업에서 도출한 추격의 성공요인은 무엇이고, 어떠한 전략이 필요한지를 알고자 한 것이다. 이근과 임채성(2001)[3]은 선발자 추격(catch-up)모형에는 선발자의 경로를 그대로 답습하는 경로추격형과 선발자가 거친 일부 단계를 생략하고 발전하는 경로생략형이 있다고 지적한다. 이후 추가적인 연구들에서는 선발주자와 다른 경로를 가지는 경로창출형도 있다고 지적된다.

그런데 최근에는 추격 이후에 대한 동일한 고민이 한국에서 등장하고 있다. 선진국 기술을 추격하고 나면 그 다음은 어떠한 모습이냐가 이 논의들의 고민인 것이다. 예상대로라면 추격이 성공하고 나면 선진국과 대등한 수준이거나 선진국을 능가하는 세계 최고 수준이 되어야 한다. 그런데 그러한 모습을 보이지 않고도 세계적인 경쟁력을 가진 기업들이 등장한 것이다.

탈추격론(post catch-up)이라는 이름으로 등장한 이 논의는 선진국을 추격했다고 판단되는 기업들이 가진 속성을 규명하고 그 유형을 검토하고자 한 논의이다. 송위진과 황혜란[4]은 추격이 이루어지며 선진국의 기업들이 걸어온 것과 동일한 궤적을 가지고 발전하지 않고 독자적인 형태로 발전하는 형태를 탈추격형이라 명명한다. 그리고 이들은 기술심화형, 제품차별화형, 신기술기반형으로 구분해 탈추격형 기술개발의 모형을 제시한다.

기술심화형이란 성숙단계에 있는 기존 기술을 모방을 통해 습득한 후 세계수준의 기업이 되는 경우를 말한다. 공정기술에서의 노하우를 터득해 독자적인 경

---

3) Lee, Keun and Chaisung Lim. "Technological Regimes, Catching-up and Leapfrogging: Findings from the Korean Industries." Research Policy 30, 2001, pp. 459-483.

4) 송위진, 황혜란, "탈추격 체제에서 부품업체의 기술혁신전략", 기술혁신학회지, 9-3, 435-450, 2006. 송위진, 황혜란, 중소기업의 탈추격형 기술혁신 전략, 2007. 6. STEPI Insight.

■■ 표 12-2 탈추격형 기술개발 모형의 유형 예

| | 등장시기 | 기술전략 |
|---|---|---|
| 기술심화형 | 성숙단계<br>모방을 통한 기술축적 | 공정기술 중심 |
| 제품차별화형 | 지배제품 등장 전후<br>원천기술 습득 | 시스템지식 중심 |
| 신기술기반형 | 지배제품 이전에 등장 | 원천기술 중심 |

자료: 송위진, 황혜란, 2007.

제에 오른 기업들이다. 제품차별화형은 원천기술은 없지만 지배제품의 등장 전후에 지배제품과 차별화한 제품을 선 보이며 세계시장에 등장하는 기술전략이다. 제품을 만드는 시스템형 기술에 중점을 두는 형으로, 조립공정을 가진 기업들에게서 나타난다. 신기술기반형은 지배제품 등장 이전에 새로운 기술들이 형성될 때부터 참여해 세계를 주도하는 제품들이다. 원천기술을 중심으로 한다는 점에서 탈추격형 이전에는 가장 바람직하게 생각했던 유형이다.

탈추격형 논의 이전에는 기술발전의 최종 단계에 이르면 모두 원천기술을 가져야 하고, 그 기술로 세계시장을 선도해야 한다고 생각하였다. 그러나 탈추격형은 세계시장을 선도하는 다양한 유형을 보여준다. 이러한 점에서 볼 때, 탈추격형 논의는 기술적인 수준에 대한 논의가 아니라 기업의 기술경쟁력 논의의 연장이라 할 수 있다. 기술수준에 무관하게 시장을 선도할 수 있는 방안과 전략이 무엇이냐는 고민과 궤를 같이 하는 것이다. 또한 이 논의는 완전한 선진단계에 들어서지 못한, 한국과 같은 나라에서 활발할 수밖에 없다. 전반적으로는 세계를 선도하지 못하는 것 같은데 여러 분야에서 세계를 선도하는 기업의 등장을 보며 나타난 개념이기 때문이다.

혹자는 탈추격론은 선진국이 되어 가는 과정에 나타나는 과정형이기 때문에 선진단계가 된다면 불필요하다고 주장하기도 한다. 그러나 이 주장 역시 앞서 지적한 바와 같이 기술발전모형에 대한 논의에서 간혹 나타나는 두 가지 문제점을 그대로 갖는다. 경제가 선진단계가 아니라고 세계시장을 주도하는 기업이 있고, 기술수준이 높아도 세계시장을 선도할 수 없는 경우도 있기 때문이다. 원천기술로 세계시장을 선도하는 것이 가장 바람직하겠지만 현실에서는 그렇지 못한 경우도 많다. 바로 이 부분을 탈추격형이 설명하고 있다할 것이다.

## 1.2 기술과 경제발전

기술과 발전의 문제를 논의함에 있어서 주의할 점은 기술의 발전과 기술을 이용한 경제발전은 다르다는 점이다. 기술이 발전으로 연계되는 과정은 두 경로가 있다. 첫째는 외부 기술도입, 흡수, 독자 혁신과 같은 기술적인 발전경로이며, 두 번째는 기술도입, 산업발전, 경제발전으로 이어지는 경로이다. 이러한 구분을 하는 이유는 성공적인 후발 산업국의 경우에는 기술발전-산업발전의 경로가 아니라, 산업발전(기술도입/축적)–독자혁신–기술기반 지속성장과 같은 형태가 나타나기 때문이다.

### 1) 한국의 산업발전과 기술축적

한국은 1950년대 초 3년간의 한국전쟁으로 국토가 남북으로 분단되었고, 구축물의 70% 정도가 파괴되었다. 또한 발전시설도 대부분 파괴되어 전쟁 직후 발전용량은 10만kW 정도로 현재 가동되고 있는 원자력발전소 1기 발전용량의 1/100 정도이었다. 따라서 한국의 현재와 같은 발전은 경제성장의 교과서적인 모형으로 평가받을 수 있다.

한국의 산업발전의 특징은 정부주도형 경제개발계획의 산물이라는 점이다. 5년 주기 경제개발계획은 1962년부터 시작되어 총 8차, 내용상으로는 7차에 걸쳐 1997년까지 지속되었다. 이후 경제가 발전하며 국가 전체의 정책기조를 유지하던 경제개발계획은 사라지고 과학기술 관련 정책이 이 위치를 대체한다. 어떻든 경제개발계획 기간에는 한국경제는 크게는 10년 작게는 5년 주기로 큰 변화를 보였다.

〈표 12-3〉에서 보는 바와 같이 한국의 기술발전은 크게 네 단계를 거친다. 첫 단계는 1960년대의 경공업화 단계이고, 2단계는 1970년대의 중화학공업화 단계, 3단계는 1980년대의 전자정보화단계이다. 이어 1997년 외환위기로 인해 전혀 다른 패턴의 발전을 보이게 된다. 국가정책의 기조가 산업 위주의 정책에서 과학기술 활용정책으로 변하기 시작한 것이다.

표 12-3 한국의 경제개발계획과 과학기술정책

| | |
|---|---|
| 1960년대 경공업화<br>- 기간산업 도입: 비료/시멘트/정유/제강/기계<br>- 유치산업 보호-기술도입 제한 | - 턴키베이스<br>- 외환부족 |
| 1970년대 중화학공업화<br>- 중화학 기술도입 촉진<br>- 중화학 기기 국산화 수백종<br>- 국산 신기술 사업보호 (77) | - 73 중화학화 선언<br>- 79 기술도입 자유화 |
| 1980년대 전자정보화<br>- 국가 연구개발사업 시작 (82)<br>- 전자교환기(83-86), CDMA(93-96) 독자 개발<br>- 과기발전장기계획 (86) 시작<br>- 과학기술혁신 종합대책(91) | - 82 기업연구소 설립 강화<br>- 84 기술도입 신고제 |
| 1990년대 후반 과학기술 기반화<br>- 97 과학기술혁신특별법<br>- 04 과학기술중심사회 구축 | - 신기술 기반 벤처정책 시작 |

1960년대는 경공업화 단계라 불리지만 내용을 보면 경공업보다 경제기반 확충에 더 중점이 두어진 시기이다. 먼저, 농업부문에서 식량생산 증대를 위한 노력이 있었고, 두 번째는 비료, 시멘트, 정유, 제강, 기계와 같은 5대 기간산업 확충이 있었다. 워낙 아무 기반산업이 없었던 상황이라 이러한 생산시설의 확보가 큰 과제이었고, 이 시설들은 공장이 통째로 도입되는 턴키베이스로 도입되었다. 한편 국내에 산업이 있는 경우는 이를 보호하기 위해 해외기술 도입은 제한적으로 이루어졌다. 다른 이유는 외화사정이 워낙 좋지 않아 기업에 의한 자유로운 기술도입은 생각하지도 못했던 시기이다.

기업부문의 기술도입은 1969년부터야 정부의 허가에 따라 선별적으로 이루어졌다. 그러므로 기간산업이나 발전시설 확보 등은 모두 국가가 직접 나설 수밖에 없었다. 그런데 경공업 부문은 비교적 큰 투자없이 수출을 할 수 있어서 외화를 확보하였고, 이 자금들이 이후 중화학공업화를 위해 활용된다.

1970년대는 중화학공업화 시대이다. 철강(포항), 조선(울산, 옥포), 화학(여천), 기계(창원), 전자(구미) 및 비철금속 산업을 위한 산업단지들이 전국에 만들어지고, 이들 산업을 위한 적극적인 기술도입이 이루어진다. 또한 중화학 업종에 속한 기기들의 국산화 계획이 추진되어 수백종이 국산화된다. 그러나 정부의 과도

한 지원으로 기업간 경쟁이 치열해져 1970년대 말에는 대대적인 중화학공업 구조조정이 있었다. 산업육성정책의 부작용이 있었던 것이다.

한편 1980년대에는 과학기술정책이 본격적으로 시작되고 정보화정책이 시작된다. 과학기술정책으로는 대덕연구단지가 본격 가동되기 시작하고, 정부연구소들이 기술분야별로 설립되기 시작한다. 또한 독자적인 기술능력을 강화하기 위한 특정연구개발사업이 시작되고 대학에 대한 연구개발 지원이 시작된다. 또한 과학기술발전 장기계획이 최초로 만들어진다. 정보화정책은 외국의 기술에 의한 정보화가 아니고 독자 기술에 의한 정보화를 시도했다는 특징이 있다. 과학기술정책과 연계하여 전자교환기 개발, 이동통신(CDMA) 기술개발과 같은 대형 연구개발사업을 시도한 것이다. 그리고 이 연구개발사업의 성공으로 한국은 IT시대의 기반을 마련한다. 1980년대 초반의 이 결정은 한국의 기술수준을 한 단계 향상시켰다. 이러한 정책이 가능했던 것은 기술개발을 실제 담당할 주체인 한국전자통신연구원이 존재했기 때문이다. 마찬가지로 각 기술분야의 국가연구소들은 1980년대 이후 설립되어 각 기술분야에서 보이지 않는 역할을 수행한다. 한국의 기술발전은 기술능력을 가진 연구기관, 국가의 독자 기술개발 의지가 합해진 결과이다.

1990년대에는 경제개발계획 상으로는 특징적인 점은 없다. 다만 1991년 말의 과학기술혁신종합대책이 등장한다. 범부처적으로 등장한 이 대책은 경제불황, 특히 국제수지 적자를 해소하기 위한 대책이었는데, 궁극적으로는 기술개발을 통해 산업의 경쟁력을 강화시켜 무역적자를 해소하자는 것이었다. 산업정책보다는 과학기술을 통한 국가적인 산업문제 해결이라는 정책이 등장한 것이다. 그 이전까지는 과학기술은 과학기술자에 의해 다루어지는 것이었는데 이 시점 이후 과학기술은 국가 운용의 주요수단이 되기 시작하였다.

1990년대 후반 한국은 외환위기를 겪는다. 그로 인해 많은 기업들이 도산하고 경제는 극도로 어려워졌다. 매년 7-8% 이상의 성장을 한 국가가 1997년에는 마이너스 성장을 하였다. 이에 따라 기존의 기업으로는 당시의 문제를 해결할 수 없으므로 기술에 기반을 둔 벤처기업을 통한 성장력 확충이 시도된다. 이를 위해 과학기술혁신특별법이 제정되고, 기술개발과 기술사업화가 경제회복의 대안으로 등장한다. 다른 측면에서는 원천기술 확보를 위한 노력이 강화된다. 과학기술이 경제발전의 주요 수단으로 등장한 것이다.

이어 2004년에는 '과학기술 중심사회 구축' 이라는 정책기조가 등장한다. 이를 바탕으로 과학기술혁신본부라는 행정기구가 등장해 여러 부처에서 수행하는 과학기술정책을 종합하고 조정하는 업무를 수행한다. 경제개발계획을 위해 경제기획원의 종합과 조정기능이 국가 연구개발을 위한 종합조정기능으로 변한 것이다. 그만큼 한국의 정책기조가 변했다할 것이다.

### 2) 기술도입과 기업의 기술능력 강화

한국의 기술축적을 위한 초기단계는 산업을 위한 기술도입이었다. 따라서 기술도입 정책의 변화를 살펴볼 필요가 있다. 경제개발계획이 시작된 초기에는 국가 전체에서 외환이 없어서 정부가 필요로 하는 사업을 제외하고는 기술도입을 허가하지 못했다. 이어 1969년 기술도입 계약에 대한 정부인가제가 실시되었다. 외환관리 차원에서 모든 개별계약에 대해 심사 후 허가를 해주었다.

10년 후인 1979년에는 기술도입에서 어느 정도의 자유화가 이루어졌다. 정부권장 산업으로 계약기간 3년 이내는 자동으로 인가되고 장기계약은 개별심사를 하는 등의 부분 자유화이었다. 예를 들어 1979년에는 10년 사용계약, 선불금 3만 달러, 경상기술료 10%, 정액 10만 달러 이하와 같은 조건은 자동 인가되었다. 이어 1984년에는 기술도입을 신고만 하면 되는 신고제가 도입되었다. 그리고 다시 10년 정도의 시간이 흐르며 1995년에는 기술도입의 신고제 또한 소멸되었다.

기술도입이 허가되거나 신고제로 운영되던 1962-95년 기간 총 9,432건의 기술도입이 이루어졌다. 한편 도입기술에 대해서는 금융지원제도나 조세감면제도를 실시하여 기술도입을 적극 장려하였다. 1970년대 말 중화학분야 기업 건립과 기술도입을 위해 정책금융은 전체 금융의 60% 수준까지 확대되었다. 조세감면 조건은 소득세 감면, 투자세액 공제 혹은 특별상각 중 하나를 택하게 했는데, 1970년대 말의 법인세 감면율은 40% 정도에 달했다.[5] 그러나 조세감면은 점차 축소되었으며 1986년 이후에는 고도의 기술에 대해서만 감면해 주었다.

기술도입과 함께 기업의 기술능력 축적을 위한 정책 역시 검토할 필요가 있다. 기업의 기술연구소는 1970년대 후반만 할지라도 전국에서 11개 기업만이 보

5) 과학기술부, 과학기술부 40년사, 2008년, p. 67.

표 12-4 한국의 초기 기술획득 노력

| | 기술도입 | | 신설 기업연구소 수 |
|---|---|---|---|
| | 백만U$ | 건수 | |
| 1962-66 | 0.8 | 33 | |
| 1967-72 | 26 | 338 | |
| 1973-77 | 143 | 549 | |
| 1977-82 | 509 | 1,365 | 74 |
| 1983-87 | 1,591 | 2,407 | 371 |
| 1988-92 | 4,687 | 3,367 | 920 |
| 1993-95 | 4,169 | 1,373 | 968 |
| 계 | 11,125.8 | 9,432 | 2,333 |

주 1. 1994년 이후는 고도기술 중 정부신고분만 포함.
2. 1996년부터 기술도입 자유화.
자료: 산업기술주요통계요람, 각년도.

유하고 있었는데, 1979년의 기업연구소 설립 정책으로 인해 기업연구소가 급격히 확대되었다. 기업연구소에 소속된 연구인력과 연구소 지출 경비에 대한 비용 인정이 연구소 설립정책의 주요 수단이었다. 이 제도는 지금도 계속되고 있어서 현재는 한국에 20,000개가 넘는 기업연구소가 있다.

# 02 혁신 시스템과 클러스터

## 2.1 국가시스템의 구조

### 1) 시스템 이해

시스템이란 이를 구성하는 요소와 이들 요소간의 관계로 구성된 단위이다. 요소간의 관계가 전제되므로 시스템은 최소한 2개 이상의 요소가 필요하다. 시스템은 계(界)라는 용어로도 사용되고, 체제라는 용어와도 혼용되어 사용된다. 한편 요소는 요인 혹은 인자라는 용어로도 사용된다.

시스템은 단독으로 존재하기보다 상하좌우에 또 다른 시스템을 가지고 있다. 상하라는 의미는 자신보다 큰 시스템도 있고 작은 시스템도 있다는 것을 말하고, 좌우에 시스템이 있다는 것은 어떠한 시스템도 다른 시스템과 상호작용하며 존재한다는 것을 의미한다.

시스템은 기술을 설명하는 개념이기도 하지만 사회를 분석하고 설명하기 위한 중요 개념이다. 그런데 사회분석에는 여러 시각이 있다. 시스템 자체보다 이를 구성하는 요소의 기능이나 시스템 자체의 기능을 중시해서 문제를 보는 기능중시론이 있다. 그런가 하면 요소간 구조, 시스템간 구조를 중시하여 문제를 보는 구조중시론도 존재한다. 또한 요소간 관계를 특히 강조하여 관계를 중시해서 보는 네트워크론도 있다. 이에 비해 시스템론은 기능과 구조 및 관계 전체를 동시에 보려한다는 특징이 있다.

시스템은 정적인 시스템이 있는가 하면 동적인 시스템도 있다. 어떤 시스템이 거의 변하지 않는 경우가 있는가 하면 축소되는 경우도 존재한다. 반대로 대단히 역동적이거나 그 자체가 계속 변해가고 있는 시스템도 있다. 산업분야의 시스템을 보자면 농업시스템은 변화가 거의 없고 첨단기술 시스템은 변화가 대단히 빠른 경우이다.

시스템은 안정적인 시스템이 있고, 불안정한 시스템이 있다. 안정적이라는 의미는 모든 구성요소가 안정적이고 요소간 관계가 안정적이라는 것을 의미한다. 따라서 안정적인 시스템에서는 새로운 내용이 추가되기 쉽지 않다. 불안정한 시스템은 요소가 불안정하거나 관계가 불안정한 경우이다. 기술변화와 같이 동적인 변화로 인해 불안정한 경우가 있고, 내부적인 동요로 인해 불안정한 경우가 있다.

시스템을 불안정하게 만드는 여러 요인이 있지만 기술혁신은 창조적인 파괴를 통해 기존의 시스템을 불안하게 만들고, 정적인 시스템을 동적인 시스템으로 바꾸는 가장 강력한 역할을 한다. 더 나아가서 기술혁신은 누적되며 기존의 시스템 전체를 와해시키고 새로운 시스템을 구축한다.

기술혁신은 그 자체를 발전시키는 시스템, 즉 기술혁신시스템을 가지고 있다.

국가에 따라, 산업에 따라 혹은 지역에 따라 혁신시스템은 큰 차이를 보인다. 비슷한 요소를 가진 시스템을 운영해도 어떠한 국가에서는 산업적 성과가 뛰어나고 어떠한 국가나 지역에서는 성과가 크게 나타나지 않는다. 산업적인 성과가 큰 나라에서는 대부분 국가혁신시스템이 잘 갖추어져 있다는 공통점이 있다.

### 2) 국가 시스템

어떠한 국가이든 자연계, 사회계 및 경제계로 구성되어 있다. 자연계란 주어진 자연조건 전체를 말하는 것이다. 주어진 국토와 해양, 그 속의 자원, 기후, 인구 등이 모두 자연계에 속하는 내용들이다. 사회계는 정치, 사회, 문화 등 사람들의 관계나 삶의 모습을 의미한다. 반면 경제계는 경제활동을 의미하는 것으로 시장이 그 중심에 있다. 경제계는 하부에 다시 혁신시스템, 즉 기술-경제시스템과 금융시스템으로 구성된다.

자본주의 시장경제를 택하고 있는 현대 사회에서는 경제계가 국가 전체에 가장 큰 영향을 미친다. 경제계를 움직이는 시장의 힘은 국가시스템 중 가장 강력해서 누구든 시장에 참여할 수밖에 없고 시장이 결정하는 기본원리를 수용할 수밖에 없다. 이에 따라 시장이 원하는 것에 맞추기 위한 경쟁과 효율성 추구가 사회 전체를 움직이는 주요 동력이 되고 있다.

물론 발전단계에 따라 시장이 아니라 힘과 권력이, 또는 법이 그 사회를 움직이는 가장 강력한 힘이 되기도 한다. 특히 저개발국에서 이러한 현상이 일반적이지만, 이들도 발전된 사회로 가기 위해서는 시장기능을 받아 들이지 않을 수 없다. 구 소련과 중국으로 대표되던 사회주의형 계획경제도 현재는 시장을 확대

그림 12-1 지식사회형 국가시스템의 구조

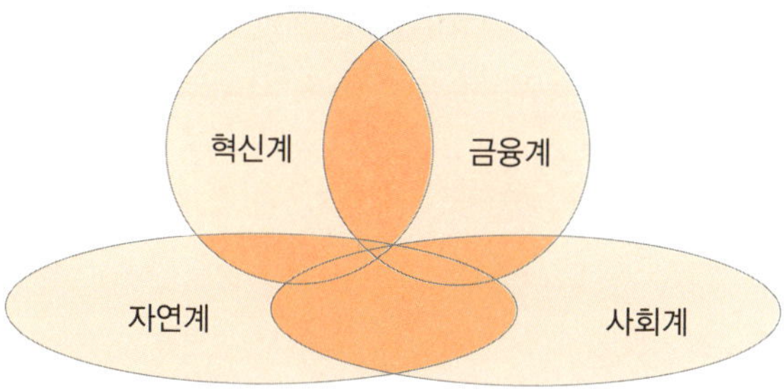

시키고 강화시키기 위해 노력하고 있다.

경제계 내에서도 문명의 변화는 혁신시스템에 의해 주도된다. 혁신시스템은 자연계도 사회계도 심지어 금융계도 변화시키는 힘을 가지고 있다. 기술적인 능력이 자연계를 변화시키고, 사회계를 변화시키는 것이다. 문명이란 기술적인 수단과 삶의 방식이 결합된 것을 의미한다. 바로 이 기술적인 수단이 혁신시스템에 의해 결정되고 발전해 가는 것이다.

금융계도 경제 전체에서 차지하는 힘은 대단히 크다. 이들 역시 국가 전체, 나아가 세계를 움직이는 큰 힘을 발휘한다. 그러나 금융은 삶의 방식이나 사회적인 관계를 움직이지만 그 자체로는 문명을 변화시키지는 못한다. 기술적인 수단이 금융계에는 없는 것이다. 이러한 점에 따라 혁신계에 속한 많은 사람들이 금융계의 힘을 무시하기도 한다. 그러나 돈의 위력은 어느 사회에서든 무시될 수 없다. 금융계는 혁신시스템을 움직일 수도 있고, 사회시스템에 작용하여 역사를 변화시키기 때문이다.

자연계 역시 한 국가의 기본성격을 설명하는 주요 시스템이다. 비슷한 조건에 속한 나라들은 자연계가 주는 장단점을 이해하지 못한다. 그러나 자원이 부족하고, 국토가 좁고, 인구만 많은 나라에 사는 사람들에게 자연계가 주는 의미는 남다르다. 자연계에 따라 사회시스템의 성격도 달라지고, 경제시스템 나아가 혁신시스템도 달라진다. 전 세계를 보면 해안가나 북반구는 대체로 고도 발전지역이고, 깊은 내륙은 해안가에 비해 발전정도가 떨어진다. 사계절을 가진 나라는 의식주에 대단히 민감하고 이 분야 산업이 발전한다. 반면 더운 날씨만 있는 곳에서는 의식주 문화가 크게 발전하지 못한다.

혁신시스템은 〈그림 12-2〉와 같이 산업사회형 사회에서는 생산시스템에 속

그림 12-2 마르크스형과 산업사회형 국가시스템

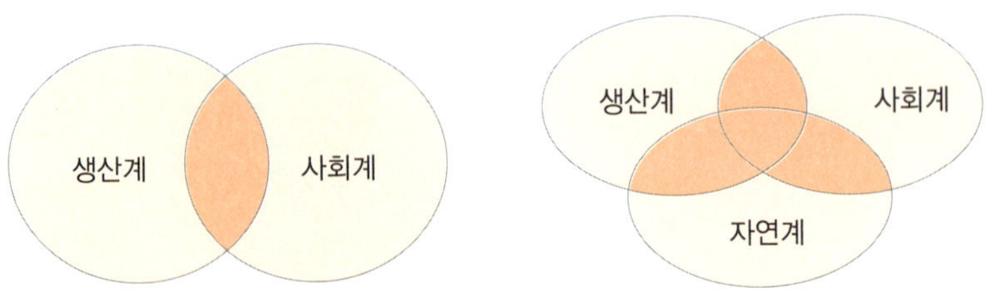

했고 관심도 거의 주어지지 않았다. 그러한 시기에는 칼 마르크스와 같이 생산시스템과 사회시스템에 대한 이해만으로도 세계를 이해하기에 충분하였다. 그러나 산업사회형 사회에도 자연계는 존재했고, 주어진 자연계로 인해 여러 국가가 다른 나라와 구분되는 특성을 보인다.

## 2.2 국가혁신시스템의 구조와 기능

### 1) 혁신시스템의 기능

국가혁신체제는 Freeman[6]이 1980년대에 국제사회에 혜성과 같이 등장한 일본을 연구하는 과정에서 등장한 개념이다. 그는 혁신시스템을 새로운 기술을 획득하고 활용하기 위한 정부나 민간부문 모두를 포함한 여러 제도 사이의 네트워크로 정의한다. 그리고 이들 네트워크가 서로 잘 연계되고 작동될 때 산업부문의 생산성이 높아지고 국가 경쟁력이 좋아진다는 것이다.

이후 혁신시스템에 관한 많은 연구가 있었지만 혁신시스템이 어떠한 요인들로 구성되어 있는 지에 대한 명확한 정의는 내려지지 않고 있다. 혁신시스템을 보는 학자들의 견해가 다르다는 점 외에도, 혁신시스템 자체가 국가마다 차이가 있고, 시대에 따라 고정된 것이 아니고 변한다는 점에 기인한다. 멋진 사람이 있는 것은 분명한데, 그 멋진 사람이 과연 누구인지에 대한 정의는 논자에 따라 달라지는 것과 비슷한 원리이다. 따라서 혁신시스템의 구성요소보다 혁신시스템이 가진 기능이 먼저 언급된다.

혁신시스템의 기능은 〈표 12-5〉와 같다고 지적된다.[7] 먼저 R&D 기능이 있고, 두번째는 노동력의 혁신역량 강화 활동이 있다. 세 번째는 신기술 기반 상품시장의 형성이고 네 번째는 신상품시장에서의 수요 요구에 따른 질적 개선 활동이다. 다섯째와 여섯째 기능은 시장에서 필요한 조직혁신 활동과 시장과 다른 조직간의 네트워킹과 학습활동이다. 일곱째는 혁신을 지원하기 위한 각종 제도를 구비하는 활동이며, 나머지 세 기능은 창업보육, 사업화 지원 및 컨설팅 활동이다.

6) Freeman, Christopher, Technology Policy and Economic Performance; Lessons from Japan, Frances Printer Publishers, London, 1987.

7) Edquist, Charles, "Systems of Innovation: Perspective and Challenges", Fagerberg, J., C. Mowery, R. Nelson (eds), The Oxford Handbook of Innovation, Oxford University Press, 2005, Ch 7, pp. 182-239.

표 12-5 혁신시스템의 기능

| |
|---|
| 1. R&D |
| 2. R&D와 혁신을 위한 노동력의 혁신역량 강화 |
| 3. 새로운 상품시장 형성 |
| 4. 신상품에 대한 수요측의 질적 요구 반영 |
| 5. 새로운 혁신영역에 필요한 조직의 창출과 변화 |
| 6. 시장과 다른 기능과의 네트워킹 강화와 상호학습 포함 |
| 7. 조직과 제도 변화: 지재권 제도, 법, 조세, 환경안전 규제 |
| 8. 창업보육활동 |
| 9. 혁신과 상업화 및 확산 활동에 대한 금융지원 |
| 10. 혁신과정의 적절성을 위한 컨설팅 활동 제공 등 |

자료: Edquist, 2005.

Edquist(2005)는 혁신시스템 분석이 추구하는 공통적인 6개 속성이 있음을 지적한다. 첫째는 혁신과 학습을 중시하는 것이며, 둘째는 주체간 혹은 조직간의 상호작용이다. 셋째는 기본적으로 다학제적이고, 넷째로 역사적이며 진화론적인 입장을 견지한다. 다섯째는 상품뿐 아니라 공정혁신도 중시하는데, 이에는 서비스부문의 공정과 상품도 포함되어 있다. 마지막으로는 조직과 제도의 역할을 중시한다는 점이다. 이 책 전체에서 주장하고 있는 내용이 결국 시스템론 전체가 강조하고 있는 바와 동일하다.

한편 여기에서 언급되는 혁신과 학습은 기본적인 세 형태를 전제로 하고 있다고 지적한다. 하나는 R&D로 새로운 기술지식의 창출활동이다. 다른 하나는 혁신으로 인적자본에 대비되는 구조자본을 형성하기 위한 조직혁신 활동이다. 세 번째는 개개인의 능력을 강화하기 위한 교육과 훈련활동인 혁신역량 강화활동이다. 새로운 지식의 창출과 이를 위한 개인과 조직의 학습이 혁신시스템이 전제로 하고 있는 가장 기본적인 학습활동인 것이다.

혁신시스템에 포함되는 공통 구성요소는 〈표 12-6〉과 같다. 먼저 대학과 정부연구기관이 포함된다. 여기에 기업의 혁신활동이 포함되고, 인력을 배출하는 각종 교육훈련 기관과 제도가 있다. 기술개발과 관련해서는 각종 기술검사 및 시험기관, 나아가 표준화 기관이 존재한다. 기술과 무관해 보이면서도 대단히 밀접한 관계를 갖는 지적재산권 기구가 있다.

혁신활동을 지원하는 다양한 각종 조직과 제도 역시 혁신시스템에 포함된다.

표 12-6 혁신시스템의 구성요소 예

| 구성요소 | 기관/기능 |
|---|---|
| 연구 | 연구형 대학, 정부연구기관, 기업연구소 |
| 교육훈련 | 대학, 기술/직업교육 |
| 기술개발지원 | 시험, 검사, 표준화, 지적재산권 |
| 연구비 지원 | 정부, 공공기관 |
| 기술창업보육 | 창업보육센터, 창업컨설팅 |
| 기술사업화 | 기술이전센터, |
| 금융지원 기능/기관 | 벤처캐피탈, 기술보증, 신용보증 |

직접 지원을 하는 기구 형태인 테크노파크, 창업보육센터, 대학의 기술이전센터 등이 있다. 금융지원을 위한 벤처캐피탈, 기술보증, 신용보증기관들도 포함된다. 이 밖에도 사업화 지원을 위한 기술, 법률, 경영, 회계, 마케팅 분야의 컨설팅 기능과 이를 수행하는 기업이나 조직들이 역시 거론될 수 있다.

혁신시스템은 시스템을 구성하는 개별요인들이 존재하느냐 안하느냐의 문제가 아니라 개별요인들의 기능이 정상적으로 작동되고, 구성요소간 상호작용이 얼마나 성공적으로 작동되고 있느냐가 더 중요하다. 시스템은 구성요소와 구성요소간 관계에 의해 기능이 결정된다는 점을 상기할 필요가 있다.

### 2) 시스템간 경쟁

과거에는 국가 경쟁력은 기술력의 결과라 표현된 적이 있었다. 과학기술의 수준이 높으면 당연히 국가 경쟁력도 높아져 일반 상품무역뿐 아니라 기술무역 모두에서 흑자가 발생하고 경제성장에 도움이 된다고 믿었다. 기술수준이 다른 나라와의 무역을 결정하는 것이고 성장을 결정하는 요인이라 믿었던 것이다. 그러나 1980년대 이후 일본이나 한국 대만 등의 국제무대 등장은 기술수준만이 문제되는 것이 아니라 혁신시스템에도 원인이 있다는 인식이 확대되었다. 국가 경쟁력은 기술수준만의 문제가 아니라 기술수준과 혁신시스템의 문제로 인식되기 시작한 것이다. 이러한 점에서 국가 경쟁력은 시스템간 경쟁의 문제라 표현되기도 한다.

시스템 경쟁은 국가 차원에서만 나타나는 것은 아니다. 지역단위에서도 존재하고 산업단위에서도 존재한다. 혁신시스템이 잘 갖추어진 지역이 그렇지 않은 곳보다 경쟁력을 갖고, 더 좋은 혁신시스템을 갖춘 산업이 보다 더 발전한다는 것이다.

이로 인해 지방정부 차원에서는 지역혁신 시스템을 갖추기 위한 노력이 가속되고 있다. 혁신시스템의 기본 구성요소인 각종 연구기관, 고급인력과 기술인력을 배출하기 위한 교육훈련기관, 기술개발지원기관, 기술사업화 지원기관, 기술사업화 자금, 이러한 활동을 위한 부지와 자금 제공, 지방세 감면 등이 지역의 경쟁력을 높이기 위해 선택되는 수단들이다.

## 2.3 혁신 클러스터와 컴플렉스

### 1) 클러스터

지역별 혁신시스템은 이론적인 논의는 다르게 발전해 왔으나 혁신 클러스터(cluster)와 의미하는 바가 같다. 클러스터는 어떠한 지역의 특정 산업을 위해 기능하는 기업과 이를 지원하는 다양한 기능을 가진 기관들의 집적과 상호작용을 말한다.[8] 혁신 클러스터의 대표적인 예는 실리콘 밸리와 할리우드라 할 수 있다. 지역 단위의 작은 산업을 위한 시스템을 말하는 것이다. 그런데 이러한 집적이 일정 규모 이상이어야 다른 지역에 비해 경쟁력을 가질 수 있다는 특징이 있다.

미국의 캘리포니아는 새로운 와인 생산지로 최근 유명해지고 있다. 와인이라 하면 전통적인 유럽이나 남미 국가의 와인이 대표적인데, 캘리포니아의 와인 역시 이들 지역과의 경쟁자로 등장한 것이다. 그런데 캘리포니아 와인은 단순히 좋은 기후나 광활한 포도밭으로 이루어진 것만은 아니라는 것이다. 양조장, 양조장을 위한 숙성용 통, 운송기능과 각종 부자재, 마케팅 활동, 여기에 인근의 대학까지 가세한 클러스터가 모여 와인산업을 형성하고 세계적인 명성을 얻게 되었다는 것이다.

서로 이질적인 기능이지만 다양한 기능들이 잘 결합된 지역의 와인산업은 다른 지역보다 더 강한 경쟁력을 보였다. 따라서 특정 산업의 경쟁력을 위해 활약

8) Porter, Michael, “Clusters and the New Economics of Competition”, Harvard Business Review, Nov./Dec. 1998, p. 76, 77-90.

하는 이질적인 기능과 기관들의 형성과 네트워크가 바로 클러스터에서 고민하는 문제인 것이다. 어떠한 구성요인이 필요하고, 구성요인 간 상호작용이 얼마나 효율적이고 생산적인 형태로 기능하느냐가 클러스터 경쟁력의 핵심이 된다.

클러스터는 세 기능을 통해 다른 지역에 비해 경쟁력을 갖는다. 첫째는 해당 지역에 있는 기업들의 생산성 향상이다. 특정 산업이 발전하며 다양한 기업들이 집합되며 분화되고 전문화된 상태라 관련 인력이나 원자재 공급이 원활하다. 또한 많은 기업이 집적되어 있어 시장정보가 풍부하고, 마케팅 역시 지역이 주는 혜택을 받는다. 두 번째는 혁신의 방향과 속도를 쉽게 결정할 수 있다. 관련 기업 간 경쟁, 기업간 정보, 주변의 대학이나 연구소 혹은 정부기관으로부터의 변화하는 기술 및 시장정보 획득 등이 혁신의 방향과 속도를 결정해 주는 것이다. 그 지역에 존속하기 위해서는 선도적인 기업의 변화를 따를 수밖에 없다. 세 번째는 새로운 비즈니스 영역을 창출할 수 있다는 이점이다. 끊임없는 혁신이 이루어지고 다른 지역에 비해 경쟁력이 있기 때문에 새로운 비즈니스 기회가 제공되는 것이다.

클러스터는 환경적인 조건이나 역사적인 사건 혹은 예외적인 수요 등에 의해 형성된다. 네델란드 로테르담과 같은 교통의 중심지에서 교통관련 클러스터가 형성되고, 과학기술이 강한 대학 근처에서 실리콘 밸리와 같은 혁신클러스터가 등장한다. 반면 이스라엘의 관개시설 클러스터는 사막지역을 개간하기 위한 수요에서 출발한다.

클러스터는 경쟁력 있는 형태로 계속 발전하기도 하지만 소멸이라는 과정 역시 동일하게 나타난다. 소멸 이유는 크게 둘로 구분된다. 하나는 해당지역이 가지고 있는 산업에 대한 수요가 소멸되거나 축소되는 외적인 요인에 의한 소멸이 있다. 두 번째는 외부 위협에 대한 클러스터 전체의 경직성이 중요 원인이다. 위협요인을 등한시 하는 경우, 변화요인을 잘못 판단하는 집단적인 사고, 내부 문화나 규제 등에 의한 대응속도 지연 등이 예이다. 클러스터는 경쟁력을 갖지만 시간이 지나며 영원히 지속되는 것이 아니라 그 자체도 후퇴와 소멸의 과정을 겪는다.

지역 전체의 경쟁력을 강화하기 위한 역량 강화 노력은 결국은 학습과 혁신능력의 배양이다. 소규모로 구성된 주력산업의 기업집단, 관련 지원산업의 기업집단, 지원기능의 조합과 상호작용의 촉진, 그리고 상호작용의 방향을 학습과 혁신으로 설정하는 것이라 클러스터 발전의 핵심과제라 할 것이다.

### 2) 혁신 컴플렉스

지역단위에서는 클러스터와 다른 형태의 지역 혁신시스템이 존재하기도 한다. 인구가 적은 북유럽 3국과 같은 경우는 정부와 대학이 지역의 기업과 결합하여 해당 지역의 산업혁신을 지원하는 형태도 존재한다. 이는 컴플렉스(complex)라 불리는 지역 혁신시스템 모형이다.

컴플렉스는 해당 지역에 이미 존재하는 기업을 지원하는 형태를 취하기도 하지만 지역에 맞는 전략적인 산업을 택해 지방정부와 관련 공공기관, 대학 및 산업계가 협력하여 산업을 형성해 가는 형태를 취하기도 한다. 국가적인 산업발전 모형을 지역단위로 설정해 추구해 가는 모형이라 할 것이다. 반면 클러스터는 이미 형성된 산업을 보다 효율적으로 관리하고 발전시키기 위한 모형이라는 차이가 있다.

클러스터이든 컴플렉스이든 구성요소는 반드시 이렇게 되어야 한다는 교과서적인 내용은 없다. 해당 산업의 특성이 다르고, 그 산업을 구성하는 기술적인 속성이 다르며, 해당지역의 주어진 조건이 다를 수 있기 때문이다. 어떠한 형태이든 이들의 기본적인 기능은 이미 앞에서 언급한 바와 같이 혁신과 학습이다. 따라서 대학과 연구기능 및 해당지역 산업에 맞는 교육훈련기능은 반드시 존재해야 한다. 그리고 이들의 효율적인 가동을 위한 다른 형태의 지원기능이 복합되어야 한다.

# 03
# 기술의 부작용과 극복

## 3.1 부정적인 효과의 유형

기술은 산업을 발전시키고 그를 통해 경제발전의 나아가 사회발전을 촉진시킨다. 개인적으로나 사회적으로 보면 문명의 이기를 제공해 불가능을 가능하게 해주는 긍정적인 효과도 있다. 그러나 기술은 긍정적인 효과 못지 않은 부작용을 가지고 있다. 경우에 따라서는 부정적인 효과로 인해 특정기술이 사회에서 거부당하고 개발 자체가 금지되기도 한다.

### 1) 기술유형별 효과

기술의 부정적인 효과를 기술유형별로 살펴 본 것이 〈표 12-7〉이다. 전통적인 산업사회형 기술인 기계형에서는 교통사고나 일반사고 위험이 있다. 금속기술에서는 수은, 카드뮴 오염과 이로 인한 질병이라는 중금속 오염이라는 문제가 있다. 방사선 역시 방사선 오염과 피폭이라는 문제를 갖고 있다. 농약이나 의약품으로 많이 사용되는 화학형은 환경공해나 약품피해를 일으키는 핵심기술들이다.

표 12-7 기술유형별 기술의 부정적 효과

| 사례 | 위해성 | 공익성 |
|---|---|---|
| 기계형: 자동차, 기계<br>금속형<br>방사선형: 원자력<br>화학형: 농약, 농약 | 교통사고, 일반사고<br>중금속 오염<br>방사선 재해<br>환경공해, 약품재해 | 운송수단, 작업수단<br>신소재<br>무공해 에너지<br>식량증산, 치료 |
| 전자형: 전자기기<br>사이버형: 인터넷 | 전자파<br>프라이버시 침해/사이버 보안 | 지능형 기기<br>언제, 어디서나 통신 |
| 생명공학형 | 생물재해:<br>생물공해: 질병 | 식량자원 해결<br>새로운 치료제 등 |

주1. 생물공해(bio-pollution): 인위적으로 조작된 생명체에 의한 생태계 파괴.
생물재해: 미생물 유전자 조작으로 인한 위해성.

정보사회형 기술에서는 먼저 전자파 피해가 있다. 사이버형으로는 개인의 프라이버시 침해, 사이버 범죄, 네트워크 파괴로 인한 사회 전체의 혼란이라는 문제가 있다. 그런가 하면 반사회적인 자살사이트, 폭력 조장사이트, 무분별한 성 사이트 등의 문제가 있다.

생물공학형 기술에서는 생물오염이 있고, 생물재해가 있다. 생물오염은 인위적으로 만든 생명체로 인한 자연환경 및 인체 오염을 말한다. 병원에서 미생물이나 오염물질의 유출이 이에 해당된다. 생물재해는 미생물이나 유전자 조작 생명체로 인한 보이지 않는 재해이다.

기술별 부정적인 효과 유형이 의미하는 것은 모든 기술은 긍정적인 효과도 있지만 반드시 부정적인 효과를 동시에 가지고 있다는 것을 말한다. 지식사회형 기술인 IT의 경우에도 부작용은 피할 수 없다. 또한 차세대 기술인 BT의 경우도 현 단계에서도 바이오오염이나 바이오 재해와 같은 부작용을 갖고 있다.

### 2) 발생영역별 부정적 효과

기술의 부정적 효과를 삶의 환경에 따라 구분해 본 것이 〈표 12-8〉이다. 기술별 효과는 부정적인 효과를 발생시키는 원인에 따른 구분이라면, 삶의 환경에 따른 부정적 효과는 부정효과가 나타나는 영역을 기준으로 한 구분이다. 이와 같은 구분을 시도하는 것은 기술별 효과에서 보이지 않던 다른 부정적인 측면이 나타나기 때문이다.

자연환경에서는 먼저 대기오염, 토양오염, 수질오염, 해양오염, 삼림오염 등 여러 형태의 오염이 있다. 나아가 자원고갈이라는 문제도 자연환경 문제에서 중요한 과제이다. 자연환경 오염문제는 현 단계에서는 가장 광범위하게 사회 전체에 영향을 미치고 있는 부분이다.

다음으로 사회환경의 파괴라는 사회환경적 차원에서는 다양한 유형의 문제가 있다. 먼저 노동 관련 피해문제가 있는데, 이에는 고용감소, 노동강도 강화, 노동파괴, 통제강화라는 문제를 야기시킨다. 공장에서 자동화 기기를 거부하는 이유가 결국은 고용감소를 초래하고, 노동의 강도를 강화시키며, 해당분야의 노동 자체를 파괴해 버리는 속성에 기인한 것이다. 핸드폰으로 인해 어느 곳으로 가든 행선지를 파악할 수 있는 것은 통제강화의 좋은 예이다.

표 12-8 발생영역별 기술의 부정적 효과

| 영역 | 부정적인 형태 |
|---|---|
| 자연환경 | – 오염: 대기, 토양, 수질, 해양, 삼림<br>– 자원고갈 |
| 사회환경 | – 고용감소, 노동강도 변화, 통제강화<br>– 기술종속, 국가개념 파괴<br>– 사이버 범죄/안보, 네트워크 마비<br>– 정보불균형, 반사회: 자살, 성<br>– 생명윤리 |
| 생활환경 | – 교통사고, 안전<br>– 주거환경: 소음, 분진, 냄새, 전자파<br>– 프라이버시 침해 |
| 생명환경 | – 바이오 위해: 바이러스, 인공 생명체 등<br>– 바이오 오염: 외국 동식물, 해충 |

국가적인 차원에서는 기술력이 부족해 다른 나라에 예속되는 기술종속이라는 문제를 야기시키고, IT기술로 인해 무장한 다국적기업에 의해 국가 개념이 파괴된다는 지적도 나온다. 한편 국가간 해킹과 네트워크 파괴와 같은 국가 안보문제도 제기된다.

사회적인 차원에서는 해킹에 의한 범죄, e비즈니스에서의 사기문제, 네트워크 마비와 같은 부작용을 갖고 있다. 여기에 정보격차라는 문제도 있다. IT기술에 대한 노출 정도에 따라 새로운 빈부형태라는 정보에의 접근성 격차가 나타나는 것이다. 또한 자살, 폭력 조장, 지나친 성노출 등의 반사회적 사이트도 이에 포함된다. 이들 모두가 전형적인 IT형 사회문제이기도 하다.

생활환경에서는 생활 속에서 쉽게 관찰되는 교통사고나 안전사고의 문제가 있다. 또한 전기안전, 유아용품에서의 독성물질, 약품이나 농약에서의 오염과 피해문제 등도 포함된다. 이어 주거환경의 문제도 있다. 소음, 분진, 냄새, 전자파 등의 오염이 그 예이며, 프라이버시 침해도 여기에 포함될 것이다.

생명환경은 기본적으로 BT기술로 인한 오염이다. 이에는 외국의 동식물이나 해충에 의한 토착 생태계 오염을 말하는 생물오염(pollution)이 있고, 또한 세균, 곰팡이, 조류, 바이러스, 병원성 원생동물, 기생충 등의 이유로 인체에 해를 줄 수 있는 생물학적 오염(contamination)의 문제가 있다. 또한 인체나 생명체에 영향을 미치는 폐기 의약품, 미생물 샘플, 바이러스, 생물체로부터의 독성 등을 포함하는 생물학적 위해(biological hazard)라는 문제가 있다. 생물학적 위해의 정도는 1등급에서 4등급까지 있는데 4등급은 치명적인 해를 줄 수 있는 가장 위해한 정도를 말한다. 유전자 조작으로 등장한 생명윤리 문제도 생명환경에 대한 문제이기도 하고 사회환경에 대한 문제이기도 하다.

### 3) 생명공학기술과 생명윤리

지금까지의 기술과 달리 생명공학기술은 다른 형태의 부작용을 유발시키고 있다. 〈표 12-9〉는 보건의료기술과 유전자 조작기술의 문제점을 구분하여 나열한 것이다. 어떠한 기술에서든 생명과 관련된 새로운 질문을 야기시키고 생명윤리라는 주제를 상기시키게 한다.

보건의료기술은 일상 속에서 쉽게 관찰되는 윤리적인 문제를 제기한다. 인공심폐장치는 독자적으로 호흡하기 힘든 환자의 생명연장을 돕는다. 그러나 이로 인해 죽음의 시점과 정의가 달라지고, 생명연장에 대한 힘든 의사결정을 요구한다. 예를 들어 장치를 한번 부착하면 탈착하는 경우 환자의 숨이 끊어질 확률이 높으므로 장치의 탈착은 살인과 같은 의미가 된다. 따라서 치료비 문제나 의미 없는 삶의 연장이라는 문제가 있어도 관련 가족 모두의 동의가 없다면 의사도 마음대로 탈착할 수 없다.

대리모는 가족관계를 모호하게 만든다는 문제가 있음에도 언론을 통해 종종 접한다. 이밖에도 정자은행, 난자은행 및 체외수정 역시 배우자의 개념을 모호하게 하거나, 선택적인 출산이라는 문제가 있다. 또한 생명 자체를 돈으로 사고파는 문제를 남기기도 한다.

표 12-9 **바이오기술의 윤리적인 문제**

| 기술 | 문제점 | 활용 |
|---|---|---|
| 보건의료기술 | | |
| – 인공심폐장치 | 죽음의 정의 | 생명연장 |
| – 인공수정(대리모) | 친자관계의 복잡화 | 불임해결 |
| – 체외수정(시험관아기) | 인간의 존엄성 | 불임해결, 우수인간 사회 |
| 유전자조작 | | |
| – 인간 유전자 조작 | 생명의 존엄성 상실 | 생물의약품 개발 |
| – 유전자치료 | 생명윤리 | 난치병 치료 |
| – 식품 | 부작용 자체를 모름 | 생물자원 증산 |

유전자 조작은 보건의료기술보다 훨씬 복잡한 문제를 야기시킨다. 유전자 조작식품(GMO: genetically modified object)은 국가로는 미국, 아르헨티나, 브라질, 캐나다, 중국 등 국토가 넓은 나라들이 주로 재배하고 있고, 품종으로는 대두, 옥수수, 면화 순이다. 이를 통해 제기되는 문제점은 먼저 식품으로서의 안전성 문제가 있다. 독성물질을 가질 가능성, 알레르기 유발 가능성, 영양성분 변화 가능성, 항생제 내성문제 등이 그것이다. 또한 환경과 자연생태계를 교란시킬지 모른다는 생물다양성 문제, 다른 작물을 오염시킬 수 있는 유전적인 오염문제 등이 있다. 소위 바이오안정성의 문제가 대두되고 있는 것이다. 현재 제기되는 많은 문제점은 대부분 가능성이라는 점이 특징이다. 유전자와 관련된 문제는 시간이 많이 소요되고 다음 세대에 영향을 미치는 문제이기 때문이다.

1996년 최초의 동물복제가 이루어졌고, 동물복제는 한국에서도 이루어지고 있다. 그러나 아직 복제가 일반화되지 않아서 이와 관련된 큰 문제는 아직 보고되지 않고 있다.

인간 유전자 조작의 문제는 크게 두 문제를 가지고 있다. 하나는 실험대상이 되는 사람의 문제이며, 다른 하나는 실험결과의 문제이다. 자신이 실험대상이 되는지도 모르는 사이에 자신의 인체에서 나온 실험재료를 뺏길 수도 있고, 실험대상이라는 이유로 인권이 침해될 수도 있다. 또한 인간복제와 같은 형태는 생명의 존엄성, 인간의 존재 자체에 대한 의구심을 갖게 한다. 인간복제까지는 기술적으로 상당한 시간이 필요하다고 하지만 전혀 예상할 수 없는 문제를 유발할 것으로 예측된다.

이러한 점에 따라 세계 각국에서는 각종 인간대상 연구나 배아줄기 등 인체유래물 연구의 윤리성을 미리 평가하는 심사제도가 도입되었다. 이 같은 연구를 하는 대학, 병원, 연구소 등은 기관생명윤리위원회 설치가 의무화되어 피험자 보호가 대폭 강화되고, 연구내용에 대한 사전 검토가 이루어진다. 법적 근거로는 생명윤리 및 안전에 관한 법률이 이에 해당된다. 연구에 대한 사전점검과 전문가 동의를 통해 부작용을 최소화시키고 부작용에 대한 힘을 기르자는 노력이다.

## 3.2 부정적인 효과의 극복: 환경오염 예

### 1) 환경오염 방지 방법

기술의 부정적인 효과를 극복하기 위한 시도는 여러 형태로 나타나고 있는데, 비기술적인 대책과 기술적인 대책으로 구분된다. 비기술적인 대책은 대체로 방어적인 대책들이며, 기술적인 대책은 적극적인 대책에도 적용된다는 특징이 있다. 그러나 모든 경우에 기술적인 대책을 사용할 수 있는 것은 아니고 적용이 되는 경우가 별도로 존재한다는 점에서 기술적 대책과 비기술적 대책이 모두 필요하다할 것이다.

비기술적인 대책의 첫째는 금지이다. 행위 자체를 원천적으로 막는 것이다. 폐기물의 해양투입 방지, 특정물질의 사용금지, 관련물질을 사용한 상품의 무역금지와 같은 형태가 그것이다. 둘째는 사용은 하지만 문제발생 원인을 단계적으로 감축하자는 노력이다. 탄소배출량을 감축시키자는 노력이 대표적인 예이다. 셋째 유형은 경제적인 방식을 도입해 배출권을 거래하는 제도이다. 최근의 탄소배출권 제도가 그에 해당된다.

기술적인 대책 역시 크게 세 가지가 있다. 하나는 저감기술의 개발이고, 다른 하나는 대체기술의 개발이다. 저감기술은 사용은 하지만 오염배출을 절감시키고자 하는 기술적인 노력이며, 대체기술은 해당기술을 원천적으로 사용하지 않고 다른 기술을 개발해 내는 노력이다. 세 번째 유형은 폐기될 자원을 재활용하는 것이다. 폐금속, 폐알루미늄, 폐지 등을 재활용하여 원래의 자원을 생산하기 위해 필요한 오염을 줄여 나가는 노력이다. 네 번째 방법은 기술의 영향을 평가해 기술개발 초기부터 금지시키거나 개발의 방향을 정해주는 것이다.

### 2) 국제적인 노력

환경오염은 몇 가지 특징이 있다. 첫째는 오염당사자는 오염의 피해를 직접 인식하지 못하는 경우가 더 많다는 점이다. 따라서 피해자들의 아우성으로 인한 외부 개입이 없다면 오염방지를 위한 적극적인 노력을 할 필요를 느끼지 못한다. 두 번째는 개인적인 차원에서는 환경오염의 심각성을 쉽게 느끼지 못하는데 큰 단위 특히 국가나 지구단위에서는 환경오염의 효과를 인지하는 경우가 많다는 점이다. 환경오염의 이러한 속성으로 인해 오염방지를 위한 국가나 국제사회의 개입이 있게 된다.

1972년 스웨덴 스톡홀름에서 열린 유엔인간환경회의(UNCHE)가 지구환경 논의의 기본헌장이라 할 수 있는 유엔인간환경선언을 채택한 이후 지구환경 문제는 한나라의 힘만으로는 해결이 불가능하다는 인식이 확산되었다. 환경오염 방지나 환경보전을 위한 국제협약은 범세계적인 경우도 있고, 당사자간 협약의 형태로 몇 개 국가 사이에만 체결된 형태도 있다. 이러한 국제협약은 모두 합하면 수백 개에 이르지만 범세계적으로 영향을 미치고 있는 몇 개만 보면 다음과 같다.

자연보호와 생물종 보호와 관련되어서는, 1970년대 초 국제적으로 중요한 습지에 관한 협약인 람사협약이 맺어졌다. 또한 같은 해 멸종위기에 처한 야생동식물 보호협약이 체결되었다. 1993년 말부터 생물다양성 보존협약이 발효되어 지구상의 생물종을 보호하고 있다.

폐기물과 관련되어서는, 1975년 폐기물의 해양투기로 인한 해양오염을 방지하기 위한 런던협약이 체결되었다. 한편 유해 폐기물의 수출입과 그 처리를 규제하는 바젤협약이 1992년부터 발효되었다.

기후관련으로는, 오존층 파괴 물질인 염화불화탄소(CFCs)의 생산과 사용을 규제하는 몬트리올 의정서가 1989년 1월 발효되었다. 극지방의 오존층을 파괴하는 물질은 사용금지되고 무역 역시 금지된 것이다. 한편 보다 광범위한 지구 차원의 기후변화 방지협약이 1994년 3월부터 발효되었다. 탄산가스, 메탄, 이산화질소, 염화불화탄소 등 여러 물질에 대한 배출금지, 배출감축에 대한 의무를 각 국가에 부과하기 시작한 것이다.

이 협약은 계속 발전되어 1997년 12월 일본 교토에서 열린 제3차 당사국총회(COP3)에서 선진 38개국은 이산화탄소 배출량을 1990년 기준으로 5.2% 줄이기로 하는 '교토의정서' 를 체결한다. 2012년이면 교토의정서 효력이 끝나나 각국의 온실가스 감축목표는 아직 완전히 합의된 것은 아니다. 다만 일본과 같은 경우는 국제 평균보다 1% 많은 6% 감축을 공언했다. 그만큼 다른 나라보다 앞서서 적극적으로 감축하겠다는 의지를 보인 것이다. 한국정부 역시 2012년 회의를 서울에서 유치하겠다고 한다.

환경에 대한 국제협약은 종종 국제무역과 연계되기도 한다. 국제무역협정인 우루과이라운드에 대비하여 환경기준과 연계된 그린라운드가 언급된 바 있다. 1990년대 초, 각국이 서로 다른 환경기준을 적용함에 따라 발생하는 생산비용의 차이가 국제통상에서 대외 경쟁력을 좌우하므로 환경기준을 무역과 연계시켜야 한다는 주장이 등장한 것이다. 그러나 이 주장은 범지구적으로 적용되지는 못했고, 국가간 혹은 특정물질을 중심으로만 적용되고 있다.

## 3.3 한국의 저탄소 녹생성장 계획

### 1) 배 경

2005년 아시아 태평양 지역 국가들의 환경과 개발 장관회의가 서울에서 개최되고 녹색성장을 위한 서울 이니셔티브(Initiative)가 채택되었다. 한편 2009년 6월에는 OECD 각료회의 이사회 선언문에 녹색성장 관련 내용이 포함되었다. 이에 기반을 두고 한국 정부는 2009년 1월 녹색성장위원회라는 정부기구를 설치하였고, 이들은 7월에 '녹색성장 국가전략 및 5개년 계획'을 수립한 바 있다.

이 계획에서 명시된 추진 배경은 크게 네 가지이다. 첫째는 지구온난화에 대한 대응이다. 지난 100년간 세계 평균기온은 0.74도 상승하였는데 이로 인해 가뭄, 홍수, 폭염, 생태계 파괴 등의 문제가 발생하였다고 보고되었다. 또한 기후변화로 인한 손실은 매년 세계 GDP의 5–20%로 추산된 바 있다. 그런데 한국은 1912–2008년 기간 기온이 1.7도 상승하여 세계 평균보다 영향이 더 크다고 평가된다.

두 번째 이유는 에너지 위기이다. 전 세계 에너지원의 85%가 지구온난화의 주원인인 화석연료인데, 이마저도 조만간 고갈될 것이라고 예측되고 있다. 또한 한국은 에너지 다소비형 산업인 제조업의 비중이 큰 국가이다.

이상은 환경에 대한 방어적인 입장인데, 적극적인 입장에서는 저탄소 녹색성장산업을 한국의 신성장 동력화하겠다는 전략이다. 탄소배출권 시장이 현재도 커지고 있는데, 국가간 탄소배출량 감소의무가 확정되면 그 시장은 훨씬 더 커지리라 예상된다. 따라서 이 시장을 적극적으로 대응하겠다는 것이다. 탄소배출권 시장 외에도 신재생 에너지시장이 적극 진출 대상이다.

네 번째의 이유는 한국은 이제 지속성장을 위한 새로운 성장패러다임이 필요하다는 점이다. 따라서 다른 나라보다 더 적극적으로 산업구조를 개편하고 산업의 내적기반을 저탄소 녹색형태로 발전시키겠다는 것이다.

### 2) 주요 계획

2009-13년 기간 저탄소 녹색성장 5개년 계획의 10대 정책방향은 〈표 12-10〉과 같다. 이들 정책은 크게 두 유형으로 구분된다. 효율적인 온실가스 감축, 탈석유 에너지 자립 강화, 기후변화 적응 역량 강화, 녹색기술개발 및 성장동력화 등이 새롭게 선보인 내용이다. 다른 내용들은 기존의 산업이나 생활기반을 변환시키고자 하는 노력인바, 산업구조 고도화, 녹색경제 기반조성, 녹색 국토 및 교통 조성, 생활의 녹색혁명 등이 그 예이다.

표 12-10 **저탄소 녹색성장 주요 정책(2009-13)**

1. 효율적인 온실가스 감축
2. 탈석유 에너지 자립 강화
3. 기후변화 적응 역량 강화
4. 녹색기술개발 및 성장동력화
5. 산업의 녹색화 및 녹색산업 육성
6. 산업구조 고도화
7. 녹색경제 기반조성
8. 녹색국토.교통 조성
9. 생활의 녹색혁명
10. 세계적인 녹색성장 모범국가 구현

저탄소 녹색성장정책은 기술정책과 산업정책 및 환경정책이 결합되어 있다는 특징이 있다. 그렇기 때문에 이 정책만의 독자적인 정책보다 다른 목적으로 진행되고 있는 정책과 병행되어 추진되고 있는 특징이 있다.

CHAPTER 13

기 / 술 / 혁 / 신 / 론

# 과학기술혁신정책

- 정책론 서설
- 진화 중인 과학기술정책
- 역사 속의 과학기술정책 교훈

# 01
# 정책론 서설

## 1.1 정책체계

### 1) 정책의 체계

모든 정책은 두 가지 기본 특징이 있다. 하나는 정책의 재원이 국민의 세금에서 나오는 것이고, 두 번째는 정책 목적이 국가와 국민을 위한 사업이라는 점이다. 간혹 정책이 존재해야 하는 가장 기본적인 속성이 무시되고 정책 자체에 대한 이해만을 추구하는 경우가 있다. 그러나 우리는 어떠한 정책이든 바로 이 두 특성 위에 존재한다는 점을 염두에 두고 정책을 이해해야 한다.

정책을 위한 재원이 국민의 세금으로 충족된다는 사실은 항상 재원의 한계가 있다는 것을 의미한다. 아무리 좋은 정책이라도 예산이 없다면 진행할 수 없다. 따라서 모든 정책이 가능한 것이 아니고 주어진 예산제약 하에서의 여러 정책의 최적 선택이라는 문제가 항상 등장한다.

국가 정책의 목적은 국가의 부강과 국민들의 삶의 질적인 향상이라 간단히 언급될 수 있지만 이러한 보편적 가치는 너무 추상적이다. 따라서 국가 정책을 일단 분야별로 구분하여 목적을 논하게 된다. 국가 정책은 크게 보면 국방, 안전, 보건복지, 산업, 문화 및 지식증진과 같이 6대 분야로 구분한다.

국방은 외부로부터의 방어를 의미한다. 나라를 잃은 설움은 일제 하 36년의 경험이 잘 보여준다. 안전은 범죄와 같이 내부에서 발생하는 각종 위험으로부터 국민을 보호하고 사회를 보호하는 모든 활동을 말한다. 경제는 경제활동을 말하는 것이고, 문화는 삶의 질적 수준을 제고할 문화적 활동이나 교육활동 등을 지칭한다. 지식의 증진이란 미래를 위한 투자로 사회 전체의 지적수준을 넓혀가는 활동이라 할 수 있다.

이 6개의 분야는 서로 독립적이지만 약간은 다른 분야와 겹칠 수밖에 없는 속성도 있다. 국방부문을 위한 무기 개발활동이 결국은 산업활동과 연계된다. 또한 교육은 문화적인 목적, 보건복지 목적, 나아가 지식의 증진이라는 목적을 위해서도 기능한다. 정책은 분야별로 이루어지지만 여러 분야의 속성을 갖는 사안은 얼마든지 존재할 수 있는 것이다.

그런데 6대 분야 정도로 구분한 내용은 아직도 대단히 광범위하여 정부의 구체적인 활동을 이해하기 어렵다. 경제활동을 위한 정책에는 금융, 산업 일반, 농수산, 건설, 의료보건, 전기통신 등 다양한 분야 정책이 있다. 이중 우리의 주제와 관련된 산업정책은 산업기술정책, 경쟁촉진을 위한 산업조직정책, 산업인력정책, 산업진흥정책 등 여러 형태로 세분된다. 이중 산업기술정책은 기술개발, 기술도입, 기술인력 육성, 기술사업화, 기술개발 관련 기관 운영 등으로 구분된다. 이중 기술개발정책은 기술개발 기반정책, 자체 개발, 민간부문의 기술개발 조직 지원 등으로 다시 세분된다. 그리고 이들 세부 정책도 더 세분될 수 있다. 정책의 이와 같은 구조를 정책의 계층구조라 한다.

### 2) 정책의 목적과 목표

어떠한 정책이든 특정 목적을 위해 형성된다. 그런데 그 목적이 추상적인 형태를 갖는 경우가 많아 달성 가능한 중간목표를 갖는 것이 일반적이다. 만약 정책 수행 기간이 여러 단계로 구분된 장기라면, 전체 기간에 달성할 목표와 기간별 달성목표를 설정하게 된다. 즉, 정책은 목적, 달성 가능 목표, 단계별 목표와 같은 목적과 목표체계를 갖는 것이다.

정책의 목적과 목표가 항상 동시에 달성되는 것만은 아니다. 추상적인 정책목적이 전혀 달성되거나 개선되지 않았는데, 정책목표는 달성될 수도 있다. 그리고 그 반대인 경우도 있다. 정책의 성과를 어떻게 볼 것인 가의 문제도 있고, 정책수단의 한계라는 문제도 있을 수 있다. 다음의 예는 정책 목적과 목표의 관계를 보여준다.

한국의 부품소재산업은 대 일본 무역역조가 항상 큰 문제이었다. 이 부분의 무역적자로 인해 경제 전체의 무역적자가 심각했던 것이고, 국가별 무역을 보면 일본에서의 적자가 바로 이 부문에서 발생한 것이다. 산업적인 측면에서이든 산업기술 측면에서이든 이 부문에 대한 정책은 산업정책의 중요 이슈 중의 하나이었고 정부는 '부품소재발전 기본계획'(2001년)과 같은 특정 기술개발 프로그램을 운영하였다.

이 정책의 목적은 부품소재산업의 경쟁력 강화이고, 정책 기간 중 무역역조를 어느 정도 개선하겠다는 구체적인 목표가 있었다. 그런데 부품소재 분야의 무역역조 문제는 단순히 기술개발로 해결될 문제가 아니라 한국과 일본의 기술차이, 일본으로부터 수입할 수밖에 없는 한국의 산업구조 문제 등이 복합된 사안이다. 따라서 기술개발을 통한 무역역조 해소는 어느 정도의 한계를 가질 수밖에 없었고, 그럼에도 그 이외의 정책수단은 찾기 어려웠다.

이 사업이 수행되며 많은 기업의 부품소재기술을 향상시키도록 하는 기술개발 지원이 이루어졌다. WTO협정에 의해 기업의 상품화에 대한 직접지원이 불가능하므로 관련 원천기술을 개발하는 형태의 지원이었다. 그런데 정책이 시작된 수년 후에도 국가 전체에서 이 부문의 대일 무역역조는 개선되지 않고 더 악화되었다. 다만 해당 정책의 지원을 받았던 기업들의 경우에는 분명 해외로부터의 수입이 줄어들고 매출은 늘어나는 등의 효과가 있었다. 예산제약이 있어 정책의 지원을 받는 기업의 수는 제한적이라 정책목적은 개선되지 않았는데 해당 정책의 효과는 분명 존재하였던 것이다. 정책수단이 존재했던 영역에서는 효과가 관측되었던 것이고, 정책수단이 미치지 못한 일반 중소기업들에게 있어서는 상황이 악화되었던 것이다.

재미있는 점은 시간이 지나며 부품소재부문에서 무역흑자가 발생하기 시작하였다는 점이다. 그런데 일본과의 무역이 개선된 것이 아니라 다른 나라와의 교역에서 무역수지 흑자가 발생하고 그 규모가 커지기 시작한 것이다. 정책목표는 대일 무역역조 개선이었는데 이는 달성하지 못하고, 정책목적인 부품소재 국제경쟁력은 달성한 것이다. 정책 목적, 목표, 수단과 성과를 인식하는 좋은 예이다.

## 1.2 정책의 논거와 유용성: 정부실패, 정부개입 논거

### 1) 과학기술정책의 이론적 근거

경제분야에 있어서의 정부개입, 즉 정책에 대한 논거는 시장실패론이다. 다시 말해 시장이 없거나 시장기능이 제한적이어서 정상적인 작동을 못하는 경우 정부가 개입하라는 것이다. 기초연구, 교육, 환경, 국방, 복지와 같은 영역은 시장 자체가 없다. 이들 영역에는 시장이 있다할지라도 대단히 제한적인 영역에서 존재한다. 따라서 시장실패론은 정부가 민간부문에 개입하는 가장 중요한 이유이다. 특히 과학기술분야에 대한 정부개입의 이론적 논거가 되어 왔다.

그러나 과학기술에 대한 개입이 무한하게 이루어질 수 있는 것은 아니다. 과학기술활동 중 개발연구는 각국에서 대부분이 민간부문에 의해 이루어진다. 특히 상품화 연구에는 정부는 개입할 수 없다. WTO협정은 각국 정부는 민간기업의 시장전 연구까지만 개입할 수 있도록 하고 있다. 상품화까지 정부가 개입하는 경우 기업간 경쟁질서가 무너지고 공정한 경쟁이 이루어지지 않는다는 논리이다.

한편 과학기술에 대한 정부개입의 두 번째 논거는 시스템 실패이론이다. 다양한 국가 시스템이 없거나 붕괴될 때 정부개입은 타당성을 갖는다는 것이다. 1990년대에 국가혁신체제론이 등장하며 제기되기 시작한 이 논거는 과학기술의 창출과 활용을 위한 국가시스템이 부족할 때 정부가 개입해 부족한 부분을 보완할 수밖에 없지 않느냐는 논리에서 등장한 것이다. 연구개발활동은 강하나 사업화 역량이 부족한 국가에서는 혁신능력의 강화가 국가혁신시스템을 보완하는 과제이고, 기초연구 자체가 부족한 국가에게는 기초연구를 강화시키는 활동이 국가적인 혁신시스템을 보강시키는 과제이다.

### 2) 정부실패

많은 경제정책에 대한 분석은 정책이 경제에 아무런 효과도 주지 못하고 있음을 보여준다. 즉, 정책의 실익이 없으므로 도입할 필요가 없다는 정책무용론이 제기되는 것이다. 정책무용론은 특히 어떠한 정책이 소득을 증가시킬 수 있지만, 물가상승으로 인해 실질 소득은 변화가 없다는 분석에서 등장하였다.

또한 정부개입은 정책의 혜택을 받는 부문은 득이 되고 그렇지 못한 부문은 혜택을 받는 기업이 강해짐으로 인해 손해를 보는 상황이 발생하므로 자원배분을 왜곡시킨다는 것이다. 특히 산업정책은 지원을 받는 기업에 특혜를 주어 다른 기업에 간접적인 피해를 주는 등 자원배분을 왜곡시키기에 회피하라고 권장된다. 정부예산이 특정 산업에 지원되는 경우 지원을 받지 못하는 산업보다 훨씬 빨리 성장할 수 있게 된다. 또한 기업 차원에서도 정책의 혜택을 받는 기업은 받지 않는 기업보다 유리하다. 정책의 공정성 문제도 있고, 그로 인한 기업간 질서를 왜곡시키는 효과도 있는 것이다.

사실 정부개입을 회피하라는 이론적 권고도 중요하지만 현실 속에서는 행정의 경직성이나 비효율성의 문제도 존재한다. 정부개입의 주체인 공무원은 민간부문에 비해 경험도 부족하고 시장을 대하는 마인드도 부족해 문제를 더 악화시키거나 비효율적인 운영이 종종 나타난다.

이상과 같은 정부개입으로 인한 각종 문제점 발생이나 민간부문에 대비한 비효율을 정부실패라 부른다. 이는 정책무용론, 자원배분 왜곡론, 행정의 비효율성 등에 기반을 두고 있다할 것이다. 시장은 효율적이고, 시장의 자연스러운 기능에 맡기는 것이 보다 효율적이라는 사고에 바탕을 둔 정부실패에 대한 경고는 주류 경제학에서는 뿌리깊은 사고이다.

# 02 진화 중인 과학기술정책

## 2.1 과학기술정책의 기원

설성수(1997)는 과학기술정책의 기원을 2차 대전 후 일본이 과학기술청을 설치한 것을 기원으로 본다. 국가가 과학과 기술을 활용하고자 한 시도의 뿌리는 대단히 오래되었다. 그런데 정책의 독자성, 지속성, 확산성 및 중앙 행정부처의 보유라는 특정 정책을 위한 기본조건과 과학기술 진흥, 연구 및 교육이라는 과학기술 관련 정책의 내용을 모두 충족시키는 정책은 1956년에야 일본에서 등장했다고 보는 것이다. 사실 과학기술정책이라는 용어도 1953년에야 등장했다고 보고된다.[1]

1) 설성수, "과학기술정책의 기원", 기술혁신연구, 5-1, 1997.

정책의 독자성이란 다른 목적의 정책에 포함된 부분정책으로서의 의미가 아니라 과학기술 이슈 자체가 정책이 목적인 것을 말하고, 지속성이란 일정기간 이상 정책이 지속되어지는 것을 말한다. 또한 확산성이란 다른 나라에서도 비슷한 유형이 등장할 수 있을 정도의 파급효과가 있어야 한다는 점이다.

과학기술정책이라 불릴 수 있으려면 과학기술의 진흥, 연구, 특정 기술개발 및 교육이라는 기본 기능을 충족시켜야 한다. 그런데 과거에는 전쟁이 있었기에 기술개발정책은 언제든 쉽게 관찰된다. 반면 근대적인 과학은 17세기 이후 등장한 것이라 근대적인 의미의 과학과 기술을 동시에 고려하는 정책을 생각한다면 과학기술정책의 기원이라 불릴 수 있는 정책은 1950년대에야 찾아지는 것이다.

일본이 과학기술청을 설립한 것은 패전 후 일본의 과학기술 기반을 구축해야 한다는 의도와 당시 새롭게 등장한 기술인 원자력에 대한 관리와 연구가 목적이었다. 일본 자체가 원자폭탄으로 인해 패전을 한 뼈아픈 과거가 있는데다, 2차 대전 후 영국 프랑스 독일 모두 과학기술 전담부처의 설치 목적은 미국이 보유한 것과 같은 원자력 기술의 확보이었다.

## 2.2 2차 대전 이후의 과학기술정책

### 1) 전쟁 전후의 과학기술정책

"2차대전 이전의 과학기술정책은 기초과학 진흥정책, 기술교육정책 및 특허정책의 세 축을 중심으로 발전해 왔다. 그렇지만 2차대전은 과학기술정책에 큰 변화를 준다. 전쟁의 발발에서 1960년대 중반까지의 시기는 연구개발의 황금기라 평가되며, 다음과 같은 특징을 보인다. 첫째, 국가의 연구개발비 지출이 급격히 증가한다. 둘째, 국방 원자력 우주항공 세 부문에 대한 연구개발 비중은 전체 연구개발의 70-80% 수준에 이르렀다. 셋째, 연구비 증가는 좋은 것이라고 가정하나 그럼에도 효율적 사용에 대한 의문은 없었다. 마지막으로 연구개발에 대한 과다한 기대가 존재한 반면 관련된 과학기술활동에 대해서는 상대적으로 무시되었다."

미국의 1934년 연구개발비 지출은 국민총생산의 0.6% 수준이고, 2차 대전 직후인 1945년의 연구개발비 지출은 국내총생산의 0.8%이었다. 그런데 극적인 변화는 오히려 전쟁 후인 1960년대에 나타났다. 1935년 연방정부의 연구개발비 부담은 국가 전체의 13%이었다. 반면, 1963년에는 국가 전체의 연구개발비 지출은 총생산의 3%가 되었고, 정부부담은 이중 70% 이상이 되었다. 정부가 전쟁 후에 연구개발을 주도한 것이다.[2)]

미국과 소련의 군비경쟁이 미국 연구개발정책의 급격한 변화를 설명해주는 주 원인이다. 1949년 미국이 독점하던 원자력 분야에 소련이 진입하고, 1950년 한국전쟁, 1957년 소련의 인공위성 스푸트니크호가 발사되는 사건이 발생한다. 특히 스푸트니크호는 소련의 장거리 미사일기술, 다시 말해 핵무기 운송수단이 미국보다 뛰어나다는 것을 보여주는 것이라 미국에게는 대단한 위협적인 것이었다. 이로 인해 과학기술 투자에 대한 효율성 등은 문제되지 않고 과학기술의 기반 자체를 확대시키기 위한 노력이나 소련을 능가하는 무기체계의 개발이 우선적인 과제가 된다.

결과적으로 이 시기의 과학기술에 대한 인식은 과학추진모형으로 대표된다. 즉 과학은 기술을 낳고 기술은 실생활에 응용된다는 것으로 요약되는 이 견해는 모든 것의 출발점은 과학이었다. 따라서 이 시기의 정책이란 엄밀히 보아 과학우선정책이라 할 수 있다. 그리고 이러한 정책사조에 대한 극단적인 예외는 국방에 대한 부담이 없던 독일과 일본의 정책이었다.

〈표 13-1〉은 2차 대전 이후 각국의 과학기술정책 유형을 보인 것이다. 과학연구활동에 중점을 두는 영미권 국가, 기술개발에 중점을 두는 아시아형, 과학적인

표 13-1 2차 대전 이후의 과학기술정책 유형

| | 영미형 | 중부유럽형 | 북유럽형 | 아시아형 |
|---|---|---|---|---|
| | 미국 영국 | 프랑스 이태리 | 독일 스웨덴 | 일본 한국 |
| 과학연구활동 | 강 조 | 강 조 | 강 조 | 소 홀 |
| 기술활동 | 소 홀 | 강 조 | 강 조 | 강 조 |
| 확산교육활동 | 소 홀 | 소 홀 | 강 조 | 강 조 |
| 과학기술 개방성 | 개방적 | 약한 개방형 | 과도한 개방 반대 | 폐쇄적 |

자료: 설성수, 1997 전게 논문.

2) 설성수, "과학기술정책의 새로운 패러다임", 설성수 외 편, 기술혁신과 과학기술산업정책, 기업기술연구원, 1987.

연구와 기술개발까지 관심을 두던 서유럽 국가형, 나아가 과학적 연구활동에서 기술개발 및 확산까지를 동시에 고려하는 북유럽의 소국모형이 있었다.

### 2) 1980년대의 충격과 체계적인 정책인식

OECD의 1991년 과학기술정책 보고서[3]는 1980년대에 나타난 OECD 회원국 과학기술정책의 특징을 다음과 같이 요약한다. 정부의 민간부문 지원정책 증가, 과학기술 관련 행정체제 정비와 전략적인 접근, 미성숙분야에 연구가 집중, 연구기획과 실행의 국제화, 연구-기술-시장의 연계, 지역 연구개발기능 강화, 각종 센터의 신설과 확장, 새로운 분야에 대한 대응으로 대학개혁과 기술교육 강화 등이 그것이다.

위와 같은 정책의 조류가 특징이라 함은 그 이전에는 이와 같은 추세가 없었다는 것을 의미한다. 달리 표현해 1980년대는 과학기술정책의 커다란 변화가 있었다는 것이다. 원인은 크게 두 가지가 지적된다. 하나는 1970년대 석유파동으로 인한 1980년대 초까지의 극심한 세계불황이며, 다른 하나는 1985년부터 시작된 소련의 개혁 개방과 붕괴이다.

1973년과 1979년의 석유파동으로 선진국 대부분은 심각한 불황에 빠진다. 그렇지만 일본은 이를 가장 빨리 극복하고 세계무대에 등장한다. 저가에 저에너지 소비형 상품이 세계시장을 휩쓸기 시작한 것이다. 어떻든 이 불황으로 인해 유일한 탈출구는 기술혁신밖에 없다는 인식이 널리 확산된다. 정책적으로도 1970년대말과 1980년대초에는 미국 영국 일본 캐나다 스웨덴 네델란드 등 대부분의 선진국에서 산업기술력 강화를 위한 국가적인 보고서를 내놓는다. 산업정책은 별로 없고 군사목적 등의 과학정책적인 기반이 강한 영미계 국가에서도 과학기술의 산업적인 활용을 위한 정책이 본격적으로 검토된 것이다. 또한 OECD도 이러한 추세를 이어 받아 1985년부터 회원국들의 과학기술정책에 대한 종합 보고서를 정기적으로 발간하기 시작한다.

경제적으로 어려운 상황에 나타난 소련의 붕괴조짐은 국방용 기술개발을 기업지원용으로 전환할 수 있는 여지를 주었다. 소련이 존재하던 시기에는 서구국가 대부분이 경제적인 문제점이 있음에도 국가의 연구개발비 투입을 국방 우

3) OECD, Science and Technology Policy- Review and Outlook, 1991, Paris.

주항공 원자력 등의 대형 과학기술에 집중하였다. 그런데 소련의 해체와 이로 인한 동구권의 시장경제화 나아가 중국의 개방으로 냉전체제를 유지하던 국방 연구개발은 1987년을 기점으로 점차 줄어든다. 경쟁력 강화와 경제 활성화라는 기술정책의 목적들이 등장할 수 있게 된 것이다. 미국만 이러한 추세를 보이는 것은 아니었다. 영국과 프랑스도 국가 부담이 급증하고, 증가분이 원자력 우주항공 및 국방에 집중 투입되었다. 이 재원이 국가 경쟁력 강화를 위해 사용되기 시작한 것이다.

1980년대에 일본과 한국을 비롯한 개도국 상품의 범람으로 인해 자국산업이 도태되어 가자 미국을 포함한 선진국 내부에서는 산업의 경쟁력 강화가 사회적인 문제로 등장한다. 또한 불황 극복을 위한 각종 거시경제 정책이 모두 실패로 돌아감에 따라 경제에 대한 단기개입을 반대하는 작은 정부론이 우세해진다. 다시 말해 정부개입의 절대적인 축소 혹은 불가피한 경우에는 효율적인 운영이 강조된 것이다. 이 흐름은 과학기술정책의 운용에도 반영되어 마찬가지로 민간우선, 최대의 효율성, 내부경쟁 등의 기조가 나타났다. 한편 기술력 향상을 통한 경제기반 확충정책이 강화된다. 작은 정부론의 추세 속에서도 과학기술정책은 확대된 것이다. 그리고 정책의 내용 역시 변화하였다. 1980년대 이후에는 모든 나라에서 북유럽형 국가들이 채택한 것과 같은 정책패턴들이 등장하기 시작한 것이다.

1980년대 이후의 과학기술정책은 정확히는 과학기술혁신정책이라는 표현이 더 어울린다. 전통적인 과학정책의 영역과 특정 목적을 위한 기술정책에 산업계

표 13-2 1990년대 이후 과학기술혁신정책

| | 내 용 | 강조점 |
|---|---|---|
| 과학정책 | 과학교육<br>기초연구<br>대학과 정부연구소의 연구 | 우선순위 접근 (기술예측)<br>국제화<br>지적재산권 보호 |
| 기술정책 | 전략/원천기술 강조<br>신기술기업 육성 | |
| 혁신정책 | 기술확산 촉진<br>교육훈련<br>중소기업 강조<br>산업표준<br>각종 센터 설립운용 | 산학연 네트워크 구축<br>지역화/분산화<br>우수기술 확산<br>사업화 촉진 |

에서의 활용을 위한 혁신정책이 본격적으로 추가되었기 때문이다.

혁신정책을 거의 도입하지 않았던 미국마저도 1987년의 소기업혁신법으로 국립과학재단 우주항공국 등의 과학기관이 중소기업 지원을 시작하고, 1988년 국립표준국을 국립표준 및 기술연구소(NIST: National Institute of Standards and Technology)로 개칭함과 동시에 산업을 지원하는 프로그램을 운영하기 시작한다. NIST의 첨단기술프로그램(ATP, 1990-2007년)은 초기단계의 혁신적인 기술을 개발해 기업을 지원하는 사업이며, NIST는 이 외에도 제조업의 기반기술을 연구하고 보급하는 사업이 있다. 이어 1993년에는 민군겸용기술정책을 발표한다. 이들 사건은 미국의 혁신정책 강화의 상징적인 사건이다. ATP는 2007년 이후 기술혁신사업(TIP: Technology Innovation Program)으로 개칭되어 운영되고 있다.

그런데 최근의 과학기술정책의 발전은 이 정도에 그치지 않고 있다. 과학기술에 대한 국가적인 인식이 완전히 변했고 정책의 목적이 변하고 있다. 정책 대상이 확대되며 정책의 범주가 확대되고 있고, 그로 인해 국가 운용에 있어서의 위상이 변하고 있다. 새로운 정책수단이 증가하고 있고. 또한 정책의 수준 역시 변했다.

## 2.3 과학기술정책의 범주와 유형

### 1) 과학기술혁신정책의 변화 패턴

〈표 13-3〉은 최근의 과학기술혁신정책의 변화를 보여주고 있다. 어느 나라에서건 과학기술은 국가적인 자원으로 인식되고 있다는 특징이 있다. 과거에는 과학기술은 국방목적이나 산업을 지원하기 위한 수단 정도로 간주되었다. 그런데 최근에는 모든 국가에서 다용도로 응용가능한 국가의 핵심자원으로 인식하고 있는 것이다.

국가적인 자원으로의 인식은 과학기술부문에 대한 예산지출에서 그대로 나타난다. 2차 대전 무렵에는 과학기술을 선도하는 국가들의 연구개발비 지출이 국내총생산의 1%가 되지 않았으나 현재는 OECD 회원국 정도라면 대부분 2%를 넘어서고 3%를 넘는 국가가 있다. 국내총생산이 증가하고 있는 상황을 감안하

표 13-3 최근의 과학기술혁신정책의 변화

| | 전통 인식 | 추가된 인식 |
|---|---|---|
| 과학기술 인식 | 국방/산업 수단 | 국가의 핵심 자원 |
| 정책철학 | 경제부분 작은 정부론 | 최대 지출 |
| 정책범주 | 과학기술, 혁신 | 대학, 모든 정책 |
| 정책목적 | 과학기술 진흥, 산업지원 | 국가운용 수단 |
| 정책주체 | 과학기술부처, 산업부처 | 모든 부처, 지방정부, 공공기관 |
| 정책대상 | 농업, 제조업 | 서비스업 |
| 정책수단 | 연구비, 조세, 직접개발 | 혁신시스템 건설, 국제화/개방화 |

면 과학기술부문에 대한 투자는 대폭 증가하고 있다할 것이다. 한국은 이 비율이 5%까지 확대될 필요가 있지 않느냐는 지적도 있다.

정책의 범주는 과학기술과 혁신에서 대학에 대한 정책이 확고하게 포함되고 있으며, 심지어 모든 정책부문으로 확대되고 있는 추세이다. 과학기술은 산업일반, 농수산업, 식품상업, 건설업, 전기통신업, 의료보건업, 환경업은 물론이고 문화부문, 일반 행정부문, 치안부문, 국토관리부문, 대외관계 부문, 재무부문 등 국가의 거의 모든 부처에서 활용되고 있다.

정책의 범주가 확대되며 과학기술혁신정책의 목적 역시 다양해지고 있다. 전통적인 과학기술 진흥, 연구, 기술개발, 교육이라는 구분이 이제 목적별 연구와 목적별 개발로 구분되어야 하는 실정이 되었다. 과거에는 국방 혹은 산업지원이었는데  다양한 국가 운용을 위한 수단이 되고 있는 것이다.

정책의 범주 확대와 정책 수행 주체의 확대는 관계가 깊다. 정책의 범주가 확대되기에 과학기술을 이용하려는 부처가 커지는 것이고, 그에 따라 정책을 수행하는 주체도 다양해지는 것이다. 가장 큰 변화 중의 하나는 지방정부도 과학기술정책의 주체가 되고 있다는 점이다. 지방자치제도가 발전하지 않은 국가에서는 지방정부의 과학기술정책 시도는 대단히 예외적이었지만, 이제는 지방정부의 참여 없이 지역 특색을 가진 정책을 실현할 수 없다는 것이 일반적인 인식이다.

정책주체의 확대는 공공기관까지 이어지고 있다. 한국 정부는 2011년 공공기관 286개 중 연구개발 및 사업이 있는 15개 공공기관이 연구개발 투자를 하도록 권고하고, 연구개발투자 권고대상 중 연구개발 투자액이 100억원이 넘는 11개 기관에 대해서는 기초연구 투자를 하도록 권고하였다.[4)]

지원되는 산업도 당연히 변하고 있다. 전통적인 농수산업이나 제조업의 혁신만 가지고는 국가의 종합 경쟁력을 강화시키기 어렵다는 인식이 확대되며 서비스업의 혁신에 대해서도 대부분의 국가들이 관심을 키우고 있다. 서비스부문 자체가 확대되고 있는데, 이 부분의 생산성 증대없이 경제발전을 기하기 어렵기 때문이다.

정책수단 역시 변하고 있다. 과거에는 연구비나 조세지원 혹은 직접 개발과 같은 형태를 취하였다. 현재는 국가 혁신시스템이나 산업별 시스템의 구축이나 보완 역시 정책대상이 되고 있고, 개방화 국제화 역시 자체 과학기술력을 확대시키는 중요한 수단이 되고 있다. 앞 부분에서 언급하였다시피 국가혁신체제론의 발전이 이러한 변화에 내재되어 있고, 2000년대에 정립된 개방혁신론이 국제화 개방화의 중요한 이론적인 논거가 되고 있다.

정책의 확대는 결과적으로 각 부처 연구개발사업에 대한 종합조정을 요구하고 있다. 연구개발을 수행하는 정부부처가 많아지며 부처간 중복이라는 문제가 발생함에 따라, 부처간 조정의 필요성이 대두되는 것이다. 한국에서는 2000년대 초에 과학기술혁신본부라는 기구가 있어 각 부처의 연구개발사업을 평가하고 기획조정하는 기능을 수행하였다. 이명박정부에서는 이 기구를 없애서 다시금 부처 할거주의가 되었다가 국가과학기술위원회를 강화시키고 있다. 어떠한 형태가 되든 다양한 정책주체의 등장은 이들을 종합 조정할 기구의 필요성을 예고하고 있다.

다양한 과학기술사업의 조정이라는 문제는 정책 자체의 개념 변화도 수반하고 있다. 부처별로 유사 정책이 존재할 때는 부처별 정책협력이 강조된다. 그리고 유사 정책이 많아지고 중복이라는 문제가 심해지면, 협력을 넘어선 조정단계가 등장한다. 그런데 각 부처의 과학기술 관련 정책이 커지고 다양해지며 과학기술정책과 다른 정책이 통합되거나 각 부처간 정책이 통합되는 등의 정책통합이 나타나고 있다. 일례로 과학기술정책과 인력정책의 통합은 오래된 주제이고, 과학기술정책과 환경정책이 결합되어 나타나고, 문화정책과 과학기술정책이 통

4) 대한민국 정부, 2011년도 공공연구기관에 대한 연구개발투자 권고(안), 2010. 10. 27.

합되어 나타난다. 이로 인해 개별정책에 있어서는 과학기술정책에도 속하고 다른 정책에도 속하는 정책들이 등장해 어떠한 기준을 가지고 정책을 평가해야 할지 곤란한 문제가 발생하고 있다. 정책의 형성과 평가에서 새로운 패러다임을 요구하고 있는 것이다.

### 2) 정책의 유형별 구분

과학기술혁신정책은 〈표 13-4〉와 같이 목적별, 내용별, 수단별, 사업별 등으로 다양하게 구분된다. 목적별 구분이란 과학기술정책이 최종적으로 달성하기 위한 목적이 무엇인가를 기준으로 한 유형을 말하고, 내용별 구분은 달성하고자 하는 내용이 무엇이냐는 것을 기분으로 한 구분이다. 수단별 정책유형은 정책을 달성할 수단에 관한 것이고, 사업별 구분은 정부가 정책을 하기 위해 설정한 사업단위별로 살펴본 것이다.

내용별 정책에서 기술공급정책은 기술을 획득하기 위한 모든 정책으로 전형적인 연구개발정책이 가장 대표적이고 여기에 기술도입 정책이 포함된다. 기술확산정책도 국가적으로는 기술을 공급하는 정책의 한 유형으로 볼 수도 있다. 기술수요정책은 기술을 필요로 하는 산업이나 분야를 찾아 내는 정책을 말한다. 좋은 기술이 개발되어도 그 기술을 소화할 산업이 없다면 기술개발의 성과는 사라진다. 한국의 이동통신 기술은 연구개발과 그를 사용할 기업을 하나로 묶어 이루어진 기술개발사업이다.

수단별 정책에서 연구비는 국가가 연구개발을 위해 지출하는 모든 수단을 지칭한다. 금융지원은 금융기관을 동원해 대출을 받거나 신용보증을 해주는 경우 또는 금융기관 등이 기술개발에 투자를 하도록 유인해 주는 정책을 말한다. 조세지원은 기술개발을 하거나 기술도입을 하는 경우 소득세 감면, 특별상각, 투자

표 13-4 **과학기술혁신정책 유형 구분**

| | 유 형 |
|---|---|
| 목적별 | 보건환경, 경제발전, 우주국방, 비목적연구 등 |
| 내용별 | 기술공급, 기술수요, 기술확산, 기술인력, 인프라 |
| 수단별 | 연구비, 금융, 조세, 인력, 인프라 |
| 사업별 | 연구개발, 연구기관, 연구기반, 연구인력, 과학기술진흥 |

세액 공제와 같은 지원을 해 주는 것을 말한다. 소득세 감면은 소득세를 전부 혹은 일부 면제해 주는 제도이다. 특별상각이란 도입시설에 대한 투자비를 매년 일정금액 상각시키는 것을 더 특별하게 단축해 기업의 조세부담을 경감시키거나 이익을 증대시키는 효과를 가진다. 세액공제란 투자비의 전부 혹은 일정비율을 세금으로 내야 할 금액에서 제외해주는 제도이다.

모든 유형에서 언급하는 인프라는 연구장비나 시설, 연구소재, 연구정보, 연구거점과 같은 연구개발의 필수요소나 표준화 지식재산권과 같은 기술개발 지원제도 등과 같이 기술개발을 간접 지원하는 모든 형태를 말한다. 필요한 사항은 혁신시스템 논의에서 이미 언급한 바 있으므로 여기서는 생략한다.

정부가 과학기술혁신정책을 효율적으로 수행하기 위해 설정한 각 사업의 단위를 기준으로 한 정책은 연구사업, 연구기관, 연구인력, 연구기반, 과학기술진흥으로 구분된다.

이중 연구사업은 부처별, 기술별, 목적별, 주체별, 단계별 등으로 구분된다. 부처별 구분이란 연구개발사업을 수행하는 각 부처별로 구분하는 것을 말한다. 기술별 구분은 모든 기술을 대상으로 하기보다 6T와 같은 정책적인 목적의 기술구분이다. 주체별로는 정부연구기관, 대학, 기업과 같은 구분이며, 단계별로는 기초연구, 응용연구 및 개발연구로 구분된다. 목적별 구분은 앞서 언급한 바와 같다.

연구기관에는 정부 소속으로 연구개발을 수행하는 정부출연연구기관과 국공립시험연구기관 들이 있다. 연구기반은 연구장비, 연구정보, 연구소재와 같은 연구개발의 필수요소에 대한 정책과 연구시설이나 연구거점 등이 있다. 연구시설은 대형 연구장비 시설을 의미하며 연구거점은 대학의 각종 연구센터들이나 테크노파크와 같은 연구와 사업화 종합기관 등이 이 있다. 과학기술진흥에는 연구문화, 지적재산권 제도 운용, 표준화제도 운영 등의 업무가 있다.

연구비를 가장 많이 사용하고 있는 연구사업, 즉 연구개발사업은 그 세부에도 연구시설, 연구거점과 같은 내용도 있고, 연구기반 구축사업이 있다. 연구기관사업도 마찬가지이다. 정부연구기관의 사업에는 연구기반, 연구거점, 연구시설 등 모든 유형의 사업이 모두 포함되어 있다. 따라서 정부의 사업에 따른 구분은 내용으로 보면 완전한 구분은 아니다.

## 2.4 한국의 국가 연구개발사업

한국의 국가 연구개발사업을 기준으로 과학기술혁신정책의 예산구조를 살펴보면 다음과 같다. 먼저, 부처별로 보면 2010년 현재 한국에서 연구개발사업을 수행하고 있는 중앙부처와 산하 부청 33개 중 29개와 여기에 포함되지 않은 위원회 1개, 계 30개이다. 가장 큰 비중은 산업관련 업무를 담당하고 있는 지식경제부이며, 교육과학기술부, 방위사업청 순이다. 2009년 총 연구개발사업 예산 12.4조원 중 지식경제부가 33.7%, 교육과학기술부 33.2%, 방위사업청 11.0%, 국토해양부 4.4%이며 중소기업청이 4.2% 순이다.

목적별로 보면 2009년은 〈표 13-5〉와 같이 보건환경 15.4%, 경제발전 44.8%, 비목적연구 24.1%, 우주국방 15.8%로 구성되어 있다. 경제발전과 우주국방 목적의 감소와 보건환경 및 비목적연구의 증가가 특징적이다. 특히 비목적연구, 즉 기초연구의 증가가 최근의 한국의 특징적인 변화라 할 것이다.

다른 나라와 비교한 경제사회 목적별 분류는 〈표 13-6〉과 같다. 일반대학 지원금이 통계에 잡혀있지 않아 단순비교는 곤란하나 경향에 대한 대체적인 비교는 가능하다. 국방을 제외한 상황에서 한국은 경제발전 분야가 50%를 넘을 정도

표 13-5 **목적별 국가 연구개발비 지출(%)**

| | | 2007 | 2009 |
|---|---|---|---|
| 보건환경 | 지구개발/환경 | 4.7 | 3.7 |
| | 건강증진 | 8.4 | 8.7 |
| | 사회구조/관계 | 2.0 | 3.0 |
| | 소계 | 15.1 | 15.4 |
| 경제발전 | 에너지 | 8.9 | 9.2 |
| | 농업/산업 | 39.3 | 34.8 |
| | 하부구조 | 1.5 | 0.8 |
| | 소계 | 49.7 | 44.8 |
| 비목적연구 | | 19.0 | 24.1 |
| 우주국방 | | 16.2 | 15.8 |
| 계 | | 100(9.6조원) | 100(12.4조원) |

자료: 국가과학기술위원회. 2010년도 R&D 조사분석결과 보고(안), 2010. 9.

표 13-6 경제사회목적별 투자 비중 국제비교 (%)

| | 한 국 | 미 국 | 일 본 | 독 일 | 프랑스 |
|---|---|---|---|---|---|
| 보건환경 | 18.5 | 56.7 | 7.4 | 10.4 | 14.6 |
| 경제발전 | 52.3 | 10.4 | 27.6 | 22.8 | 23.6 |
| 비목적연구 | 22.7 | 17.8 | 21.0 | 18.3 | 6.2 |
| 우주국방 | 3.5 | 13.5 | 7.1 | 5.4 | 12.2 |
| 교육사회 | 2.9 | 1.6 | 0.9 | 4.2 | 3.5 |
| 일반대학진흥금 | – | – | 35.9 | 39.6 | 37.9 |

주: 국방 제외.
자료: OECD, Main Science and Technology Indicators, 2010. 국과위 상게서 재인용.

로 가장 크고, 미국은 보건복지 분야 연구비가 가장 큰 비중을 차지하고 있다.

연구단계로 보면 2009년은 기초연구는 25.3%, 응용연구 21.7% 및 개발연구 53.0%로 구성되어 있다. 기초연구는 대학에서 50%가 이루어지고 있고, 정부출연 연구기관이 34.5%를 차지하고 있다. 한편 개발연구는 51.1%가 기업, 31.5%가 정부출연 연구기관에 의해 수행되고 있다.

국가 연구개발사업이 이루어지는 지역을 보면 수도권 41.4%, 대전시 30.9% 및 기타지역 27.7%로 구성되어 있다. 대전은 대덕연구단지와 인근지역의 국가연구소들의 비중이 크기 때문이다. 내용별로 보면 공공연구 66.2%, 산업연구 34.8%로 구성되어 있다. 또한 6T에는 34.5%가 투입되고 있다.

# 03 역사 속의 과학기술정책 교훈

## 3.1 특징적인 정책

역사 속에서 과학과 기술에 대한 특징적인 정책은 많았다. 근대과학이 등장한 1600년대 이후부터 2차 대전 이전만 본다면, 1666–1793년 기간의 프랑스의 왕립 과학아카데미, 프랑스 혁명기인 1795년 등장한 프랑스의 기술대학(에콜 폴리테크닉)과 과학기술 강조 정책, 1810년대-1930년대 기간의 독일의 과학기술 중시 정책, 1860년대 이후의 일본의 명치유신과 기술중시 정책, 1930년대 이후의 미국의 기초과학정책 등이 그것이다.

### 1) 근대과학과 프랑스

1666년 등장한 프랑스의 왕립 아카데미는 1662년 설치된 영국의 왕립학회의 설립을 모방한 노력이기도 하다. 혹자는 1662년 영국의 왕립학회를 근대과학의 시작점으로 보고 있을 정도이니 당시 영국과 프랑스의 이 두 노력은 모두 대단한 역사적 사건들이다. 그런데 영국은 민간 중심이었고 프랑스는 국가주도라는 차이가 있다. 왕립 과학아카데미는 국가가 과학자들을 고용한 학술원과 같은 성격을 가졌던 것이다. 어쨌든 이 아카데미는 당시 유럽의 과학을 대표하는 기관이 되었고 많은 나라에 영향을 주었다.

과학아카데미가 형성된 시기는 루이 14세와 재상 콜베르가 프랑스를 이끌던 시기라 중상주의 시기로 평가된다. 따라서 당시는 상업과 공업정책이 혼재되어 있었다. 과학아카데미만 해도 특허업무도 수행하는 행정기관이었다. 어쨌든 이 기구는 새로이 등장한 자연과학의 최초의 국가적인 육성과 활용이라는 점에서 의의가 있다.

프랑스에서는 시민혁명 발발 후 과학아카데미가 폐쇄되고 1795년 보다 개방적인 국립학사원이 설치된다. 한편 1794년 고등사범학교와 기술대학의 원형이 된 에콜 폴리테크닉이 등장한다. 에콜 폴리테크닉은 설립당시부터 수학 화학 역학 도로교량 건축 축성 등을 가르치는 학교이었다. 과학연구기관과 기술 관련 고등교육기관이 등장한 것이다. 당시 프랑스는 혁명 기간이라 유럽국가 전체에서 고립되어 있는 상황이어서 국가를 부강하게 만드는 과학기술을 더 중시할 수밖에 없었다.

19세기 초 프랑스의 과학기술 수준이나 노력은 유럽을 선도할 정도이었으나 프랑스의 국가 경쟁력은 강한 상태로 유지되지 못하였다. 나폴레옹 사후에는 과학기술 진흥시책이나 교육에 대한 지원이 시들해진다. 또한 그나마 유지되던 과학기술력이 주로 군사 목적으로 전용되었고, 과학기술의 수준은 높아도 그 수준이 국가 전체에 확산되지 못하고 수도 파리의 특정 기관 중심이었다. 이러한 원인들이 19세기 프랑스의 공업이 영국에 뒤처지는 주요 원인이 되었다.

### 2) 19세기 독일

통일이 이루어진 1871년 이전의 독일은 30여개의 소공국으로 분리된 나라이었지만, 독일의 산업화는 1830-1860년대에 이루어졌다고 평가된다. 독일지역에서는 1810년대에 초중등 교육제도를 설치하고, 1820년대에 프랑스의 기술학교를 모방한 기술교육 기관이 각 지역에 설치된다. 한편 1840년대 영국의 대학에 설치된 공학과정은 다른 나라에도 영향을 주어 1864년 독일의 기술학교들은 기술대학으로 승격되고, 각지에 기술대학이 추가로 설치된다. 기술학교에서 배출된 인재들은 기업 현장의 기술적인 문제를 체계적으로 해결하기 시작한다. 1867년 독일의 BASF사는 염료개발을 위한 최초의 기업연구소를 운영한다. 이러한 상황이라 1867년의 파리 만국박람회에서는 독일의 기술수준이 영국을 능가할 정도이었고, 1차 대전 직전에는 영국 화학교수의 대부분이 독일 유학생이었다.

국가적인 차원에서는 독일은 기술발전을 지원하기 위한 자연과학의 필요성을 인식하고 1884년 국립 물리공학연구소를 설립한다. 지멘스사의 원조에 의해 설립된 이 연구소는 자연과학과 공학의 결합을 의도적으로, 그것도 국가에 의해 시도되었다는 의의가 있다. 이 연구소는 이후 세계 모든 나라 국가연구소의 모방대상으로 작용한다.

독일의 과학기술 활용 능력은 20세기에도 계속되고 두 번에 걸친 세계대전으로도 연결된다. 우수한 기술력을 바탕으로 한 전쟁이었던 것이다. 그러나 독일은 1930년대의 국가사회주의 강화로 인해 과학기술에 대한 기본정신을 상실한다. 1932/3년 학기에는 12,951명이던 자연과학과 수학전공 학생은 1936/7년에 4,616명으로 줄어들고, 공학 역시 14,477명에서 7,649명으로 줄어든다.[5] 또한 우수 과학자들을 유럽에서 미국으로 이주하게 만든다. 이데올로기가 과학기술을 하는 사람을 선별한 것이다. 그에 따라 세계 과학계의 주도적인 위치가 1930년대에 독일에서 미국으로 넘어간다.

미국은 이미 1862년의 법에 의해 각주에 공과대학이 건립되기 시작한다. 또한

5) 박성래 역, S. Mason 저, 과학의 역사, 까치 1987, pp. 616-617.

민간부문에서 에디슨은 1876년 요즘으로 보면 중앙연구소에 해당되는 발명공장을 설치할 정도이었다. 한편 1901년 카네기나 록펠러재단이 후원하는 자금으로 위탁연구를 실시하는 국립표준국이 설립된다.[6] 미국 역시 세계 흐름을 반영한 각종 조치들이 주요 시점에 존재했다.

### 3) 일본의 명치유신

일본은 명치유신 後 1870년에는 국영공장의 설립과 관리를 위한 부처인 공부성(工部省)을 설치한다. 다른 나라와 달리 산업과 기술을 전담하는 부처가 존재한 것이다. 그런데 이들의 정책은 기술인력을 대단히 강조했다는 특징이 있다. 1871년에는 50여명에 이르는 대규모 해외시찰단을 미국과 영국에 파견하는 한편 이들과 함께 국비 해외유학생 59명을 내보낸다. 한편 외국의 기술자와 전문가를 초청한다. 1872년부터 일본에 초빙된 전문가는 369명에서 출발하여 1875년에는 527명으로 정점이 되고 이후 점차 감소하여 1882년 38명이었다.[7] 이들은 재정이 어려울 정도로 외국의 전문가를 초빙하였다.

한편 1880년부터는 광산 시멘트 조선 방직 등 정부가 보유한 공장의 민영화가 1900년대 초까지 계속된다. 1881년에는 농상무성이 설치되어 농업과 상업행정이 이루어지고 1885년에는 공부성이 폐지되어 상공정책(殖産興業政策)이 일단 마무리된다. 또한 1886년에는 제국대학령 사립학교령 소학교령 중학교령 등의 교육법이 발표되어 교육개혁이 시작된다.

일본의 기술발전은 다른 나라와 아주 대비되는 현상이 있다.[8] 하나는 과학없는 기술의 발전사라는 점이다. 일본에는 유럽과 같은 객관적인 자연이라는 인식은 없었기에 기술과 자연은 하나로 취급되었다. 두번째는 기술도 객관적인 기술이 아니라 예술적인 경지와도 연계된 것으로 일본의 기술발전의 역사는 '기예(技藝)의 시련사'로 간주될 수 있다는 것이다. 철학적인 인식이 문화에 영향을 미치고 그 영향이 과학과 기술의 발전에 영향을 미친 대표적인 형태로 제시될 수 있는 것이다. 따라서 일본에서는 기술정책이 눈에 띄게 나타나고 과학의 발전은

---

6) 석동호 편저, 과학기술사, 중원문화사, 1987. pp. 207-209.
7) 박우희, "근대화과정 중 일본의 기술발전", 안병직, 정영일 편, 일본경제의 근대화, 서울대 경제연구소, 1990, 제8장, 273-344 중 p. 314 재인용.
8) 박우희, 앞의 논문, pp. 336-339에서 재인용.

크게 관찰되지 않은 것이다.

## 3.2 특징적인 다른 나라 정책의 교훈

### 1) 주요 정책 비교

〈표 13-7〉은 특징적인 다른 나라의 정책을 비교한 것이다. 17세기 프랑스는 유럽을 선도할 수준이었으나 앞서 지적한 바와 같은  가지 특징적인 단점이 있었다. 첫째는 왕립기관이라는 점에서, 과학이 가져야 할 가장 중요한 성격인 개방성과 상호작용이라는 사실을 무시하고 폐쇄성이 컸다. 또한 높은 과학기술 수준의 국가적인 확산성이 없었다는 한계도 있었다. 과학적인 수준의 기술적인 확산이라는 개념이 부족했던 것이다.

18세기 초 프랑스 역시 왕립과학아카데미의 전통을 이은 국립학사원과 에콜폴리테크닉과 같은 체계적인 이공계 고등교육기관을 설치한다. 과학과 기술 양측에서 유럽을 선도할 노력을 한다. 그럼에도 무기생산으로 주로 이용되고 산업부문으로 확산되지 못했다는 점, 정치적인 불안정으로 과학기술에 대한 지원이 지속되지 못했다는 점이 과학기술을 국가적인 차원으로 활용하지 못했다.

19세기 독일은 후발 공업국으로 등장해 선진국 영국을 따라 잡은 대표적인 국가이다. 이들은 영국보다는 수십년이 늦었지만 기술강대국 영국과 프랑스를 학

표 13-7 주요 과거 정책의 시사점

| 시 기 | 주요 정책 | 특 징 |
|---|---|---|
| 1666-1793년<br>프랑스 | 왕립과학아카데미<br>과학진흥, 연구기관 | 높은 수준<br>국가적 확산 부재 |
| 1790년대<br>프랑스 | 국립학사원, 에콜폴리테크닉<br>과학진흥, 고등교육 | 군사목적<br>정치적 불안정<br>지속성 부재 |
| 1810-1930년대<br>독일 | 초중등 교육제도(1810)<br>최초 기술대학(1864)<br>최초 기업연구소(1867)<br>최초 국가연구소(1884) | 국가 전체 확산<br>높은 기업경쟁력<br>국가사회주의로 과학자 차별 |
| 1780년대~<br>일본 | 유학생파견(1871)<br>외국기술/전문가 초빙(1872-)<br>의도적인 기간산업 육성 | 전형적인 후발 기술습득국<br>자주 기술력 확보<br>과학없는 기술발전 |

습할 수 있었다. 또한 프랑스의 나폴레옹에게 두 차례나 국토를 유린당하는 설움이 있었기에 국가를 부강하게 하는 작업에 더 몰두한 측면이 있다. 그러나 이들은 단순한 학습을 벗어나 최초의 기술대학, 최초의 기술연구소, 최초의 국가연구소 설치라는 혁신을 시도한다. 과학기술 강대국이 그냥 얻어진 것이 아니라 과학기술 부문에서 역사를 열어가는 새로운 정책들을 끊임없이 시도한 것이다. 그럼에도 이들은 국가사회주의 혹은 독일 혈통의 중시라는 이데올로기로 인해 타혈통의 과학기술자들을 차별하기 시작하고, 결과적으로 이들을 국외로 추방시킨다. 만약 독일이 많은 과학기술자를 사실상 추방하지 않았다면 2차 대전에서 어떠한 결과가 나타났을지 모를 일이다.

일본의 정책은 선진단계를 획득한 후발국 추격정책의 전형이라 할 수 있다. 해외 기술의 습득, 정부주도의 산업기반 설치, 민간부문으로의 이양, 독자적인 기술력 확보 등이 후발국 기술발전의 전형적인 과정이기 때문이다. 그러나 일본은 초기부터 과학이 결여된 기술발전이었다는 점에서 큰 한계를 갖는다.

### 2) 역사가 주는 교훈

근대 역사를 선도한 모든 국가들은 예외없이 과학기술을 바탕으로 하고 있다는 특징이 있다. 앞의 역사는 과학기술이 현대국가의 기본이라는 점은 당연할지라도 어떠한 형태로 과학기술을 진흥시키고 활용해야 하는 지를 보여준다.

첫째, 과학기술을 활용하려는 노력은 지속적이어야 한다. 어느 한 시기에 집중된 정책만으로는 국가의 지속적인 성장을 위해 효과를 발휘할 수 없다. 지속적인 노력이 없다면 변화하는 과학기술지식을 따라잡고, 나아가 활용할 수 없다. 과학기술의 진흥에는 정치나 이데올로기적인 방해가 있어서는 안된다.

둘째, 과학기술 수준을 높이기 위한 정책도 중요하지만, 국가 전체에서 그러한 과학기술 수준을 활용할 수 있는 정책 역시 중요하다는 점을 보여준다. 한 두 개의  제한된 기관이 아니라 국가 전체에서 이루어지는 활동이 국가 경쟁력에는 도움이 된다.

셋째, 과학과 기술의 균형발전이 필요하다는 점이다. 과학의 영역과 기술의 영역이 다른 점이 있어서 각각 달리 추진될 수 있지만, 과학이 기술을 창출하는 현대과 학의 특성이 아닌 과거에도, 과학과 기술의 균형발전은 필요하다. 부족한 기술의 해외도입에 한계가 있고, 주어진 기술패러다임을 벗어나는 기술의 획득에 한계가 있기 때문이다.

넷째, 과학기술과 이를 활용하는 선도적인 국가가 되기 위해서는 새로운 과학기술을 발굴하고 획득하는 노력 못지않게 과학기술과 관련된 정책에 있어서도 혁신적인 노력이 필요함을 알 수 있다. 특히 후발국에 있어서는 다른 나라의 과학과 기술을 모방함도 중요하지만 그러한 시도를 보다 효율적으로 할 수 있는 정책적인 노력 역시 혁신이 필요하다할 것이다. 세계 선도적인 과학기술을 확보하기 위해서는 모방된 정책만으로는 달성하기 어렵기 때문이다. 정책적인 새로운 시도 역시 과학기술의 활용을 위해 필수적이다.

# 찾아보기

**설성수(薛晟洙)**

고려대학교 경제학 학사(1980), 석사(1984), 박사(1989)
국가과학기술위원회 부품소재기술위원회 위원장(2005. 1~2006. 12)
국가과학기술위원회 기획 · 예산조정전문위원회 위원(2004. 12~2006. 12)
대덕특구/MOST 투자조합 심의위원장(2007. 5~2009. 12)
교육과학기술부 장관 과학기술정책 자문위원(2008. 5. 10~2010. 5. 9)
한국기술혁신학회 회장(2005~2006), 명예회장(2007~현재)
한국기업 · 기술가치평가협회 창설자/회장, 명예회장(2005. 10~현재)
IACVA, World Council, Member(2009~현재)
3대 국제인명사전 Marquis Who'sWho, ABI, IBC 동시 등재(2010)

한남대 경제학과 교수(1985. 9.~ )
한남대 하이테크비즈니스연구소 소장(2003. 3~ )

저술: 기술-산업-경제-발전 관련 저서 14권 및 논문 120여 편

**기술혁신론**

2011년 3月 5일 초판 1쇄 발행
2011년 8月 15일 초판 2쇄 발행

저 자 설 성 수
발행인 배 효 선
발행처 도서출판 法 文 社
413-832 경기도 파주시 교하읍 문발리 526-3
등록 1957년 12월 12일 / 제2-76호(윤)
전화 (031)955-6500~6 Fax (031)955-6525
e-mail(영업): bms@bobmunsa.co.kr
(편집): edit66@bobmunsa.co.kr
홈페이지 http : //www.bobmunsa.co.kr
조 판 한 미 문 화 사

정가 25,000원 ISBN 978-89-18-12339-4